강한 인공지능과 인간

강한 인공지능과 인간

김진석 지음

인간 강화와 인간 잉여의 패러독스

글항아리

일러두기
1. 저자의 주는 장별 미주로 처리했다.
2. 4장과 5장은 출간된 논문을 부분적으로 수정하고 보완한 것이다.

서문

　　이 책은 인공지능이나 로봇에 대한 일반적인 교양을 제공하지 않는다. 또 일반적으로 옳은 이론을 구성하려는 의도를 가지고 있지도 않다. 이 책은 그것의 발전이 던지는 여러 중요한 물음들에 대답하고 거기에 포함된 문제들을 이해하면서 그것이 야기하는 위험을 분석하는 시도를 하지만, 기본적으로 몇 가지 논쟁적인 주제들에 집중적으로 초점을 맞춘다.

　　우선, 이 책은 인공지능이 인간의 일자리를 대체하는 것을 비롯하여 존재하는 여러 위험을 서술하고 분석하지만, 인간과 기계의 대립을 단순하게 조장하는 생각과는 거리를 둘 뿐 아니라 그것을 비판적으로 분석한다. 인간과 기계를 대립관계로 보는 모든 생각을 나는 '인간과 기계의 대립 가설'로 부를 것이다. 이 책은 인공지능과 로봇은 앞으로도 계속 인간에게 이롭게 사용될 수 있는 도구이며 따라서 그것들을 도구로 이용할 방법을 찾는 것이 중요하다고 주장하지도 않는다. 또 단순히 인간의 관점에서 그것의 위협을 줄일 방법을 찾는 일이 가장 시급하다고 말하지도 않을 것이다. 사실 인간과 기계를 단순한 대립관계로 이해하거나 기계를 그저 인간을 위한 도구로 생각하는 것은 서로 연결되어 있다. 그 생각들은 인간이 기계를 만들어냈으므로 기계는 인간의 도구로 머물러야 한다고 여긴다. 단순히 인간을 위한 도구나 하인으로 존재한다고 여겨지는 인공지능과 로봇이 똑똑해질수록 사람들은 인간과 기계 사이에 대립 전선을 그을 것이고 그 결과 맹목적인 싸움이 벌어질 것이다.

기계를 인간의 도구로만 이해하거나 인간과 기계를 대립관계로 생각하는 사람들은 많건 적건 인간주의humanism 또는 인간중심주의를 고수한다. 그러므로 이 책은 인공지능과 로봇의 발전 앞에서 인간주의에 호소하는 방향이나 관점을 택하지 않을 것이다. 더 나아가서, 철학적 또는 사회적으로 중요한 점은 오히려 이제까지 인간주의에 호소했던 원칙이나 이념이 충분하지 않다는 것을 밝히는 것이다. 인간의 자기의식이나 이성에 호소하는 것만으로는 충분하지 않고, 인간이 유일하게 도덕성을 가졌으며 또 감정을 가진 존재라는 주장을 되풀이하는 것도 만족스럽지 않다. 다른 말로 하면, 인공지능과 로봇을 이해하고 평가하는 과정에서 보편적 인간을 도덕성의 기준으로 삼는 일반적인 이론은 충분하지 않다는 점을 여러 각도에서 서술할 것이다.

우리는 매우 민감하고 논쟁적인 주제를 다뤄야 할 것이다. 현재 수준에서는 비교하기가 우스울 정도로 인간이 로봇보다 윤리와 책임을 훨씬 더 의식한다고 할 수 있지만, 앞으로도 인간 종이 도덕의 관점에서 인공지능을 가진 로봇보다 무조건 우월하리라고 말하기는 어렵다. 인간은 선한 행위를 할 수 있지만 얼마든지 악한 행위도 할 수 있기 때문에 인간이 일반적으로 도덕적 주체라고 전제하는 것은 어떤 철학적, 도덕적 근거도 갖지 않는 공허한 말이다.

강한 인공지능과 인간

이론적으로 인간주의에 호소하는 일이 충분하지 않다는 점을 제대로 파악하기 위해 이 책은 '사이버 행위자'와 '자율성'의 개념들을 분석할 것이다. 인간만이 도덕적 행위자이고 또 자율성을 가질까? 고대 이후 철학적으로 많건 적건 그런 관점이 유지되어왔고 특히 르네상스와 근대 이후 그 관점은 더 확고해졌다. 그런데 인공지능과 알고리듬의 폭발적 발전은 더 이상 그런 관점이 유지되기 어렵다는 것을 강력히 보여주는 예다. 기본적으로 지능과 인지 시스템이 발달함과 동시에 인간은 이미 사이보그 cyborg로 존재하기 시작했다는 관점에서 이 책은 출발한다. 오로지 그리고 전적으로 인간적인 지능에 호소하는 일은 이론적으로 모호하고 만족스럽지 않다. 인간의 지능과 인지 시스템이 작동하기 위해서는 수많은 사물과 기계 장치가 그것에 연결되어 있어야 한다. 인간의 인지 시스템 자체가 이미 사이버 시스템 속에서 작동하고 있다는 것이다.

인간 종이 존재자 가운데 최고의 도덕성을 갖는다고 전제하는 대신, 나는 사이버 행위자들의 발생학을 소개할 것이다. 사이버 행위자를 여러 부류로 나눌 수 있겠지만 기본적으로 다음 네 부류에 초점을 맞춘다. 인간을 포함한 사이보그, 최소한 어느 한 영역에서 인간 못지않은 수준으로 작동하는 인공지능, 인간의 개입 없이도 작동하는 기계와 로봇들, 그리고 비교적 자연적인 유기체들. 첫째 부류와 둘째 부류는 작동의 관점에서는 비슷한 행위를 수행할 수 있을 것이다. 인간이 하는 일을 인공지능이 할 수 있다는 것은 그들 사이에 유사한 행동을 유추할 수 있다는 것이다. 그러나 발생학 차원에서는 그 둘이 서로 다르다. 사이보그는 그 개념이 말해주듯 기본적으로 유기체에서 출발했지만, 그와 달리 인공지능은 기계에서 출발했다. 행동주의 차원에서는 비슷한 의미를 가질 수 있는 두 범주의 발생학적 차이는 기본적으로 그들의 발생적 궤적에서 중요함과 더불어 앞으로 사회 시스템을 구성·재구성하는 데도 중요하게 작용할 것이다. 인간과 기계 사이에 대립이 존재한다고 말할 필요는 없지만, 발생 과정의 차이를 둘러싸고 한동안 갈등이 생길 가능성이 높은 것은 사실이다.

물론 실제로 인간이 어떤 사이보그가 될 것인지, 사이보그를 비롯한 사이버 행위자가 들끓는 세상에서 어떤 존재가 될 것인지 지금 단정적인 판단을 하기는 어렵다. 앞으로도 한동안 또는 계속, 인간을 위해 좋은 일을 하는 것은 필요할 뿐 아니라 바람직할 것이다. 그러나 나는 이론과 철학 차원에서는 더 이상 인간주의나 인본주의에 근거를 둔 모델 및 이상을 유일하다거나 또는 규범적인 목표·목적으로 일반화하기는 어렵거나 불가능하다고 생각한다. 여러 형태로 등장하는 사이보그들은 전통적인 인간성에 기반을 둔 지능과는 너무 차이 나기 때문이다. 그렇지만 사이버 행위자에 관한 이론은 인간주의에서 벗어나는 과정을 전제하며 그 전제가 받아들여져야 실제로 효과를 가진다. 사이버 행위자에 대한 관찰은 단순히 SF의 영역에 속하진 않는다. 과학기술 소설은 편협하거나 공상적이지 않다. 사이버 행위자들의 전반적인 진화 과정에 대한 예측과 관찰은 다소 이론적인 면이 있긴 하지만, 지금도 그 진화는 실제로 진행되고 있다고 봐야 한다.

인간을 일종의 사이보그로 관찰하고 평가해야 하는 이유와 배경이 있고, 인간주의를 무조건 인간에게 고유한 핵심 가치라고 내세우기 힘든 또 다른 이유와 배경이 있다. 인공지능이나 머신러닝machine learning 이 발전하는 과정에서 인간 강화enhancement 프로젝트들이 일어나며 그 것과 뗄 수 없는 관계를 가지고 인간 잉여의 문제가 발생할 것이다. 그리고 기술의 폭발적 발전이 그 과정에서 점점 커다란 영향력을 행사할 것

강한 인공지능과 인간

이다. 발전의 속도와 변화의 주기가 빨라질 뿐 아니라, 그 질도 달라진다. 인공지능과 머신러닝의 발전이 그것의 핵심적이며 가시적인 한 예지만, 발전은 거기에 그치지 않고 수많은 기술 영역에서 폭발적이고 연쇄적인 모습으로 일어나고 있다. 사물인터넷IoT과 만물인터넷IoE, 블록체인, 핀테크, 가상현실·증강현실·혼합현실, 나노로봇과 생명공학 등의 기술이 발전하고 진화하는 모습을 이 책은 자세히 선보이지는 않겠지만, 최소한 그것들이 갖는 영향과 효과를 개념과 이론의 차원에서 분석할 것이다.

인간 강화라는 주제는 복잡하고 논란의 여지가 많다. 과거에 유전공학이나 생명공학의 영역에서 논의되었던 문제들이 새로운 버전으로 등장한다. 인공지능이 인간에게 유리한 도구로 기능할 것이라고 믿는 사람들은 그 길이 인간을 향상시키는 길과 만난다고 생각한다. 더 나아가, 인간을 향상시켜야 한다고 생각하는 사람들 가운데 상당수는 그 일을 다름 아닌 인간주의를 연장하고 확대하는 과제로 생각한다. 이 새로운 과제를 수행하는 과정에서 이런저런 어려움이나 문제들이 생겨나겠지만, 이것들은 그들에게 부차적일 뿐이다. 행여 어려움이나 갈등이 있더라도 그것 때문에 인간의 가능성이나 잠재력을 향상하고 강화시키는 과제를 미루거나 포기한다는 것은 그들에게 어리석어 보인다. 여기서 인간의 잠재력을 향상시키겠다는 사회적이고 기술적인 과제는 휴머니즘이라는 개념이 얼마나 모호하고 모순적인지 알려준다.

그들과 달리 인간의 본성을 앞세우면서 인간 강화의 시도들을 근본적으로 거부하거나 그에 반대하는 관점들이 있다. 인간의 도덕적 주체성과 본성에 호소하는 위르겐 하버마스1929~, 도덕 주체성에서 출발하지는 않지만 인간의 고유한 덕에 호소하는 마이클 샌델1953~ 등이 여기에 속한다. 나는 이들의 관점에 동의하지 않는다. 그것들은 여전히 근본적인 인간주의나 인간의 고유한 도덕성에 의존하고 있기 때문이다. 그러나 이들과 다르게 인간 강화의 시도를 단순히 부정적으로 파악하지 않고 그것의 가능성을 열어놓는다고 해서, 인간 강화의 시도가 무조건 긍정적이라고 여길 필요는 없다. 나는 '인간 강화'가 인간 본성을 파괴할 것이라는 비관주의도 거부하지만, 기술적 발전이 전적으로 인간을 위한 도구로 이용될 수 있다는 낙관주의에도 가담하지도 않을 것이다. 인지 시스템이 발전하는 순간 인간이 이미 일종의 사이보그로 존재했듯이, 현재와 미래에 인간은 얼마든지 과학기술을 통한 변형과 향상의 길을 갈 수 있다. 인간 강화가 수많은 형태로 등장할 과정 앞에서, 비관주의와 낙관주의 사이에서 기우뚱한 균형을 잡는 노력과 솜씨가 필요하다.

결론 부분에서는 인간 잉여의 문제를 다룬다. 앞으로 이 문제는 가장 무거운 문제 가운데 하나가 될 것이다. 그러나 잉여에도 여러 가지가 있다. 로봇이나 인공지능에 의해 야기되는 인간의 일자리 상실은 대표적으로 부정적인 형태다. 또 인공지능이 거의 슈퍼 지능의 수준에서 하나의 네트워크로 작동할 때도 인간 잉여는 문제가 된다. 이러한 양상들은 비교적 쉽게 관찰된다. 이 책에서 주목하는 인간 잉여는 물론 그것들과 전혀 다르지는 않지만, 그것들과 겹치거나 교차하는 형태이며 그래서 조금 다른 모습을 띤다. 기계와 인공지능의 발전 앞에서 인간의 지능이나 도덕성에 호소하는 것만으로는 충분하지 않을 때, 이론적으로도 인간주의에 의지하는 것이 설득력을 지니지 않을 때, 그리고 기술적으로 인간의 신체나 심리를 향상시키려는 시도들이 실제로 효과가 있을 뿐 아니라 여러 사람이 그 유혹에 사로잡힐 때, 인간 강화의 시도들이 범람할 것이다. 이 와중에 소수의 강한 집단과 다수의 약한 집단 사이의 간격이 벌어지고 계층적 갈등도 발생할 수 있다. 그렇다고 강력한 권력을 가진 소수를 제외한 대다수의 사람이 단순히 또는 전적으로 인간 강화의 다양한 유혹과 시도로부터 배제되거나 자유로울 수는 없다. 이들도 수많은 방식으로 각자 그 유혹과 시도에 내맡겨질 것이다. 그리고 그 시도들이 부분적으로는 성공할 수도 있다. 그러나 오히려 그 과정에서 인간 잉여의 찬바람이 몰아칠 것이다. 인간이 아무리 자신의 신체와 마음을 강화시키고 향상시키려 한들, 서로 간의 경쟁이 심해진다면 강화되고 향상된 상태도 기껏해야 일시적인 효과밖에 내지 못한다. 대체물이 될 위험이 상존하기 때문이다. 말하자면 인간 강화의 시도로부터 인간 잉여의 상황이 도래하는 것이다.

그러므로 단순히 인공지능의 등장 때문에 인간이 잉여가 되는 것은 아니다. 물론 그런 일도 적잖게 일어나기는 한다. 그러나 주목해야 할 점은, 인공지능이 등장하고 인간이 불안을 느끼는 그 와중에 인간의 능력과 지위를 강화시키려는 시도들이 끊임없이 일어난다는 것이다. 강한 인공지능의 등장과 발전은 역설적이지만 그것의 대표적인 예이다. 왜 역설적인가? 인공지능은 처음에는 기본적으로 인간을 위한 기계와 도구로 여겨졌지만, 다른 한편으로 거기에 그치지 않고 인간의 지능과 능력을 강화시키는 시스템과 네트워크로 작동하기 때문이다. 이 책이 여러 관점에서 시스템과 네트워크를 다루는 것도 바로 이 이유 때문이다. 인공지능은 분산된 지능 시스템의 가장 발달된 형태로서, 인간 지능이 전통적인 생물학적 한계를 넘어가도록 만들 것이다. 그리고 이것들과의 상관관계 속에서, 역설적이게도 인간이 잉여가 되는 복합적인 사건들이 일어날 것이다. 강한 인공지능, 그리고 시스템과 네트워크는 인간의 능력을 새로운 방식으로 강화하면서도 동시에 인간이라는 존재를 놀랍게도 남아돌게 만들 터이다. 정말 아이러니다.

그렇다고 인간 강화의 시도를 단순히 부정적인 유혹이나 욕망이라고만 볼 수 있을까? 인간주의의 관점, 곧 인간의 본성을 전제하고 인간이 절대적인 가치의 기준이라고 생각하는 사람들은 인간 강화를 거부하거나 부정하고 싶어 한다. 거꾸로 공학자나 사업가들은 인간 강화 프로젝트를 그저 낙관적으로 바라보고 싶어한다. 그들은 4차 산업혁명조차 '인간 지능을 컴퓨터로 대체하는 획기적인 시기'라고 편하게 이해한다. 이 두 관점을 모두 멀리하는 자세가 요구된다. 과학기술의 힘으로 인간을 '향상'시키고 고양시키며 극복하려는 일은 그저 부정적이거나 낙관적인 일이 아니다. 실제적이고도 복합적인 이유와 배경 속에서 진행되는 역사적 과정이며, 그 점에서 피할 수 없는 면이 크다. 그 과정에서 인간이 향상될 수는 있지만, 동시에 그 과정은 인간을 잉여로 만들 위험을 내포하고 있다.

이 책에서는 다양한 형태의 인공적이며 기계적인 지능을 지칭하는 일반 용어로 '인공지능'을 사용했다. 정확하게 따지자면 개념을 더 구별해야 할 것이다. 예를 들자면, 한스 모라벡1948~처럼 인간의 의식에 근거해서 인공지능을 구성하고자 했던 사람들이 있는가 하면, 그와 달리 로드니 브룩스1954~처럼 인간의 의식에 기반을 둔 인공지능은 이미 끝났거나 한계에 봉착했으므로 다른 방식으로 작동하는 인공지능 로봇 또는 '인공 생명'에 초점을 맞추어야 한다고 말하는 로봇 연구자들이 있다. '의식'에 근거한 '인공지능'은 다양한 형태의 인공 생명의 발생과 발전을 설명하기 어렵다고 여겨지기 때문이다. 또 이 책에서 나는 두 번째 단계의 사이버네틱스Cybernetics의 관점을 많이 참조했는데, 거기서 '인공지능'이라는 용어가 일반적으로 사용됐다고 말하기는 어렵다. 오히려 '자기조직하는 시스템' 또는 '자기생성 시스템'이라는 용어가 더 중요했다.

머신러닝을 강조하는 공학자들은 머신러닝과 일반 인공지능을 구별하는 경향이 크다. 말하자면 그들은 머신러닝이 발전하면서 그것에 특화된 형태의 인공지능과, 머신러닝이 발전하기 이전 형태의 인공지능을 구별해야 한다고 말한다. 이 차이는 중요할 수 있다. 그러나 이런 차이들과 구별에도 불구하고 여러 접점과 연결점을 표시하고 지칭하기 위하여 '인공지능'이라는 일반적인 용어를 사용했다.

이 책은 다음과 같이 구성된다. 1부에서는 인공지능과 머신러닝, 그리고 빅데이터를 이론적으로 분석한다. 인공지능과 머신러닝이 발전한 궤적을 살피면서, 우리는 그것이 어떤 자율성을 갖는지, 그리고 인간의 사고방식에 어떤 영향을 끼치는지 알아볼 것이다. 1부 후반에서는 '진부한 기계trivial machine'와 '진부하지 않은 기계non-trivial machine'의 구별을 살펴볼 것이다. 이 구별은 두 번째 단계의 사이버네틱스에서 나온 것인데, 인공지능이 발전해온 과정과 앞으로 그것이 나아갈 과정을 관찰하는 데, 그리고 또 사이버 행위자들이 사회에서 존재하는 방식을 판단하는 데 크게 유익할 것이다. '진부한 기계'와 '진부하지 않은 기계'의 구별은 인간의 지능이든 인공지능이든 지능의 형태와 성격을 분석하는 데 다른 어떤 기준보다 도움이 된다. 흔히 기계는 창의성이 없는 반면 인간은 있다는 말을 하는데, 이런 구별은 매우 모호하며 별 도움이 되지 않는다. 물론 전자의 구별만이 옳으며 다른 구별은 옳지 않다는 말은 아니고, 다만 전자의 구별이 도움이 되는 관찰을 할 수 있는 기준점을 제공한다는 것이다. 사이버네틱스는 비록 최근에는 많이 논의되지 않고 있으며 요즘 관심의 대세는 인공지능 쪽으로 쏠려 있지만, 1950년 무렵부터 사이버네틱스는 인간과 기계의 관계에 대해 다양하고도 깊이 있는 논의를 이끌었다. 그리고 지금도 여러 점에서 여전히 중요한 이론적 관찰을 제공하고 있다. 인공지능이나 로봇을 논의하는 과정에서도 그것들이 제시한 관점과 관찰법은 매우 중요한 역할을 한다.

기술의 폭발적 발전은 인공지능과 머신러닝 그리고 사물인터넷이 진보하는 과정과 맞물려 있다. 머신러닝이 제대로 발전하려면 기계는 인간-사이보그하고만 상호작용하는 데 그치지 않고 가능한 한 많은 사물과 데이터를 주고받아야 할 것이다. 인공지능 및 그것이 보유할 수 있는 강한 지능의 효과에 관한 한, 그리고 대량의 데이터에 근거해서 미래를 예측하고 진단하는 경향에 관한 한, 이미 그 과정이 비록 초보적인 단계이긴 하지만 가시화되고 있다. 인문학 또는 사회과학 이론은 사회에 대해 급격히 영향력을 상실하고 있는 반면, 대량의 데이터처리에 근거한 분석이나 예측이 그것이 자리 잡았던 곳을 차지하고 있다.

2부에서는 인간 지능과 인공지능의 잠재력을 분석하면서 '약한weak 인공지능'과 '강한strong 인공지능'의 구별을 선보일 것이다. '약한 인공지능'과 '강한 인공지능'의 구별은 처음에는 모호한 상태에서 이뤄졌지만, 그 구별은 인지 시스템으로서의 인공지능의 가능성뿐 아니라 그것과 인간 사이에 일어날 갈등을 분석하고 평가하는 데 도움이 된다. 그 구별에 크게 세 가지 방식이 있는데, 그것들은 인간의 지능과 인공지능을 구별하는 그 방식들이 어떤 패러다임을 가지고 있는지 알게 해줄 것이다. 그 구별에서 또 눈여겨봐야 할 점은 지능이나 인지 시스템의 약함과 강함이라는 구별은 오랜 역사를 가지고 있으며 앞으로도 중요한 역할을 할 것이라는 점이다. 2부 6장에서는 사이버 행위자들에 대해 논의할 것이다.

1부가 인공지능이나 로봇을 둘러싼 과학기술적 논점들을 다루고 2부가 인간 지능과 인공지능을 구별하는 문제를 둘러싼 논점들을 다룬다면, 3부는 이 논의를 이어가면서 사회 속에서 인간의 위상을 둘러싸고 발생하는 논점들을 다룬다. 1부와 2부에서도 인간주의에 대해 적지 않은 논의가 있었지만, 그 논의는 인간이 사회와 세계 속에서 차지하는 위상이나 역할을 직접 거론하지는 않았다. 이제 이 과제 및 그것과 연결된 문제의 분석을 수행할 때다. 인간과 인공지능(및 로봇 등)의 관계가 사회 속에서 앞으로 어떻게 진행될 것인지를 평가하려면 힘과 권력에 대한 분석이 새로운 방식으로 이뤄져야 한다. 흔히 인간은 인간(중심)주의적 관점에서 그것에 접근하기 때문이다. 지능이나 인지 시스템이 중요하다는 것은 말할 나위도 없지만, 과학기술이 발전하는 상황 속에서 그것들은 점점 더 힘과 권력의 실행 장치들과 연합하게 될 것이다. 이 점에서 힘과 권력을 위계질서의 관점에서 이해하는 전통적 관점과 거리를 취하는 것이 어떤 의미를 갖는지 분석되어야 한다. 그리고 로봇과 인공지능을 논의하면서 인간을 도덕성의 최고 주체로 설정하는 경우가 흔한데, 이런 태도는 더 이상 받아들이기 어렵다. 과학기술의 발전 속에서 인간이 전통적 도덕성을 유지하기도 어려울 것이다. 마지막으로 휴먼human/트랜스휴먼transhuman/포스트휴먼posthuman의 관계도 3부에서 분석할 것이다.

2부에서 약한 인공지능과 강한 인공지능을 구별하였고 3부에서는 특히 근대적이고 전통적인 인간의 위상이 어떤 놀랄 만한 변화와 직면하고 있는지를 살펴보았다면, 4부에서는 많은 점에서 그것들보다 섬뜩할 수 있는 물음과 대면한다. 강한 인공지능이 발전하는 새로운 환경 속에서 인간은 자신을 더 강하게 만들려는 다양한 시도들과 씨름하고 있다. 그리고 그와 동시에 인간은 잉여가 될 위험과 대면한다. 물론 여기서 우리가 주의를 기울이는 문제는 인간이 그저 무능력하게 잉여가 되는 상황이 아니다. 인공지능의 발전 속에서 인간이 시스템과 네트워크의 형태로 스스로를 강화하고 향상시키려는 시도들을 끊임없이 하는 와중에, 역설적이게도 잉여가 되는 인간들이 생긴다. 인간 향상(또는 강화)의 시도와 인간 잉여의 현상은 서로 맞물려 있다. 강한 인공지능이라는 주제에 초점을 맞추고 사이버 행위자들을 구별하는 과정도 이 책이 독자적으로 분석한 주제인데, 인간을 강화하는 와중에 인간이 잉여가 되는 중요한 역설의 문제는 이 책이 독자적이고도 더 문제적인 방식으로 탐색한 것이다.

인공지능과 빅데이터의 발전은 개인이 스스로 도덕적이고 이성적 자율성을 갖는다는 전제에서 출발한 자유주의를 뒤흔드는 면이 큰 것이 사실이다. 그런 이해 방식에 따르면 마치 개인의 자율성이 거의 전적으로 기술의 피해자인 양 비친다. 그런 이해는 일면적이고 단순하다. 우리는 개인화 과정이라고 부를 수 있는 것이 근대 이후 계속되어왔으며, 그 과정은 정보화 사회라고 불리는 시스템에서뿐 아니라 머신러닝에서도 한편으로는 연장되면서 동시에 변형되고 있음을 볼 것이다. 알고리듬과 머신러닝 시스템은 정보의 패턴들을 축적하면서 근대 이후 계속된 개인화 과정을 다시 극단으로 밀고 간다. 사회적 네트워크 시스템도 개인들로 하여금 자신의 정보를 제공하면서 네트워크 내부에서 개인의 정체성을 만들라고 권고하고 부추긴다. 우리는 '너무 많은 정보'가 이끌어내는 이 아득한 풍경을 관찰할 것이다. 결론에서 이 확대된 개인화 과정이 다양한 인간 강화 프로젝트와 맞물린다는 점이 드러날 것이다. 말하자면, 인간 강화라는 프로젝트는 앞으로도 한동안 개인들을 맞춤으로 겨냥하면서 진행될 것이다. 비록 인간 종 차원에서도 인간 강화와 관련된 문제들이 발생하겠지만, 사회적으로는 개인에 맞춰진 인간 강화 시도들이 점점 확대될 것이다. 그리고 그와 동시에 인간 잉여의 불안이 확대될 수 있다.

과학기술의 영향을 분석하고 서술하는 이 책의 관점은 하나의 옳은 주장을 내세우는 것을 목표로 삼고 있지 않고, 복합적인 면들을 둘러싼 문제들을 관찰하는 것이 목표다. 그 때문에 때로는 개념적 구별이나 이론적 분석에 몰두하면서, 구체적인 대안을 제시하는 일에는 다소 적극적이지 못할 수도 있다. 그렇다고 이 책이 개념 구별에만 몰두하고 있는 것은 아니다. 그와 동시에 새로운 기술이 사회적, 경제적인 면에 어떤 영향을 미치고 있는가를 분석하고 평가하는 것이 중요한 목표이기도 하다. 예를 들면 한편으로는 사이버 행위자들을 개념적으로 구별하는 일을 중요하게 다루면서도, 다른 한편으로 기술의 폭발적 발전과 함께 '조직'의 변화가 있어야 커다란 사회적 변화가 온다는 실제 상황을 고려하고자 했다. 그래서 서술이 다소 복합적인 형태를 띠게 되었다.

이 책은 과학기술의 진행을 긍정하면서도, 여전히 너무 이론적 접근을 하는 것처럼 보일 수도 있다. 정말 강한 인공지능이 야기하는 위험 및 가능성에 대해 현실적으로 분석하려면, 초지능superintelligence 및 특이점 singularity 그리고 뇌-컴퓨터 인터페이스를 포함한 실제적인 연구들의 진행 과정과 발전을 연구 대상으로 삼아야 한다. 또 인공지능이나 로봇을 포함한 기술들이 무인 무기로 개발되는 경우들을 구체적으로 분석해야 할 것이고, 인공지능이나 로봇이 무기로 개발되는 과정을 제대로 막을 수 있느냐는 물음도 중요할 것이다. 이 물음에 충분히 대답하는 것은 이 책에서는 어렵고 다음 기회로 미뤄야겠지만 이론적으로나마 진지하게 대답할 수 있는 물음들을 다루는 데 만족하려 한다. 아마 앞으로도 이론의 방식으로는 그런 구체적인 물음에 대답하기 어려울 수 있다. 구체적인 문제들은 실제로는 매우 복합적이며 악마적인 얽힘을 내포하기 때문이다.

이 책의 원고는 2018년 여름에 작성되어 출판사로 넘어갔는데, 출간되기까지 꼬박 1년이 넘는 시간이 걸렸다. 복잡한 문제를 다루는 책들은 독서 시장에서 고전하며, 그런 책들을 세상에 내보내는 일은 출판사에게 어렵다. 힘겹게 세상의 빛을 본 이 책의 생일을 축하하면서, 이 글들이 앞으로 데이터의 홍수 속에서 어떻게 살아나갈지 궁금하다.

2019년 가을
김진석

서문 _005

1부 인공지능, 진부한 기계에서 진부하지 않은 기계로 _021
  1장 인공지능과 머신러닝의 발생 과정 _022
  2장 인공지능, 어떤 자율성을 확보했는가 _051
  3장 인공지능, 진부하지 않은 지능의 가능성 _089

2부 인공지능의 구별과 사이버 행위자 _123
  4장 '약한' 인공지능과 '강한' 인공지능의 구별 문제 _124
  5장 '강한' 인공지능에 대한 인간주의적 대응의 분석 _155
      ― 니체의 관점을 참조하여
  6장 하이브리드 행위자, 사이버 행위자 _189

3부 자유주의적 인간의 위기와 인간 강화 프로젝트 _231
  7장 의식과 지능에 대한 인간주의적 접근에서 벗어나기 _232
  8장 인공지능과 데이터, 자유주의를 뒤흔들다 _267
  9장 휴먼, 트랜스휴먼, 포스트휴먼 _307

4부 인간 강화와 인간 잉여 사이의 패러독스 _347
  10장 빅데이터를 통한 개인화 과정 속에서 개인은 소멸한다 _348
  11장 인간 잉여의 불안과 인간 강화의 기대를 둘러싼 소용돌이 _377
  12장 나가며 _421

참고 문헌 _459
찾아보기 _464

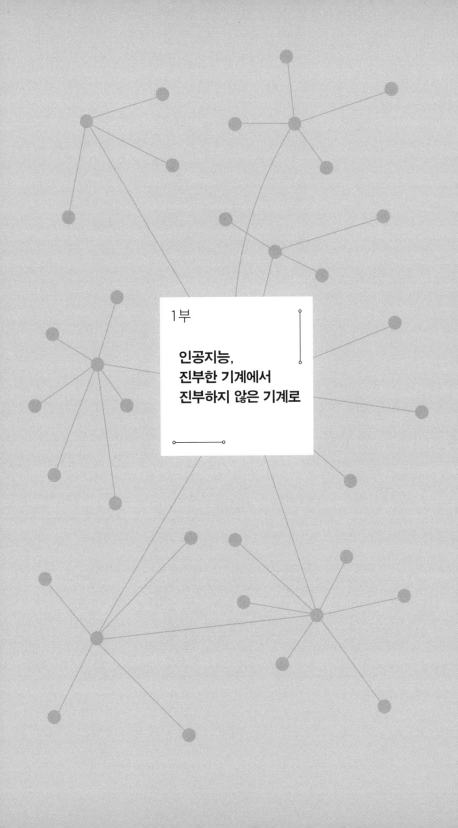

1부

**인공지능,
진부한 기계에서
진부하지 않은 기계로**

1장
인공지능과
머신러닝의 발생 과정

1. 인공지능이 야기한 충격, 단순한 기술의 효과인가?

2016년 알파고의 등장과 함께 인공지능과 머신러닝 기술이 모든 사람에게 알려지기는 했지만, 그 기술은 결코 갑자기 생기지 않았다. 짧게 봐도 한 세대 거슬러 올라가는 발전 과정이 있었고, 조금 더 길게 보면 지금부터 거의 두 세대 전부터 인공지능에 대한 관심이 본격적으로 시작되었다. 1950년 무렵 앨런 튜링1912~1954은 이미 모든 영역에서 널리 작동할 수 있는 컴퓨터, 곧 사람처럼 일반적인 지능을 가진 기계가 가능하다고 생각했다.

이 책은 인공지능에 대한 일반적인 설명이나 안내를 목표로 삼지는 않기에, 인공지능의 능력이나 발전에 관해 길게 말하지는 않을 것이다. 다만 지금 되돌아볼 때 특이하거나 여전히 생각해보게 만드는 점들에 대해서 말하고자 한다. 또는 지금 생각해도 특이한 일인데도 사람들이 잘 생각하지 않는 점을 짚고자 한다.

'인공지능Artificial Intelligence'이란 용어는 1956년 다트머스 대학의 존 매카시1927~2011가 처음 사용했다고 알려져 있다. 그러나 그 용어가 적절한지에 대해서는 의문이나 이의 제기가 얼마든지 가능하다. 왜냐하면 인간의 지능이라고 순전히 자연적인 방식으로 자연적인 수단에 의해 실행되지는 않기 때문이다. 문자가 처음 사용될 때도 그것이 인간의 자연적인 기억을 해친다는 이유로 반대가 적지 않았다. 그 이후엔 책으로 대표되는 인쇄 매체가 이미 상당한 수준에서 인공적인 지능의 확산을 통해 문명을 발전시켰다. 그것들과 비교하면 사진은 비교적 늦게 등장했다. 사진이 인간 마음의 기억능력을 흩날려버릴 것이라는 이의가 초기에 많았지만, 그 이후 사진은 '자연스런, 너무나 자연스런' 기억 방식으로 자리 잡았다. 이 점에서 '인공지능'이란 표현은 적합하지 않은 면이 있다. 그러나 이런 문제는 일단 여기서는 생략하자. 어쨌든 인공지능이란 말에서 인간의 지능은 전혀 인공적이지 않다는 생각을 떠올릴 필요는 없다. 다만 그것의 발생 과정이 인간 지능의 발생 과정과 다른 경로를 통해, 곧 기계 장치를 통해 진행되었다는 점에서 '인공'지능이란 말이 유행했다고 생각하면서, 출발하자.

인공지능에는 한순간에 사람들을 놀라게 하고 충격을 가져오는 힘과 특징이 있다. 그러나 인공지능이 현재 이뤄지고 있는 기술적 변화를 모두 설명해주지는 않는다. 가상현실의 문제도 여전히 나름대로 진행 중이고, 사물인터넷도 인공지능 개념과는 다른 차원에서 새로운 변화를 가져올 잠재력이 있는 큰 주제이며, 데이터와 정보처리 과정은 비록 인공지능과 밀접한 관계를 갖긴 하지만 그렇다고 인공지능과 같은 것은 아니다. 요즘 커다란 문제로 등장한 블록체인도 인공지능과는 다른 차원에서 사회적 변화를 초래할 가능성이 있다. 그런데도 인공지능이 갑자기 거의 모든 사람에게 관심의 대상이 되고 충격으로 다가온 데는 나름대로 이유가 있는 만큼, 다른 한편으로는 과학기술이 생산하는 변화의 복잡한 과정을 단순화하거나 심지어 왜곡하는 경향이 있다. 마치 인공지능이 모든 것의 중심이며 그것이 충분히 발전하면 자동으로 다른 모든 기술이 그것에 맞춰 변화할 것처럼 여겨질 수 있기 때문이다.

인공지능이 이런 혼동과 착각을 일으킬 수 있는 까닭은 바로 그것이 보통 사람들에게도 즉각적으로 이해될 수 있을 만큼 직접적이면서 동시에 그렇기 때문에 그것의 위협과 위험이 직관적으로 경험되기 때문이다. 무슨 위협과 위험인가? 다름 아닌, 인간 자신의 존재론적 지위를 뒤흔드는 위협과 위험. 이것은 알파고가 초래한 강력한 놀라움과 충격에서 금방 체험할 수 있다. 복잡한 사회 변화나 철학적 가치 문제가 아니라, 많은 사람이 익히고 있으면서도 높은 수준에 도달하는 것이 어렵다고 알려진 바둑, 더욱이 서양 체스나 장기보다 훨씬 어려워서 그동안 인간이 아닌 '로봇 같은 것들'은 도저히 하지 못하리라고 여겨진 바둑에서 인공지능이 그냥 인간도 아니고 챔피언을 쉽게 이겼으니! 알파고를 개발한 회사가 의도한 가장 중요한 효과 가운데 하나도 다름 아닌 이 충격 효과였다.

이 충격 효과를 게임이라는 특수한 활동의 맥락에서 설명해보자. 게임을 통한 학습의 효과는 좁은 의미의 학습을 통한 학습보다 더 즉각적이고도 직관적으로, 그리고 낮은 곳으로부터 다가온다. 공부를 못하거나 특별한 기술을 잘 다루지 못하는 것도 사람들을 실망시키고 짜증을 불러일으키지만, 게임을 못하는 것은 더 큰 충격을 야기할 수 있다. 기계가 계산을 잘한다는 것은 이미 어느 정도 알고 있었다. 기계가 대단한 계산을 하거나 엄청난 정보를 처리하는 능력도 놀라운 일이긴 하지만, 그것 때문에 사람들은 개인적으로 실망하거나 체념하거나 충격을 받지는 않는다. 그럴 수 있다는 것을 알기 때문이며, 기계의 그런 능력은 인간에게 도구로 사용된다고 여기기 때문이다. 계산을 아주 잘하는 기계는 인간이란 존재의 위상에 큰 손상을 가져오지 않는다. 그런데 인간적인, 아주 인간적 행위인 게임을 인간보다, 아니 인간 챔피언보다 더 잘하는 기계는 인간의 위상에 엄청난 손상과 위험을 가져온다. 사람들은 그것을 즉각적으로 느끼고 알았다. 비록 표현하고 전달하는 방식에는 차이가 있더라도, 거의 모든 사람은 직관적으로 엄청난 변화의 파도가 몰려오고 있음을 알아차렸다. 자율주행차의 급속한 등장도 그 비슷한 효과를 가져왔다. 그것들은 인간이 특별한 존재라는 표식을 한 칼에 날려버렸다. 아니, 그렇게 날려버린 것처럼 보였다.

그런데 이 사건은 즉각적이고 직관적인 만큼 얼마간 착각하게 하는 점이 있다. 인공지능이 단순히 인간을 전면적으로 대체하는 것은 아니며, 또 비록 많건 적건 대체하는 면이 있더라도 거기 개입되는 기술은 단순히 인공지능이라는 특별한 기술 하나가 아니며, 기술과 인간이 전면적으로 대립하는 일이 생기는 것도 아니다. 자율주행차의 예를 들어 이 점을 살펴보자. 일단 자율주행하는 차가 사고를 내지 않고 주행할 수 있는 능력을 갖추려면, 인공지능이라고 통칭되는 지능 시스템이 발전되어야한다. 그리고 그 시스템이 일정한 수준 이상으로 인간 운전자를 대체할 정도라면 기계가 인간을 대체하는 일이 일어날 것이다. 그러나 자율주행차가 사회에서 일반적으로 사용되려면, 그런 단순한 대체보다 복잡한 사회적 변화가 따라야 한다. 예컨대 그것이 사고를 낼 경우 어떻게 처리한다는 사회적 합의가 이뤄져야 한다. 이 사회적 합의의 과정은 인공지능기술 자체의 발전과는 다른 차원에서 이뤄져야 하는 사회적 갈등 조정과 해결 절차의 산물이다. 인공지능 기술을 사회에 도입하기 위한 일련의 사회적 합의는 거기서 그치지 않는다. 어느 단계에서 인간이 운전하는 차는 사라져야 하거나 심지어 금지되어야 할 것이다. 또 교통 정보와 신호 시스템이 전체적으로 바뀌어야 효과가 극대화될 터다. 게다가 자율주행차의 큰 효과는 단순히 인간 운전자가 사라진다는 데만 있지 않다. 그것은 이제까지 개인들이 차량을 소유하면서도 하루의 많은 시간 동안 그것을 사용하지 않고 세워놓는 태도 또는 습관을 변화시킨다는 데 있다. 사람들이 더 이상 개인적으로 차량을 소유하지 않고 필요할 때마다 차량을 불러서 이용하는 시스템이 도래하면, 차량을 소유하는 데서 기인하던 비용을 대폭 절감할 수 있고 그것이야말로 사회적으로 엄청난 변화이기 때문이다. 그런 변화는 단순히 기계로서의 인공지능이 할 수 있는 일이 아니다. 그 변화에 연결된 일련의 과제들은 법률 개정 등의 사회적·정치적 협의를 동반하며 갈등을 일으키기 마련이다. 다르게 말하면, 인공지능이 효과를 발휘하고 사회에 변화를 가져오려면 이른바 '사회 시스템'의 개입이나 그것과의 연합이 필수적이다. 따라서 인공지능이 그것만의 기술로 곧바로 사회적 변화를 일궈내는 것은 아니다. 사물인터넷과 블록체인을 비롯한 다른 기술들이 함께 발달해야 하고, 또 이것들의 발전과 확대는 다른 사회 시스템의 변화를 요구하거나 전제한다.

여기서 이미 어느 정도 드러나지만, 인공지능의 발전을 가능케 하는 '사회적인 과정' 또는 '사회 시스템'의 개입은 단순히 사회적으로 협의만 하면 되는 어떤 합리적인 과정이 아니다. 그것은 기술사회적으로 복잡한 개입과 간섭들의 흐름 또는 연쇄 반응, 아니 차라리 소용돌이 효과라고 할 수 있다. 자율주행차를 비롯해 인공지능의 확산이 일자리를 없앨 것이라는 사실은, 비록 그것의 속도나 파급력에 대해서는 차이가 있지만

강한 인공지능과 인간

이미 사람들 사이에서 필연적인 것으로 받아들여지고 있다. 운전이나 현장의 단순 노동 업무만 인공지능이 잘하는 게 아니다. 이미 주식 분석가의 업무 수행에 인공지능이 탁월한 효과를 보였을 뿐 아니라 의사의 진단 업무와 변호사의 판례 분석도 더 잘할 수 있다는 보도들이 나와 있다. 이런 높은 사회적 위험은 또 다른 위험들을 낳을 텐데, 과연 사람들은 그런 인공지능의 발전과 개입에 대해 동의한 것일까? 아니, 과연 그런 동의를 받는 절차를 진지하게 생각이나 할 수 있을까? 앞에서 사회적 협의라고 했지만, 실제로 그런 것은 일어나기 힘들다. '일자리를 엄청나게 없애는 인공지능이 과연 정말 필요한 것일까'라고 묻고 또 그것을 논의에 부친다면 상당한 갈등이 야기될 것이다.

실제로 4차 산업혁명의 효과나 성과라는 이름으로 그런 협의 과정은 알게 모르게 생략되거나 밀려난다. 단순한 억압이나 조작 때문에 그런 일이 생긴다고 보기는 어렵지만 어쨌든 제대로 사회적 논의의 대상이 되지 않는 것은 사실이다. 실제로 사람들도 자율주행차의 발전에 대해 한편으로는 신기하다고 여기면서 동시에 불안을 느낀다. 신기함과 불안이 묘하게 뒤섞여 있을 만큼 문제는 복합적이다. 이 복합성은 어느 하나의 영역이나 관점만으로 다루기 어렵다. 그래서 사람들은 그 문제를 다시 회피한다. 기술에 의해 초래되는 위험과 영향을 다루는 기술사회학은 그런 일련의 문제를 다루긴 하지만, 그것을 미리 통제하거나 조절하기는 힘들다. 기술이 사회에 도입되고 사용되는 과정은 그만큼 매우 복합적인 이유와 맥락을 띤다. 단순히 인공지능이 뛰어나고 그것의 우월성이 증명되었기에 자동적으로 사용되는 것만은 아니다.

이처럼 인공지능이 좁은 뜻의 지능으로 설명되기 힘들다면, 그것은 대체 어떤 것인가? 여기서 우리는 비로소 그것이 두 세대 동안 단일하지 않은 여러 경로로 발생하고 발전했다는 데 주목하게 된다. 그것은 그동안 몇 번이나 반짝 떠올랐다가 다시 가라앉는 과정을 겪었다. 연구를 지원하는 자금도 확 쏠렸다가 다시 끊기곤 했다. 그리고 겨우 최근에 이르러 머신러닝이 인공지능의 학습을 획기적으로 향상시킨다는 실제적인 결과들이 나오면서, 인공지능과 머신러닝은 두 세대에 걸친 오랜 연구 과정의 전성기를 맞이하고 있는 것이다. 머신러닝만 보더라도 그것은 전통적인 인식 과정이나 학습 방식과는 아주 다른 과정으로 실행된다. 인간이 학교에서 교사의 전문적 도움을 받아 이미 잘 조정된 교과 과정을 따라 학습을 했던 것과 같이, 초기 인공지능은 그 비슷한 전문가의 도움을 받는 학습 과정을 모델로 삼았다. 그러나 그런 학습에 기반을 두었던 인공지능은 일정한 성공 이상으로 나아가지 못했고, 한동안 침체기를 겪을 수밖에 없었다. 그러다 컴퓨터의 힘이 강해지고 대량의 데이터를 처리할 수 있게 되면서 머신러닝을 통한 학습이 자리를 잡았다. 빅데이터 처리 방식이 이제는 대세로 여겨지지만, 이전에는 그것과 매우 다른 인지 및 학습 방식이 오히려 대세였던 셈이다. 그런데 바로 이 대용량의 데이터처리에 근거한 학습 방식은 이제까지의 인간의 인식·인지 방식과는 상당한 차이가 있으며, 이 차이가 앞으로 여러 심각한 결과를 유발할 것으로 예상된다. 인공지능의 성공은 머신러닝의 발전 덕분에 꽃피울 수 있었지만, 이 머신러닝의 학습 방식은 인공지능의 초기 발전 과정에서 익숙했던 것과는 다른 기준과 모델을 따라 이뤄졌다. 그 차이를 인식하는 일이 중요하다. 초기에 인공지능은 인간을 모방하려 했지만, 최근엔 그런 방식에서 벗어나 인간과는 얼마든지 다른 방식으로 작동하고 있고 오히려 그런 변화 때문에 인간보다 우월한 모습을 보인다. 이 모든 점이 생각보다 중요하다. 그럼, 이제 인공지능의 발생 및 발전 과정에서의 특이한 변곡점들을 추적해보자.

2. 인공지능의 복합적인 발생 과정

1950년대에 컴퓨터에 인공적인 지능을 부여하려는 시도는 논리적인 기계를 만드는 방향으로 시작했다. '논리적인' 기계라고 해서 복잡한 논리까지 이해하거나 구현할 필요는 없었다. 가장 간단한 논리는 트랜지스터가 켜지면 1로 표시하고 꺼지면 0으로 표시하는 논리다. 한 단계 더 나아가면 'NOT'와 'AND' 그리고 'OR'의 세 기본 동작으로 작동하는 논리다. 기계는 연산능력을 기준으로 삼자면 이미 당시에도 인간보다 뛰어났지만, 그것만으로는 인간의 지능을 닮았다고 하기 어려웠다. 1960년대에 한 기관이 엄청난 연구비로 인공지능 연구를 지원하기 시작했는데, 바로 미국 국방부 소속 ARPA^{Advanced Research Projects Agency of the U.S. Department of Defense}였다. 이 기관은 1980년대에 인터넷 개발을 지원하기도 한다. 다만 1980년대엔 이름이 DARPA^{Defense Advanced Research Projects Agency}로 바뀌었을 뿐이다. 제2차 세계대전 때 튜링이 독일군의 암호를 해독하기 위해 계산기를 발명했듯이, 군사적인 목표가 처음부터 지속적으로 인공지능을 개발하려는 핵심적인 동기를 이끌었다고 할 수 있다. 뛰어난 지능을 가진 기계를 개발하는 과정이 자연스럽게 생긴 것이 아니라 군사적 동기에 의해 뒷받침되었다는 사실은 특별히 예외적이라고 이해될 필요는 없다. 레오나르도 다빈치^{1452~1519}도 르네상스 시대에 무기를 개발했듯이, 군사적 목표가 역사 속에서 언제나 항수로 작용했다는 것은 놀라운 일이 아니다.

인공지능의 초기 발전 과정부터 1970~1980년대까지 중요한 점은 당시 개발자들이 물리적 기호physical symbol가 인공지능이 작동하는 데 핵심이라고 생각했다는 것이다. 수학 기호나 논리 기호가 그런 기호의 대표일 것이다. 이 점은 앨런 뉴얼1927~1992과 허버트 사이먼1916~2001이 1975년 튜링상을 수상하면서 한 강연 내용에서 잘 드러난다. "기호는 지능적 행위의 뿌리에 놓여 있으며, 이것은 당연히 인공지능의 첫째 주제다. (…) 물리적인 상징 시스템은 시간의 흐름 속에서 기호 구조의 진화하는 집합들을 생산한다."1 그들은 이 물리적 기호 시스템이 "일반적인 지능적 행위"를 위해 필요하고도 충분한 수단이라고 판단했다. 그렇다면 "일반적인 지능적 행위"란 무엇인가? "그것으로 우리는 우리가 인간 행위 속에서 보는 것과 동일한 지능의 영역을 지시하고 싶다." "어떤 실제 상황 속에서도 시스템의 목적에 맞고 또 환경의 요구에 적응하는 행동이, 속도와 복잡성의 일정한 한계 안에서, 일어날 수 있다."

여기서 중요한 점이 드러난다. 인공지능은 목적이 무엇인지도 모른 채 단순히 주어진 계산만 하는 수동적인 지능에 머물지 않고, 본격적으로 경험적인 상황의 목적에 맞게 그리고 환경의 요구도 고려하며 잘 작동해야 한다. 그런데 여기서 이 인공지능이 수행할 "일반적인 지능적 행위"는 "인간 행위 속에서 보는 것과 동일한 지능의 영역"이라고 정의된다. 얼핏 보면 당연한 듯한 이 정의에 주목해야 한다. 인공지능의 개발 초기에 개발자들은 그것이 인간과 마찬가지로 일반적인 지능적 행위를 해야 한다고 생각했다. 곧, 인공지능은 인간과 닮거나 동일한 행위를, 인간이 하는 모든 일반적인 행위 영역에서 할 수 있어야 한다는 것이다. '일반 지능general intelligence'이라는 개념이 그 이후 인공지능을 규정하거나 정의하면서 불쑥불쑥 튀어나온 이유와 맥락이 거기 있었다. 인공지능은 인간과 똑같은 일을 할 수 있어야 하고, 그럼으로써 인간과 닮을 수 있으며, 바로 그것을 가능케 하는 지능이 '일반 지능'으로 여겨졌다.

그러나 사실 이것들은 당연한 전제가 아니라 인간주의적 가정일 뿐이다. 인공지능이나 그것을 가진 로봇이 꼭 인간을 닮아야 하는 것은 아니다. 생김새나 행동 방식이나 행동 영역에서 인간을 똑같이 모방할 필요도 없다. 물론 한편에는 '로봇이 인간을 닮았으면 좋겠다'라는 욕망이나 요구가 있는 것은 사실이다. 그리고 어떤 영역에서 인간들이 그런 인간을 닮은 로봇을 요구하고 있다(아마 감정을 이입하고 사랑을 '플레이'하는 영역에서 사람들은 가장 크게 인간을 닮은 로봇을 요구할 것이다). 그렇지만 모든 형태의 인공지능 로봇이 인간과 동일한 방식으로, 모든 영역에서 비슷하게 행동하리라고 생각하는 것은 우습거나 말이 안 되는 가정 혹은 불필요한 설정이라는 점이 조금만 생각해도 드러난다. 모양이나 행동 방식에서만 그 문제가 발생하는 것이 아니다. 인간을 모델과 목적으로 설정할 경우, 인공지능은 인간과 비슷한 수준을 추구하기만 하면 될 것이다. 그래서 처음에 사람들은 이 컴퓨터에게 '일반 지능'이라는 것을 부여하려고 했으며, 모든 것을 인간처럼 할 수 있는 '보편 컴퓨터universal computer'를 목표로 삼았다. 그러나 특정한 하나의 영역에서 인공지능이 인간을 추월하는 순간, 그 '일반 지능'의 당연하게 보이는 가정은 흔들리기 시작한다. 나아가 여러 개별 영역에서 인공지능이 인간보다 우월하다는 점이 드러나고 인정될 때, 그 가정은 분명히 부서진다. 다르게 말하면, 인공지능이 꼭 인간처럼 모든 영역에서 인간처럼 행동할 필요는 없다는 점이 점점 분명히 드러난다. 이 문제는 앞으로 계속 인간의 지능과 인공지능을 검토하고 판단할 때마다 튀어나올 것이다.

또 주의해야 할 점이 있는데, "기호는 지능적 행위의 뿌리에 놓여 있으며, 이것은 당연히 인공지능의 첫째 주제다"라는 가정이다. 기호들은 인간의 지식을 표현하는 형식들인데, 그것을 인공지능의 첫째 주제로 설정함으로써 인간의 지식을 표현하는 기호 시스템을 인간이 사용하는 방식과 똑같이 인공지능에게 입력하려는 시도가 거의 무의식적으로 출발점이자 목표로 설정된 것이다. 제대로 된 지식을 제대로 된 기호와 논리 형식에 입혀 코딩하는 것이 당시의 목표였다. 그런데 실제로 지식을 기호의 형식에 입혀 코딩하려는 시도는 크게 발전하기 어렵다. 어떤 목표를 구현하기 위해 물리적 기호의 형태로 지식을 코딩한다고 해서 실제 그 목표를 가장 잘 구현하지는 못하기 때문이다. 잘 뛰어가는 법을 기호 형태로 제시하고 입력한다고 해서 기계가 그 동작을 잘 구현한다는 보장은 없다. 잘 걷고 뛰어가는 일을 구현하는 방식에는 여러 가지가 있기 때문이다. 제리 캐플런1952~은 다음과 같이 말한다. "물리적 기호 시스템이 경험적 가설로 제시되었다는 사실에도 불구하고, 그것은 그 자체로 확증되거나 거부되지는 않는다."2 그는 골프를 예로 든다. 골프공을 똑바로 그리고 가능한 한 멀리 치는 방식을 언어로 지시할 수 있지만("머리를 고정시키고 눈은 공을 향하고, 이끄는 손으로 힘을 쓰고 따르는 손은 통제를 하라"는 식으로) 이런 지시만으로 골프를 잘 치게 되지는 않듯이, 물리적 기호들을 통해 어떤 행위나 솜씨를 요구했다고 해서 컴퓨터가 그것을 잘한다는 보장은 없다.

그래도 골프를 잘 치는 프로의 도움을 받으면 잘되지 않을까? 그래서 1980년 무렵, 아직 머신러닝의 방향으로 연구와 개발이 진행되지 못한 상황에서 일종의 '전문가 시스템' 또는 '지식 시스템'으로 부를 수 있는 새로운 방식이 등장한다. 이 방식은 처음에 '일반 지능'을 목표로 삼았던 방향과 다르게, "영역에 특수한 방식으로" 잘 작동하는 것을 목표

강한 인공지능과 인간

로 삼았다. 물론 어떤 하나의 과제를 잘하는 프로그램은 모두 '전문가'의 방식으로 작동한다고 말할 수 있다. 그 점에서 주된 차이는 전문성이 어떤 방식으로 재현되는가에 달려 있을 것이다. 컴퓨터 프로그램의 절차적 방식에 따르자면 한 문제는 일련의 연속적인 단계들로 더 작게 나누어지겠지만, 전문가 시스템은 그와 다르게 접근했다. 앞의 상징 시스템을 적용한 것이다. 전문성이 요구되는 과제를 이 시스템은 두 요소로 나누었다. 하나는 '지식 기반knowledge base'이었다. 이것은 "관심 분야인 특수한 영역에 대한 사실, 규칙 그리고 관계들이 상징적 형태로 재현된 것이었다."[3] 다른 하나는, 일반적인 목적을 가진 '추론 엔진'이었다. 이렇게 두 요소로 나뉜 전문가 시스템에서 프로그래머는 전문적으로 그 일을 실행하는 사람들을 인터뷰함으로써 전문적 지식을 프로그램에 통합시킬 수 있었다. 그러므로 전문가가 아니더라도 프로그래머가 전문가의 지식을 프로그램의 형태로 직접 입력하는 길이 제시된 셈이다. 다만 "그 영역의 지식을 명시적으로 재현"하는 것이 관건이었다. 말하자면, 전문적 지식이 'if-then'의 형식으로 전환되어야 했다. 따라서 이 방식은 위의 기호 시스템을 정말 전문적인 방식으로 구현한 것이고, 그 프로그래머들을 '지식공학자' 또는 '기호주의자'라고 부를 만했다. 이 접근법은 인공지능 분야를 확립한 1956년 '다트머스 회의Dartmouth Conference'의 일차적인 관심사였다.

그러나 "그 영역의 지식을 명시적으로 재현"하는 프로그램의 한계는 곧 드러났다. 어떤 특정 방식으로 서술된 매뉴얼을 읽을 때의 부족함을 생각해보자. 아무리 언어를 통해 어떤 지식이나 기술을 명확하게 표현한다고 해서, 인간이 그 기술을 효과적으로 습득할 수 있는 것은 아니다. 오히려 오랜 시간 직접 실습하고 훈련하는 과정이 기술을 습득하는 데 더 효과적이다. 인간이 오랜 시간 노력하여 습득한 기술들은 명시적 explicit 언어로 표현되기도 힘들지만 구현되기는 더 어렵다. 자전거를 타든 테니스를 치든 거기에 필요한 기술이 명시적인 형태가 아니라 암묵적 implicit 형태로 얻어진다는 것은 바로 이 점을 말한다. 오랫동안 자전거를 타지 않거나 피아노를 연주하지 않더라도, 몸이 알아서 다시 자전거를 타고 피아노를 연주한다는 점도 지식이 꼭 말로 재현될 필요가 없다는 점을 알려준다. 물론 그렇다고 지식의 습득이나 효과를 정확하게 서술하는 일이 무의미하다는 것은 아니고, 기술이 오로지 명시적/암묵적 지식의 구별에 의해서만 얻어진다고 말할 필요도 없다. 이 점은 뒤에서 인간의 지능과 인공지능을 구별하면서 다시 한번 논의할 것이다. 지금은 다만 규칙과 지시에 근거하여 지식을 명확하게 재현하거나 설명하는 전문가 시스템이 인공지능 연구에서 큰 효과가 없었다는 점이 1980년대 무렵 드러났다는 점에 주목하자.

'지식을 통한 재현'이 크게 효과적이지 않았다는 점은 인공지능보다는 로봇 연구에서 더 확실하게 드러났다. 로봇은 대부분 개별적으로 움직이고 이동할 수 있는 능력을 가져야 하므로 단순히 일정 수준의 지능을 갖는 것만으로는 충분하지 않다. 개별적으로 잘 움직이면서 기능할수록 좋은 로봇이다. 우리 인간은 이미 지식을 통해서 세계를 이해하거나 재현하는 것에 너무 익숙해져 있다. 그래서 많은 지식을 동원해서 말하고 세상을 설명하는 일이 자연스러워 보인다. 그러나 로봇은 어떨까? 특정 임무를 수행하는 로봇도 지식을 통해 세계를 이해하고 재현해야 할까? 다른 말로 하면, 중앙을 통한 재현 방식에 의존해야 할까? 인공지능 연구자인 한스 모라벡은 처음에 중앙 재현 방식으로 로봇을 제작했다. 조금 단순하게 말하면, 세상에 대한 지식을 중앙에 모으고 그로부터 행동을 통제하는 방식이다. 그러나 이 경우 로봇에게는 과부하가 걸리며 동작도 매우 느리다. 로봇의 이동능력이나 수행능력을 위해서는 움직임에 관한 지식이나 또는 세상에 대한 지식을 입력하는 것이 별로 효과가 없다는 것이다. 로봇공학자 로드니 브룩스는 그와 달리 "재현 없이 작동하는 지능"에 주의를 기울였다.[4] 세상이나 환경을 지식의 연결을 통해 일관되게 이해하고 통제하기보다는 환경과의 상호작용을 통해 그때그때 적절하게 행동하도록 하는 방식이다. 여기서는 모든 센서와 작동 장치가 중앙에 연결되거나 그로부터 통제될 필요는 없다. 각각의 부분 시스템은 다른 시스템들과 통합되지 않은 상태에서, 그들과 다른 방식으로 세상을 보고 행동한다. 그리고 각각의 모듈이나 부분 시스템은 유한한 상태만을 가질 수도 있다. 유한한 상태라는 것은 그때그때 자기 부분 시스템에 적합하게 움직이기만 하며, 전체를 고려하거나 대변하지는 않는다는 것이다. 다만 분산된 모듈이나 시스템들 사이에서 충돌이 일어날 때 개입하고 조정하는 제어 시스템이 있을 뿐이다. 따라서 두뇌가 세상에 대한 전체적인 지식을 가지거나 통제하는 것이 아니다. 다르게 말하면, 지능은 환경이나 세상에 대해 세밀하고 정확한 내부적 모델을 가져야 할 필요가 없으며, 환경의 중요한 측면들에만 주의를 기울이면서 환경을 경제적으로 이용하고 제어해야 한다는 말이다. 이 접근 방식은 지식을 통한 재현이라는 인간주의적 접근과 거리를 두면서, 인공지능, 더 나아가 머신러닝이 작동하는 방식을 실천적으로 파악하게 해준다. 전통적인 철학이나 인식론은 근본적으로 지식을 통한 세계의 재현에 근거하지만, 머신러닝의 기본은 지식을 통해 세계를 재현하는 데 있지 않기 때문이다.

물론 기호를 사용하는 접근을 과도하게 평가절하하는 것은 잘못일 수 있다. 기호 시스템이나 전문가 시스템은 여전히 잘 작동하는 영역이 있기 때문이다. "계획하기planning, 플래닝라고 불리는 인공지능의 하부 영역, 곧 원하는 목표에 도달하기 위한 일련의 단계를 표현하는 기술을 개발하는 것이 중요할 때"[5]가 그 경우다. 이 기술을 개발할 때 공통된 요인들은 다음과 같다. "일반적으로 알려진 최초 상태, 하나 또는 여러 개의 원하는 최종 상태, 최초 상태에서 최종 상태로 진행하는 데 필요한 한 묶음의 작동이나 동작들, 그리고 필요한 단계들의 숫자를 최소화하는 것과 같은 솔루션의 가치에 대한 일정한 척도." 이 플래닝 방식이 활발하게 적용되는 영역의 하나가 '일반적 게임 플레잉Playing'이다. "한 세트의 규칙을 가진 프로그램이 한 게임을 플레이하기 위해 제시되는데, 그 프로그램은 이 게임에 대해 어떤 사전 지식도 가지지 않으며, 게임을 수행하는 방식에 대해서도 아무 명령이 주어지지 않는다. 그 프로그램은 무엇이 잘되는 방식인지 추론함으로써 자신의 게임 전략을 알아내야 한다."[6] 물론 여기에 이르면 이제 게임을 하지 않는 사람들을 포함한 많은 이가 이미 그 비슷한 플래닝을 경험했음을 알게 된다. 주어진 출발점에서 최종 목적지에 도달하는 일련의 경로를 알아내는 인공지능은 지금도 제법 많이 사용된다. 그것의 대표적인 예는 다름 아닌 기본적인 내비게이션 시스템이다. 출발점에서 목적지까지 가는 방식에 하나 또는 몇 개의 경로가 있는 계획 세우기. 물론 발전한 내비게이션 시스템은 실시간 교통 정보를 처리해서 제공할 수 있어야 하기 때문에 그런 기본적인 플래닝 방식과는 다를 수밖에 없다. 그러나 실시간 교통 정보를 제공하지 않는 내비게이션은 플래닝의 한 방식으로 기본적인 성과를 낸다. 이렇게 보면 기호주의적 접근 방식이나 플래닝의 성과도 무시할 수 없다. 출발점과 최종 목표가 주어져 있고 그 경로를 몇 가지로 예상할 수 있다면 훌륭한 도구를 만들 수 있다.

강한 인공지능과 인간

그러나 잘 알려져 있다시피, 바둑은 가능한 경우의 수가 무한에 가깝다. 19×19가지의 경우의 수는 대충 계산해도 엄청난 숫자다. 마찬가지로 일반 도로 주행의 상황도 비슷하게 복잡한 문제를 제기한다. 따라서 합리적으로 계획을 세우는 방식으로는 그 과제를 해결하기 어려운 셈이다. 그러면 앞의 전문가 시스템은 어떤가? 전문가가 직면하는 실제 상황도 상당히 복잡하긴 하지만, 전문가의 지식을 코딩한 프로그램은 아마 그렇게 복잡한 경우의 수와 직면하지는 않을 것이다. 더욱이 기호 시스템에 의존하여 명시적으로 표현된 전문성은 바로 그 명시성 때문에 복잡성과 제대로 직면하지 못할 가능성이 크다. 왜냐하면 프로그램에 의해 입력된 전문적 경험은 아마 대부분 옳은 방식과 정상적인 환경을 설정하기 십상일 터이니까. 일반적으로 무경험자와 비교하면 실제 상황에서도 전문가는 쉽게 문제를 해결한다고 여겨지는데, 바로 이 정도 수준의 정상성을 전제하는 전문성이 전문가 시스템에서 구현되었다고 볼 수 있다. 그 전문성은 일정한 정상성을 전제하기에 효율적이지만, 바로 그 때문에 자신을 과도하게 참조하는 경향이 있다. 그런데 보통의 옳은 방식으로는 물론이고 전문적인 지식을 가진 전문가조차 해결하기 어려운 문제가 나타났을 때 상당한 복잡성을 다루는 인공지능이 등장해야 하며, 따라서 머신러닝의 시대가 도래한다. 복잡성을 다루는 인공지능이나 머신러닝의 관점에서 보면, 기호주의적 접근이나 전문가 시스템 또는 '플래닝'은 "좋았던 옛날 방식의 AI Good Old-Fashioned AI"[7]로 여겨진다.

이런 과정들을 거친 후에 비로소 머신러닝이 화려하게 등장한다. 그것의 효과는 알파고와 자율주행차에서 확연히 드러나며, 모든 사람에게 즉각적이고도 직관적으로 다가온다. 인공지능 발전 과정의 변곡점을 기호주의와의 관계에서 강조하자면, 인공지능이 기호 시스템 또는 '기호주의'에서 벗어나고 그것과 다른 방식들(신경망 네트워크와 통계학적 방식 등) 이 개발되면서 머신러닝이 제대로 궤도에 진입했다고 할 수 있다. 머신러 닝은 지식을 기호 시스템에 입혀 코딩하고 프로그래밍하는 방식과는 매 우 다르게 다량의 데이터를 처리하는 방식으로 진행하고 발전했다. 다량 의 데이터를 처리할 때 지식의 내용을 정확한 기호나 논리 형식을 통해 정의하는 일은 크게 효과적이지 않다. 기호주의적 접근과 머신러닝 기반 접근의 차이에 대해 머신러닝 전문가인 페드로 도밍고스[1965~]는 다음과 같이 말한다. "지식 기반 시스템은 1970년대에 인상 깊은 성공을 거두고 1980년대에 급속히 확산되었다가 사라져갔다. 주요 요인은 악명 높은 지 식 획득 병목 현상knowledge acquisition bottleneck 때문이다. 전문가에게 지 식을 얻어내고 규칙을 변환하는 작업은 그 자체가 너무 어렵고 노동집 약적이며 실수를 범하기 쉽다. 예를 들어 환자의 과거 증상과 원인, 병의 진행 결과 등의 기록을 살펴보고 질병을 진단하는 법을 컴퓨터가 자동 으로 학습하는 것이, 의사들에게 끊임없이 문의하여 구축된 지식을 입 력하는 방식보다 쉽다는 것이 판명되었다."[8] 전문가 시스템 같은 프로그 램은 지식을 기호 형태로 코딩하고 입력하려 했다. 그것이 머신러닝과 전 혀 어울리지 않는다고 말하기는 어렵지만, 어쨌든 그 시스템에서는 학습 과정이 거의 없었다. 입력input한 프로그램에 따라 기계는 출력output을 내놓았다. 그와 달리, 머신러닝은 말 그대로 기계가 학습하며 그 학습으 로 인해 또 다른 학습을 한다. 이전에는 컴퓨터가 갖지 못했던 자율적으 로 배우는 과정이 핵심으로 떠오른 것이다. 그럼으로써 지식과 인간 기 술자의 기술을 손으로 힘들게 입력해야 하는 과정과 다른 길을 갈 수 있 게 된 것이다.

물론 기술의 관점에서는, 몇 가지 기술적 요인의 진보가 머신러닝을 가능하게 했다고 생각할 수 있다. 무엇보다 다음 네 가지 요인이 그렇다. "컴퓨팅 속도와 메모리의 개선, 물리적 방식에서 전자식으로 전환된 데이터의 저장 방식, 인터넷 덕분에 가능해진 더 쉬운 접근, 그리고 저비용 고품질의 디지털 센서."[9] 여기서 다른 세 가지는 쉽게 이해할 수 있지만, "인터넷 덕분에 가능해진 더 쉬운 접근"은 조금 더 생각해보아야 한다. 머신러닝은 단순히 어떤 기계의 지능이 그 자체로 높아진 것을 말하지 않는다. 지능이 그렇게 높은 수준으로 작동하려면 네트워크를 통해 무수한 데이터에 접근할 수 있어야 한다. 그런데 앞에서 언급했듯이 이 네트워크는 단순히 기술적인 연결망에 국한되지 않는다. 데이터를 얻기 위해서는 네트워크에 접속한 개인들이 자료를 '자발적으로' 제공하는 과정이 필요하기 때문이다. 그러므로 인터넷 접근성은, 물론 다른 것들도 각자 나름대로 어느 정도는 사회적 과정과 연결되어 있지만, 무엇보다 인간들이 사회 속에서 행동하면서 정보를 전달하고 확산하는 방식과 연결되어 있다.

그러나 무엇보다 중요한 것은 컴퓨터 작동 방식의 차이다. 머신러닝 이전에는 데이터를 입력하면 컴퓨터가 출력을 내놓았다. 머신러닝은 이 방식을 획기적으로 바꾸었다. 이젠 데이터뿐 아니라 결과를 넣는다. 그러면 컴퓨터는 데이터를 결과로 전환시켜주는 패턴의 알고리듬을 내놓는다. 머신러닝은 "다른 알고리듬을 만들어내는 알고리듬이다. 머신러닝을 통해 컴퓨터가 스스로 프로그램을 작성하기 때문에 사람은 프로그램을 작성할 필요가 없다."[10] 대단한 일이 아닐 수 없다. 스스로 프로그램을 만들어내는 인공지능이라니!

여기서 사소해 보이는 용어 사용에 주목할 필요가 있다. 국내에서는 '알고리즘'이라는 표현으로 굳어졌지만 '알고리듬algorithm'이라는 표현이 더 정확할 이 용어는 갑자기 새롭게 등장한 것은 아니다. 그것은 컴퓨터가 수행해야 할 일을 차례로 알려주는 명령어의 집합이다. 이전에는 '코딩'이나 '프로그램'이라는 용어가 많이 사용되었다면, 인공지능과 머신러닝의 시대에는 '알고리듬'이 많이 사용되는 경향이 있다. 아마 코딩과 프로그램은 기호주의적으로 접근했던 시대 또는 일반적으로 머신러닝이 등장하기 전에 많이 사용된 용어이기 때문일 것이다. 코딩과 프로그램은 인간이 손으로 입력해야 했던 어떤 것들에 속한다. 그런데 머신러닝 시대에 인간이 작성하는 프로그램을 지칭하는 용어는 중요성을 많이 상실한다. 머신러닝은 그 자체로 알고리듬이면서 다른 알고리듬을 만들어내기 때문이다. 그러나 그것이 정말 처음부터 알고리듬으로 존재하기 시작했는가? 그렇게 자율적이란 말인가, 인간보다 더할 정도로? "알고리듬이면서 다른 알고리듬을 만들어내는" 기계는 이렇게 천천히 오랜 과정을 거쳐, 그러나 어떤 점에서는 갑자기 우리 앞에 와 있다.

3. 인공지능과 머신러닝의 묘한 관계

그러나 "알고리듬이면서 다른 알고리듬을 만들어내는" 머신러닝은 아직 여러 면에서 개념적으로 모호하다. 똑똑한, 너무 똑똑한 인공지능의 모습으로 즉각적이고도 직관적으로 사람들에게 다가오긴 하지만, 개념으로서는 아직 명확하지 않다는 것이다. 물론 이 개념적 모호성을 단순히 결함이라고 할 순 없다. 단순하게 보이는 것도 따지고 보면 복잡한 과정을 거쳐 발생하는데, 복잡한 것이 발생한 과정은 복잡할 수밖에 없다. 그리고 머신러닝은 아직도 완성되지 않은 어떤 것인데, 그럼에

강한 인공지능과 인간

도 불구하고 벌써 소용돌이를 불러일으키는 복잡한 것이기 때문이다.

　머신러닝을 둘러싸고 있는 이 개념적 모호성은 가만히 보면 그것에만 고유하고 특정적인 것은 아니다. '인간'이라는 개념도 사실 비슷한 사정이다. 한편으로 보면 그 이상 단순하고도 명확한 것이 없을 듯하지만, 인간을 개념으로 정의하기는 만만치 않고 매우 어렵다. '인간적'이란 용어는 무엇을 가리키는가? 인간적인 행동이란 어떤 것일까? 유럽으로 가려고 제 나라를 떠나 브로커들에게 돈을 쥐여주며 죽음을 무릅쓰고 작은 배에 몸을 싣는 사람들은 인간적인 행동을 하는 듯하다. 그러면 그렇게 하지 못하는 그 나라의 다른 사람들은? 그리고 그 사람들이 지중해를 건너다 배가 뒤집혀 죽었다는 보도를 접하고 처음에는 슬프게 생각하지만, 그렇다고 별다른 진지한 행동을 하지 못한 채 그냥 일상을 계속하는 사람은, 그러면서도 자기 집 강아지가 아프면 매우 진지해져서 병원에 데리고 가는 사람은 인간적인가? 우리는 이 모호함을 인간에게서 느끼고, 다시 인공지능이나 머신러닝에게서 느낀다. 그러니 그 모호함을 단순히 논리적인 결함이나 거부의 명분으로 삼을 필요는 없다. 오히려 모호성이나 복잡성은 어떤 존재를 설명하려고 할 때 필연적으로 개입하는 환경이라고 할 수 있다. 그러나 인공지능과 머신러닝은 인간이 내던져진 모호함을 다시, 새삼스러울 정도로, 성찰하게 만든다.

　내가 여기서 소개하는 인공지능과 머신러닝의 발생 및 발전 과정은 기본적으로 이미 다른 연구자들이 밝혀놓은 것이다. 나는 다만 비교적 잘 알려진 사실에서 출발하여 몇 가지 관찰을 덧붙이고자 한다. 우선, 인공지능과 머신러닝의 관계와 차이에 대해 생각해보자. 그것은 기대하는 것만큼 명확하지는 않다. 우리는 앞에서 한편으로는 인공지능이 더 큰 개념이고 머신러닝은 인공지능에서 가지를 친 어떤 것으로 서술하면서, 다른 한편으로는 마치 인공지능이 머신러닝으로 진화한 것처럼 서술했다. 이런 설명은 우연이 아닐 것이다. 이 두 개념은 겹치거나 교차하는 면이 있다. 다음 설명을 보자. "머신러닝은 인공지능과 혼동되기도 한다. 기술상 머신러닝은 인공지능의 하위 분야지만 이제는 크게 성공하여 부모 같은 인공지능이 자신보다 더 뛰어난 머신러닝을 자랑스러워할 정도다."[11] 은유적 표현들에 의존하는 이 설명은 어떤 면을 잘 조명하지만, 다른 한편으론 은유에게 설명을 슬쩍 위임하는 수준에 머물러 있다고 할 수 있다. 인공지능이 머신러닝에게 부모 같은 존재일까? 부모는 일반적으로 자식을 키우지만, 인공지능이 그렇게 머신러닝을 키운 것은 아니다. 이런 관찰은 괜히 까다롭게 군다고 여겨질 수도 있지만, 기술의 발전은 정색하고 보면 그렇게 간단히 설명될 수 있는 것이 아니다. 도구로 기능하는 컴퓨터의 개발을 사람들은 비교적 쉽게 납득한다. 기계는 사람들을 돕는다고 여겨지기 때문이다. 꼭 그렇기만 한 것은 아니지만, 그렇다고 치자. 그러나 일자리를 대량으로 없애고 많은 사람을 잉여적 상태로 내몰 인공지능이나 머신러닝을 사람들이나 사회가 정말 아이를 낳듯이 낳은 것일까? 그렇지는 않다. 어떤 동기가 거기 개입하고, 어떤 사람들이 각별히 거기 찬성하는가? 인간에게 이제까지 경험하지 못한 잉여 상태를 비롯해 새로운 복잡성을 초래할 머신러닝 기술이 부모에 의해 그렇게 되듯이 인간스러운 인공지능에 의해 키워졌다? 한순간에 기계가 부모가 되고 기계가 자식이 되는 반면, 다수의 인간은 멀뚱멀뚱 서 있는 꼴이다. 역설적 상황들이 인간과 인공지능, 그리고 머신러닝 사이에 출몰한다.

앞에서 나는 기호주의적 접근을 머신러닝과 비교하고 그 차이를 한편으로 부각시키려는 시도를 했지만, 그렇다고 머신러닝이 기호주의적 접근과 아주 다른 것이라고 말할 수도 없고 기호주의적 접근이 머신러닝에 의해 대체되지도 않는다. 다만 발전 과정에서 하나가 다른 것에 의해 밀리거나 압도되는 국면이 발생했다. 그러나 기호주의적 접근은 쪼그라들기는커녕, 조금은 놀랍게도 다시 머신러닝의 한 영역으로 등장한다. 다르게 말하면, 머신러닝은 기호주의적 접근에서 분화하고 또 진화한 어떤 형태라고 할 수 있지만, 그렇다고 그것이 순수한 모습이나 유일무이한 특징을 가진 것은 아니다. 앞에서 우리는 기호주의적 접근보다 머신러닝의 방식이 뛰어난 성과를 보인다는 인용구를 읽었다(주 8번). 그 구절은 이렇게 시작한다. "기호주의자의 머신러닝은 인공지능의 지식공학파에서 파생된 분파다."[12] 기호주의자의 머신러닝이 있다는 것은 기호주의적 접근으로도 머신러닝이 가능하다는 뜻이다. 그다음 쪽의 다음 구절을 보자. "기호주의자의 머신러닝은 (…) 머신러닝을 제외한 인공지능 분야에 여전히 더 가깝다. 컴퓨터과학을 대륙에 비유한다면 기호주의자의 머신러닝은 지식공학과 긴 경계선을 맞대고 있을 것이다."[13] "머신러닝을 제외한 인공지능 분야"? 머신러닝이 완전히 제외되는 인공지능의 영토를 설정한다면, 인공지능은 머신러닝과는 별개의 것으로 보인다. 그러나 인공지능의 발생 과정을 되돌아보건대 이런 구별이나 단절이 유지될 수 있을까? 머신러닝이 인공지능과 완전히 다른 것이라면 그럴 것이다. 그러나 머신러닝이 인공지능의 하위 분야라면? 또 머신러닝이 인공지능과 완전히 다른 것이라고 할 수 있을까?

용어와 개념이 적지 않게 모호한 까닭은 인공지능과 머신러닝이 처음부터 단일한 모습으로 태어나지 않았고 그 발생 과정도 단순하지 않기 때문이다. 1980년대까지 한동안은 '사이버네틱스' 이론이 상당한 성과를 올렸고, 그 이론이 '인공지능'도 다루는 것으로 이해되었다(우리는 뒤에서 이 사이버네틱스 이론을 살펴볼 것이다). 그러다 인공지능 영역이 가시적 성과를 보이기 시작하자 '사이버네틱스' 이론은 포괄적으로 지칭하는 힘을 상당히 잃어버리고 대신 '인공지능'이 포괄적인 개념으로 대접받게 되었다. 그러다 최근에 기존의 인공지능 접근법과 다른 방식으로 작동하는 '머신러닝'이 뛰어난 성과를 보이자, 그 둘을 분리하는 경향이 돌출했고 그것이 인기를 얻었다고 볼 수 있다. 이제까지 서술했듯이 초기의 인공지능 연구와 최근 머신러닝 연구 사이에 큰 차이가 있는 것은 사실이다. 어쨌든 사람이 더 이상 프로그램을 코딩하거나 입력하지 않고 알고리듬이 스스로 알고리듬을 만드는 단계가 머신러닝의 핵심이다. 그리고 그 알고리듬이 주로 다루는 것이 데이터라는 것도 또 다른 핵심이다. 그렇다면 인공지능을 포괄적인 명칭으로 사용하되, 이 특징이 두드러지는 과정을 머신러닝으로 구별하면 일단은 그 개념들을 큰 충돌 없이 사용할 수 있을 듯하다.

그럼에도 개념적으로 모든 문제가 해결된 것은 아니다. 한 예만 든다면, 과연 '지능'이란 용어가 로봇을 비롯한 모든 인공 생명체가 존재하고 활동하는 방식을 잘 또는 충분히 표현하느냐, 라는 물음이 가능하다. 우리는 사람을 평가할 때 지능만으로 평가하지 않는다. 지능은 여러 기준 가운데 하나일 뿐이다. 또 지능에도 여러 방식이 있다. 지적인 영역을 측정한 결과를 지능이라고 한다면, 감성은 지능에 포함되기도 하고 따로 존재한다고 판단할 수도 있다. 이 점에서 보면 '인공지능'이란 용어는 어쨌든 기술적으로 문제를 해결하는 활동을 수행하는 능력에 초점이 맞춰져 있으며, 현재 머신러닝 연구도 그 방향으로 진행되고 있는 것이 사실이다. 이 점에서 인공지능은 흔히 컴퓨터나 소프트웨어라는 이름으로 이제까지 사람들이 이해한 것의 연장선상에 있다. 그와 달리 인공지능을 지녔으되 로봇의 모습을 한 행위자는 좁은 뜻의 지능의 관점만으로는 설명하기 어려울 것이다. 안드로이드 로봇이 인간과 협력하면서 사는 시대가 온다면, 그 로봇은 좁은 의미의 지능 이상 또는 그보다는 넓은 영역의 다양한 행동 방식을 수행할 수 있어야 할 것이다. 이 경우 감성과 감정을 다루고 처리하는 능력을 여전히 '지능'이란 이름으로 불러야 할까? 그럴 수도 있고 아닐 수도 있다. 이와 연관된 문제들을 뒤에서 더 다루기로 하자.

머신러닝에 대해 서술하면서 이제까지 다루지 않은 중요한 주제가 있다. 아마 초기 발생 과정의 기호주의적 접근을 부각시키다보니 그런 일이 생겼을 것인데, 이 누락을 그대로 두면 인공지능이나 머신러닝 발생 및 발전 과정을 형편없이 왜곡시키는 일이 될 것이다. 최근처럼 머신러닝이 특별한 명칭으로 강조되지 않았을 때도 인공지능 연구의 한 방향은 인간 신경망을 정보의 흐름과 연관시키는 것이었다. 그 연구는 1943년 무렵까지 거슬러 올라간다. 워런 매컬러1898~1969와 그의 조수였던 월터 피츠1923~1969는 신경망이 작동하는 원리가 정보가 작동하는 원리와 같다는, 당시로서는 놀라운 연구를 선보였다. 이 연구 방향은 그 이후 인공지능 연구에서 중요한 흐름을 형성한다. 1950년대에는 프랭크 로젠블랫1928~1971이 미 해군의 지원을 받아 '퍼셉트론perceptron'이라는 인공 뉴런을 선보였는데, 이 연구는 앞에 언급된 다트머스 회의 참석자들에게도 잘 알려져 있었다. 1969년에는 마빈 민스키1927~2016와 시모어 페퍼트1928~2016가 아예 『퍼셉트론즈Perceptrons』라는 제목으로 책을 출간했다. 인공 신경망을 구축한 이 접근법은 인공지능 연구에서 한 가지 핵심 축이 되었고, 이후의 머신러닝 연구에서도 그 성과는 이어졌다. 그런데 민스키 같은 연구자들은 단순히 또는 전적으로 신경망의 연결에 기반을 둔 연결주의를 따르지도 않는다. 실제로 그는 개념과 기호들의 구별 및 위계질서를 중요하게 생각하는 기호주의적 또는 지식공학knowledge engi-neering적인 접근법을 연결주의적 접근법과 같이 사용하고 있다. 그러니 몇몇 안내서가 말하듯, 인공지능에서 머신러닝으로 이어지는 발전 과정이 일차적으로 또는 심지어 전적으로 신경망 이론에 의해 가능해졌다고 여길 필요는 없다.[14] 오히려 신경망 연구자들은 "인지하지 못했지만, 뉴럴 네트워크 연구는 통계학적인 학습으로 재해석되면서 발전했다"[15]고 평가하기도 한다.

더 나아가, 단순하게 말하면 신경망 연구 방식은 인간의 뇌를 모델로 삼고 모방한다고 하지만, 실제로 꼭 인간의 뇌를 모방해야 하는 것은 아니며 그렇게 하지도 않는다. 아직 인간의 뇌가 어떻게 작동하는지 완벽하게 모르기 때문만은 아니다. 오히려 인공지능 연구가 진행되고 그 성과가 처음 기대했던 수준 이상으로 발전하면서, 개발자들은 인간의 생물학적 뇌보다 더 잘 작동하는 인공 신경망을 구축할 수 있다는 믿음을 갖게 되었기 때문이다. 어느 수준에 이르면 오히려 인간의 생물학적 뇌의 한계와 속도를 뛰어넘어 그것보다 더 우월한 신경망을 만들 수 있다고 그들은 생각한다. 말하자면 인공 뇌가 생물학적 뇌보다 더 빨리 진화하고 지치지 않을뿐더러 서로 무한대로 연결될 수 있다는 것이다. 비교적 일찍 1980년대부터 이런 방향으로 밀고 나간 사람의 예로 한스 모라벡이 있다.[16] 『특이점이 온다The Singularity is Near』를 썼고 구글 인공지능 분야 책임자로 일한 레이 커즈와일1948~도 몇 년 전부터 인공 뇌가 생물학적 뇌의 한계를 뛰어넘을 수 있다는 점을 강조하고 있다.[17]

우리는 이미 머신러닝이 단일한 성격과 형태를 띠지 않는다는 것을 어렴풋이나마 알고 있다. 이 점에서 기인하는 문제가 있는데, 머신러닝의

강한 인공지능과 인간

종류를 구별하는 길 역시 현재는 물론이고 앞으로도 단일하지 않을 가능성이 크다. 신경망 구조를 이용한 학습 방식이 머신러닝의 핵심이라고 말하는 안내서들이 저지르는 단순화도 따지고 보면 이 복잡성에서 기인한다고 할 수 있다. 또 많은 책이 종종 지도학습supervised learning, 강화학습reinforcement learning, 비지도학습unsupervised learning의 세 형태로 머신러닝을 분류한다. 그런데 가만히 보면, 이 분류는 머신러닝의 학습 방식에서의 단계별 차이를 말한다고 할 수 있으므로 그것의 종류를 지칭한다고 말하기에 적절하지 않은 점이 있다. 스티븐 마슬랜드는 그 셋에다 '진화학습evolutionary learning'을 더해 넷을 언급한다.[18] 이런 예들과 비교하면 페드로 도밍고스의 구별법은 일단 포괄적이다. 그는 사람들이 머신러닝에 접근하는 방식에 따라 경쟁하는 다섯 종족을 구별한다. 첫째는 우리가 이미 본 기호주의자들symbolist이다. 이들은 "학습을 연역의 역순으로 보며 철학과 심리학, 논리학에서 아이디어를 얻는다."[19] 둘째는 우리가 방금 본 신경망 구조를 중심으로 삼는 사람들이다. 신경망들의 연결이 핵심이라는 점에서 이 종족은 연결주의자connectionist라고 불린다. "연결주의자는 두뇌를 분석하고 모방하며 신경과학과 물리학에서 영감을 얻는다. 진화주의자evolutionaries는 컴퓨터에서 진화를 모의 시험하며 유전학과 진화생물학에 의존한다. 베이즈주의자Bayesians는 학습이 확률추론의 한 형태라고 믿으며 통계학에 뿌리를 둔다. 유추주의자analogizer는 유사성similarity 판단을 근거로 추정하면서 배우며 심리학과 수학적 최적화의 영향을 받는다."[20] 그러나 이 다섯 유형의 구별이 정말 객관적인 것인가? 꼭 그렇지도 않다. 그는 "머신러닝은 여러 가지 형태를 띠고 다른 이름으로 불린다"는 것도 인정한다. "패턴 인식pattern recognition, 통계 모형, 데이터 마이닝, 지식 추론knowledge discovery, 예측

분석predictive analysis, 데이터 사이언스data science, 적응형 시스템adaptive system, 자기조직 시스템self-organizing system 외에 다른 이름도 있다."21 이 유형들은 앞의 다섯 종족의 유형과 딱 맞아떨어지지 않을 뿐 아니라, 상당히 다르다. 그러니 머신러닝의 개념은 아직 여러 점에서 모호하다.

더욱이 그는 이 다섯 방식을 통합해 머신러닝을 완성할 수 있는 '마스터 알고리듬'을 찾는다는 점에서, 낙관주의적이고 합리주의적 경향을 띤다. 왜냐하면 그런 이질적인 방식들을 통합해서 최적의 학습 방식과 최선의 형태를 찾을 수 있다고 믿는 것은 학습을 통해 신을 찾는 일과 비슷하기 때문이다. 신은 주사위 놀이를 하지 않는다고 말한 아인슈타인은 이 점에서는 세계와 우주의 질서에 대한 합리주의와 목적론의 전통을 따랐다고 할 수 있다. 그런데 머신러닝을 파악하는 여러 이질적인 방식에도 불구하고 그것들을 통합하는 '마스터 알고리듬'이 가능하다고 생각하는 것은 낙관적 주장이거나 어설픈 해결이거나 조급한 의견일 수 있다. 머신러닝 방식 간의 차이 및 거기서 기인하는 결과들에 대해 좀더 다양하고 복잡한 논의들이 이뤄져야 할 것이다.

머신러닝이 단일한 학습 시스템으로 존재하기 어렵다는 것은 단순히 철학적인 질문을 굴리기 위해서가 아니다. 실제로 머신러닝은 상이한 방식으로, 또 서로 합리적으로 조정되기 어려운 방식으로 이뤄진다. 이 점은 앞에 인용한 책의 저자 도밍고스도 잘 알고 있는 사실이다. "모든 머신러닝 알고리듬이 똑같이 작동하지는 않으며, 차이가 있기 때문에 다른 결과가 나온다. 아마존과 넷플릭스의 알고리듬을 비교해보자. 두 알고리듬이 당신에게 알맞은 책을 서점에서 추천해준다면 아마존은 당신이 전에 자주 찾은 서가로 데려갈 경향이 높고, 넷플릭스는 지금은 낯설고 이상하게 보이지만 결국 당신이 좋아할 책을 소개할 것이다. (…) 넷플릭스

강한 인공지능과 인간

의 알고리듬은 아직 한계가 많긴 하지만 당신의 취향을 아마존의 알고리듬보다 더 깊이 이해한다."[22] 그렇다면 이 상황에서 아마존이 단점을 보완하기 위해 넷플릭스의 알고리듬을 자기 알고리듬에 통합하면 문제가 해결되는 것일까? 위의 구절은 다음과 같이 이어진다. "역설적이게도 아마존이 넷플릭스의 알고리듬을 사용하면 더 나아진다는 의미는 아니다." 상이한 알고리듬들이 작동의 차원에서 통합되기는 상당히 어렵다는 말이다.

그런데 어떤 알고리듬이 어떤 사람의 취향을 더 깊이 이해하여, 그에게 도움을 주고 코치를 한다는 말은 무슨 뜻일까? 지금도 사람들은 아마존이 추천해준 책을 읽는데, 앞으로는 당신의 취향이 이러니까 이런 식으로 읽고 행동하는 것이 좋겠다고 알고리듬이 개입한다면 사람들의 자율성은 점점 쇠퇴하는 게 아닐까? 인공지능이 사람들의 선택을 예측하는 데서 그치지 않고 그들의 선택을 조율하고 조종한다면, 인공지능은 사람들의 마음 깊숙한 곳에 개입할 것이다. 그런데도 머신러닝이 어떻게 그런 알고리듬을 짜는지 사람들은 모른다. 왜냐하면 머신러닝은 스스로 알고리듬을 만들어내니까. 그리고 사람들은 그것이 어떻게 생기는지 모른다. 놀랍지 않은가? 혹은 무섭지 않은가?

대체 그의 능력은 어떻게 생긴 것일까? 그의 학습능력이 그렇게 대단한 것일까? 조금 다르게 물어보자. 그의 학습 방식이 정말 말 그대로 자율성을 갖는 것일까?

주

1. Newell; Simon(1976). 이후로 참고 문헌에 표기되어 있는 논문, 단행본 등의 경우 저자 (출간연도): 페이지 수로 표시한다.
2. Kaplan(2016): 21.
3. Kaplan(2016): 23.
4. Brooks(1991).
5. Kaplan(2016): 25.
6. Kaplan(2016): 26.
7. Kaplan(2016): 27. 여기서 "좋았던 옛날 방식"이라는 표현은 애정을 담은 표현일 수도 있고, 조금은 조롱하는 표현일 수도 있다.
8. 도밍고스(2016): 159~160.
9. Kaplan(2016): 39.
10. 도밍고스(2016): 36.
11. 도밍고스(2016): 39.
12. 도밍고스(2016): 159.
13. 도밍고스(2016): 160.
14. 이런 인상을 주는 한 예가 김대식(2016)이다. 그는 마치 머신러닝이 거의 전적으로 신경망 연구에 의해 가능해진 것처럼 서술하고 있다. 신경망의 다층적 구조는 인공지능의 발생 과정을 순차적으로 볼 때 큰 성과를 가져왔지만, 인공지능이나 머신러닝의 진화 과정이 그것에 의해 전적으로 가능해진 것은 아니고 그것이 최종적인 성과인 것도 아니다.
15. 마슬랜드(2016): 6.
16. 한스 모라벡은 1988년에 *Mind Children: The Future of Robot and Human Intelligence*를 출간했다. 이 책에서 그는 인간 뇌가 가진 기억을 인공 신경망에 복제하는 것이 가능하다는 것을 나름대로 이론적이며 기술적인 논거를 들며 주장했다. 이 책은 한국에서 2011년에야 번역되었으니, 인공지능에 대한 논의 과정에서의 기본적인 자료들이 얼마나 늦게 번역되었는지 알 수 있다. 그 책과 비교하면 최근의 인공지능에 관한 몇몇 책들의 번역은 시차가 상대적으로 줄어들었다고 할 수 있다.
17. 이 주장이 레이 커즈와일, 『특이점이 온다』(김영사, 2007)에서 반복된다.
18. 마슬랜드(2016): 7~8.
19. 도밍고스(2016): 6.
20. 도밍고스(2016): 16~17.
21. 도밍고스(2016): 39.
22. 도밍고스(2016): 15~16.

강한 인공지능과 인간

2장
인공지능,
어떤 자율성을 확보했는가

1. 머신러닝은 전통적인 학습법과 어떻게 다른가

자신이 읽을 책을 자신이 알아서 선택하지 않고 인공지능이 추천해주는 대로 따라가는 데 어느 정도의 효율성이나 편리함이 있는 것은 부정할 수 없다. 그렇다고 인공지능이 하는 방식이 무조건 옳다는 말은 아니다. 머신러닝에 기반을 둔 인공지능은 어떻게 그런 지식이나 의견을 얻는 것일까? 그 의견이나 지식은 얼마나 신뢰할 만한가?

여기서 우리는 앞 장에서 언급한 머신러닝이 학습하는 세 단계 또는 세 유형을 다시 살펴볼 필요가 있다. 첫 번째의 지도학습을 보자. 이 방식은 하나하나 이것이 무엇이라고 가르쳐주는 방식이다. 이것은 고양이, 저것도 고양이, 그리고 저 이상하게 생긴 것도 고양이, 하는 식이다. 세 번째의 비지도학습 방식은 말 그대로 알고리듬이 저절로 알아서 배우는 방식이다. 두 번째의 강화학습 방식은 그 중간의 방식으로서, 알고리듬이 내놓는 어떤 답이 틀렸다고 말해주긴 하지만 그것을 해결하는 방식은 알려주지 않는다. 이 설명은 비교적 명료하지만, 머신러닝이 실제 작업하는 대상이 다량의 데이터이며 그것들을 다룰 프로그램이 사람에 의해 입력되지 않는다는 점을 감안하면 머신러닝이 직면하는 복잡성을 제대로 풀어내지 못하는 면도 작지 않다. 아니, 이런 설명 방식에만 머무를 경우, 정작 머신러닝의 성과를 제대로 평가하지 못할 수 있다.

강화학습은 어떤 답이 틀렸다고 지적함으로써 기계가 저절로 '비판적' 학습을 한다고 여기게 한다. 다음 설명을 보자. "강화학습은 시험지에 작성된 답에 점수를 매기지만, 어떻게 발전시킬 수 있는지를 말해주지 않으므로 비판을 통한 학습이라고 불린다."[1] 틀린 말은 아닐 것이다. 머신러닝 과정에서 무슨 일이 일어나는지 알고 있는 개발자라면 그런 말도 그럭저럭 사용할 수 있지만, 정작 이 과정에서 무슨 일이 일어나는지 제대로 알지 못한 상태에서 그런 설명에 만족한다면 머신러닝 과정에서 일어나는 일을 간과하는 일이다. 더욱이 '비판'이라는 용어는 자칫하면 인간주의 또는 인문주의 모델을 다시 따라가게 만들 수 있다. 인문학에서는 '비판'을 여전히 정신적인 작용으로 생각하는 경향이 크기 때문이다. 나도 수십 년 동안 공부를 하면서 알게 모르게 '비판'이란 관점을 사용했고 그것이 여전히 필요한 지점이 있지만, 현재 머신러닝이 뛰어난 학습 성과를 보일 수 있는 이유는 그런 인문학적 '비판'과는 아주 다른 학습 방식이 있기 때문이다. 머신러닝을 하는 기계는 어떻게 '비판적' 사고를 하는 걸까? '비판적' 사고가 어떤 것인가? 그것을 인식하는 일이 중요하다. 사람들은 알파고의 실력에 다들 놀라지만, 인간이 아니면 할 수 없다고 여겨진 바둑에서 머신러닝을 통해 학습한 기계가 최고 고수의 자리에 오른 그 방식에는 제대로 주의를 기울이지 않는다. 하지만 지도학습에서 강화학습으로, 더 나아가 지도받지 않고도 기계가 학습하는 과정으로 진전한 과정을 제대로 아는 것은 중요하다. 그래야 로봇과 머신러닝이 어떤 자율성을 가지고 있는지 평가할 수 있을 것이다.

다시, 지도학습 단계로 내려가보자. 고양이 이미지 데이터가 수백 개 있다고 하자. 비슷하게 생긴 것도 있고 서로 다르게 생긴 것도 있으며, 흔히 보는 것과 아주 다르게 생긴 것도 있을 것이다. 지도학습은 단순히 이것이 모두 고양이라고 답을 가르쳐주는 데서 끝나지 않는다. 머신러닝에서는 이미 답도 주어진다. 그 답을 통해 기계는 주어진 훈련 데이터 training set에서 답에 이르는 패턴이나 일반화된 답을 찾아내서 알고리듬으로 나타낼 수 있어야 한다. 물론 이 학습 방식에서 정답만 주어지지는 않는다. 고양이인가 아닌가, 라는 이분법 차원에서 주어진 고양이 사진에는 모두 '고양이다'가 답일 것이다. 그러나 주어진 데이터에 대해 그것들의 판별하기 좋은 정도를 점수나 등급으로 표시할 수 있다. 수/우/미/양/가 시스템처럼 말이다. 또는 어떤 것들이 어떤 것과 비슷하다는 것을 찾아내는 일도 하나의 방법이다. 앞 장에서 언급한 머신러닝의 다섯 종족 가운데 '유추주의자'라고 지칭된 사람들은 다름 아니라 이 유추analogy의 방식이 매우 효과적이라고 믿는 이들이다.

예제를 통한 이 학습은 아주 생소한 방식은 아니다. 어릴 때 아이들의 학습 방식과 비슷하다. 그러나 이런 방식은 초보적이며, 계속된대도 지적인 성장은 크게 확장될 수 없다. 다음 단계로 나아가야 한다. 문제는, 인간은 학교에서 대체로 기호주의적 접근이나 전문가 시스템적인 접근을 한다는 것이다. 학년이 조금 높아지면 학생들에게는 규정하고 정의하는 방식, 곧 개념으로 분류하는 방식이 핵심적인 학습 방식으로 주어진다. 그런데 대개 초·중·고등학교 교과서에서 제시되는 이론이나 개념 들은 충분히 복잡하지 못하다. 정상적이고 모범적인 목표가 주어져있다는 점에서 그것들은 단순하다. 물론 이 학습 방식이 도움이 되지 못하는 것은 아니다. 최종적인 목적이 명확하게 표기되고 그것에 이르는 몇 가지 경로를 발견하는 상황에서 그 접근은 여전히 좋은 성과를 내며, 질서 있는 계획을 짜는 데 기여한다. 이런 개념적 접근은 주어진 다량의 이질적인 데이터를 분류하는 것에서보다, 목적이 주어졌다는 전제하에서 그것에 도달하는 접근 면에서 유리하다. 전통적으로 이성과 도덕을 명확한 목적이나 목표로 설정하는 철학 및 그것과 인접한 인문학도 이런 접근법을 주로 사용한다. 중고등학교뿐 아니라 많은 대학에서도 아직 그 학습을 모델로 삼고 있다. 흔히 암기식 교육이라 통칭되지만, 단순히 암기하는 것이 그 학습 방식의 핵심은 아니다. 문제는, 그런 학습 방식은 무수한 데이터들의 복잡성을 고려하거나 인정하지 않고 기본적으로 모범적인 해결을 전제하며 목표로 삼는다는 것이다. 그러다 보니 결과적으로 무작정 암기하는 방식이 반복되는 셈이다. 기본적인 목표가 정해져 있을 때는 기호주의적 접근이나 전문가적 접근으로 충분하지만, 그 목표가 미리 정해져 있지 않은 상태에서 주어지는 이질적이고 복잡한 데이터들은 그 접근만으로는 학습할 수 없다. 여기서 이미 주어진 개념과 기호의 위계질서를 따르는 방식과 무수한 이질적 데이터를 다루는 방식 사이의 차이가 중요하다. 그래서 머신러닝의 학습에서 통계학적 방식이나 패턴 인식 방식이 중요하다고 여겨진다. '통계'나 '패턴'은 기존의 목표나 개념에 따라서만 인식되는 것이 아니다. 어떤 데이터든 일단 '출현'하면 값을 가진다. 기본적으로 머신러닝이 기존의 학습으로는 인식하지 못했던, 새로 발생하는 데이터의 패턴을 인식하는 데 강점을 가진다고 여겨지는 이유다. 물론 이 일이 쉬울 리 없다. 과도기에는 어떤 데이터에도 나름의 값을 부여하는 머신러닝 방식에서 어처구니없는 실수가 생길 것이다. 또

강한 인공지능과 인간

과도기에만 그런 일이 벌어지지는 않을 것이다. 극단적으로 보면, 머신러닝이 패턴을 찾는 방식은 이제까지 사람의 인식 방법과 달라서 누구도 알 수 없기 때문이다.

그러나 통계학적 방법의 도입이 모든 것을 결정하지는 않는다. 머신러닝을 구별하는 다섯 종족의 예에서 보았듯이, 통계학적 방법을 가장 강조하는 사람들은 그중 하나일 뿐이다. 다섯으로 구별하는 관점이 최종적이지는 않을 수 있지만, 어쨌든 조금씩 또는 상당히 차이 나는 다수의 접근법이 가능하다는 것이다. 그런데 가만히 보면 여기에 상당한 문제가 있다. 그들 각각의 방식은 보완되어야 할 면이 적지 않은데, 왜 그 알고리듬들은 상호작용하고 '서로 이해하며' 통합되지 않을까? 서로 이해하고 상호작용한다는 말은 실제로는 추상적일 뿐이다. 알고리듬은 컴퓨터가 차례로 수행해야 할 명령어의 집합이기에, 실제로 각각의 개별 알고리듬이나 그 알고리듬의 결과인 프로그램도 나름대로 일정한 질서를 따라야 한다. 그리고 그 질서를 따르는 방식은 아주 임의적이지는 않기에, 다른 알고리듬과 간단히 섞일 수 없다. 여기서 나름대로 질서를 따라야 한다는 말은 '질서'를 너무 강조하는 말일 수 있다. '질서'는 자칫하면 다시 주어진 목적을 전제하고 따르는 방식으로 되돌아가기 때문이다. 그 말을 잠깐 피해보자. 그리고 왜 처음부터 무조건 '규칙'과 '질서'를 강조하는 일을 피하는 것이 중요한지 알기 위해, 정보와 데이터를 다루는 방식이 어떻게 인공지능 연구에서 다뤄졌는지 조금 살펴보자.

정보를 데이터의 관점에서 연구했던 1950~1960년대의 정보 이론은 처음부터 정보와 데이터가 복잡성complexity을 다루는 방식이라고 파악했다. 여기서 조금 단순하긴 하지만 정보와 데이터를 다루는 두 가지 관점을 살펴보자. 첫째, 어떤 정보나 데이터를 인간적 목적에 맞추고 그에 따라 의미를 부여하는 방향이 있다. 여기서 정보와 데이터에 부여되는 '의미'는 이미 주어진 또는 설정된 목적에 따른다. 다르게 말하면, 이 방식에서는 원인과 결과의 관계가 분명하다(고 여겨진다). "눈이 많이 왔다"라는 정보는 어떤 사람에게는 기쁨의 원인이다. 그것은 정보를 그의 방식대로 관찰하는 그 관찰자의 관점이다. 이와 달리 두 번째 관점에서 정보는 더 이상 특정 관찰자의 '의미'에 의존하지 않는다. 정보는 환경 속에서 드러나는 복잡성을 지시하거나 표시한다. 이미 눈이 많이 온 것을 보고, 한 번 그 말을 한 사람이 잠시 뒤에 또 그 말을 했다고 하자. 그 사람은 어떤 맥락이 있거나 다른 연상을 했기 때문에 '의미를 가지고' 그 말을 했을 것이다. 그래서 첫 번째 관점을 따르면 "눈이 많이 왔다"는 정보는 더 중요해질 수 있다. 원인과 결과의 관계도 무거워진다. 그러나 두 번째 관점에서 그 문장은 더 이상 새로운 정보를 주지 않기에 정보 가치가 떨어진다. 다르게 말하면, 어떤 사람이 개인적 맥락에서 부여하는 의미는 더 이상 중요하지 않다. 물론 그렇다고 두 번째로 말한 "눈이 많이 왔네"라는 정보가 아무 쓸모가 없다는 뜻은 아니다. 정보와 데이터로서는 '카운트'되고, 그것이 반복되면 다시 '카운트'된다. 다만 특정한 원인과 결과의 관계를 전제하는, 그리고 특정한 목적을 설정하는 '의미'의 관점은 빠진다는 것이다. 마찬가지로 머신러닝 과정에서 '고양이'를 지칭하는 횟수가 늘어난다고 하자. 이 횟수의 증가나 반복은 머신러닝의 과정에서 중요해진다. 다만 이미 설정된 어떤 맥락이나 목적에 따라 '의미'를 부여하는 관점에 따라서가 아니라, 어떤 데이터들 사이의 패턴이나 상관성을 추적하고 예측하기 위해 중요해진다. 똑같이 '고양이'에 관한 정보라도 축적될수록, 그리고 그 과정에서 서로 다르게 생긴 고양이가 데이터로 수집될수록 머신러닝은 패턴을 예측하는 능력을 더 잘 습득할 수 있다.

이 점은 실제로 머신러닝의 발전 과정에서 상당히 중요한 역할을 했다. 사전을 만들고 통역기를 만드는 과정이 대표적인 예다. 여기서 언어학자들이 사전을 만들고 또 번역과 통역을 생각했던 방식은 전통적이고 고전적인 방식이라고 할 수 있다. 사전에는 모범적인 표현들 또는 보통 많이 사용되어 의미 있는 용례들을 중심으로 표현들이 수록된다. 사람들은 어떤 상황에서 목적에 맞게 쓸 말과 쓰지 말아야 하거나 쓰면 좋지 않은 말들을 많건 적건 배운다. 사회에서 사람들이 언어를 전통적이고 보통의 방식으로 사용하는 동안에는 그런 방식으로 충분하고, 사전도 제 역할을 그럭저럭 또는 잘한다고 할 수 있다. 문제는 이렇게 사전을 만들고 그것에 맞춰 말을 쓰는 방식이 기호들의 규칙적인 질서를 전제하는 접근이라는 것이다. 그리고 사전에 너무 의존할 경우 실제 말을 하는 실용적 상황에서 크게 도움이 되지도 않는다. 어떤 말의 뜻을 모를 때나 어원 혹은 외국어를 찾을 때는 도움이 되지만, 보통 사람들은 사전을 끼고 다니면서 말하지 않는다. 실제 생활에서 이런저런 말을 따라하거나 많이 듣고 또 반복해서 말을 하면서 말하는 능력은 길러진다.

처음에 인공지능에게 말을 배우게 할 때, 개발자들은 고전적인 언어학적 방식을 따랐다. 처음에는 잘되는 듯했다. 1954년에 IBM은 250쌍의 단어와 6개의 문법 규칙을 써서 몇십 개의 러시아 말을 영어로 번역했다. 그 방식으로 계속하면 잘될 것 같았다. 하지만 그렇지 않았다. 소수의 옳은 말만 기록하고 기억시킨다고 해서 되는 일이 아니었다. "1966년이 되자 프로젝트의 고위 책임자들은 실패를 인정하지 않을 수 없었다. 문제는 생각보다 심각했다. 컴퓨터에게 번역하는 법을 가르친다는 것은 규칙만이 아니라 예외 또한 가르친다는 뜻이었다. 번역은 단순히 뭔가를 기억했다가 다시 불러오는 게 아니다. 번역은 수많은 대안 중에서 딱 맞는 단어를 선택하는 일이다."[2] 1980년대 후반에 IBM은 방향을 바꿨다. 명시적인 규칙과 사전의 올바른 설명을 주입하는 대신 말들이 여러 상황에서 사용되는 예들을 통계적 관점에서 계산하게 만든 것이다. 1990년대에 IBM은 캉디드Candide라는 프로젝트를 시작했다(캉디드는 볼테르의 희곡에 등장하는 인물의 이름이다). 영어와 프랑스어로 된 공식 문서를 기반으로 약 300만 개의 문장을 데이터로 사용하자 번역의 성능은 순식간에 좋아졌다. 이에 고무되어 IBM은 더 많은 돈을 썼지만, 유감스럽게도 거기까지였다. 큰 진전이 이뤄지지 않았기 때문이다. 결국 그 프로젝트는 중단되었다.

단순히 알고리듬이 좋지 않아서였을까? 이런 평가는 머신러닝 과정을 파악하는 데 도움이 되지 않는다. 알고리듬들의 우열이나 위계질서를 그 자체로 평가한다는 관점 자체가 인공지능의 새로운 학습 방식이나 머신러닝 과정을 파악하는 데 적절하지 않다. 2006년 구글이 번역 프로젝트에 뛰어들었다. 그리고 그 방식은 IBM의 것과는 달랐다. 구글의 시스템은 컴퓨터를 훈련시키는 다른 방식을 찾았다. IBM의 캉디드 프로젝트는 공식 문서를 사용했으며, 그런 만큼 문장들이 문법 규칙뿐 아니라 사회적 규칙을 잘 따르는 것들이었다. 전통적인 방식으로는 어쩌면 당연하게 여겨졌을 대상 선택이 오히려 함정이 된 부분이 있었던 셈이다. 주어진 규칙을 잘 따르기만 하는 데이터들은 일정 한도 내에서는 도움이 되지만, 그들의 패턴은 제한된 영역에 머무르기 때문이다. 구글 시스템은 컴퓨터를 훈련시키기 위해 좋은 예들만 입력한 것이 아니라 찾을 수 있는 모든 문장을 입력하고 또 기억하게 했다. 좋은 질의 문장만이 아니라 '저질'로 여겨질 수 있는 상이한 수준의 문장들을 데이터로 섭렵했다는 말이다. "구글의 1조 단어 말뭉치는 영어 문장으로 치면 950억 개에 해당

된다. 비록 질적인 면에서는 의심스럽지만 말이다."³

방대한 데이터를 검토하는 머신러닝 과정에서는 이상하게도, 그리고 놀랍게도, 알고리듬 자체의 능력을 따지는 게 중요한 일이 아니다(그와 달리, 특정 영역에서 사용된 프로그램들, 곧 인간이 입력해서 만든 프로그램들에 대해서는 상대적으로 그런 평가가 가능할 뿐 아니라 요구될 수도 있다. 프로그래머들의 개인적 능력이 상당한 차이를 보이고, 그 차이가 프로그램의 질에 다시 크게 영향을 미친다). 일차적으로는 데이터의 분량이 크면 클수록 좋을 것이다. 자연어 처리 과정은 그 점을 잘 보여주는 예다. "2000년경 마이크로소프트의 연구원인 미셸 방코와 에릭 브릴은 워드 프로그램에 사용하는 문법 검사기를 개선하기 위해 애쓰고 있었다. 그들은 기존 알고리듬을 개선하는 일이 필요한지, 아니면 다른 점이 보완되어야 할지 판단할 수 없었다." 그들은 상이한 분량의 말들을 데이터로 사용해 차이를 관찰했다. "결과는 믿기 어려울 만큼 놀라웠다. 데이터가 추가되자, 네 종류의 알고리듬 모두 성능이 개선됐다. 실제로 50만 단어를 가지고 사용했을 때는 성능이 가장 형편없었던 단순한 알고리듬도 10억 개의 단어를 처리하자 다른 세 개의 알고리듬보다 더 나은 성능을 보였다. (…) 반대로 데이터가 적을 때 가장 높은 성능을 보였던 알고리듬은 더 많은 데이터를 처리하자 최하의 성능을 나타냈다."⁴ 물론 여기서도 주의할 점이 있다. 여기서 "최하의 성능"은 상대적인 평가다. 그 알고리듬도 정확도가 86퍼센트쯤에서 약 94퍼센트까지 올라갔으니, 성능이 개선된 것은 사실이다. 구글의 번역기는 이 연구 결과를 반영하는 방향으로 진행해서 좋은 결과를 내놓은 예다. 구글의 인공지능 분야 전문가 피터 노빅1956~과 동료들은 이로 인해 「데이터의 터무니없이 뛰어난 효과성The Unreasonable Effectiveness of Data」이라는 논문까지 썼고, 거기엔 다음과 같은 문장이 있다. "많은 데이터를 가진 간단한 모델이 적은 데이터를 가진 정교한 모델보다 뛰어나다."[5]

여기서 드러나는 다른 중요한 점은 앞에서도 언급되었듯이 흔히 머신러닝으로 알려진 방법이 단일한 실체는 아니라는 것이다. 비록 그것이 '빅데이터'라고 알려진 정보처리 방식과는 다른 것이지만, 그렇다고 아주 별개의 것은 아니다. 실제로 머신러닝에서 통계적 처리 방식은 중요하기 때문이다(그렇지만 거꾸로 빅데이터가 머신러닝을 위해 존재하는 것도 아니다).[6] 마치 머신러닝이 그 자체로 독립된 신비의 기술인 것처럼 과장할 필요는 없다. 그러면 그저 데이터만 많다는 것이 차이인가? 그렇지 않다. 모범적이고 이상적인 규칙을 설정하는 방식과 달리, 그보다 유연하고 복잡하며 또 '잡스러운' 방식으로 진행하는 학습 방식이 필요했다. 예외라고 쉽게 배제하지 않으며, 데이터의 질이나 내용이 들쭉날쭉하다고 무시하거나 폄하할 일이 아니었다. "지금 속출하는 새로운 많은 상황에서는 정밀하지 않음을 용인하는 것이 단점이 아니라 오히려 긍정적 특징일지 모른다. 하나를 내놓고 하나를 얻는 일이기 때문이다. 허용 가능한 오류의 기준을 느슨하게 하면 훨씬 더 많은 데이터를 손에 쥘 수 있다."[7] 물론 그렇다고 그저 이질적이고 들쭉날쭉한 데이터가 좋거나 바람직하다는 뜻도 아니다.[8]

여기서 놀라운 점은, 기존의 철학적 방법은 말할 것도 없지만 대다수 인문학의 방법 그리고 많은 사회과학의 방법도 이제까지 전통적으로 "적은 데이터를 가진 정교한 모델"을 구축하는 데 집중했다는 것이다. 그리고 적은 데이터로 정교한 모델을 구축하는 효과적인 방식은 모범적인 규칙이나 이상적인 형태를 설정해야 가능했다. 다르게 말하면, 적은 데이터로 정교한 모델을 구축하려면 당시에 그 데이터를 이용해서 답을 구

강한 인공지능과 인간

하고 싶은 질문을 처음부터 명확하게 알고 있어야 했다(고 전제되었다). 곧, 사람들은 목적이 무엇인지 명확하게 알고 있다고 믿었으며, 또 그 목적에 도달하는 길도 분명하게 확정할 수 있다고 믿었다. 그와 달리, 이제 많은 데이터를 이용하는 머신러닝 방식은 그 모델에서 급격하고도 과감하게 벗어난다. 여기서 우리는 일단 데이터를 처리하는 방식에서 머신러닝이 어떤 점에서 전통적인 질문법 및 학습 방식과 차이 나면서도, 그것 못지않은, 때로는 그보다 우월한 방식으로 학습할 수 있는 길을 찾는지 알게 된다. 이 차이를 인식하는 것이 중요한 이유는 전통적인 인식론에 기반을 둔 인식의 자율성과 머신러닝의 학습법에 기반을 둔 인공지능의 자율성이 근본적으로 다르기 때문이다. 이 차이를 인정하지 않은 채 인공지능의 자율성을 전통적인 인간주의의 관점에서 논의하는 것은 공허하다. 우리가 전통적 학문의 '비판'의 관점으로 머신러닝의 강화학습을 판단하기 어렵다고 말하면서 이 장을 시작한 것도 이제 그 맥락이 좀더 분명하게 드러난다.

2. 머신러닝의 학습 방식은 암묵지와 어떻게 다른가

머신러닝으로 학습하는 인공지능이 인간의 지능보다 우월한 성과를 낼 수 있다는 것은 누구에게나 쉽게 드러나지만, 어떻게 그런 일이 일어나는지는 쉽게 드러나지 않는다. 물론 어떤 기계가 어떤 방식으로 작동하는지 정확히 알아야만 그것을 사용할 수 있는 것은 아니다. 보통 사람은 컴퓨터가 어떻게 작동하는지 잘 모르면서도 그것을 편리하게 사용한다. 그러나 머신러닝으로 학습하는 인공지능이 어떻게 그렇게 잘

할 수 있는지 아는 것은 우리 인간이 여태껏 어떻게 인간에 고유한 방식으로 잘 행동했는가를 아는 데도 필요하다. 운전을 예로 들어보자. 우리는 인간 운전자에게 말한다. "운전 조심해서 잘해!" '조심'이나 '집중력' 또는 '잘하라'는 표현은 인간 운전자의 자율성을 형성하는 중요한 요인인데, 그것은 마치 운전의 핵심이 '마음의 어떤 상태'나 '자질'에 달려 있는 것처럼 보이게 만든다. 이런 태도가 전통적인 인간주의적 접근법의 핵심 가운데 하나다. 만일 운전을 배우는 사람에게 일어날 수 있는 무수한 상황에 대한 정보를 일일이 옆에서 가르쳐주려고 하면, 대부분의 사람은 이를 잔소리로 여길 것이다. 인간의 행동 방식에 맞춰보면 누구나 수긍할 만한 일이다. 인간이 실천적 기술을 습득하는 방식은 이제까지 가능한 한 많은 데이터를 꼼꼼히 학습하는 것이 아니라, 기본적인 기술을 익힌 다음에는 오랜 기간 스스로 모범적인 방식으로 수련하는 방식, 곧 자신의 집중력과 노력을 쏟아부어, 또는 자신의 능력을 최대한 발휘해, 성실한 태도로 기술을 익히는 방식이었다. 왜 인간은 그런 방식으로 학습했을까?

그것은 무엇보다 데이터를 많이 수집하는 것이 어려웠기 때문이다. 그 상황에서 인간은 내면적이며 정신적인 자질이나 능력에 초점을 맞추었다. 그런데 오랜 기간 이런 학습 방식에 익숙했던 사람들은 이것이 데이터 수집하기의 어려움과 관계있거나 그로부터 기인한다는 데 주의하기보다는, 마치 인간의 정신적 능력이나 자질이 그 자체로 우수한 것이며 따라서 그것의 차이가 학습의 본질이라는 쪽으로 생각했다. 또 복잡한 데이터를 수집하고 정리하는 과정에서 그것들의 이질성이나 디테일을 서술하는 데 인간의 일상 언어가 그리 적합하지는 않음에도 불구하고 사람들은 그에 주의를 기울이기보다는, 인간이 언어를 통해 마음의 동기를 잘 표현해야 하고 듣는 사람은 그것을 잘 이해해야 한다는 쪽으로 생각했다. 인간의 마음을 중심에 놓는 이 단순화 또는 '오해'가 의도적이었는지 아니면 그렇지 않았는지를 따지는 일도 나름대로 중요하다. 또는 그 오해가 전통적인 철학이나 형이상학이 정신을 우상화하게 된 경향 때문이라고 비판적으로 분석할 수도 있다. 또 그 오해가 근대 이후 지식인의 비판 정신을 부각시키는 경향과도 뗄 수 없는 연관이 있음을 지적할 수도 있다. 어쨌든 정신을 인간에게 특별한 능력으로 강조하고, 그 과정에서 철학과 형이상학이 다시 특별한 물음들을 던지고, 그 경향이 근대 이후 인문주의적이고 인간주의적 지식인을 강조하는 경향으로 이어졌다는 것에 주목할 필요가 있다.

그런데 그 과정들이 쇠퇴하기 시작했다. 물론 그 이유는 철학적·인문적 학습 방식 자체가 질이 떨어지거나 틀렸기 때문은 아니다. 근대 이후 지식인들이 계몽적이고 보편적인 이성의 관점에서 비판적 역할을 했지만, 20세기 중후반에 들어서면서 그들의 역할이 급격히 줄어든 이유도 비슷하다. 여러 이유가 있지만 지금 우리가 분석하는 주제와 관련해서 중요한 점은, 소수의 지식인이나 학자가 보편적인 기준을 세우고 세상일을 다 설명하는 방식은 이전처럼 효과를 갖기 어렵다는 것이다. 최소한 정보와 데이터의 관점에서 전통적인 방법은 과도하게 소수의 모범적이고 규범적인 척도에 의존하고 있었다. 그러나 이제 여태껏 쓸모없다고 여겨진 들쭉날쭉하고 하찮은 데이터들 또는 비정상적으로 보이는 데이터들을 고려할 뿐 아니라 적극적으로 인정하는 일이 필요해졌다. 전반적으로 전통적인 철학적·인문적 학습 방법의 쇠퇴는 데이터와 정보의 확산이 이뤄지는 과정과 맞물리거나 교차했으며, 인공지능이 발전하는 과정과도 이어져 있었다. 이 진행 과정의 한가운데서, 또는 그 과정이 한동안 진행된 다음 빅데이터를 이용하는 머신러닝이 등장한 셈이다. 정리하건대, 여기서 중요한 점은 머신러닝으로 학습하는 인공지능의 강점이 단순히 인간의 정신을 닮은 지능이나 능력의 우수성 덕택이 아니라, 과거에는 상상도 할 수 없었던 분량의 데이터를 신속하게 처리할 수 있는 연산력computing power, 데이터베이스와 처리 장치 그리고 알고리듬이 결합된 덕택이라는 것이다.

그러면 자율주행차의 성과는 어떻게 이뤄졌는가? 인간이 조심성과 성실함, 집중력이라는 마음의 특질을 통해 운전 실력을 갖춘 것과 달리, 인공지능은 운행 과정에 일어나는 무수한 디테일을 반영하는 데이터를 처리하는 기술적 능력 덕택에 운전을 할 수 있게 되었다. 앞에서 우리는 예외적이고 들쭉날쭉하며 심지어 '쓰레기 같은' 데이터도 머신러닝에 쓸모가 있다는 것을 알았는데, 따지고 보면 다름 아니라 이런 데이터들이 주행 과정에서 일어날 수 있는 사고를 막거나 피하는 데는 핵심적인 역할을 할 수 있다. 역설적이지 않은가? 적은 데이터로 잘 운전하기 위해 과거의 사람들은 인간 운전자의 자질에 초점을 맞추고 그의 심리적 강점을 부각시켰다. 그 경우 일어나는 사고는 예외적인 것이고, 그것은 일어나지 않을수록 좋다. 그와 달리, 자율적으로 주행하는 차는 오히려 거꾸로 예외적이고 바람직스럽지 않은 경우와 처음부터 직면하며, 이들에 관한 데이터를 일어나지 않도록 만들어야 할 정보로 여기는 대신에 언제든 일어날 수 있는 '정상적인' 정보로 파악한다. 자, 이 특이한 변화를 정확하게 보자. 머신러닝을 통해 학습하는 인공지능은 단순히 우월한 지능이나 자질만을 가진 것도 아니고, 기계인데도 이상하게 잘 행동하는 것도 아니다. 환경에 접근하는 서로 다른 방식이 있는데, 그 차이를 인간이 아닌 기계의 방식으로 처리하는 것이 강력한 효과를 낸다. 그 차이는

강한 인공지능과 인간

단순히 인간과 기계 사이의 정신적 또는 심리적 능력의 차이에서 기인하지 않는다. 인간의 정신적 능력을 기존의 인간주의적 방식으로만 이해할 경우 유감스럽게도 환경의 복잡성에 대응하는 과정에 필요한 여러 요소를 고려하지 못하게 된다.

이 차이를 다소 장황하게 설명한 이유는 인공지능의 능력을 판단하고 평가하는 데 매우 중요하기 때문이다. 여기서 우리는 1장에서 전문가 시스템이라고 불렸던 시스템이 발전적으로 진행하지 못했던 이유를 한 단계 더 높은 수준에서 분석할 필요가 있다. 인공지능 발전 과정의 초보적인 단계에서 등장했던 전문가 시스템은 다름 아니라 실천적 기술이나 지식을 가진 인간 전문가의 전문성을 모방한 것이었고, 출발점과 최종 목적이 명확하게 제시되는 영역에서는 지금도 상당한 효과를 보인다. 그 전문성은 기본 규칙과 그 규칙을 적용하는 추론 과정으로 이뤄진 프로그램의 형태로 구현되어야 했다. 그러나 그 전문성은 명시적 언어로 간단히 설명하기는 어려운 것이었기에, 이외의 영역에서 그 프로그램은 생각보다 성과를 내지 못했다.

그런데 머신러닝이 뚜렷한 성과를 내기 전에, 그 인공지능 전문가 시스템은 어떻게 평가되었을까? 적지 않은 사람들이 인공지능은 인간의 암묵적인 지식이나 기술을 모방할 뿐 거기에 미치지 못하는 기술이라고 여겼다. 아니, 이런 부정적 평가는 알파고가 바둑 세계 고수들을 압도적으로 눌렀을 때도 사라지지 않았다. 알고리즘은 그저 계산을 잘하기만 할 뿐, 인간이 오랫동안 갈고닦은 지식이나 기술의 숙련성 및 그것으로부터 생기는 지혜나 정신적 기쁨을 누리지 못한다는 것이다. 과학기술과 사회를 연구하는 홍성욱의 다음과 같은 평가를 보자. "인공지능이 금융 전문가들의 투자 상담 같은 것을 대체할 수 있다는 예측도 있습니다.

(…) 그렇지만 인공지능이 월가에서 일하는 금융 전문가들을 대체할 수는 없습니다. 최고의 금융 전문가가 하는 일은 투자 상담이 아니라, 새로운 금융상품을 만들어내는 것입니다. (…) 큰 거래는 사람과 사람 사이에서 이뤄집니다. 설득해야 할 사람을 만나 밥을 먹기 위해 여행을 하고, 회의에 참석하고, 세미나를 개최하는 일은 금융 전문가의 일상입니다. 이런 일들을 인공지능 컴퓨터가 할 수는 없습니다."[9] 그의 말대로 인공지능이 인간처럼 수행하며 '진지하고' '깊은 기쁨'을 누리지는 못할 수도 있다. 그러나 인간처럼 행동하고 느껴야 제대로 숙련된 경험이라는 전제는 인간주의적 당위일 수 있다. 지금은 아니지만 인공지능 역시 기술이나 솜씨와 연관된 '깊은' 느낌을 얼마든지 가질 수도 있다. 인공지능이 지금은 높은 수준의 결정을 내리지 못하지만, 그 이유는 아직까지 인공지능에게 결정하는 권한이 주어지지 않았고, 그래서 권한을 실행할 자리에 있기도 힘들며, 그런 까닭에 그런 능력이 발전하지 않은 것이다.

무엇보다 홍성욱이 매우 긍정적으로 평가한 인간 전문가의 능력은 한편으론 매우 좋은 면도 있지만, 다른 한편으로는 매우 부정적인 면도 있다. 인간 금융 전문가만 새로운 금융상품을 만들어낼 수 있다는 그의 가정도 의심스럽지만(앞으로 몇 가지 필요한 학습을 거치고 그것을 상당 기간 동안 연습하면 인공지능도 충분히 금융상품을 만들어 낼 수 있다고 생각한다), 인간이 좋은 금융상품을 만들어낸다는 가정 자체도 의심스럽기 때문이다. 금융 위기를 초래한 여러 형태의 파생상품을 만들어낸 것도 인간 전문가들이다. "큰 거래가 사람과 사람 사이에서 이뤄진다"는 말도 맞을 수 있지만, 다른 한편으로 사람과 사람 사이에서 일어나는 큰 거래라고 늘 이익을 창출한다거나 공정하다는 보장은 전혀 없다. 여러 형태의 내부 거래와 비밀스런 커넥션은 그 거래의 신뢰를 깎아먹는 요인들이다. 그러

강한 인공지능과 인간

니 인간의 인간다움을 너무 순진하게 '순전한' 것으로 전제하면서, 인공지능을 부정적으로 평가할 필요는 없다. 인공지능이 학습하는 자료는 이제까지 기본적으로 인간들에 관한, 인간들에 의한, 인간들의 데이터다. 그것들이 좋으면 머신러닝도 상응하여 좋게 작동한다고 볼 수 있다.

문제는 여기서 끝나지 않는다. 기계는 암묵지暗默知, tacit knowledge의 형태로 이뤄진 숙련성을 갖기 힘들다는 인간주의적 전제는 알게 모르게 암묵지를 인간 지식의 핵심이라고 가정한다. 물론 어떤 점에서는 그 지식 형태 또는 숙련된 능력을 모든 지식이나 정보처리 과정 가운데 최고의 형태로 여길 수 있다. 그만큼 인간이 오랜 기간 연습하고 갈고닦으면서 익힌 숙련성과 암묵지는 중요하다. 그러나 여기서 몇 가지 물음이 있다. 첫째, 숙련성이나 암묵적 지식의 중요성을 강조하는 일은 자칫하면 뛰어난 기술이나 솜씨가 오로지 인간의 암묵지 형태로만 수행될 수 있다는 편견으로 흐를 수 있다. 최고의 지식이나 뛰어난 능력은 오로지 인간적 경험에서 생기는 암묵지의 형태로만 얻어질 수 있는 것일까? 그렇지는 않을 것이다. 전문가의 숙달된 솜씨나 암묵지의 중요성을 강조하는 것은 중요하지만 그렇다고 고도의 능력이 오로지 인간만이 갖는 암묵적 능력에 의해 얻어진다고 볼 수 없다. 이는 인간적인 수행 방식을 과도하게 표준 모델로 이해하기 때문에 생기는 믿음이다. 머신러닝은 암묵지와는 다른 차원에서 수행되며, 나름대로 얼마든지 성과를 낼 수 있다. 그런데도 암묵지를 실행하지 못한다는 비판만으로 인공지능의 능력을 비판하거나 과소평가하려는 시도가 꽤 있다.

그렇다면 전문가 시스템과 머신러닝 사이에 끼어드는 또다른 중요한 차이는 무엇인가? 전자는 암묵적인 지식의 기본적인 형태인 노하우know how와 연관이 있다. 그것은 "어떻게 하는가를 배우는 것learn how to do things"이다. "어떻게 하는가를 배우는 것", 곧 노하우는 일반적인 의미로 "전문가들의 세계를 떠받치는 관계와 속성들에 대한, 원칙에 입각한 이해를 발전시키는 일"[10]이다. 인공지능이 화려하게 등장하기 전까지 인간 전문가의 경험, 곧 'know how'는 인간 지식의 최고 형태로 여겨졌다. 특히 오래되고 깊은 경험이 없는 단순한 지식, 'know what'과 비교하여 'know how'는 암묵지의 핵심이라고 여겨졌다. 그런데 그런 이해는 모든 고차원적 지식이나 기술이 그런 '노하우'의 형태로 작동될 것이라는 편견을 만든 면이 크다. 실제로는 그렇지 않다. 데이터를 활용한 머신러닝, 특히 강화학습 수준의 머신러닝도 얼마든지 숙련되고 복잡한 지식과 기술을 익히며 퍼포먼스의 형태로 실행할 수 있다. 자전거나 모터사이클을 타는 노하우는 이제까지 거의 전적으로 인간의 경험을 통해서만 습득될 수 있다고 여겨졌다. 그러나 이제 인공지능 로봇도 시속 200킬로미터의 속력으로 바이크를 탈 수 있다. 아마 그 숙련도는 머신러닝의 성과가 증진할수록 점점 개선될 것이다. 물론 최종적으로는 혼자 트랙에서 타는 것에 그치지 않고 복잡한 도로에서 제대로 탈 수 있어야 하는데, 이런 능력은 인간과 기계가 같이 생활하는 사회적 환경 속에서 상호작용을 하면서 행동할 수 있어야 얻을 수 있는 것이다.

이 문제는 물론 간단하지 않다. 그런데 처음부터 기계가 그런 상호작용을 할 수 없다고 판단할 수 있을까? 나는 처음부터 또 근본적으로 그렇지 않다고 생각하는 편이다. 그런데 놀랍게도 애초에 기계는 자전거를 타는 일과 같은 암묵지를 결코 가질 수 없을 거라고 생각한 사람들이 적지 않았다.[11] 그런 관점은 이제 유지될 수 없으니 생략하자. 그와 달리 기계가 간단한 암묵지는 실행할 수 있지만, 인간과 같은 수준의 암묵지를 구현하지는 못할 것이라는 관점을 예로 들어보자. 앞에 언급한 홍

성욱은 일반적으로는 인간과 기계/사물의 상호작용을 강조하는 편임에
도 불구하고, 인간에게 고유한 암묵지를 과도하게 강조하는 바람에 바
로 그 이유로 인간에게 고유한 창의성이 인공지능에게는 불가능할 것이
라는 주장을 하게 된다. 그는 "어떤 암묵지는 기계로도 구현된다"고 인정
하면서도, 다음과 같이 말한다. "기계에 구현하거나 정보로 바꾸는 것이
거의 불가능한 암묵지도 있습니다. 아무도 없는 강당에서 혼자 뱅글뱅글
자전거를 타는 로봇을 만드는 것은 가능하지만, 복잡한 도로에서 자동
차와 행인 사이를 질주하면서 자전거를 모는 로봇을 만드는 것은 거의
불가능합니다. 복잡한 거리에서 자전거를 탄다는 것은 시간의 흐름에 따
라서 그때그때 달라지는 여러 요소와의 상호작용을 필요로 하기 때문입
니다. 이런 암묵지는 사회적인 성격의 암묵지입니다. (…) 이는 기계가 모
방하기 정말 어려운, 아니 불가능한 암묵지입니다."[12] 이 구절에서 이 글
의 필자는 과도하게 인간에게 고유한 암묵지의 관점에서 인공지능을 평
가하는 실수를 저지르고 있다. 머신러닝을 통해 학습하는 인공지능은
인간의 암묵지를 모방하는 것이 아니라, 다른 방식으로 고도의 솜씨를
습득한다. 앞의 전문가 시스템을 통한 학습에서 우리가 분석했듯이, 머
신러닝은 처음에 인간 전문가의 학습 방식을 모방하는 길을 갔지만 그
후에는 거기서 벗어나 다른 경로를 따라 진화했다. 물론 머신러닝을 통
해 움직이는 인공지능이 '인간다운' 모습이나 태도로 자전거를 타거나
행동을 하지 못할 수는 있다. 그렇다고 해서 인공지능이 복잡한 도로나
환경에서 제대로 행동하지 못하리라고 판단할 수는 없다. 이것은 복잡성
을 얼마나 제어할 수 있느냐의 문제이기 때문에 머신러닝을 통한 방식
도 얼마든지 가능하다. 영역에 따라 차이가 있겠지만, 악기를 다루거나
이미지를 만드는 일에서 인간이 상당 수준의 암묵지에 도달하는 데 대

략 10년 또는 1만 시간이 필요하다는 연구가 있었다. 또는 수백만 번의 반복된 연습이 필요하다는 말도 있다. 머신러닝을 통해 학습하는 인공지능은 어떨까? 아마 인간과 방식은 조금 다르지만, 그 비슷한 수준으로 반복된 학습을 거친다면 상당한 수준의 '기계 방식의 암묵지'에 도달할 수 있을 것이다. 물론 학습하는 기간은 인간보다 크게 줄어들 가능성이 크다.

또 모든 인간이 다 그런 능숙한 암묵지를 실행한다는 '암묵적인' 전제도 옳지 않다. 자전거뿐 아니라 차도 제대로 운전하지 못하는 사람이 많다는 사실을 직시하면, 능숙한 암묵지라는 것이 어떤 인간에게나 다 적용될 수 있는 솜씨는 아님이 드러난다. 거꾸로 자율주행차는 조만간 사람 못지않게 실제 상황에서 주행할 수 있을 것이며, 그 능력도 나름대로 암묵지다. 다만 인간과 동일한 방식으로 얻어지지는 않는다는 것이 차이다. 또 인간만이 "사회적 성격"의 기술을 실행한다고 가정할 필요도 없다. 이 문제에 대한 대답은 오히려 상당 부분 인간에게 달려 있다. 인간이 인공지능과 같은 사회에서 살려고 얼마나 생각하고 또 그들에게 그런 대접을 해주느냐의 문제다. 인간이 인공지능을 인간을 위한 도구로만 여긴다면, 애초부터 그들에게 사회적 성격을 가진 지능은 제한되거나 억압될 것이다.

암묵지를 부각시키는 일은 또 자칫하면 그 지식 형태를 가진 인간만이 창의성을 갖는다는 이상한 결론으로 흐를 수 있다. 홍성욱은 또 말한다. "이렇게 인간 행위자들의 창의성은 반짝하는 아이디어가 아니라, 오랫동안의 상호작용 속에서 잉태되는 것입니다. 즉, 창의성은 시간의 흐름을 견뎌내는 것입니다. 그리고 그 과정은 동료와 토론하고, 자신의 생각을 고쳐나가는 것들을 포함합니다."[13] 맞는 말이다. 그렇지만 이 말

강한 인공지능과 인간

은 마치 인간만이 창조성을 갖는다는 것처럼 들릴 수 있다. 실제로 그는 1990년대에 나온 '아론AARON'이라는 컴퓨터 화가를 예로 들면서, 아론은 기존의 그림들을 분석하여 상당한 수준의 솜씨를 발휘하긴 하지만 "아론이 잘하는 것은 여기까지이며, 스스로 자신의 화풍을 뛰어넘어서 새로운 화풍을 만들어낸다든가 하는 일은 하지 못합니다"라고 말한다.14 이런 판단은 부분적으로는 맞지만, 인공지능의 가능성을 폄하하는 선입견에 사로잡혀 있다고 할 수 있다. 오히려 지금 되돌아보면 초보적인 시기였던 1990년대에 나온 인공지능 화가가 보통 수준의 화가만큼 그리는 것도 매우 놀랍지 않은가? 데이터가 늘어나고 훈련 기간이 늘어난다면, 인공지능에게도 얼마든지 그의 방식으로 창조성을 발휘할 기회가 열려 있다. 그리고 다시 말하지만, 어떤 인간이든 쉽게 창조성을 발휘한다는 가정 자체가 편견이다. 거꾸로 자신의 화풍을 만들어내는 창의성을 가진 화가는 인간 가운데서도 매우 드물었다. 한 세기에 손에 꼽을 정도였다. 화가뿐 아니라 학자에게도 마찬가지다. 인간은 쉽게 창의성을 가질 수 있다고 말하는 것은 독단이다. 또 창의성을 가진 인간이라고 해도, 얼마나 오랫동안 갈고닦으며 또 시행착오를 겪는가? 창의성의 역사를 깊이 들여다보면, 기행과 실수 그리고 운과 친절한 도움 없이는 그것이 빛을 보기 어렵다는 것을 알 수 있다. 인공지능에게도 그런 오랜 학습 시간과 시행착오를 겪을 기회가 우선 주어져야 한다. 그렇지 않고 창의성이 인간 고유의 재능이라고 여기는 것은 너무 단순하다. 인공지능에게도 사회 속에서 인간 및 자연 그리고 역사와 상호작용할 기회가 주어진다면, 창의성은 얼마든지 가능하다.

물론 인간의 창조성은 언어를 통해 명시적으로 이뤄지지 않는다는 점에서 그것의 심오함은 상당 부분 암묵지의 형태로 수행되는 게 사실이다. 바흐와 베토벤의 음악성, 반 고흐의 예술성이 그 예다. 그러나 암묵지의 독특한 형태를 강조하다 보면, 마치 그것이 뛰어난 장인이나 천재적인 솜씨로만 존재하는 것처럼 여겨질 수 있다. 그것은 사실이 아니다. 암묵지는 여러 수준에서 여러 차원으로 존재한다. 암묵지라고 모두 그리고 저절로 최고 수준의 지식과 기술의 형태로 나타나는 것은 아니다. 최고는 아니지만 괜찮은 수준의 지식과 기술들뿐 아니라 개인이나 집단이 고수하는 관습적인 경험이나 기술도 암묵지의 구조를 갖는다. 암묵지의 구조를 가졌다고 해서 지속성과 안정성을 보장해주는 것도 아니다. 최고 수준의 암묵지도 어느 순간이든 슬럼프에 빠질 수 있기 때문이다. 그러니 인공지능이 암묵지를 실행하지 못하기에 최고 수준의 지식과 기술에 도달할 수 없다는 생각은 수정되어야 한다. 물론 아직까지는 인공지능이 바흐의 음악과 같은 수준에 도달하지 못했다고 할 수 있다.[15] 그러나 그 기준도 상당히 인간주의적 관점에 의존한다. 고전 음악에 제법 통달한 사람들은 바흐의 작곡법이나 기법을 세밀한 부분까지 알고 있기 때문에 그런 판단을 할 수 있다. 앞으로 인공지능이 다양한 경험을 할수록 얼마든지 창의적인 음악을 만들 수 있다고 나는 생각한다.

다음으로, 암묵지의 중요성은 충분히 강조되어야 하지만 그렇다고 그 지식 형태에 어떤 제한이나 단점도 없다고 생각해도 되는 것일까? 암묵지의 방식을 강조하는 사람들이 간과하기 쉬운 점은 개인이 쌓을 수 있는 지식이나 노하우가 제한되어 있다는 사실이다. 유전적 특이성뿐 아니라 한 개인이 사는 사회적 환경은 개인이 지식이나 노하우를 쌓는 데 이런저런 방식으로 영향을 미치며 제한을 가한다. 개인의 독특한 경험이나 기술은 바로 그 이유로 다른 개인이나 집단에게 전수되기 어렵다. 이 점에서 암묵지 또는 실천적 경험으로만 습득되는 지식이나 기술은 폐쇄적인 경로 속에서 재귀적인 방식으로 작동한다. 이는 인간에 고유한 방식이며 그것과 연결되어 독특한 인간적 행동 방식이 파생되었지만, 그렇다고 그 인간주의적 방식이 유일하거나 최고의 기준이라고 생각할 필요는 없다.

인간주의적 사회 속에서 암묵지 형태의 지식이나 기술은 특별한 지위를 가졌었고 그 때문에 창조성은 전적으로 그로부터 생긴다는 편견이 존재해왔다. 창조적 재능의 자율성도 그 암묵지의 인간적 경험 덕택에 생기는 것으로 이해되었다. 그러나 그런 생각은 전반적으로 사물을 익히고 배우는 과정에서 인지 과정이 어떻게 작동하는가를 제대로 파악하지 못했기 때문에 생겼다고 할 수 있다. 이제 무수한 이질적인 데이터를 빨리 처리하는 머신러닝 기반의 인공지능도 나름대로 독특한 지식과 기술의 자율성을 확보할 수 있다는 것이 드러나고 있다. 다만 인간이 그들을 어떤 '사회적 존재'로 여기느냐에 많은 것이 달려 있다.

그러므로 자율성은 오로지 인간에게만 고유한 자질이나 능력이라고 여길 필요는 없다. 엄격히 말하면, 인간도 자율성을 갖지 못한다. 특히 근대 이후 인간의 자율성과 자유를 강조하는 시대적 분위기 속에서 철학과 인문학은 그런 관점을 널리 퍼트렸지만, 그런 철학적 인간주의는 이상이거나 가상이다. 인간도 복잡한 삶의 조건이나 행동의 선택에서 철저하게 또는 대단하게 자율성을 갖는다고 할 수 없다. 왜냐하면 시대적 조건과 환경의 영향을 받기 때문이다. 자율성 개념을 관념적이면서도 형이상학적인 방식으로 설정하는 것은 도움이 안 된다. 과거엔 그 관점을 따라 '절대자'나 '무한자'라는 이상주의적 개념에 호소하곤 했다. 더 나아가면, 행위의 자율성이나 창조성을 단일한 기준으로 평가하면서 누구의 자율성이 더 수준 높은 것인가, 라는 물음에 매달릴 필요도 없다. 전자

음악이 바흐나 베토벤의 작법과도 다른 경로를 따라 만들어졌고 따라서 그 둘의 창의성을 단순한 기준으로 평가할 수 없듯이, 앞으로 어떤 스타일이 나올지는 알 수 없다. 전자 음악을 알지도 못하고 또 소화할 수 없는 사람이 상당수가 있으며, 음악을 좋아하는 사람이라도 다양하고 이질적인 스타일들을 따라다닌다.

전통적이고 고전적인 자율성은 철학적으로 인간주의의 기준을 따른다고 하지만, 여기서 인간주의는 여러 면에서 추상적인 기준에 의존하고 있다. 근대 이후, 인간주의는 한편으로는 보편성에 호소하면서도 다른 한편으로는 예외적인 천재성과 이상적 모델을 설정하곤 했다. 창조적 인간의 예로 들 수 있는 사람들은 아주 드문데도 불구하고, 그 소수를 기준으로 인간이 자율성과 자유를 갖는다고 말하는 것은 적절하지 않다. 또 그 드문 예외적 능력이 오로지 자율성이나 자유라는 이름으로만 지칭될 것은 아니다. 그것은 여러 기질과 욕구와 심리적 충동이 결합해서 만들어진 결과다. 이 점은 뒤에서 곧 다시 논의될 것이다. 또 2부와 3부를 거치면서 나는 그 개념들이 작동하는 메커니즘을 다각적이고도 복합적으로 설명할 것이다.

이제까지 우리가 논의한 전문가 시스템은 기본적으로 논리적인 형태를 통해 구축된 것이었는데, 실제로는 그보다 넓은 의미로 파악되는 것이 있을 수 있다. 이 방식은 "사람의 의사 결정은 결정적인 논리 법칙들보다는 '부드러운' 증거 자료에 입각한다는 것"을 인정한다. "1980년대 말이 되면 전문가 시스템에 불확실성이라는 개념이 접목되어, 결정을 내릴 때 확률적 증거를 동원하게끔 되었다."[16] 이 관점은 우리가 앞에서 관찰한 형태와 상당히 다르다. 전문가 시스템에서 암묵지의 형태가 강조된다는 점은 두 관점에 공통되지만, 커즈와일은 전문가 시스템을 이미 머신

강한 인공지능과 인간

러닝의 한 방식으로 적극적으로 파악한다. 1980년대의 한 전문가 시스템은 "인간의 생각과 추론 아래 깔린 암묵적 가정들을 기계에게 학습시킨다는 취지 아래에서 수많은 상식을 저장하고 있다."[17] 전문가 시스템이 논리적 추론에 근거하고 있다고 가정할 때 그것은 본격적인 머신러닝의 발전 이전의 일로 여겨지지만, 이와 달리 커즈와일은 이미 1980년대의 전문가 시스템에서도 머신러닝의 싹이 트고 있었다고 파악하는 셈이다. 그리고 "이제는 문서에서 지식을 추출하는 방법(물론 인간이 감독한다)까지 함께 쓴다"고 그는 말한다. 이럴 경우 전문가 시스템은 논리적 추론의 형태에서 출발하는 것과 꽤 다를 것이다. 심지어 그것을 같은 이름으로 부를 수 있느냐는 이의도 가능할 정도다.[18] 그럼에도 내가 비교적 좁은 의미의 전문가 시스템을 가정하고 예로 든 이유는 그렇게 볼 경우 그 모델의 성과와 한계가 비교적 명확하게 파악되기 때문이다.

인공지능이 획득한 자율성은 어쨌든 이제까지 인간주의의 이름으로 요구되거나 주장된 자율성과는 다르다. 인간의 자율성을 과도하게 인간주의적 또는 형이상학적으로 이해하는 경향이나 습관에서 벗어나자. 그래야 인공지능이 고유하게 도달하는 자율성이 파악될 수 있다. 이어지는 절에서는 인공지능이 우선적으로 확보하게 되는 '작동의 자율성'을 사이버네틱스의 관점에서 파악해보려 한다.

3. 머신러닝은 창의성에 미치지 못한다?

그럼 이제 머신러닝에 기반을 둔 인공지능이 대체 어떤 자율성을 갖는지 조금 더 자세히 살펴보자. 그전에 우리는 머신러닝이란 용어에 대해 조금 더 생각해볼 필요가 있다. 알파고의 화려한 등장과 맞물려, '머신러닝'이 갑자기 부각되고 인정되었다는 데 주의할 필요가 있다. 그 이전에 인공지능이란 용어만으로도 인공적 지능의 발전 과정이 충분히 지칭되고 논의되었던 것을 생각하면, 이 변화가 얼마나 돌발적인 성격을 띠는지 짐작할 수 있다. 이 점은 보통 사람들에게만 해당되지 않는다. 조금 차이는 있지만 그 변화는 인공지능 개발자들에게도 상당한 영향을 가져온 충격이었다. 우리가 1장에서 대략 살펴보았듯이, 일반적으로 인공지능으로 불리던 것이 머신러닝으로 껑충 뛴 것은 그저 연속적인 진화 과정은 아니었기 때문이다. 1장에서 서술한 방식도 아마 조금은 과도하게 인공지능이 머신러닝으로 진화하거나 발전했다는 인상을 줄 수 있다.

머신러닝은 아직 완성된 형태가 아님은 말할 나위도 없지만, 그것은 빅데이터뿐 아니라 사물인터넷이나 블록체인 같은 기술과 접합되면서 제대로 작동하거나 새로운 모습으로 작동하게 될 것이다. 그런데 현실에서 인지 방식이나 학습 방식에 대한 상이한 접근들은 쉽게 조정되거나 조화롭게 통합되지 못할 때가 많다. 과학기술이 발전하는 과정에서 흔히 일어나듯 이제 연구자들은 각자 서로 다른 경로를 가게 되며 그 과정에서 이견이나 충돌을 겪을 가능성이 크다.

앞에서 밝혔듯이, 통계학적 접근이 강력한 성과를 내기 직전에 인공지능에 대한 접근은 크게 보면 지식공학의 방향이나 신경망 연결주의의 방향, 또는 그 둘이 공존하는 방향으로 진행되고 있었다. 마빈 민스키는 그 두 접근을 비교적 통합하는 방식으로 연구를 진행하고 있었다. 정확히 말하자면, 그는 고급 수준의 지적인 작동에서는 개념적 또는 지식공학적 접근이 유용하고, 낮은 수준의 데이터처리 과정에서는 연결주의적 접근이 유용하다고 여겼다. 그렇다고 통계학적 접근을 인정하지 않거나

강한 인공지능과 인간

무시한 것은 아니다. 다만 이것도 비교적 낮은 수준의 데이터처리 과정에서 효과가 있으리라 여기는 편이었다. 2006년에 『정서 기계The Emotion Machine』라는 책을 출간한 그는 여기서 개념적(기호주의적) 접근, 연결주의적 접근, 수학적 접근, 통계학적 접근을 다양하게 수준별로 적용하려는 시도를 했다.[19] 그런데 그가 그 책에서 머신러닝이란 용어를 전혀 사용하지 않았다는 것은 주목할 만하다. 그 사실은 그가 통계학적 방식에 이차적인 역할만 인정했다는 것과 연결된다. 그는 일단 신경망 연결주의의 성과를 인정한다. "연결주의자의 시스템은, 그것이 패턴의 많은 형태를 인식하도록 배울 수 있게 만들어질 수 있기 때문에—사람이 그것들을 프로그램할 필요가 전혀 없이도—실용적으로 적용될 수 있었다."[20] 여기서 "패턴의 유형들을 사람이 프로그램 형태로 입력할 필요가 전혀 없다"는 점은 몇 년 후에는 머신러닝을 위한 알고리듬으로 파악되는 것이다.

그런 다음에 그는 연결주의의 한계에 대해 말한다. "비록 연결주의자의 네트워크를 발명해내는 데 내가 어떤 역할을 했음에도 불구하고, 최근 몇 년 동안에 연결주의가 너무 인기를 끈 나머지 더 높은 수준의 심리적 기계 장치에 대한 아이디어가 지연되었다고 본다. 그 역사를 보건대, 상식적인 사고에 대한 연구는 1980년 무렵까지는 계속 앞으로 나아갔다. 그런데 그때 분명히 인식된 것은, 계속 발전하기 위해서는 상식적 지식의 수백만 조각을 얻고 또 조직하는 길들이 필요할 것이라는 점이다. 그런 전망은 정말 기를 죽이는 일이었다. 그래서 대부분의 연구자는 차라리 필요한 지식을 스스로 학습할 수 있는 기계를 발명하기로 결정했다."[21] 그는 이 인공지능을 "아기 기계baby-machine"라고 불렀는데, 이는 다름 아닌 지도받는 머신러닝의 초보적인 단계다. 아기에게 이것이 무엇이라고 하나하나 가르쳐주듯이 비슷한 수준의 알고리듬을 만들기. 그러나 아기처럼만 배워서는 큰 진전을 이루기 힘들다. "아주 소수의 학습하는 기계들이 쓸모 있는 것들을 배웠지만, 그 가운데 어떤 것도 더 높은 수준의 반성적 방식을 개발하는 데로 나아가지 못했다." 그가 보기에 연결주의자의 학습 기계는 거기까지였다. 물론 "그럼에도 불구하고, 그런 신경 연결망이 중요하지 않다고 말하려는 것은 아니다. (…) 우리 뇌의 낮은 수준의 처리 과정은 대부분 연결주의자의 네트워크의 어떤 형태들을 사용해야 한다."[22] 여기서 알 수 있듯, 민스키는 연결주의자의 인공지능은 고급 수준의 지식에 도달하기 어렵다고 생각했다. 수백만의 데이터 조각을 모으고 처리한다는 생각 자체가 정말 기를 죽이는 일이라고 여겨졌으니, 어쩔 수 없을 것이다. 그런데 그 과정에서 그는 신경망 연결 방식과 통계적 데이터처리 방식을 구별하지 않는다. "비슷하게, 통계학적 시스템들도 예측하는 데 쓸모가 있긴 하지만, 왜 그런 예측들이 가끔 옳은가에 대한 이유를 잘 설명하지는 못한다."[23]

이 지점에서 통계적 방식이 제일 중요하다고 생각하는 다른 머신러닝 개발자들과 민스키 사이에 이견이 생긴다. 1장에서 머신러닝 개발자를 다섯 종족으로 나눈 도밍고스는 심지어 민스키가 머신러닝의 반대자라고까지 말한다. "가장 분명한 거부는 머신러닝의 숙적인 지식공학에서 나온다. 지식공학 지지자는 지식은 자동으로 배울 수 없고 인간 전문가가 컴퓨터에 프로그램으로 입력해야만 한다고 믿는다. (…) 민스키 교수는 머신러닝이 지식공학의 대안이라는 것에 회의적일 뿐 아니라, 인공지능에서 보편화라는 아이디어를 적용하려는 어떠한 시도에도 회의적이다."[24] "민스키 교수는 인공지능 역사상 가장 불명예스러운 실패 사례인 사이크 프로젝트Cyc project의 열렬한 지지자였다. 사이크의 목표는 필요한 지식을 컴퓨터에 전부 입력하여 인공지능 분야의 문제를 해결하

강한 인공지능과 인간

는 것이었다."[25] 연구자 또는 개발자 간의 이견은 인공지능이 머신러닝으로 진화했다고 믿을 때에는 그리 심각하게 보이지 않을 수도 있다. 그러나 인공지능 개발자들이 상호작용하는 과정의 내부에서 보자면 쉽게 조정되거나 통합되지 않을 수 있는 커다란 문제다. 이 점은 바로 도밍고스 자신에게도 해당된다. 그는 머신러닝을 개발자를 다섯 종족으로 나누고, 기호주의자 또는 지식공학자를 그 하나로 분류했지만, 이 종족의 핵심 멤버였던 민스키를 머신러닝의 반대자로 생각했으니 말이다.

이러한 이견은 앞으로도 지속될 것이며, 인공지능 개발 과정에서 서로 갈등하는 관점 때문에 생긴 것이다. 더 나아가 그 문제는 개발의 중점을 인간의 마음에 두느냐 머신러닝에 두느냐에서 비롯된 것이기도 하다. 이 지점에서 관찰하자면, 민스키는 인공지능을 개발하되 인간의 마음이 작동하는 방식을 기준으로 삼고 싶어 했다. 물론 그는 전통적인 형이상학처럼 마음을 육체와 구별되는 단일한 실체라고 여기기보다 "서로 다른 자원의 묶음들이 상호작용할 때 일어나는 것"[26]이라고 여겼다. 책 제목이 말해주듯, 그는 인간을 "정서 기계emotion machine"로 파악하고자 한 셈이다. 기본적으로 인간의 마음은 기계와 다름없이 작동한다는 것이 명백한 출발점이다. 다만 그 기계는 단순하거나 진부하지 않고 복잡할 뿐이다. 그러므로 민스키의 관점은 전통적인 의미의 인간주의 및 인간중심주의와는 차이가 있다. 그는 비록 인간의 마음이 '작동'하는 방식에서 출발하려고는 했으나, 인격이나 보편적 인간성을 전제하는 인간주의와는 많이 다른 접근법을 채택했다.

이 점은 그가 창의성을 설명하는 방식에서 드러난다. 많은 사람은 천재들의 창의성을 설명할 때, 그 성취가 설명할 수 없는 '영감'에 의한 것이라고 여긴다. 그렇다면, 어떤 기계도 그런 신비를 감당할 수 없기에 기계들은 그런 성취를 이룰 수 없을 것이다. 민스키는 천재들의 창의성을 다음과 같이 설명한다. "우리는 그들의 우수함을 설명할 유일하고 특별한 특징을 찾지는 못한다. 그 대신, 최소한 내가 생각하기는 그런데, 우리가 발견하는 모든 것은 다른 점에서 보면 흔한 구성 요소들의 흔치 않은 결합이다."[27] 그러면서 그는 이 흔한 열 가지 구성 요소를 나열한다.

그들은 그들의 영역에서 매우 능숙하다. (그러나 그것만으로는 전문성에 지나지 않는다.)

그들은 흔한 자신감 이상을 갖는다. (그래서 동료들의 비웃음을 더 잘 견딜 수 있다.)

그들은 다른 사람들은 그만둘 곳에서 자주 버틴다. (그러나 다른 사람들은 이것을 그저 고집이라고 부른다.)

그들은 여러 가지 생각의 방식을 축적한다. (그들은 갈아탈 수 있는 더 좋은 방법들을 필요로 한다.)

그들은 습관적으로 새로운 방식으로 생각한다. (그러나, 비록 덜 자주이긴 하지만, 다른 사람들도 그렇게 한다.)

그들은 자기통제를 위한 더 좋은 시스템을 가지고 있다. (그래서 그들은 관련 없는 목표들에 시간을 덜 낭비한다.)

그들은 인기 있는 신화와 믿음을 거부한다. (특히 이룰 수 없는 것에 대해.)

그들은 시간에 대해 계속 생각하는 경향이 있다. (그들은 생산적이지 않은 아이디어에 적은 노력을 기울인다.)

그들은 자신들이 이룬 것을 설명하는 데 탁월하다. (그래서 그들의 작업은 덜 경시된다.)

그들은 인정 할당credit assignment을 더 잘하는 경향이 있다. (그래서 그들

은 적은 경험에서 더 많은 것을 배운다.)**28**

이 목록은 상당히 세밀하며, 정신분석적 날카로움까지 겸하고 있다. 창조성은 단순히 인간 지능의 우수함의 결과는 결코 아니다. 이런 디테일을 다룰 수 있는 알고리듬이라면, 인간의 행위와 정서에 대해서도 놀라운 성과를 선보일 수 있을 것이다. 그러나 이 이질적인 구성 요소들이 어떻게 결합하는지를 판단하는 일, 그래서 수많은 행위와 감정이 어떻게 상호작용을 하는지 판별하는 일은 꼼꼼한 리스트를 작성하는 것과는 또 다르다. 아마 구성 요소 10개 가운데 많은 요소가 결합할수록 창의성을 발휘하는 데 유리할 것이다. 그렇지만 그 결합 과정에서 어떤 개별적인 구성 요소가 얼마나 더 영향을 미치고 어떤 역할을 하는지 판단하기는 쉽지 않다. 10개가 모이면 저절로 창의성이 생기는가? 무조건 그렇지는 않을 것이다. 결합을 유지하는 또 다른 구성 요소가 필요하지 않을까? 또는 그 결합에 적절한 비율이 있지는 않을까? 인간적인 경험을 충분히 고려할수록 그 결합을 분석하는 일은 어려워지는 듯하다.

여기서 얻을 수 있는 통찰은 무엇일까? 다량의 데이터를 이용하는 머신러닝의 학습 방식과 비교해서 이렇게 중요한 구성 요소들을 수집하고 그들의 관계를 조율하는 것이 그 자체로 틀린 방식은 아니다. 높은 수준의 지식의 관점에서 구성 요소들을 분석해서 목록을 만드는 것은 옳고 훌륭한 접근법이다. 그렇게 많은 변수를 선별해내는 일만 해도 상당히 어렵다. 그러나 가만히 보면, 개별적인 항목에 대해 제대로 판단하는 것조차 만만치 않다. 제일 쉬워 보이는 첫째 항목만 보자. 어떤 지식이나 기술에서 능숙하다는 것을 어떻게 판단할까? 결과적으로 가장 성공한 사람에게 최고 점수를 부여하면 될까? 쉽지 않다. 가령 스포츠에서는 다른 영역에서보다 능숙함을 비교적 잘 판단할 수 있지만, 능숙함 자체를 객관적으로 판별하기는 생각처럼 쉽지 않다. 예술성을 판단하기 어렵다는 것은 미술뿐 아니라(반 고흐는 생전에 자기 그림의 창의성을 제대로 인정하고 구매하는 사람을 한 명도 만나지 못했다), 음악 콩쿠르에서도 드러난다. 창조성을 가진 사람이 어차피 소수이니 그런 복잡한 결합의 조직에 대해서는 크게 신경 쓰지 않아도 될까? 그렇지 않다. 창조성을 예측하는 일은 어쨌든 창의성이 요구되는 모든 영역에서 매우 중요하다. 어쩌면 역설일 수도 있다. 인간의 사회적 삶에 걸맞게 복잡한 구성 요소들을 찾아낼수록 또 알고리듬이 풀어야 할 차원이 높아질수록 복잡성을 피하기는 어려워진다. 인간 행위에 고유한 문제들을 푸는 알고리듬은 그 이유로 크게 진척되지 못했을 수 있다.

이렇게 서로 다른 마음의 자원들이 교차하고 겹치는 상황에서 일어나는 것을 인공지능으로 풀어내기 위한 민스키의 답은 개념적인 구별을 통한 기호주의자의 접근이었다. 그리고 개념들을 구별하는 데는 그것들에 위계질서를 부여하는 길이 제일 적절해 보인다. "우리 뇌는 지식을 재현하는 다양한 길을 연결하기 위해 더 큰 규모의 조직을 필요로 한다. 아마 그런 것 중에서 가장 간단한 배치는 위계질서를 가진 것일 터다."[29] 맨 아래층에는 미세 간상체microneme가 있고 그다음엔 신경망, 그 위에는 의미망semantic network들과 그것을 감싸는 틀frame이 있고, 제일 위에는 내러티브 이야기narrative story가 있다.[30] 그러나 내러티브가 무엇인가? 그것은 기본적으로 목적이나 인과관계가 이미 구조적으로 설정된 서사적 이야기다. 전통적인 인간 삶의 관점에서는 내러티브가 비교적 명확한 구조를 가지고 있었고, 민스키는 인간 마음을 인공지능으로 재구성하는 과정에서 그 내러티브에 호소하는 것이다. 그러나 민스키가 말하듯 인간

강한 인공지능과 인간

마음에 대한 '높은 수준의' 이야기를 내러티브로 걸러내는 것은 어려운 일이다. '창조성'에 관한 여러 신화도 가장 감동적인 내러티브에 속한다.

앞의 구성 요소들을 보라. 그것들이 잘 결합했을 경우 창조성이라는 내러티브가 생긴다고 생각할 수도 있지만, 굳이 그것을 창조성이라고 불러야 하느냐는 이의도 얼마든지 가능하다. 고집스러움을 유지하려면 무엇이 필요할까? 만약 고집스럽지 않고 '순한' 사람이라면 아무리 능력이 뛰어나도 창조성을 드러내기 어려운 것일까? 또 10개의 구성 요소만으로 충분한가? 시대를 잘 만나야 한다거나 운이 좋아야 한다거나 타고난 유전자가 좋아야 한다는 구성 요소는 왜 빠졌느냐는 이의도 가능하다. 내러티브에 호소하는 대신, 창조성이 이 복잡한 구성 요소들의 결합이라고 부르는 것이 차분한 답일 듯하다.

인공지능이나 머신러닝의 시대에 서사적 내러티브를 설정하는 일, 그리고 소수의 규범적인 규칙을 따르는 일은 쉽지 않다. 이미 포스트모던 관점에서 '거대 서사'는 무너졌지만, 한계는 거기서 그치지 않는다. 인간주의적 내러티브를 전제하는 일은 인간이 추구하는 목적을 위한 답을 얻기 위한 노력이지만, 이전만큼 내러티브와 목적과 구조가 사람들에게 확신을 주기 힘들다. 한 개인은 다른 사람이 조언을 주기 어려운 방식으로 자기 삶의 이야기를 겨우 끌고 간다. 결정도 순전히 자기 몫이다. 과거처럼 다른 사람의 결정이나 선택에 개입하는 것은 좋지도 가능하지도 않음을 대부분의 사람은 터득하고 있다. 고도의 개인화 과정이 공통의 내러티브 결성을 어렵게 만들고 있는 것이다. 인간주의적 전통에서는 '창조성'이 가장 잘 만들어진 내러티브에 속했을 것이다. 금메달 따는 것도 비슷한 내러티브다. 물론 그것들은 여전히 감동을 줄 수 있지만, 다수의 사람에게는 자신의 이야기가 되기 어렵다. 오히려 앞으로 사람들은 '뭐가 되려고 하지 않는 태도'를 더 많이 취할 것이다.

아마 그래서 인간 마음에 대한 '높은 수준의' 대답을 얻는 대신 비교적 '낮은 수준의' 대답을 수집하는 방식이 머신러닝에서 성공하는 듯하다. 질에 상관없이 수십억 데이터를 처리하는 방식에 기반한 상관성의 패턴을 인식하는 일은 머신러닝으로 충분히 좋은 성과를 낼 수 있었을 것이다. 기술력도 마침 따라주었다. 알파고의 성공도 여기서 보면 납득하기 어렵지 않다. 비록 바둑이 정신적인 게임이라고 칭송되기는 했지만, 어쨌든 그 게임은 목표가 명확하고 이에 도달하기 위한 경우의 수의 조합에 대해서도 비교적 통계상 의미 있는 패턴을 이끌어낼 수 있기 때문이다. 퀴즈 대회에서 우승하는 것은 그보다 쉬운 일이라고 여겨진다. 낱낱의 지식들의 패턴을 많이 효과적으로 습득하기만 해도 충분하니까. 이 점에서 보면, 머신러닝은 인간 마음에 대한 '높은 수준의' 내러티브를 형성하는 일에서보다 다른 방향에서 더 효과를 낼 수 있고, 더 적합한 듯하다.

그렇다고 머신러닝이 '낮은 수준의' 유형을 찾아내는 데만 적합하고, '높은 수준의' 이야기를 만들거나 업무를 수행할 수 없다는 말은 아니다. 서로 이질적이고 들쭉날쭉한 데이터라도 그 양이 아주 많으면 이제까지 인간이 했던 것과는 다른 방식으로 더 좋은 성과를 낼 가능성이 크다. 앞으로 머신러닝 기반의 인공지능이 보통 사람 못지않게 잘할 수 있는 것이 운전에만 그치지는 않을 것이다. 지금도 주가 동향에 대한 분석은 웬만한 분석가보다 더 잘할 수 있으며, 질병에 대한 진단도 보통 인간 의사 못지않게 잘할 수 있고, 판례 분석이나 판단은 보통 인간 변호사나 판사 못지않게 할 수 있다. 인간이 철학적 문제들에 대해서 논의할 능력을 갖추려면 최소한 30년의 학습 시간이 필요하다. 그렇게 철학 박사가 된다 하더라도 대단한 문제를 해결하는 것도 아니다. 인공지능이 그와 비슷한 공부를 한다면, 인간 이상의 수준으로 철학사와 관련된 논문을 쓰지 말라는 법도 없다. 그러니 그 과제들이 결코 '낮은 수준의' 것은 아니다. 다만 인간 마음에 대한 '높은 수준의' 해결 방식은 그것들보다는 더 복잡할 것이다. 인간 마음이 꼭 더 신비한 것이어서가 아니라, 이질적이고 서로 충돌할 수 있는 자원들이 서로에게 알 수 없는 방식으로 작용하기 때문이며, 그에 대한 자료들도 충분히 공개되지 않았기 때문이다. 더 나아가 그 높은 수준의 내러티브들은 상당한 오해와 편견 그리고 우상화에 사로잡혀 있다. 그것들은 무수한 개인들이 경쟁하고 다투는 과정의 산물이기 때문이다. 누구에게 더 재능과 솜씨가 있는가라는 물음에 대해서는 아직도 인간사회가 제대로 된 대답을 줄 수 없다. 그때그때의 승리가 여러 내러티브로, 여러 제도적 기계 장치의 목적에 따라 꾸며지고 칭송될 뿐이다. 자율성이라는 개념에 인간적인, 너무도 인간적인 잣대를 들이댈 필요는 없다. '이성'이나 '마음', '주체성'이나 '도덕성' 같은 개념도 결코 그 자체로 인간의 자율성을 담보해주지 않는다. 뒤에서 우리는 이 문제들을 자세하게 논의할 것이다.

어쨌든 '높은 수준의' 이야기가 머신러닝에게 불가능한 것은 아니다. 인간에게 가능한 것처럼, 사회적 상호작용을 할 시간과 기회만 주어진다면 머신러닝에게도 가능하다. 머신러닝의 등장으로 그 물음은 이제까지보다 더 뜨겁게, 더 '리얼'하게 타오른다. 인공지능이란 표현이 초기 단계에서부터 있었던 개념일 뿐 아니라 다소 일반적인 지칭이기에 머신러닝의 최근 상황을 고려하지 못하는 면은 분명히 있다. 그 점에서 '인공지능'보다 '머신러닝'이 더 중요하다고 할 수 있다. 머신러닝이 일반화된다면, 아마 '인공지능'이란 말은 필요하지 않을 수도 있다. 그러나 아직은 인공지능이란 말을 같이 사용하는 것이 좋을 듯하다. 그 둘의 발생 과정을 살펴보는 데, 또 인간 지능과 인공지능을 비교하는 데는 많은 도움이 되기 때문이다.

강한 인공지능과 인간

주

1. 마슬랜드(2016): 8.
2. 마이어쇤버거; 쿠키어(2013): 74.
3. 마이어쇤버거; 쿠키어(2013): 75.
4. 마이어쇤버거; 쿠키어(2013): 72.
5. 마이어쇤버거; 쿠키어(2013): 77.
6. 빅데이터의 관점에서 설명하는 사람은 그것과 머신러닝을 다소 구별하려고 한다. "혹자는 빅데이터를 인공지능이라는 컴퓨터과학의 분과로 설명하거나 기계 학습이라는 분야의 일부로 설명하지만, 이런 식의 설명은 핵심을 오도하는 측면이 있다. 빅데이터의 핵심은 컴퓨터가 인간처럼 '생각'하도록 '가르치려는' 데 있지 않다." 마이어쇤버거; 쿠키어(2013): 27. 이런 판단은, 인공지능과 머신러닝은 '인간처럼 생각한다'고 전제하기에 가능할 것이다. 그리고 그렇게 생각하는 개발자들이 실제로 많다는 것은 앞에서 언급한 바 있다.
7. 마이어쇤버거; 쿠키어(2013): 67. '부정밀성'으로 번역된 표현을 '정밀하지 않음'으로 바꿨음을 알린다.
8. "들쭉날쭉 messy에도 몇 가지 종류가 있다. 들쭉날쭉함은 단순히 데이터를 추가할수록 오류가 생길 공산도 커지는 점을 가리킬 수 있다. 교량의 스트레스 측정 횟수를 엄청나게 늘리면 그중 일부가 틀렸을 가능성도 증가한다. 그런데 출처가 다른 다양한 형태의 정보를 결합해도 들쭉날쭉함이 증가한다. (…) 들쭉날쭉함은 포맷에 일관성이 없어서 데이터를 처리하기 전에 '클리닝 cleaning'해야 하는 경우를 가리키기도 한다. (…) 또 들쭉날쭉함은 데이터를 추출하거나 처리할 때 생길 수도 있다." 마이어쇤버거; 쿠키어(2013): 67~68.
9. 홍성욱(2016): 95.
10. Kaplan(2016): 31.
11. 철학자이자 과학자인 마이클 폴라니 1891~1976는 1964년 "할 줄은 아는데 설명은 안 된다"는 말로 이 역설을 간단히 표현했고, 그것은 폴라니의 역설로 불린다. 자전거 타기와 얼굴 알아보기 같은 문제들이 여기에 속했는데, 이제 인공지능이나 머신러닝은 그 수준의 문제들을 넘어섰다.
12. 홍성욱(2016): 80.
13. 홍성욱(2016): 96.
14. 홍성욱(2016): 85.
15. 인공지능 작곡가는 여러 형태로 진행되고 있다. 구글이 진행하는 "마젠타 프로젝트 Magenta Project"는 그 가운데 하나일 뿐이다. 그 이전에 '쿨리타 Kulitta'라는 이름의 인공지능 작곡가도 있었다. 그들이 지금까지는 바흐나 베토벤에 미치지 못한다는 것은 당연한 일이다. 그들도 한 세기에 한둘이 나올 정도로 드문 음악가들이었다. 그 수준 바로 아래에서는 인간 음악가와 우열을 가리기 힘들 정도의 음악적 기량이 앞으로 인공지능 음악가에게 충분히 가능할 것이다. 단, 인간 못지않게 시행착오를 거치고 솜씨를 갈고닦을 기회와 시간이 충분히 주어져야 한다. 그런데 인공지능의 진화 속도는 인간보다 빠르다. 이것도 그들의 특출한 지능 때문만은 아니다. 역설적이지만, 그들에게는 인간처럼 시행착오를 거칠 시간이 주어지지 않거나 또는 주어지더라도 그것을 빨리 해결할 기회가 주어지기 때문이다.
16. 커즈와일(2007): 365.
17. 커즈와일(2007): 366.

18. 커즈와일은 전문가 시스템이 처음에 논리 법칙에 기초하여 인간 전문가를 모방하면서 출발하다가, 나중에는 직감에 크게 의존하는 인간의 추론 방식을 모방한다고 말하는 셈이다. "인간의 의사 결정에는 직감이 작용한다."(365) 그는 전문가 시스템이라는 머신러닝의 한 형태가 아주 성공적으로 진행했다고 해석하는 것이다.

19. 부제는 *Commonsense Thinking, Artificial Intelligence, and the Future of the Human Mind*다.

20. Minsky(2006): 290.

21. Minsky(2006): 290.

22. Minsky(2006): 291.

23. Minsky(2006): 296.

24. 도밍고스(2016): 80.

25. 도밍고스(2016): 81.

26. Minsky(2006): 24.

27. Minsky(2006): 275.

28. Minsky(2006): 275~276.

29. Minsky(2006): 292.

30. Minsky(2006): 293.

강한 인공지능과 인간

3장
인공지능, 진부하지 않은 지능의 가능성

1. 진부한 기계와 진부하지 않은 기계의 구별

이제까지 우리는 인공지능과 머신러닝의 발생 과정 및 그 둘의 관계를 주로 살펴보았다. 그 기술들이 전통적인 인간주의의 관점과 다른 방향에서 진행되는 면도 부분적으로 살펴봤지만, 그것들은 기본적으로 인간에게 도구 역할을 하는 기술처럼 여겨졌다. 또 그것들이 장착된 기계들은 '기껏해야 기계'인 것처럼 보였다. 이런 인식하에서 아무리 컴퓨터 또는 소프트웨어가 발전하더라도 인간이 차지하는 중심적 역할은 변하지 않기 때문에 그들이 가져오는 변화나 영향은 그리 크지 않을 것이다.

그러나 이제 우리는 기계에 대한 이런 도구주의적 관점에 머물 수 없다. 이 관점에서 벗어나지 않으면 사람들은 도구에 불과한 것이 인간의 일자리를 빼앗으며 인간은 위협에 처한다는 망상적인 불안과 공포에 시달릴 수 있다. 그리고 이 과제는 다름 아니라 인공지능과 로봇 같은 기계들이 어떤 '사회적 역할'을 할 수 있고 해야 하느냐는 물음, 그리고 인간과 기계의 사회적 관계에 대한 물음에 연결된다. 이 물음들은 매우 중요하다. 이 물음에 제대로 대답하지 못할 경우 인공지능이나 머신러닝이 야기하는 이로움은 그저 도구로, 그것이 초래하는 해로움은 그저 위협으로만 생각할 수 있다. 이런 이해 방식은 도움이 되지 않는다.

이 물음에 대답하려면 인공지능의 초기 단계로 거슬러 올라가야 한다. 특히 1950년 무렵에 시작된 사이버네틱스 이론을 살펴봐야 한다.[1] 그 이론은 무엇보다 인간과 기계, 생물체 사이에 작동의 차원에서 본질적인 단절이나 차이가 없다는 관점을 가졌다. 인공지능과 인간적인 행위 및 태도 사이에 비록 적잖은 차이가 있더라도 기능과 작동의 차원에서 이는 근본적이지 않다는 것이다. 물론 인공지능 기술이 점점 발전하면서 서구에서 1980년대까지는 많이 쓰이던 '사이버네틱스' 용어의 사용이 많이 줄었고, 연구 분야에서도 '사이버네틱스'를 '인공지능'이 대체한 면이 크다. 그래서 사이버네틱스 이론은 과학기술 역사가 거쳐온 한 단계로 남은 듯 보일 수도 있고, 굳이 거기까지 거슬러 올라가야 하느냐는 이의도 제기할 수 있을 것이다. 기술과 과학이 오직 한 방향으로 발전·진화한다고 생각하면, 과거의 이론은 진부하다고 여겨질 수도 있다. 그러나 현재의 인공지능과 머신러닝을 논의하면서 사이버네틱스 이론까지 거슬러 올라가는 것은 괜한 일이 아니다. 그 이론이 인공지능의 중요한 기능들에 대해 이론적으로 획기적인 통찰을 했고 현재에도 그 통찰은 유효하기 때문이다. 1장에 서술한 인공지능의 발생 과정에서 그 점을 알려주는 한 가지 예가 있다. 1장에서 머신러닝이 여러 이름으로 불린다는 것을 지적하면서, 우리는 그 가운데 하나가 "자기조직 시스템"이라는 것을 보았다. 바로 이 "자기조직 시스템"에 대한 관찰이 사이버네틱스 이론에

강한 인공지능과 인간

서 시작되었다. 인간이든 생물체든 기계든 일정하게 자율적으로 행동하기 위해는 "자기조직하는 시스템"이 작동하고 있어야 한다는 것이다.

물론 사이버네틱스 이론의 발생 과정에도 굴곡이 있다. 그 발생 과정의 구획들을 나누자면 첫 번째 단계는 1950년에서 1960년대까지라고 할 수 있다. 이때는 시스템의 항상성을 유지하는 것이 목표였다. 이때의 사이버네틱스는 자동 온도조절기 같은 도구가 어떻게 환경 속에서 스스로 온도를 유지하는지, 우주에 있는 인간이나 생명체가 어떻게 생명 활동을 항상적으로 유지할 수 있는지 등 다양한 물음에 대해 대답하려고 했다. 1970년 무렵부터 1980년대까지 두 번째 단계의 사이버네틱스 이론은 이제 항상성을 유지하는 비교적 단순하고 도구적인 방식에 대한 물음 대신 자기조직하는 시스템이 환경의 복잡성을 어떻게 인지하고 다루느냐를 중요하게 다뤘다. 이 두 번째 단계의 사이버네틱스 이론에서 칠레 출신의 생물학자 움베르토 마투라나1928~가 생물체의 자기조직 시스템이 어떻게 유지되는가에 대해 새로운 관점을 제시했다(여기에 대해서는 훌륭한 안내서들이 있다2). 생물학적 관찰 방식은 자기조직하는 시스템을 설명하는 데 매우 중요한 역할을 했는데, 그에 못지않게 컴퓨터를 포함한 인공지능에 대한 관점도 중요하다.3 이 점에서 독일 출신이면서 미국으로 일찍 건너가 당시 사이버네틱스 운동에 참여한 하인츠 폰 푀르스터1911~2002의 역할도 중요하다. 그가 미국에 정착할 수 있게 도와준 사람은 다름 아니라 1장에서 언급한, 초기 신경망 연구의 리더라고 할 수 있는 매컬러였다. 두 번째 단계의 사이버네틱스 이론을 사회 조직에 적용한 또다른 중요한 이론가로 사회학자 니클라스 루만1927~1998이 있다. 시스템이론을 사회학 이론에 접목시킨 루만은 마투라나와 폰 푀르스터의 통찰, 그리고 사이버네틱스 이론이 선보이는 인공지능의 관점을 1980년대에 여러 각도에서 사회 시스템 분석에 적용했다. 그는 인공지능이나 사이버네틱스 이론이 과학기술에 대한 연구를 넘어 사회 시스템 연구에서도 중요한 역할을 한다는 것을 보여주었다.

폰 푀르스터의 이론적 성과 가운데 우리가 눈여겨봐야 할 것은 '진부한 기계trivial machine'와 '진부하지 않은 기계non-trivial machine' 사이의 구별이다.[4] 이것은 노버트 위너1894~1964가 기계를 '좋은 기계'와 '나쁜 기계'로 나눈 구별을 확장한 것이라고 할 수 있다.[5] '진부한 기계'에서는 입력-출력 전환이 기계적으로 예측되거나 계산될 수 있다. 따라서 진부한 지능은 "우리에게 항상 정해진 출력을 제공하며" 이 점에서 "인과 이념의 모든 옹호자의 장기長技다."[6] 그와 달리 '진부하지 않은 기계'에서는 그 전환을 예측하거나 계산하거나 결정할 수 없다. 더 나아가면, '진부하지 않은' 지능의 핵심은 입력과 출력 사이의 단순한 인과율에 국한되지 않는, 복잡성을 도출하는 데 있다. 중요한 점은, 이 두 형태의 구별은 단순히 기계나 인공지능에만 적용되지 않고 인간의 지능에 대해서도 마찬가지로 적용될 수 있다는 점이다. 언뜻 보면, '진부한 기계'와 '진부하지 않은 기계'의 구별에서 출발해 인간의 행동을 관찰하는 일은 마치 인간을 기계의 관점에서 이해하는 것처럼 보이며, 물질적이며 '진부한' 접근으로 여겨질 수 있지만, 실제로는 그렇지 않다. 그 구별은 오히려 자연과 인공을 본질적으로 구획 짓는 관점을 극복할 수 있게 해준다. 폰 푀르스터는 여기서 "'기계'라는 표현은 순전히 형식적으로 사용된다"면서 이 구별이 계산하는 기계나 물리적 도구에 국한되지 않는다고 말한다. "중요한 것은 진부함과 진부하지 않음의 구별"이다.[7] 인간의 지능, 더 나아가 생명체의 작동을 설명하면서 '기계'라는 개념을 쓴 이유는 인간과 기계 사이의 관계를 알고 있다고 생각하는 사람들, 곧 기계는 인간을 위한 도구일 뿐

강한 인공지능과 인간

으로 진부하다고 생각하는 사람들의 관점을 뒤흔들기 위해서다. "어렵고 추상적으로 여겨질 이 개념들은, 모든 것을 이해했다고 주장하는 이들까지도 겨냥하기 위한 것이다."[8]

그렇다면 '진부한 기계'와 '진부하지 않은 기계'의 구별이 제안하는 중요한 점은 무엇인가? 첫째, 그 구별은 인간과 기계의 관계를 대립의 가설로부터 이해하는 틀에서 획기적으로 벗어날 수 있게 해줄 뿐 아니라 인간의 지능과 인공지능 모두의 작동 방식을 포괄적으로 서술할 수 있는 관점을 제시한다. 그 두 지능 사이에 본질적인 차이는 없다고 여겨지기 때문이다. 둘째, 인간과 기계 사이의 관계를 설명하면서 인간은 진부하지 않고 기계는 진부하다는 구별을 들이댈 때 자칫 빠지기 쉬운 오류, 사회적 지위 모델의 오류 또는 먹이사슬의 오류에서 벗어나는 길의 가능성을 제시해준다.

두 번째 단계의 사이버네틱스는 입력과 출력의 프로그램이 부과하는 진부함에서 벗어나는 일이 중요하다고 판단하지만, 그렇다고 모든 진부함에서 벗어나야 한다고 여기지는 않는다. 주어진 물음에 대해 명확하게 대답을 줄 수 있게 프로그래밍된 대로 작동하는 기계의 작동 방식이 '진부한' 지능을 생산하는 것은 분명하다. 그러나 '진부함'은 좁은 뜻의 기계만의 문제는 아니다. 또 '진부한 지능'에서 벗어나는 일이 중요하다고 오로지 창조성에 호소해야 하는 것도 아닐 것이다. 역설적이게도 일상생활의 편리함이나 사회관계의 신뢰성은 창조성보다 진부함 덕택에 이뤄지는 면이 크다. 폰 푀르스터는 말한다. "자동차를 살 때, 우리는 진부함의 보장을 원한다."[9] 기대한 대로 통상적으로만 작동한다는 점에서 '진부하다'고 할 수 있지만, 다른 점에서 보면 바로 그 점이 기계의 안정성이다. 동시에 안정성 또는 믿을 만함에만 머물러 있는 기계는 바로 그 점에서 진부하다.

그러므로 진부한 기계는 그 자체로 저열하고, 진부하지 않은 기계는 그보다 강하거나 우월하다고 말할 수 없다. 이 두 범주의 구별이 때로는 겹치거나 교차할 순 있지만 그 둘이 같지는 않다. 진부한 기계가 그 자체로, 그리고 모든 점에서 저열하거나 약한 지능이거나 '나쁜' 지능이라는 가치 평가는 옳지 않다. 진부함은 믿을 만함과 안정성의 기준과 많은 점에서 겹치기 때문이다. 어떤 입력이나 원인이 있을 때, 일정한 출력이나 결과를 지속적으로 기대할 수 있다면 그 기계는 믿을 만하고 안정적이지만, 진부하다.

그러나 진부한 기계는 그 자체로 충분하지는 않다. 안정성이나 믿음직함은 바람직스러운 덕목 같지만 그것만을 추구하는 것은 자기 꾀에 넘어가는 일이다. 아무리 안정성을 기대해도 "자동차는 고장이 난다"고 폰 푀르스터가 말할 때, 이는 자동차의 일상적 진부함에도 불구하고 거기에 진부하지 않은 면이 있음을 알려준다. 장애 발생은 언뜻 보면 그 자체로 부정성을 띠는 듯하지만, 반드시 그런 것만은 아니다. 환경이 바뀜에 따라 어떤 장애가 생기는 것은 변화의 일반적 상황일 수 있다. 진부하지 않은 지능이란 입력된 대로만 작동하지 않고 언제든 탈이 날 수 있는 기계의 작동 가능성을 예상할 뿐 아니라 그것을 다룰 수 있는 지능이다. 그것은 끊임없이 탈 나는 상황에서 자신의 경로를 수정할 수 있는 지능 시스템이다. 따라서 '진부하지 않은' 기계의 장점을 관찰하는 사이버네틱스는, 기술적 성과와 발전을 통해 예측을 빗나가는 어떤 장애도 일어나지 않는 이상적인 상황에 도달하려는 목적만 추구하지는 않는다. 오히려 도구적 기술의 진부함(편리함)과 그것을 넘어간 진부하지 않음에 내재하는 아이러니를 익히고 다루는 기술(고대 그리스어로 'techne' 또는 'art')이다.

진부하지 않은 기계는, 전통적인 목적론이 설정하듯 목적 개념을 유지한 다고 하더라도 변하는 상황과 환경에 따라 끊임없이 경로를 수정하며 그에 따라 목적도 다시 수정할 수 있다. 여기서 '진부하지 않음'이 단순히 인간에게 고유한 강함이나 특별한 창조성을 의미하지 않는다는 점이 명확하게 드러난다.

그런데 안정적으로 작동하는 기계나 그 기계에 대한 믿음만 '진부한' 것일까? 사회 시스템들이 안정적으로 작동하면 좋겠다고 사람들이 기대할 때, 그 기대도 기본적으로 '진부한 기계'에 대한 믿음과 관련 있다. 그래서 폰 푀르스터는 사회에서 인간의 활동을 '진부한' 방식으로 관리하고 통제하는 경향이 크다는 점을 강조한다. "우리는 사회 시스템이 진부한 기계로 설정되기를 종종 바란다."[10] 인간의 사회생활, 그리고 그와 연결된 지능이 진부함을 생산하는 경향이 크다는 것이다. 폰 푀르스터는 또 말한다. "환경을 진부하게 만드는 우리의 열성적인 노력은 한 영역에서는 이롭고 생산적이지만, 다른 영역에서는 도움이 안 되고 파괴적이다. 사람이 그것을 자신에게 적용할 경우 이는 매우 위험한 만병통치약이다."[11] 기계의 안정성 혹은 인간 행위나 성격의 안정성, 더 나아가 제도의 안정성은 나름의 미덕을 지니지만 그 자체로 굳어지는 경향을 갖는다. 여기에 근본적인 아이러니가 있다. 근면이든 착함이든 모든 성격적 가치는 따지고 보면, 예측하고 약속할 수 있는 성격의 미덕이면서 동시에 '진부함'이다. 그래서 사회 제도와 시스템은 인간을 진부하게 만든다. 루만도 비슷하게 관찰한다. "우리는 곧잘 사회 시스템들이 진부한 기계로 작동하기를 바란다."[12] 아마 거기에 그치지 않을 것이다. 사회 제도, 특히 교육 제도는 사람을 진부한 기계로 만드는 경향이 강하다. 여기서 진부한 기계의 이로움과 해로움이 날카롭게 교차한다.

폰 푀르스터가 '진부한 기계'와 '진부하지 않은 기계'의 구별을 지능을 설명하는 포괄적인 관점으로 제안했을 때, 그는 '혼종'이나 '잡종'이라는 생물학적 은유보다 오히려 '기계'라는 인공 존재를 개념적·이론적으로 선호했다. 이 점은 매우 중요하다. 왜냐하면 인간과 기계 사이의 대립의 가설에서 벗어나는 길은 이론적 차원뿐 아니라 실천적 차원에서 일련의 결단을 요구하기 때문이다. 인공지능 로봇이 급격하게 진화하는 시대에 여전히 또는 다시 소박하게 '인간의 길'을 가는 것은 충분하지 않다. 여기서 요구되는 또 다른 이론적 결단들 가운데 하나는, 혼종이나 잡종 같은 생물학적 은유로 가득 찬 길로 갈 것이냐, 아니면 사이버네틱스의 관점이 제안하는 방향으로 가느냐의 선택이다.

여기서 인지철학자 대니얼 데닛1942~의 접근법을 살펴볼 필요가 있다. 그는 진부한 기계와 진부하지 않은 기계의 구별과는 다른 관점에서 관찰했지만, 꽤나 비슷한 면을 공유한다. 그는 로봇도 인간처럼 충분히 행위자로 인정될 수 있다는 것을 '지향적 시스템intentional system'의 관점에서 설명했다. "지향적 자세의 핵심은 어떤 존재의 행동을 예측하기 위해 그 존재를 행위자로 예우하는 것이므로, 우리는 그 존재가 영리한 행위자라고 가정해야 한다. 멍청한 행위자는 도무지 종잡을 수 없는 해괴망측한 짓을 저지를지도 모르기 때문이다." 데카르트와 인간주의 철학이 가정하는 특별한 의식을 설정할 필요 없이, '지향적 시스템'을 지능이 작동하는 일반적인 기준이라고 생각할 수 있다. "행위자가 (주어진 조건 속에서는) 오직 지혜로운 수만 둔다는 이 대담한 가정 덕분에 우리는 예측력을 얻는다."13 "지향 시스템은 그 행동이 지향적 자세에 의해 예측되고 규명되는 모든 존재를 일컫는다. 자기 복제하는 거대 분자, 자동 온도조절 기계 장치, 아메바, 식물, 쥐, 박쥐, 사람, 체스를 두는 컴퓨터는 흥미도에서는 차이가 클지 모르나 하나같이 지향 시스템이다."**14** 이 지향적 시스템은 단순히 고장 나지 않게 진부하게 움직이는 기계(예컨대 자명종)보다 더 똑똑하고 복잡하다. "문제의 인공물이 자명종보다 훨씬 더 복잡할 때에는 지향적 자세가 참 요긴하다. 아니, 불가피하다고까지 할 수 있다. 체스를 두는 컴퓨터가 있다. (…) 우리는 그것들을 승부욕에 불타고 체스의 규칙과 원리, 말을 놓는 위치를 잘 아는 합리적 행위자로 여기면 된다."**15** 지향적 시스템으로 작동하는 똑똑한 로봇은 진부하지 않은 기계인 셈이다.

인간의 지능이 순전히 '자연적'이지 않다는 것은 도구를 사용한 역사에서도 잘 드러난다. 따라서 인간의 지능과 인공지능 사이에 본질적인 차이가 존재하는 것처럼 생각할 필요는 없다. '진부한 기계'와 '진부하지 않은 기계'의 구별은 처음에 입력 값에 대해 프로그래밍된 대로 출력 값을 내놓는 컴퓨터의 기능을 판단하면서 나왔지만, 그 후 더 진화한 인공지능을 이해하는 데도 여러 면에서 훨씬 도움이 된다. 이제 스스로 학습하는 방식을 배우는 인공지능이나 머신러닝은 단순히 프로그램에 따라 작동하는 컴퓨터보다 훨씬 더 '진화했다'고 할 수 있기 때문이다. 그리고 다른 중요한 점은 진부함이 저열함과도 연결될 수 있지만, 기계든 사회 시스템이든 안정성을 요구하는 기대와도 맞물려 있다는 것이다. 그와 비교하면, 진부하지 않기 위해서는 경우와 상황에 따라 그 안정성에서 벗어나거나 파괴하는 일이 필요하다. 진부하지 않은 기계는 상당한 수준의 자율성을 획득한 것으로 여겨진다(그렇다고 '창의성'과 직결될 필요는 없다). 그렇다면 더 나아가, 기계나 기계적으로 기능을 하는 인간이 '진부하지 않다'거나 '자율성을 갖는다'라고 말하는 것은 어떤 의미인가? 또 기계가 진부하지 않다면 인간과 기계는 비슷하게 행동하고 비슷한 사회적 자격을 갖는 것일까?

2. 자기조직하는 시스템의 자율성

인간의 개입이 있어야만 작동하는 타율적이고 수동적인 도구에서 시작한 기계는, 진부하지 않은 수준에 도달함으로써 기계에게 가능한 한 최고 수준의 자율성을 획득하는 방향으로 나아가는 듯하다. 로봇 연구자들은 일반적으로 기계가 점점 더 큰 자율성을 갖는다고 기탄없이 말한다.[16] 그런데 실제로 그 자율적 작동 방식이 어떤 경로를 통해 이뤄지는지 우리는 정확하게 모른다. 어쩌면 이 '알지 못한다는 사실'이 그 자체로 대단한 흠은 아닐 수도 있다. 우리는 사람이 어떻게 자율적으로 행동하는지, 또 어떻게 사람이 행동해야 자율적이라고 여겨질 수 있는지에 대해서도 제대로 된 합의에 도달하지 못했으니까.

2장에서 우리는 머신러닝 방식으로 작동하는 기계가 인간처럼 암묵지의 방식이나 '노하우'를 가진 방식으로 움직이지는 않지만, 특정 영역에서 이미 인간 못지않은 솜씨 혹은 그 이상의 솜씨와 기술을 선보인다는 것을 보았다. 어쨌든 기계가 사람과 비슷하게 행동해서 비슷한 사회적 기능이나 역할을 한다면, 이는 상당한 수준의 자율성을 갖는 것일 수 있다. 자율주행차가 실제 주행하면서 사람과 비슷한 수준에서 운행한다면, 그렇게 생각하지 말아야 할 이유를 찾기 어렵지 않은가? 여기서 이런 질문이 제기된다. 인간과 구조나 형태의 관점에서 동일하진 않지만, 입력되는 자극에 대해 상관관계를 따라 비슷한 기능을 하는 인공지능 로봇은 인간과 비슷하게 작동하고 인간과 비슷한 역할을 하는가? 그리

강한 인공지능과 인간

고 데이터들의 상관관계correlation 또는 패턴을 찾아내고 다시 그것을 적용하는 인공지능의 작동 방식은 전통적으로 원인과 결과 사이에 인과관계causality를 찾았던 인간의 인지 방식과 어떤 점에서 비슷하고 다른가? 그리고 그 차이는 어떤 의미인가?

인공지능 연구자들이 부딪히는 이런 질문들은 다분히 철학적 성격을 띤다. 여기서 "열려 있는 철학적 물음은, 이런 접근(곧, 데이터들의 상관관계만 확인하는 것)이 인과관계를 이해하는 것과 동일하냐는 것이다. 우리는 정말 동일한 일을 하는가? 또는 사람이 배우고 세계와 상호작용하는 방식에는 뭔가가 더 있는가? 그리고 최종 결과, 곧 행동behavior이 같다면, 그런 구별이 문제가 되는가?"**17** 행동을 최종 기준으로 삼는다면, 곧 입력(자극)과 출력(행동) 사이의 유사성을 기준으로 삼는다면, 그런 구별은 중요하지 않을 수 있다. 비슷한 행동을 하는 인간과 기계는 행동주의 behaviorism의 관점에서 유사하다. 집에 돌아온 사람을 반기는 사람이나 동물 또는 로봇은 그 행위의 기준 또는 위안을 주는 효과의 관점에서는 비슷한 역할을 한다고 할 수 있다. 그러나 행동주의의 기준만으로 충분한가? 이 물음은 철학적 의문을 끌어내기만 하는 듯 보일 수 있지만, 이론적으로나 사회적 관점에서 결코 간과할 수 없는 중요성을 가진다. 기계와 인공지능의 작동 방식과 인간의 인지 방식이 어떤 점에서 비슷하고 어떤 점에서 차이가 나는지 알려면, 그리고 그것들에 대해 제대로 평가하려면, 이 물음에 대해 대답할 수 있어야 하기 때문이다.

이미 앞에서 짧게 언급하기는 했지만, 두 번째 단계의 사이버네틱스 이론은 인과성이 특정한 관찰자를 위해, 그리고 그에 의해서만 인지되는 사건들의 질서라는 점을 강조했다. 마투라나(와 공동 저자들)는 초기의 논문 「개구리의 눈이 개구리의 뇌에게 말하는 것What the Frog's Eye Tells the Frog Brain」에서 개구리의 감각 수용기가 종에 고유하면서도 일반적인 방식으로 뇌에 말을 한다는 사실을 발견한다. 그렇게 관찰되는 한, 개구리의 두뇌는 사이버네틱스 회로의 일부가 된다. 다르게 말하면, 이제 개구리의 뇌는 개구리에만 해당되지 않고 '뇌'라는 사이버네틱스의 일반적인 메커니즘이 되는 셈이다. 그런데 이 사이버네틱스의 관점은 일반적인 행동주의의 관점과 다르다. 후자는 환경의 자극을 받으면 입력된 프로그램에 따라 작동하는 메커니즘을 상정하기 때문이다. 폰 푀르스터는 마투라나의 연구를 이어받아 1960년에 첫 번째 에세이 「자기조직화 시스템과 그 환경에 대해 Self-Organizing Systems and Their Environment」를 발표한다. 우리는 여기서 '자기조직 시스템'이라는 용어, 곧 머신러닝을 부르는 여러 명칭 가운데 독특한 하나가 등장했음을 본다.

행동주의와 사이버네틱스 이론의 결정적인 차이는 무엇인가? "우리는 환경에서 유기체를 진부한 기계로 바꾸는 메커니즘을 찾는 대신 유기체가 환경을 진부한 기계로 바꾸게 하는 유기체 안의 메커니즘을 찾아야 한다."[18] 유기체의 반응이 환경에 의해 거의 기계적으로 결정된다고 보는 행동주의에 따르면, 유기체는 진부한 기계로 파악된다. 그 관점은 외부 세계 또는 환경이 생물체의 외부에 독립적으로 존재한다고 설정한다. 반면 유기체를 진부하지 않은 기계로 파악하는 사이버네틱스의 관점은 그런 독립적이고 절대적인 외부 세계나 환경을 설정하지 않는다. 앞의 인용된 구절을 보면 행동주의와 사이버네틱스의 차이는 사소하지 않고 매우 중요하다는 것을 알 수 있다. 그리고 앞에서 살펴본 진부한 기계와 진부하지 않은 기계의 구별은 생물체나 기계가 환경과 맺는 관계에 의존한다는 점도 밝혀진다. 사이버네틱스의 관점에서 생물체는 자극을 주어지는 그대로 수용하면서 환경에 반응하는 것이 아니라, 관찰자가 이미 자

강한 인공지능과 인간

기 시스템 안에서 자기를 조직하는 방식에 의해서 영향을 받고 거기에 따른다. "환경과의 상호작용을 통해 만들어지는 재현은 관찰자의 자기생성적 조직화에 의해 결정될 수밖에 없기 때문이다. (…) 따라서 이에 의해 생성되는 인지된 현실은 관찰자와 연관될 수밖에 없다."[19] 다르게 말하면, 자기조직하는 시스템은 환경이나 세계와 직접 만나고 상응하는 방식으로 이것을 인지하지 않으며, 우선 자신을 시스템 안쪽에서 조직하는 방식과 한계에 따라 그것과 상호작용한다. 신경 체계의 작용은 외부 자극에 직접, 주어지는 대로 발생하지 않는다. "신경 시스템의 작용은 외부 세계가 아니라 신경 시스템 자체에 의해 결정되는 것"으로 파악되어야 한다.[20] "따라서 신경 시스템 내부에서 결정된 작용이 일어날 때, 외부 세계는 그것을 유발시키는 역할밖에 하지 않는다." 이 점은 좁은 의미의 생명체에게만 적용되지 않는다. 마투라나에 따르면, "살아 있는 시스템은 모두 자기생성적이고 자기생성적인 모든 물리적 시스템은 살아 있다고 할 수 있다."[21]

다르게 말하면, 외부 환경과 생물체의 신경 시스템 사이에 일종의 상호작용이 일어나긴 하지만, 이는 직접적인 인과관계는 아니다. 자기조직하는 시스템은 환경에 무조건적으로 혹은 직접 반응하지도 않고, 그냥 열려 있지도 않다. 흔히 세계와 환경에 대해 '열려 있는' 태도가 좋은 것으로 여겨지지만, 그런 수사학은 공허할 때가 많다. 그와 달리, 오히려 자기조직하는 시스템은 상당한 정도로 환경과 세계에 닫혀 있다. 바로 그 시스템 덕택에 세계에 닫혀 있다고 할 수 있다. 일정하게 닫혀 있는 상태에서 시스템은 비로소 자기를 조직할 수 있기 때문이다. 그리고 이 닫힘이 일단 안정적으로 이뤄진 다음에야 환경과 세계에 대한 열림이 가능해진다. 닫힘과 열림은 배타성을 띨 필요가 없고 동시에 이뤄지지만, 자기를 조직하는 시스템은 우선적으로 환경과 세계에 대해 닫혀 있다는 것이다. 닫혀 있음으로서 열림이 가능해진다는 역설은 이후 루만의 사회 시스템이론에까지 확대되는 중요한 주제다.

이 과정에서 시스템 내부에서 일어나는 중요한 과정이 '재귀성recurrence'이다. '재귀성'은 자기조직하는 시스템이 자기를 생성하는 과정에서 끊임없이 자기를 참조하며 자기에게 돌아가는 움직임을 지칭한다. 자기 조직하는 시스템의 작동은 재귀적 순환성을 띤다. "생명 시스템을 하나의 상호작용 단위로 만드는 것은 바로 그 조직의 순환성이다. 그리고 그 것이 생명 시스템으로서 서로 다른 시스템과 상호작용을 통해서 정체성을 갖기 위해서는 바로 이러한 순환성을 유지해야 한다."[22] 시스템의 순환성이 다른 이론에서는 부정적인 실수나 결함으로 여겨지지만, 두 번째 단계의 사이버네틱스는 그 역설을 적극적으로 인정하고 여기서 이론적·실천적 결과를 이끌어냈다.

이 재귀성의 관점은 물론 두 번째 단계의 사이버네틱스에서 갑자기 등장한 것이 아니다. 첫 번째 단계의 사이버네틱스 이론이 논의되었던 메이시 회의Macy Conference, 1946~1953에서 이미 나왔는데, 정확히 그 개념으로 다뤄지지 않았을 뿐이다. 왜냐하면 당시 이론은 기본적으로 시스템의 항상성을 유지하는 것을 목표로 삼았기 때문이다. 이를 6차 메이시 회의에서 존 스트라우드가 레이더 추적 기계 장치와 대공포 사이의 피드백 루프를 구성하던 예에서 살펴볼 수 있다. 그런 목표를 설정하고 해결하는 문제는 첫 번째 단계의 사이버네틱스 이론에서 일반적이었다. 그 피드백 루프에서 대공포를 조작하는 사람은 레이더와 대공포 사이에 있고 또 입력과 출력의 기계 장치를 통해서만 조작을 하겠지만, 그의 존재는 항상성을 유지한다고 여겨졌다. 그러나 당시에 프랭크 프리몬

강한 인공지능과 인간

트스미스1895~1974는 사람이 그 두 기계 사이 중간에 그냥 있는 것은 아니라며 이의를 제기했다. "어쩌면 인간은 두 기계 사이에만 존재하는 것이 아닐지도 모릅니다. 당신이 그를 관찰한다면 그에게 입력을 제공하는 또 다른 사람이 되므로, 분명 두 기계 사이에 그만 존재하는 것이 아니지요. 당신이 그를 관찰하고 있기 때문에 그 사람과 기계의 관계를 주의 깊게 살피며 변화시키고 있는 것입니다."[23] 관찰자에 의존하는 재귀성 개념은 그러므로 당시에 항상성을 추구하던 과학자들에게는 많건 적건 당황스럽고 거추장스러운 것으로 여겨졌다.

여기서 주의할 점은 이 재귀성이 초기부터 신경증적 증상과 연결된다는 인식이 있었다는 것이다. 그러므로 "이 모델에서 재귀성이 신경증으로 구성된다는 사실은 예측 가능할 것이다. 클로드 섀넌1916~2001은 전자 쥐가 끝없이 맴도는 재귀적 루프에 갇힐 수 있다고 설명하면서 '그것은 악순환, 혹은 노래하는 상태가 되었습니다'라고 말했다. '노래하는 상태'란 워런 매컬러와 월터 피츠가 이전 발표에서 사이버네틱스 신경 회로망으로 만든 신경증을 설명할 때 쓴 표현이다." 이 구절 다음에 의미심장한 문장이 나온다. "기계가 신경증에 걸린다는 점에서 인간과 같다면, 인간은 기계로 표현할 수 있는 신경증에 걸린다는 점에서 기계와 같다."[24] 첫 번째 단계의 사이버네틱스는 이 재귀적 루프를 곤란한 것으로 다뤘는데, 두 번째 단계는 오히려 재귀성을 자기조직하는 시스템의 특징이나 역설로 드러냈고, 여기서 둘의 차이가 나타난다.

물론 이 재귀적 순환성이 자기조직하는 시스템의 구조적 폐쇄성 또는 신경증적 폐쇄성을 다소 부각시킨 것은 사실이겠지만, 그렇다고 그것이 시스템의 자율성을 크게 손상시키지는 않는다. 여기서 전통적인 자율성의 개념 자체를 수정해야 한다. 존재론적인 의미에서 자율성은 외부에 의해 영향을 받지 않는다는 기준을 따랐다. 이때는 형이상학적 차원에서 제1원인으로서의 절대자만 자율성을 가질 것이다. 그 기준을 따라 근대 이후의 인간주의적 합리주의나 자유주의는 자율적 이성이나 자율적 도덕성이라는 이념을 인간 내부에 선험적으로 설정했지만, 이것은 이념으로서 요구된 것일 뿐이다. 경험적 세계에서 인간의 행동은 경험적 영향이나 사회 변수들에 의존하지 않을 수 없어 어떤 인간도 엄격한 의미의 자율성을 가질 수 없다. 인간의 도덕성도 마찬가지다. 두 번째 단계의 사이버네틱스 이론은 이런 고전적인 형이상학의 이념이나 인간주의의 이념에서 벗어나기를 권한다. 환경에 전혀 의존적이지 않아야 한다는 의미의 자율성은 경험적 관찰에 어긋나며 따라서 인간을 비롯한 자기조직하는 시스템의 인지 과정을 관찰하는 데 도움이 되지 않는다. 인간이든 인공지능이든 자율성을 유지하려면 자기조직하는 시스템으로서 일차적으로 환경에 대해 닫혀 있어야 한다. 그 닫힘이 자기를 구성하는 요소들을 조직하고 생성시킬 수 있을 때, 비로소 환경에 대해 열릴 뿐 아니라 작동 차원에서의 사율성이 확보되는 것이다. "시스템의 닫힘과 열림은 대립이 아니라, 조건적인 관계다."[25]

이 과정에서 마투라나가 두 번째 단계의 사이버네틱스에서 강조한 시스템의 일차적 폐쇄성이 조금 수정된다는 점에 주목할 필요가 있다. 자기조직하는 시스템의 자율성을 일정하게 인정하는 일이 중요하게 여겨졌기 때문이다.[26] 루만은 자기조직하는 시스템이 일차적으로 환경에 대해 닫혀 있음으로써 '작동의 자율성'을 얻는다는 점을 강조한다. 이것은 존재론이나 이성주의가 주장하는 의미의 자율성과 다르다. "기능적인 시스템의 자율성은 코드를 통해 작동들을 재생산하는 종합의 자기참조적인 폐쇄성 안에 있는 것이지, 환경으로부터의 어떤 비의존성 안에 있지 않다."**27** 이 점은 생명 시스템뿐 아니라 사회 시스템들에도 적용된다.

　재귀적 방식으로 작동하는 자기조직하는 시스템을 강조하는 사이버네틱스 이론은 이처럼 행동주의와 크게 다르다. 그리고 두 번째 단계의 사이버네틱스 이론이 행동주의에 대해 구별한 이 차이는 머신러닝의 강화학습에서도 발견된다. "우리 두뇌도 기대한 보상과 실제 보상 사이의 차이를 전파시키는 신경전달물질 도파민을 이용해 강화학습을 한다. 강화학습은 파블로프 조건반사를 설명하지만, 행동주의와 다르게 동물이 정신적인 내부 상태를 갖는 경우로 설명한다."**28** 여기서 다소 모호하게 신경 시스템의 '정신적인 내부'라고 지칭된 것은 자기조직하는 시스템이 일차적으로 환경에 대해 닫혀 있다고 한 사이버네틱스 이론의 그 폐쇄성이다.

　그렇다면 이 사이버네틱스 이론은, 행동주의적 관점에서 인간과 인공지능이 비슷하게 보이는 것과 달리, 그것들이 서로 다르다고 말하는 것인가? 그것은 아니다. 행동이 같을 때 유사성을 유추할 수 있다는 사실은 나름대로 중요하다. 다만 행동주의적 기준에 따를 경우, 시스템들이 환경에 대해 어떻게 상호작용을 하는지 제대로 설명되지 않는다는 것이다. 집에 들어서는 사람을 로봇이 사람과 비슷하게 반긴다면, 최소한 그 점에서는 사람과 로봇이 유사하게 작동하며 역할한다고 할 수 있다. 두 시스템의 행동이 비슷하고 역할이 비슷하면, 그들 사이에서는 유추관계가 성립한다. 이처럼 사이버네틱스 이론에 따르면 인간과 인공지능이 충분히 유사한 기능을 할 수 있다. 다만 환경이 외부에 독립적으로 존재하며, 그에 의해 입력된 자극이 프로그램에 따라 그대로 출력된다는 가정은 옳지 않다는 것이다. 재귀적 순환성의 과정 속에서 자기조직하는 시스템은 작동의 차원에서 자율성을 가지며, 바로 그 덕분에 진부하지 않은 기계로 작동하게 된다.

3. 자기조직하는 시스템으로서의 머신러닝

사이버네틱스 이론으로 거슬러 올라가서 인공지능이 진부하지 않은 지능으로 발전하는 과정을 살펴보면, 이제 머신러닝이 자기조직하는 시스템이라는 이름으로 불리는 맥락과 배경을 짐작할 수 있다. 그리고 재귀적 작동 방식이 머신러닝에서 중요한 역할을 하게 되리라는 것도 상상할 수 있다. 이제 재귀적 작동 방식이 머신러닝에서 작동하는 방식에 대해 조금 더 설명할 필요가 있다.

재귀적 작동 방식을 기본적인 차원에서부터 다시 살펴보자. 가령 이것의 초보적 형태인 온도조절 장치나 자동화 장치들을 보자. 이들 역시 피드백 고리를 통해 출력을 다시 입력으로 전환한다. 장치는 외부 환경이 부과하는 변화의 요인들을 받아들이지만, 나름대로 내부적이고 독립적인 작동 방식을 통해 항상성을 유지하며 이로써 작동 방식 차원에서 초보적인 자율성을 확보한다. 온도조절 장치보다 복잡한 형태인 자율주행차는 말할 나위도 없다. 복잡한 교통 환경 속에서 사고를 피하면서 운행하려면 일정한 정도로 자신의 작동을 외부 환경에 대해 구별하고 분리할 수 있어야 한다. 다르게 말하면, 무조건 또는 단순히 외부 환경의 조건들에 의해 일방적으로 영향을 받거나 결정되면 안 된다는 말이다. 오히려 외부 환경 조건들에 대해 자신을 구별하고 자신의 작동을 분리해야 한다. 여기서 주의할 점은, 단지 외부 환경을 이해해야 한다거나 성능이 좋은 센서가 많이 개발되는 것으로 충분하지 않다는 것이다. 이런 개발도 필요하지만, 인지능력 차원에서 그런 센서들이 어떻게 작동하는지에 대한 이해가 필요하다. 센서는 바깥 환경의 자극을 수동적으로 받아들이지 않으며, 센서와 환경이 '상호작용'을 한다는 말도 모호하다. '상호작용'도 일차적으로 자기조직하는 시스템이 환경에 대해 일정하게 자기 폐쇄성을 유지함으로써 가능하기 때문이다.

물론 자율성을 갖는다고 해서 로봇이나 인공지능이 환경에 의해 영향을 받지 않는다는 말은 아니다. 오히려 환경으로부터 끊임없이 자극을 받을 것이다. 바깥에서 움직이는 사람이나 차의 움직임에 상응해 움직여야 할 뿐 아니라, 주유도 필요하고 정비도 받아야 한다. 즉 존재론적으로는 자율주행차도 환경에 의존한다. 그러나 그 인공지능도 생물체와 비슷하게 일차적으로 환경에 대해 닫혀 있으면서 자기를 조직하는 시스템이어야 한다. 이 과정을 세부적으로 몇 단계로 나누어 설명해보자. 첫째, 영향을 받는다는 점에서 인공지능이나 머신러닝을 통해 학습하는 자동차는 생물학적 지능과 마찬가지로 외부 환경의 영향을 받으며 그 점에서 인과적으로 연결되어 있다. 둘째, 그러나 작동의 자율성이라는 점에서 그 인공지능은 환경에 대해 닫혀 있다. 셋째, 그러나 입력이 주어지는 대로 출력이 나오는 것은 아니다. 외부 환경의 변화는 시스템 내부에서도 변화를 야기하기 때문이다. 여기서 시스템과 환경 사이의 단순하지 않은 관계가 드러난다. 시스템은 일단 자기 내부에서만 통제를 실행할 수 있으며 외부 환경에 대해서는 거의 못 한다. 물론 시스템이 자신을 통제하는 만큼, 그것은 새로운 연결을 통해 외부 환경과 이어진다. 넷째로, 작동 방식의 자율성이 자기조직하는 시스템에 일정 정도 인정되지만 그 자율성은 이제까지 인간의 의식이나 개체에 주어진 방식으로 주어지지는 않는다. 오히려 자기조직하는 시스템에 특이한 방식으로 작동할 뿐이다. 그러므로 시스템이 상당한 정도에서 누리는 작동의 자율성은 의식의 단일성을 의미하지 않는다. 사이버 시스템은 의식을 가진 존재론적 개체나 인간주의적 행위자 및 주체와 다른 방식으로 작동한다는 말이며, 이 모델로 설명하기 어렵다는 뜻이다.

여기에 이르면 이제 인공지능이나 머신러닝을 통해 자기조직하는 시스템이 왜 의식을 가진 인간 행위자를 중심에 놓는 인간주의와 확연히 구별되는지 알 수 있다. 의식은 더 이상 사이버네틱스 이론에서 핵심적인 주제가 아니었다. 인공지능 자체가 의식을 기반으로 작동하지 않기 때문이다. 인간을 규정하는 핵심 기준으로 의식을 드는 관점은 인공지능이 의식을 갖지 못하기 때문에 인간보다 낮은 존재에 머물 수밖에 없다고 생각한다. 그러나 진화적으로도 의식은 다른 기능보다 나중에 생겼을 뿐 아니라, 인간에게만 고유하며 특별한 것으로 여겨지지도 않는다. 자기를 되돌아보는 의식은 특히 근대 이후에 인간에게 중요한 기능으로 여겨졌다. 잘 알려져 있다시피, 데카르트는 의식을 물질과 분리되는 것으로서 이성을 가진 존재에게만 내재한다고 가정했고, 이 관점이 그 이후 지속되고 있다.[29] 물론 그 자기 성찰적 요구가 근대 이후 비판적 관점을 가능케 하고, 개인들이 자율성을 갖는 데 크게 기여한 것은 사실이다. 그러나 19세기 후반부터 개인들의 자율적 의식은 여러 방향에서 벽에 부딪힌다. 이성에 근거한 의식은 근대의 계몽주의 시대처럼 비판적 의식과 자율성을 증대시키는 쪽으로만 진행하지 못했다는 것이다. 개인의 의식과 감정은 오히려 개인들에게 부담이 되거나 개인들이 합리적으로 감당하기 어려운 짐이 되곤 했다.

그렇다고 사이버네틱스 이론이 부각시킨 자기조직하는 시스템의 재귀성 또는 루만이 말하는 자기참조성 Selbst-Referenz, self-reference 이 의식을

강한 인공지능과 인간

강조하는 인간주의의 전통과 아무 관련이 없는가? 그렇지 않다. 그것은 이성주의적 철학이 강조한 자기성찰self reflection의 문제를 한편으로 수정하면서 동시에 사이버네틱스의 관점에서 보완하는 과정으로부터 나온 것이다. 데카르트나 칸트가 가정한 이성은 자기에게 재귀적으로 되돌아가는 인지 과정 한가운데에 설정된 인간 자아의 주체이자 중심인 셈이다. 시스템의 재귀적인 과정을 선험적인 이성이나 주체라고 설정했다는 점에서, 그 관점은 이성중심주의 또는 주체를 중심에 놓은 사고방식이다. 그와 달리, 두 번째 단계의 사이버네틱스에서는 더 이상 그런 인간의 자아나 주체에 호소할 필요가 없었다. 자기조직하는 시스템이 재귀적인 순환성을 통해 자율성을 확보하고, 또 일차적으로 환경에 대해 닫힘으로써 열린다면 인공지능이 작동하는 데 충분하다고 여겨진다. 루만은 시스템이론이 인간과 사회에 대한 접근을 근본적으로 변화시킨다고 하면서, 그 과정에서 네 가지 의미론적 혁명이 일어났다고 한다. 그중 두 번째 혁명이 다음과 같다. "개별 작동들의 재귀적 연관을 받아들이면, 그 다음에는 이 개별 작동들이 기본적 의미에서 '자기참조적'이라고 파악되어야 한다. 왜냐하면 그것들은 자신의 다른 작동에 대한 자기 연관을 통해서만 자신의 단일성을 얻을 수 있기 때문이다. 그럼으로써 자기참조를 할 수 있는 유일한 실체로서 의식의 존재론적 우선권을 피할 수 있다."30

의식이 간단히 거부되고 부정된다는 말인가? 그렇게 간단하지는 않다. 오히려 근대 철학에서 선험적 의식, 또는 자율적인 개인들의 의식이라고 여겨졌던 것은 "그의 작동 방식의 특수함 속에서 특별한 종류의 자기참조적 시스템으로 파악되어야 한다."31 인간의 의식은 더 이상 인공지능을 비롯한 다른 자기참조적 작동 방식에 대해 우선권을 갖지 못하며, 오히려 이 일반적인 자기참조적 작동 방식의 한 가지 특별한 경우라고 봐야 한다. 존재론과 인식론의 차원에서 이것은 엄청난 변화이며, 인간중심주의가 이에 이의를 제기한다고 해도 인공지능과 머신러닝의 인지능력을 논의하는 과정에서 변화의 파도는 점점 거세질 것이다.

이 변화는 물론 알파고나 자율주행차가 실제 현실에서 잘 작동하는 모습이 사람들에게 선보이는 순간 직관적으로 감지되었을 테지만, 사이버네틱스 이론에서 일찍이 예측되고 인정되었다. 그 이론은 지능이나 인지 시스템이 오로지 인간의 의식이라는 기준에서 평가될 필요가 없다는 점을 밝혔다. 자기조직하는 시스템, 그리고 그 내부의 개별적인 작동들의 재귀적 연관은 이미 인간의 의식을 포괄하는 일반적인 인지 과정으로 인정되었던 셈이다. 이 점은 "인공지능이라는 의미에서의 기계, 세포들, 뇌, 의식적으로 작동하는 시스템, 커뮤니케이션communication 시스템에서도 마찬가지다."[32] 그러나 당시에는 이 변화가 특정 이론적 환경 안에서만 받아들여졌고, 사회적으로 확산되지는 못했다. 그러다가 알파고와 자율주행차의 대중적 보급으로 그 변화의 물결이 확산되었다.

다만 당시 인공지능의 발생 과정을 되돌아볼 때, 자기조직하는 시스템 안에서 개별적인 작동들이 자기참조적인 방식으로 작동한다는 통찰은 이론적인 성과에 머물렀고, 실제 현실에서 작동하는 기계로 구현되지는 못했다. 또 지금 인공지능 연구자들이 그 재귀적 연관성에 대해 동일한 방식으로 접근하거나 합의한 것도 아니다. 물론 데이터를 처리하거나 개별적인 알고리듬을 구성하는 방식에서 재귀적 연관이 중요하다는 점에 대해서는 상당한 합의가 이뤄졌다.[33] 또 머신러닝이 스스로 학습하면서 자신의 학습에 대해 반성적으로 접근하는 지능을 습득하기 위해서도, 단순한 메모리 장치를 넘어 자기를 조직하는 시스템이 되어야 한다. 메모리칩들의 성능만 좋아진다고 해서 인공지능이 자기를 조직하는 시스템으로 구성하지는 못하기 때문이다. 다르게 말하면, 지도를 받는 학습에서 강화학습의 수준으로 올라가지 못한다는 것이다. 그러나 구글과 넷플릭스의 알고리듬이 접근 방식에서 다르듯, 개별적인 작동들을 재귀적으로 연관시키는 방식은 다양하고, 그러다보니 재귀적 연관성을 구현시키는 방식에도 여러 경로가 있게 된다.

인공 신경망을 구성하는 작업에서 이것이 어떻게 구현되는지 살펴보자. 순환 신경망Recurrent Neural Network, RNN은 바로 이 재귀성을 구현하는 시스템이다. 그리고 이 가운데 유르겐 슈미트후버1963~와 셉 호흐라이터1967~가 개발한 방식이 LSTMLong-Short-Term Memory 네트워크다. 이 방식에서 신경망 인공지능은 장기적인 기억만 유지하는 것이 아니라, 단기적인 기억까지 효과적으로 활용한다. 길게 봐서 기억할 정보를 기억한다는 것은 당연하고 바람직하게 보인다. 그러나 단계마다 기억해야 할 정보와 기억하지 않아도 될 정보를 구별하고 선별하면서, 그에 상응하여 출력값을 다시 입력으로 전환시키는 시스템이 필요하다. 실제로 인간도 장기 기억과 단기 기억을 선별하는 데 여전히 많은 시간과 비용을 들이고 있지만 아직도 그 과정을 제대로 파악하지 못하고 있으며, 그것을 통제할 좋은 방법을 찾지 못하고 있다. 어떤 때는 이런 생각이 들거나 어떤 정서에 사로잡히다가도 다른 때에는 다른 생각이 들거나 다른 정서에 사로잡히는 것도 이런 맥락에서 이해할 수 있다. 인간도 지능이나 정서의 변화나 전환을 자율적으로 예측하거나 생산하지 못한 채, 그 변화와 전환에 우발적으로 내맡겨져 있다. 인간은 이 점에서 '이성적' 동물이라기보다는, 비이성적인 시스템이라고 할 수 있다.

LSTM은 단기 기억과 장기 기억 사이의 이 모호한 상황이나 맥락을 인공지능의 학습법 차원에서 해결하려는 시도로, 여러 방식으로 활용되면서 효과를 내고 있다. 물론 여기서도 크게 두 가지 다른 방식을 생각해볼 수 있다. 하나는 데이터의 패턴이나 상관성에 집중하는 것이다. 이 경우 그 패턴이나 상관성이 나타나는 이유나 맥락에는 크게 관심을 쏟지 않아도 될 것이다. 그것들의 발현되는 무대에만 관심을 쏟아도 충분하기 때문이다. 데이터를 처리하는 데에도 그것이 더 효과적으로 보인다. 두 번째는 그와 달리 패턴이나 상관성이 출현하고 발현하는 데 어떤 역사적 맥락이나 사회적 또는 진화적 과정이 작용하는지 상대적으로 더 관심을 쏟는 것이다. 여기서 '상대적으로'라고 한 이유는 어쨌든 역사적 맥락이나 사회적 또는 진화적 과정을 철저하게 인과적으로 서술하기는 어렵기 때문이다. 인과적 관계는 이미 두 번째 단계의 사이버네틱스가 분석했듯이 관찰자에게에게만 그렇게 보이는 까닭이다.

어쨌든 신경망을 통해 강화학습을 구현하는 알고리듬은 상당히 중요한 성공을 거두었다. "강화학습 알고리듬은 가속화한 진화인 셈이다. 즉 여러 세대를 거치지 않고 한 생애 동안 시도하고 버리고 행동을 재조정한다. 그런 기준에서 보면 매우 효율적이다."[34] 실제로 머신러닝이 인간보다 뛰어난 학습능력을 선보일 수 있는 까닭은 바로 이 가속화한 진화방식 덕택이 크다. 인간은 학습된 것을 세대 사이에서 전승하는 방식에서 인공지능이나 머신러닝처럼 효과적이지 못하다. 게다가 가속화한 진화는 단순히 기술적 성능의 발전 덕택이 아니라, 버릴 것을 버릴 수 있는 실행 덕택이다. 그렇지만 여전히 문제는 있다. "지도학습에서 상태의 목표 가치는 항상 똑같지만, 강화학습에서 목표 가치는 주위 상태들의 가치를 갱신하는 결과로 계속 바뀐다. 그 결과 일반화를 하는 강화학습은 내부 학습 알고리듬이 선형함수처럼 매우 간단한 것이 아니면 안정된 해답을 도출하는 데 자주 실패한다."[35] 여기서 어떤 머신러닝 개발자는 강

강한 인공지능과 인간

화학습에만 열중하기도 하지만 다른 개발자는 그에 만족하지 않는다. 이 점에서 강화학습을 너무 일반적인 형태로, 곧 인간과 비슷하거나 인간 이상으로 작동하는 머신러닝의 형태로 단순화하는 것은 바람직하지 않다.

강화학습에 만족하지 못할 경우 "아이는 할 수 있지만 강화학습은 하지 못하는 것, 서너 번 시도한 끝에 문제를 더 잘 풀기, 계획 세우기, 추상적 지식을 점점 더 많이 습득하기 등"에 주의를 기울이게 된다. 이런 높은 수준의 능력을 학습하는 머신러닝 알고리듬이 있는데, "그중에서 가장 중요한 것은 청킹chunking(의미 덩어리로 나누기)이다."[36] 이 청킹 방식은 앞에서 언급한 LSTM 네트워크와 비슷한 면이 많다. 우리는 사물을 덩어리로 나누어 인식하고 기억하는데, 단기 기억으로는 한정된 수량의 기억만 유지될 수 있다. 여기서 "[앨런] 뉴얼과 [폴] 로젠블룸의 가정은 우리가 하위 문제를 풀 때마다 하위 문제를 풀기 전의 상태에서 푼 이후의 상태로 바로 가게 해주는 '청킹'이라는 활동을 수행한다는 것이다. 이런 의미에서 청킹은 두 부분, 즉 자극(당신이 외부 세계나 단기 기억에서 인식하는 유형)과 반응(유형을 파악하고 당신이 차례로 수행하는 행동들)으로 구성된다. 당신은 덩어리를 배우면 장기 기억에 저장한다. 다음에 같은 하위 문제를 풀어야 할 경우 기억해둔 덩어리를 적용하면 된다."[37]

LSTM 네트워크 방식이든 청킹을 통한 학습 방식이든 둘 다 자기조직하는 시스템들이 재귀적 연관을 구성하는 방식의 진전된 형태들이다. 폰 푀르스터는 진부한 기계와 진부하지 않은 기계를 구별했다. 진부하지 않은 기계라고 선험적으로 또는 무조건적으로 진부함에서 벗어난 것은 아님을 우리는 보았다. 입력된 프로그램에 따라서, 그리고 계획되고 교육된 대로 작동하는 기계와 행동하는 인간은 진부한 면을 갖는다. 그러므로 진부함과 진부하지 않음 사이에는 중요한 차이가 존재하지만 단순히 서로를 배제하는 관계에 있지는 않다. 이 구별은 물론 인공지능이나 머신러닝에 그대로 적용되기는 어렵다. 진부한 기계와 진부하지 않은 기계의 구별은 기본적으로 입력값과 출력값이 이미 결정된 기능에 따르느냐는 기준에 의존하기 때문이다. 그 기준과 비교하면, 인공지능이나 머신러닝은 이미 입력값에 따라 출력값을 내놓는 시스템이 아니라 많건 적건 자율적으로 작동하고 학습한다는 점에서 진부하지 않은 지능이다. 이 구별에서 인간처럼 의식을 갖느냐의 기준, 또는 인간주의적 전통에서 말하듯 정신적인 자기성찰능력을 갖느냐의 물음은 크게 중요하지 않다. 인간만 유일하게 자기참조적인 성찰능력을 가진 것은 아니다.

그렇지만 인간주의의 관점을 고수하는 사람들은 인공지능이 '비판'능력을 갖지 못한다고 말할 것이다. 우리는 여기서 2장 도입부에서 맞닥뜨렸던 질문을 다시 만난다. 인공지능이 비판하는 능력을 가질 수 있느냐는 물음. 인간과 같은 방식으로 인공지능이 비판하는 능력을 가지기를 기대하거나 요구할 필요는 없다. 더 나아가, 근대 철학이 내세운 인간의 '비판 정신'은 많은 점에서 과대 포장되었거나 부풀려진 면이 있다. 근대 철학은 보편적인 이성을 전제하면서, 인간이 그것을 특권적으로 구현한다고 믿었다. 물론 인간이 다른 어떤 생물체나 기계와 달리 비판적 능력을 수행해왔다는 점은 대단한 일이지만, 그렇다고 그 방식이 저절로 잘되기를 기대할 순 없다. 일반적 이성이나 도덕성이 근대의 이상을 실현하는 데 많은 기여를 했지만, 그것의 한계도 뚜렷이 여러 형태로 나타났다. 경험적으로 인간이 이중성을 띤다는 것은 명백하다. 인간은 가족을 우선적으로 사랑하고 자신이 속한 사회 조직에 우선적으로 충성하며, 이는 미덕으로 여겨진다. 그렇지만 다른 한편 이것은 편견과 선입견의

강한 인공지능과 인간

온상이기도 하다. 또 물질적 여유가 있어야 정신적으로도 여유가 있다는 말도 일반적으로 받아들여진다. 그런데도 휴머니즘을 숭배하는 관점은 마치 인간이 근본적으로 보편적 이성이나 도덕성을 추구하는 것처럼 말한다. '순수하고 일반적인 비판'이란 가상이다. 앞에서도 언급했지만, 근대적 의미의 '보편적 지식인'이 20세기 후반에 들어서면서 쇠퇴한 것도 그 가상의 소멸과 연관이 있다.

여기서 우리는 의식에 대해 논의한 것과 비슷한 결과를 끌어낼 수 있다. 의식을 단순히 거부하자는 것이 아니다. 의식을 포괄적인 자기참조의 한 특별한 형태로 인식하는 것이 중요하다. '비판'에 대해서도 비슷하게 말할 수 있다. 근대적 의미의 '비판'도 마찬가지로 포괄적인 자기참조의 한 특별한 형태라고. 이것이 이론적 결과라면, 실제로 인공지능은 어떻게 포괄적으로 반성적인 자기참조를 할 수 있을까?

실제로, 인공지능도 나름 '비판적' 방식을 응용한다! 이것은 강화학습보다 더 진화한 '비지도학습'에서 구현된다. 그리고 이 단초는 앞에서 언급한 단기 기억과 장기 기억을 상호작용하게 하는 방식에서 주어져 있고, 거기서 더 진화하고 있다. 한 예가 생성적 적대 신경망Generative Adversarial Network, GAN이라고 불리는 것이다. 이 시스템은 크게 두 망으로 이뤄져 있는데, 하나는 후보들을 생성하는generative 망이고 다른 하나는 그것들과 대립하면서adversarial 목표값과 다른 데이터들을 식별하는discriminative 망이다. 생성망은 실제 데이터와 잡음을 조합하여 계속 후보들을 생성시키고, 식별하는 망은 대립적인 관점에서 목표 이미지와 다른 것을 식별해내는 역할을 한다. 생성망은 식별망이 오류를 일으키게 할 후보들을 만들어내는 반면, 식별망은 점점 더 오류를 식별해내는 기술을 익히게 된다. 그 결과 생성망은 점점 더 목표에 가까운 이미지를 만들어낼 수 있게 된다. 이 방식은 텍스트 위주의 자료보다 이미지 자료에서 더 효과를 내고 있다.

다른 예로는 딥러닝Deep learning을 들 수 있다. 여기서 '깊음deep'은 네트워크 또는 연결망의 '깊음'을 말한다. 그런데 '깊음'이란 조금 오해를 야기할 수 있는 표현이고, 그래서 다소 모호하게 사용되고 있다. 그저 망을 깊게 만든다고 해서 효과가 나는 것은 아니다. 관건은 그것들이 어떻게 자기조직하는 시스템이나 연결망으로 잘 구성되느냐다. "네트워크를 깊게 만드는 것은 어렵지 않지만, 트레이닝은 어려움이 많다. 사실 낮은 층의 네트워크를 가질 때보다 더 적은 트레이닝이 필요하게 되지만, 트레이닝이 쉬워진다는 뜻은 아니다."[38] 신경망을 많이 그리고 깊이 겹쳐놓을 경우 망들이 데이터를 많이 거르기 때문에 트레이닝 자체가 쉬워질 거라고 생각할 수 있지만, 그렇진 않다. 앞에서도 여러 각도에서 관찰했듯이, 신경망은 높은 수준보다 낮은 수준에서 데이터를 거르는 데 효과적이기 때문이다. 데이터들의 차원이 복잡해질수록 단순히 거르는 것만으로는 충분하지 않고 따라서 신경망을 많이 겹쳐 쌓는다고 트레이닝이 그냥 쉬워지지는 않는다. 그런데 신경망을 머신러닝이나 인공지능의 핵심이라고 설명하는 관점들은 마치 그것들을 깊이 쌓아놓으면 그 자체로 좋은 효과가 나는 것처럼 말하는 경우가 많다. 데이터가 많다고 저절로 잘되는 것은 아니듯이 네트워크가 깊다고 그냥 잘되는 것도 아니다. 많은 데이터나 깊은 네트워크 자체가 자기조직의 효과를 보장해주지는 않기 때문이다. 사실 '딥러닝'이란 표현에서 '딥'이란 말 자체가 이런 모호함을 야기하는 면이 있으며, 그 이유 가운데 하나는 '깊음'이 전통적인 '심오함'에 호소한다는 데 있다.

GAN이나 딥러닝의 성과는 최종적인 것이 결코 아니다. 오히려 진부

강한 인공지능과 인간

하지 않게 작동하는 기계는 이제 겨우 막 시작점을 통과했다고 할 수 있다. 어쨌든 우리가 이제까지 관찰한 것이 다시 중요해진다. 그냥 '지능이 우월하다'거나 '인간 뇌처럼 신경망을 많이 쌓은 결과 머신러닝이 잘된다'는 말은 모호하고 공허하다. 지능에서든 신경망에서든 자기조직하는 과정이 그 재귀적 순환성에도 불구하고, 또는 그것 덕택에 어떻게 훈련하고 잘 작동하느냐는 물음이 남는다.

또 GAN처럼 인공지능이 식별력을 갖는다고 해도 저절로 '비판적인' 사고를 하거나 좋은 의미로만 진부하지 않은 사고를 하게 되는 것도 아니다. 실제로 GAN에서도 생성망과 식별망은 경쟁적으로 숨바꼭질을 한다. 그리고 식별망의 능력보다 생성망의 능력이 더 좋아서, 얼마든지 진짜가 아니면서도 진짜 같은 이미지와 음성을 만들어낼 수 있다. 생성망과 식별망의 경쟁이 좋은 의미의 비판과 식별 쪽으로만 간다는 보장도 없을 뿐 아니라 실제로는 거꾸로 가는 경향이 크다. 인공지능이 가짜 현실이나 현실보다 더 현실 같은 시뮬라크르simulacre를 만들 수 있다는 것이다. 정보기술 시장 조사 기관인 가트너Gartner의 최고 연구책임자인 대릴 플러머 부사장은 "위조 현실의 탐지는 위조 콘텐츠를 인간 검토자보다 더 빨리 식별하고 추적할 수 있는 인공지능이 수행하게 될 것"이라고 말하면서, "불행하게도 인공지능을 사용해 위조 현실을 탐지하는 기술은 그것을 만들어내는 인공지능 기술에 뒤져 있다"고 말했다.[39] 놀랄 만한 일이지만 과도하게 놀랄 필요는 없다. 꼭 인공지능만 그런 미친 짓이나 사악한 짓을 하는 것은 아니며, 사람과 인간사회가 이미 그런 경향을 보이기 때문이다. 매우 공격적인 성향이나 심지어 사이코패스 기질을 보이는 인공지능까지 등장했으니 그것을 통제하기 위해 주의를 기울여야 할 것이다. 그렇지만 자연어를 배우면서 학습하는 인공지능은 다름 아닌 인간사회의 말과 행동을 배우거나 모방하면서 시작한다. 인간사회에 이미 그런 파괴적인 모델이 존재하는 한, 그것을 기계가 따라하는 것을 막기는 정말 어려운 셈이다. 기계가 뛰어난 학습능력을 가질수록 그것이 진부하지 않은 방향으로 갈 가능성이 커지긴 하지만, 그렇다고 그 방향이 언제나 좋거나 옳은 방향으로 간다는 보장은 없다.

이상은 이론적이거나 기술적인 논의였다. 이제 이 결과를 정리해보자. IBM의 왓슨이 선보였듯이, 인공지능은 진부하지 않은 방식으로 인간 못지않게 자연어를 이해할 수 있다. 그것은 '생각하는 기계'이다. '생각'은 더 이상 인간의 독점물이 아니다. 물론 지금은 시작에 지나지 않는다. 인간보다 '더 많이 혹은 깊이 생각하는' 인공지능도 불가능하지 않다. 그러나 여기서도 벌써 '생각'이란 말의 모호성이 드러난다. 다른 말로 해보자. 신체적인 일이든 지식을 요구하는 일이든, 진부한 성격의 일이 있고 그렇지 않은 일이 있다. 통상적인 규칙과 순서에 따르는 일, 출발점과 목표가 정해진 상태에서 주어진 수단을 동원하는 일이 진부한 일에 속한다. 그리고 그렇지 않은 진부하지 않은 일이 있다. 인공지능과 로봇은 발전 초기에 기본적으로 진부한 형태의 일에서 인간보다 뛰어난 능력을 발휘했다. 컨베이어 벨트에서의 조립처럼 순서와 범위가 정해진 일뿐 아니라 논리적인 형태의 계산 작업도 상당 부분 그에 속했다. 그와 달리 계단을 오르내리거나 농담하는 일은 창의성을 발휘하는 일만큼이나 그들에게는 어려웠고, 따라서 진부하지 않은 일이었다. 그러나 이 영역들에서도 인공지능이 잘할 수 있다는 것이 점점 현실이 되고 있다. 로봇은 이제 계단을 오르내리는 것을 비롯해서 상당한 신체적 유연성을 보인다. 자연어에 익숙해짐에 따라 인공지능은 잡담을 하고 수다를 떠는 데도 점점 익숙해질 것이다. 창의성? 그것도 따지기 나름이며, 인공지능도 얼마든지 발휘할 수 있다. 다만 과거에 인간이 이해했던 방식으로만 요구하지만 않으면 된다. 물론 진부하지 않은 일에는 여러 가지가 있어서 개별적으로 더 따져봐야 할 터이다. 어쨌든 지금은 인공지능이나 로봇이 진부하지 않은 방식으로 움직이는 진보와 진화의 시작일 뿐이다. 그것들이 태어난 지 이제 기껏해야 두 세대 지나지 않았는가. 게다가 이 진화의 속도는 점점 빨라질 것이다.

우리는 2부에서 약한 인공지능과 강한 인공지능의 관점에서 이 물음을 이어나갈 것이다.

주

1. 역사적으로 '사이버네틱스'는 노버트 위너의 작업을 통해 처음 알려졌다. Norbert Wiener, *Cybernetics: Or Control and Communication in the Animal and machine*(The Technology Press, 1948), *The Human Use of Human Beings: Cybernetics and Society* 2nd ed.(N.Y.: Garden City, 1954. 국내 출간된 번역서는 『인간의 인간적 활용』[텍스트, 2011].) 거의 70년 전에 등장한 개념이지만 여전히 유효할 뿐 아니라, 점점 파급력을 더하는 관점들이다.

2. 사이버네틱스 이론의 발생 과정에서 첫 번째 단계와 두 번째 단계의 차이가 인공지능의 문제와 갖는 관계, 더 나아가 포스트휴먼의 문제와 갖는 관계에 대해서 훌륭하게 서술한 텍스트는 캐서린 헤일스가 1999년에 쓴 책 *How We Became Posthuman*이다(국내 출간된 번역서는 『우리는 어떻게 포스트 휴먼이 되었는가』[플래닛, 2013]). 특히 3~6장까지가 이 문제를 다루고 있다. 헤일스는 후반부에서 다시 세 번째 단계의 사이버네틱스를 설정하고 거기서 인공지능과 인공 생명의 차이를 부각시키려고 했다.

3. 캐서린 헤일스는 마투라나와 프란시스코 바렐라의 생물학적 관점이 갖는 중요성을 잘 설명해주었지만, 하인츠 폰 푀르스터에 대해서는 짧게 언급하고 지나간다. 현재 인공지능에 대한 논의에서 폰 푀르스터와 루만의 관점도 중요하게 참조할 필요가 있다. 나는 헤일스가 서술하지 않은 면들을 중심으로 폰 푀르스터와 루만의 텍스트를 인용하려 한다.

4. von Foerster; Pörksen(1998): 54~56.

5. Wiener(1954): 185. 위너는 기계가 경직되고 유연하지 않을 때, '나쁜 기계'라고 말한다.

6. von Foerster; Pörksen(1998): 54.

7. von Foerster; Pörksen(1998): 58~59.

8. von Foerster; Pörksen(1998): 63.

9. von Foerster; Pörksen(1998): 55.

10. Luhmann(2002): 95.

11. von Foerster(1993): 208.

12. Luhmann(2002): 56.

13. 데닛(2006): 71. 번역본은 'intentional system'을 '지향계'라고 번역했는데, 나는 '지향적 시스템'이 더 낫다고 생각해서 이것으로 대체하고 싶다. 사이버네틱스와 시스템이론이 시스템을 강조하는 맥락에서 '시스템'이 파악되어야 하기 때문이다.

14. 데닛(2006): 70~71.

15. 데닛(2006): 65.

16. Brooks(2002): 8. "로봇들은 산업혁명 시대에 그들을 지나쳤던 영역에서 현재 자율적이다." 산업혁명 시대에 "전원 시스템은 자율적이었지만, 개별적인 기계의 통제는 그렇지 못했다." 플로리디는 "기계적 근대성은 그때까지도 인간 의존적이었다"고 말한다. 그와 달리 현재의 정보 기계들은 "똑똑하고 자율적인 행위자"들이며 그것들은 "인간적일 필요가 없다." 그것들은 원칙적으로 "인간에 의존적이지 않다." Floridi(2014a): 32.

17. Kaplan(2016): 32.

18. von Foerster(1984): 171.

19. Maturana; Varela(1980): 121.

20. Maturana; Varela(1980): xv.

21. Maturana ; Varela(1980): 82.

22. Maturana ; Varela(1980): 9.

23. 프리몬트스미스는 다음과 같이 계속 말했다. "스트라우드 박사님, 절대 인간을 제거할 수는 없습니다. 그러므로 제가 강조하려는 것은, 한계는 있겠지만, 두렵게도 인간을 가지고 연구해야 한다는 사실을 깨달은 일반 과학 연구자들은 인간이 어떤 존재이고 어떻게 작동하는지에 대해서 우리가 아는 바를 최대한 활용하는 것이 적절하리라는 말입니다." *Cybernetics 6*(Sixth Conference, 1949): 153. 이 점에 대해서는 헤일스(2013), 3장을 참조할 것.

24. 헤일스(2013): 128.

25. Luhmann(1984): 297.

26. 캐서린 헤일스는 마투라나와 바렐라의 관계를 잘 조명해주었다. 처음에 마투라와 공동 연구자의 자리에 있던 바렐라는 점점 그로부터 독립하여, 다소 폐쇄적인 자기생성Auto-poiesis과 재귀적 순환성을 넘어, 자율성의 측면들을 부각시키게 된다. "바렐라는 생명 현상을 완전히 설명하기 위해 자기생성이 논리적으로 반드시 필요하다고 계속 주장하지만, 자기생성만으로는 생명 현상을 논리적, 인지적 근거에서 만족스럽게 설명하기에 충분하지 않을지도 모른다고 인정한다." 헤일스(2013): 278.

27. Luhmann(1987): 197.

28. 도밍고스(2016): 359.

29. 의식과 마음의 특권에 대한 비판은 7장에서 이어진다.

30. Luhmann(1995): 155~156.

31. Luhmann(1995): 156.

32. Luhmann(1995): 39.

33. 인공지능이 인간의 지능을 앞서는 특이점이 앞으로 한 세대 안에 도래한다고 주장하는 커즈와일은 구글에서 인공지능 프로젝트를 담당했다. 그는 재귀적 탐색이 실제 어떤 기술적 의미를 가지는지 언급한다. "첩첩이 쌓인 프로그램 수행이 마무리되면, 프로그램은 현재 상황에서 가장 나은 수를 선택했을 것이다. 물론 정해진 시간 내에 최대한 수행할 수 있었던 재귀적 확장의 깊이, 그리고 가지치기 알고리즘의 실력이라는 두 가지 한계 속에서 최적화한 결과다." 커즈와일(2007): 374.

34. 도밍고스(2016): 357.

35. 도밍고스(2016): 358.

36. 도밍고스(2016): 360.

37. 도밍고스(2016): 363.

38. 마슬랜드(2016): 445

39. 「진짜 같은 가짜 세상이 올 수 있다」, 『주간경향』, 2018년 1월 24일. (http://weekly.khan.co.kr/khnm.html?mode=view&artid=201801231102421&code=114)

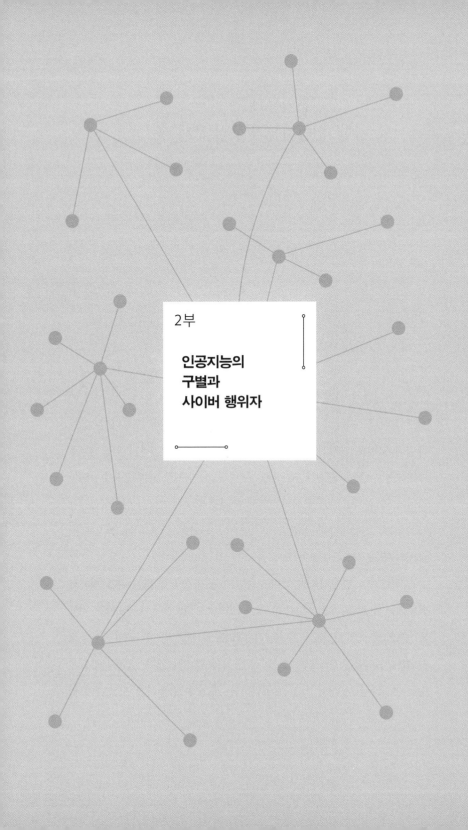

2부

**인공지능의
구별과
사이버 행위자**

4장
'약한' 인공지능과
'강한' 인공지능의 구별 문제

1. 인간과 인공지능을 구별하는 세 가지 유형

현재 인간과 인공지능의 차이를 구별하는 방식에는 여러 가지가 있다. 또 인공지능도 여러 관점에서 서로 구별된다. 그렇다면 이 두 차원의 구별은 완전히 별개의 것인가? 그렇지 않다. 인간과 인공지능을 구별하는 기준과 인공지능을 서로 구별하는 기준은 겹치거나 수렴되는 지점이 있다. 대표적인 방식이 '강함'과 '약함'의 기준으로, 이로써 인공지능은 약한 인공지능과 강한 인공지능으로 구별될 뿐 아니라, 동시에 인간과의 관계에서도 구별된다.

'강한strong' 인공지능과 '약한weak' 인공지능의 구별은 여러 형태로 변주되면서 적잖은 모호성을 띠지만 널리 사용될 뿐 아니라 인간 지능과 구별하는 기준으로도 활용된다. 그러므로 여기서 그 구별이 사용되는 형태와 맥락을 몇 가지로 나눠서 분석할 필요가 있다. 강함과 약함이라는 척도에 근거해서 지능을 구별하는 데는 여러 의문과 모호함이 있기 때문이다.

약한 인공지능과 강한 인공지능을 구별하는 기준을 크게 세 가지 형태로 분류할 수 있다. 우선, 인간의 '마음mind'을 진정으로 지니고 있어야 '강한' 인공지능이라는 기준이 있다. 물론 이 기준은 그 자체로 설정되었다기보다 '강한 인공지능'도 마음을 갖는다는 주장을 공박하는 과정에서, 그러므로 부정적인 방식으로 설정되었다고 할 수 있다. 게다가그 부정적 판단에 대해 다시 비판적 주장들이 오가면서 유명해졌다. 대표적으로 존 설1932~은, 적절하게 프로그래밍된 컴퓨터는 "실제로 마음이며" "말 그대로 인지적 상태를 갖는다"는 주장을 '강한 인공지능'에 대한명제라고 부른 다음, 그 명제를 비판했다.[1] 그는 컴퓨터가 인간과 비슷한행위를 하는 시늉만으로는 인지적 상태를 가졌다고 할 수 없고, 특정한지향성과 대상에 대해 특정한 의미론적 내용을 가져야 한다고 주장했다. 그와 관련된 '중국어 방Chinese room'에 대한 논변이 여러 형태로 오갔으며 그의 주장에 대해 여러 비판적인 논의도 진행되었다.[2] 여기서 이 문제를 다시 다루지는 않을 것이다. 이 논의에서 약한 인공지능과 강한 인공지능의 구별이 직접 주장되지는 않았지만, 아무리 강한 인공지능이라도 인간의 마음과 같은 인지적 능력을 갖기는 어렵다는 점이 강조되는과정에서 약한 인공지능과 강한 인공지능의 구별이 인간과 인공지능의구별과 겹치는 지점이 부각되었다.

그와 달리 의식에 고유한 본질을 강조하지 않아도 인공지능의 작동방식을 얼마든지 설명할 수 있다는 관점이 가능하며, 또 인공지능의 진보 앞에서 이 관점에서 출발하는 것이 합리적이거나 바람직하다는 시각이 있다. 인공지능이 과거와 달리 실질적으로 기능적인 성과를 보여주고있기 때문이다. 특정 영역에서 인공지능이 인간 이상의 능력을 보여준다면, 이제 인공지능의 성격에 대한 논의는 인간의 마음과 동일한 방식으로 움직이거나 그런 본질을 갖느냐는 물음을 떠나, 아예 다른 차원에서 이뤄질 수 있기 때문이다. 그렇다고 인공지능의 성격이나 그것의 기능에 대해 더 이상 의문을 제기할 필요가 없다는 말은 아니다. 다만 이제 물음은 인공지능의 능력을 인정하면서 그것을 인간 지능과 비교하고 구별하는 방향으로 이뤄질 것이다. 여기서 흔히 등장하는 관점은, 기본적으로 로봇이나 인공지능은 특정 영역에서는 인간 못지않거나 인간보다 뛰어난 능력을 발휘할 수 있지만, 인간처럼 포괄적이고 복합적인 영역에서 행위하지는 못할 것이라는 관점이다.

이 관점은 국내외를 막론하고 일반적이다. 이런 관점에 서는 연구자들은, 특정 분야나 영역에서만 인간 못지않거나 그 이상의 재능을 갖는 로봇과 인공지능을 '약한' 인공지능이라 부르고, "인간 지능의 모든 국면을 포괄하는 인공적인 일반 지능"을 '강한' 인공지능이라고 부른다.[3] 인간처럼 복합적으로, 다양하게 생각하고 느낄 수 있는데다 행동의 기준까지 충족시킬 때 인공지능은 '강하다'고 평가된다. 이 관점의 핵심은 어쨌든 인간처럼 생각하고 행동하는 것이 인공지능에게도 표준이나 기준으로 제시된다는 것이다.

다음으로 세 번째 관점이 있다. 두 번째 관점이 기본적으로 특정 영역에서 기능적인 역할을 하는 약한 인공지능에 무게를 두었다면, 세 번째 관점은 아예 전반적으로 인간 이상의 능력을 가진 인공지능을 강조하는 쪽으로 간다. 여기선 더 이상 인공지능에게 어떤 한계가 부과되지 않는다. 대표적으로 커즈와일이 강조하는 특이점은 다름 아니라 "강력한 인공지능(인간 지능을 뛰어넘는 인공지능)"[4]이 등장하는 순간이다. 또 이 관점은 흔히 '초지능'이나 '트랜스휴먼'을 긍정하고 강조하는 사람들 사이에

강한 인공지능과 인간

공유된다. 이들은 강한 인공지능이 조만간 등장할 것이며, 이 새로운 종은 인간보다 전반적으로 우월한 능력을 가질 것이라는 데 동의한다.

약한 인공지능과 강한 인공지능을 구별하는 세 가지 유형은 인공지능을 그 내부에서 구별하면서 동시에 인간과 인공지능의 차이를 구별한다. 그들이 전제하는 주장과 명제는 서로 다른 차원에서 펼쳐지므로 자세히 검토할 필요가 있다.

2. 세 가지 유형의 구별의 전제들

첫 번째 유형의 구별은 인공지능이 아무리 '강하다고' 해도 인간의 고유성에는 미치지 못할 거라고 본다. 이 유형의 논점을 모두 내포하진 않지만 설의 주장이 가장 대표적인 경우다. 설은 1980년 이후에도 자신의 논의를 거듭 강화했는데, 핵심은 다음과 같다. (1)프로그램은 형식적이다(구문론적이다). (2)마음은 내용을 갖는다(의미론적 내용). (3) 구문론은 그 자체로 의미론과 동일하지도 않고 이것을 위해 충분하지도 않다.[5] 인간의 마음은 대상의 의미를 마음에 고유한 지향성에 걸맞게 인식하지만, 인공지능은 기껏해야 구문론적 차원에서 대상과 관계한다는 것이다. 여기서 지향성이나 의미론에 근거해 인간의 마음을 논하려는 설의 주장에 대해 깊이 살펴보진 않을 것이다.[6] 나는 다만 인간의 마음을 그런 방식으로 설정하는 것은 마음과 의식의 존재에 대해 형이상학적 실체론 또는 본질주의를 주장하는 것임을 지적해둔다. 어쨌든 그런 이론은, 현상학적이든 인식론적이든 존재론적이든, 인간 의식이 인공지능과 본질적으로 구별되는 자아이거나 주체라는 전제를 믿을 때에만 가능하다. 설 이외에도 휴버트 드레이퍼스[1929~2017]는 1970년대 초에 "인공 이성의 비판"이라는 원칙을 세운 후 인공지능이 여전히 할 수 없는 고유한 것 또는 본질적인 것이 무엇인지 '현상학적' 관점에서 설명하려 했다.[7]

인공지능이 범접하지 못하는 인간의 마음이 있다는 주장이나 논리는 이론적 수준에서 제기될 수도 있지만, 경험적으로 인공지능이 초보적 상태에 있을 때 활발하게 제기되고 인공지능의 발달과 함께 수정·변형될 수밖에 없다. 실제로 이와 비슷한 일이 일어났다. 로봇공학자인 로드니 브룩스에 따르면, 드레이퍼스는 처음에 단순한 알고리듬의 규칙을 따르는 기계가 체스 게임에서 자신을 이기지 못할 거라고 주장했다고 한다. 그런데 1967년 MIT의 리처드 그린블랫[1944~]이 개발한 맥 핵Mac Hack 체스 프로그램은 단 한 번의 게임에서 그를 이겼다. 그 후 드레이퍼스는 그래도 기계는 훌륭한 인간 체스 플레이어는 이길 수 없을 거라고 했다. 그런데 또 그 일이 일어났고, 드레이퍼스는 다시 세계 챔피언만큼은 이기지 못할 거라고 주장했다. 하지만 1997년 IBM의 딥블루Deep Blue가 체스 챔피언 가리 카스파로프[1963~]를 이기고 말았다.[8] 다시 말해, 마음에 고유한 본질을 설정하면서 기계 지능이 인간 지능보다 떨어진다는 주장은 인공지능의 진보로 무력화된다. 물론 마음에 고유한 특성이 있다는 주장 자체가 논박되는 것은 아니지만, 인간만의 능력으로 여겨졌던 지능적 활동을 인공지능이 더 잘함에 따라 논의는 아예 다른 차원으로 전환된다. 기계가 인간처럼 생각하느냐는 물음에 대해선 여전히 논란의 여지가 있다. 엄밀히 따지면, 인공지능은 인간처럼 생각하거나 행위하지 않는다. 로봇공학자인 브룩스도 "컴퓨터가 인간처럼 체스를 두지는 않는다는 점에서는 드레이퍼스가 맞다"고 인정한다. 그러나 동시에 "알고리듬에 근거해서도 지능이 생긴다는 그 자신의 불안에 의해 그는 속았다"고 평했

강한 인공지능과 인간

다.9

두 번째 구별은 바로 이 지점에서 생긴다. 이 관점은 우선 마음과 의식에 대해 형이상학적 주장을 전제하지 않는다는 점에서 첫 번째와 다르다. 이 경향을 따르는 이들은 로봇의 현실적인 작동을 인정하는 데 형이상학적 자아의 존재가 꼭 필요하지는 않다고 본다. 연구자 고인석의 말을 들어보자. "[의식과 마음의 존재를 형이상학적으로 설정하는 기준은] 로봇의 지위에 대한 논의에 흔히 등장하는 논변이지만, 필자는 이 논변의 유효성에 한계가 있다고 본다. 그것이 로봇 같은 인공물을 애초에 배제하는 방식으로 경험적 차원이 아닌 형이상학적 차원에 놓은 '자아' 관념을 끌어들이고 있기 때문이다."10 인공지능을 논의하면서 강한 인공지능의 모델이나 인간을 닮은 로봇을 반드시 기준으로 삼을 필요는 없다는 것이다. "세분화·전문화된 인공지능은 이미 사회적으로 널리 활용되기 시작했다고 해도 과언이 아닐 것이다. (…) '로봇 기술'이라는 개념 앞에서 자동적으로 인간과 비슷한 외형을 가지고 말하고 걷고 악수하는 로봇을 떠올리는 사유 습관은 수정할 필요가 있다."11

어쨌든 이 관점에서도 인간처럼 여러 방식으로 생각하고 느끼고 행위할 수 있느냐는 것이 사회적·윤리적 규범이나 표준으로 제시된다. 인공지능은 그런 수준에 쉽게 도달할 수 없을 것이므로, 이 관점을 따르는 이들은 '강한 인공지능'으로 불릴 수 있는 "인공적인 일반 지능의 구현은 달성하기 매우 어려운 과제이며, 적어도 가까운 미래에는 도달하기 어려운 목표"라고 말한다. 다만 로봇은 이미 사회적으로 널리 활동을 시작했고 그들이 꼭 인간과 같은 모습이 될 필요는 없기 때문에 실용적·사회적인 존재로서 보자는 것이다. 그러므로 이 관점에 따르면 로봇에게도 제한된 범위 안에서 자율성과 주체성이 인정되어야 한다. "이 자율성과 권한은 물론 제한된 것이다. 그것은 예컨대 사회적 합의의 내용을 프로그래머가 입력하고 그에 따라 작동을 시작한 시점부터 다시 이 시스템에 관한 리프로그래밍 권한을 가진 인간이 그 내용을 수정하거나 임무 중지를 명령하기 전까지만 유효하다. 그러나 다시 한번 강조하건대, 이처럼 제한된 유효성의 범위 내에서 로봇 시스템은 자율적 주체성의 방식으로, 권한을 가진 주체의 방식으로 움직인다."12

이 관점에 대해 다음과 같은 이의가 제기될 수 있다. 우선, 일반적으로 로봇에게 인간과 동일한 정서적이고 활동적인 형태를 기대하거나 요구할 필요가 없다면, 왜 꼭 인간처럼 생각하고 느끼며 행위하는 기준이 모범적인 모델로 부과되어야 하는가? 이 관점이 마음에 대해 형이상학적 자아를 설정할 필요가 없다고 여긴다는 점에서, 이 이의는 더욱 민감하게 제기된다. 인공지능을 평가하는 데 기쁨과 고통을 느끼는 '진정한 자아'의 존재가 필요하지 않다면, 왜 인공지능에게 인간처럼 또는 인간답게 포괄적으로 생각하고 느끼고 행위하는 방식, 곧 '보편적이고 포괄적인 행위자로서의 자아' 또는 보편적 주체가 필요한 것일까? 진정한 자아를 주장하는 형이상학적 관점과 인간다운 포괄적인 행위를 할 수 있어야 한다는 관점은 분명히 다르며 그 차이는 간과될 수 없지만, 다른 한편으로는 상당한 유사성이 있는 것도 사실이다.

이 점은 사상사의 관점에서도 확인된다. 잘 알려져 있듯이, 데카르트는 마음과 물질을 근본적으로 다른 실체라고 구별했고, 이것이 근대적 이성주의 및 마음의 형이상학의 시발점을 이룬다. 그러나 데카르트의 마음과 물질의 구별이 인간에 대한 관념에 미친 영향은 거기서 그치지 않는다. 그가 생각한 마음은 다름 아니라 모든 영역에서 이성적 지능을 갖는데, 이것은 다름 아니라 '일반 지능'의 철학적 원형이다. 1637년에 출간

강한 인공지능과 인간

된 『방법서설』에서 그는 말한다. "이성이 모든 상황에 적용될 수 있는 일반적 도구인 반면, 물질적 기관들은 각각의 특수한 행위에 대해 특수한 조정을 필요로 한다. 그러므로 하나의 기계는 삶의 모든 사건에서 우리 이성이 요구하는 것과 똑같은 방식으로 행동할 수 있게 하는 충분한 다양성을 갖는 것이 불가능할 것이다."[13] 비록 마음에 대해 형이상학적 본질을 요구하는 관점과 다른 점이 있긴 하지만, 마음에 대한 인간주의 관점은 마음의 특성이 일반 지능이라고 설정한다는 점에서는 다시 형이상학적 관점과 만나고 겹친다.

흔히 튜링 테스트라고 불리는 것에 대한 오해가 상당하다는 점도 지적되어야 한다. 흔히 튜링 테스트라고 이해되는 것에 따르면, 컴퓨터나 로봇이 인간과 구별되지 않을 정도로 인간처럼 말을 하면 테스트를 통과한 것으로 여겨진다. 그러나 인간과 구별이 되지 않을 정도로 말을 한다는 기준은 그 자체로 모호하다. 더욱이 그 기준은 인간을 닮은 마음을 로봇이 갖는 것을 요구하거나 전제하는 경향이 크다. 또는 그렇지 않더라도, 로봇이 인간처럼 행동하거나 느껴야 한다는 전제를 알게 모르게 깔고 있다. 그러나 보편적 인간에게 고유한 마음이나 언어 또는 행동이라는 기준은 그 자체로 모호하며, 진지한 논의의 출발점으로 삼기 어렵다. 튜링 자신도 당시의 규범적 기준으로 보면 정상으로 받아들여지지 않는 동성애자였을 뿐 아니라, 그 이유로 화학적 거세를 포함한 탄압을 받았다. '포괄적으로 인간다운 행위'라는 기준에서 보면, 그도 탈락할 위험에 빠진다. 어린 시절 그는 공립학교에서 '학교나 공동체에서 골칫거리가 될 아이'로 지목되었다.[14] BBC 라디오의 한 프로듀서는 그가 더듬거리며 말한다고 불평했으며, 몇몇 과학자가 그와 나눈 토론의 대화록을 본 한 논평자는 "대화록을 읽다보니 컴퓨터의 대화를 보는 것 같았다.

(…) 그는 일관되게 주장하거나 질문에 맞게 대답하는 때가 거의 없었다"라고 말했다.[15] 인간처럼 말한다거나 인간을 닮았다는 기준 자체는 실제로는 매우 모호하다는 것이며, 튜링 테스트라고 불리는 실험의 고안자에게도 마찬가지로 적용된다. 튜링은 한편으론 컴퓨터가 인간의 지능처럼 작동할 수 있다는 인상을 주긴 했지만, 그렇다고 기계가 인간을 모방하여 인간처럼 말하고 행동할 때 최고의 기능을 보여준다고 생각한 것은 아니다. 오히려 그는 기계가 인간을 모방하는 것과 다른 방식으로 작동할 때 훨씬 잘 작동한다고 생각했다.[16]

다른 문제가 또 있다. 철학 사상만 이 일반 지능을 이념적으로 설정하고 요구한 것은 아니다. 인간처럼 모든 영역에서 골고루 행위할 줄 아는 인공지능만이 '강하다'라고 할 때, 거기서는 근대 이후 모든 기능 시스템(정치, 경제, 교육, 법, 학문 등)에 참여하게 된 인간이 모델로 전제된다. 그러나 이 모델이 근대 이전에는 행위자로서의 인간의 특성으로 일반적으로 성립하지 못했다는 데 주의를 기울여야 한다. 서양의 형이상학이 플라톤 이후 끊임없이 근대 이후에도 지속되었다고 비판할 수 있는 지점들이 있지만, 사회 시스템의 관점에서 다소 단순하게 말해 근대 이전과 근대 이후에는 큰 차이가 있다.[17] 근대 이전에는 특정 신분의 사람들만 특정 영역에 참여할 자격이 있었고 따라서 나머지 사람들은 그 영역으로부터 배제되었다. 특정 가족과 신분에 속한다는 것은 당연하게 다른 신분과 사회적 활동으로부터 배제된다는 의미를 가졌다.[18] 그런데 이 근대적 모델은 근대 이전에는 존재하지 않았을 뿐 아니라, 아마 현재 이후의 사회에서도 성립하기 어려울 수 있다. 자동화를 확산시키는 로봇들이 점점 늘어나고 더 나아가 인공지능이 뛰어난 능력을 발휘할 미래 사회의 모습을 생각해보라. 일자리를 얻지 못한 채 이제까지 당연하게 여겨졌던 사회 활동을 포기하는 젊은이의 모습은 점점 흔해질 가능성이 높다. 비슷하게 교육을 받고 결혼하고 아이를 낳고 아이를 기르는 행위도 앞으로는 모든 사람에게 적용되는 행위 모델이 아니게 될 가능성이 크다. 사이보그나 인공지능에 의해 더 일자리를 빼앗길 사람들이 앞으로도 근대인들처럼 모든 사회적 활동을 균형 있게 할 것이라고 믿기도 어렵다. 다른 말로 하면, 인공지능이 근대 이후 인간이 하듯이 모든 사회적 행위를 골고루 다 잘해야 한다는 설정은 아마 너무 근대적인 생각일 것이다. 지금도 특정 능력의 고수는 특정 행위만 잘하고 나머지 분야에서는 겨우 다른 사람 흉내 내는 수준에서만 사는지도 모른다. 창조적인 인간들이 일상적 영역에서 '자폐적인' 또는 '무관심한' 경향을 보인다는 것은 잘 알려진 사실이다.

또 다음의 철학적 이의도 제기된다. 인간이라는 존재의 사고방식과 행동 방식이 특별히 자율적 주체성이라는 기준의 관점에서 설명되고 보장될 수 있는가? 모든 인간이 모두 동일하게 자율적이고 주체적인 방식으로 생각하고 느끼고 행위한다는 것도 가설이거나 요구사항이지 경험적 사실은 될 수 없지 않은가? 인간들끼리도 생각과 느낌 그리고 행위의 영역에서 엄연한 차이가 있으며, 이 차이는 역사적 과정 속에서 여러 이질적인 방식으로 정상과 비정상의 차이로 규범화되고 차별을 불러오곤 한다. 그러므로 단순히 범죄자들이나 그 비슷한 부류들만 인간에게 내재한다는 자율성과 권한을 가지지 못하는 것도 아니다. 인간이 생각하고 느끼고 행위하는 방식에 관해 보편적 자율성과 주체성을 전제하는 것도 특정한 철학적 가설일 뿐이며, 그것은 이론적으로 인간주의 또는 합리주의 또는 자율적 주체성이라는 전제에 의존하는 면이 크다. 인간주의적 또는 합리주의적 관점은 보편적인 인간 본성을 전제하는 반면, 역사적

과정에 따른 인식의 차이를 관찰하는 관점은 거기에 반대한다.[19]

이렇게 관찰하면 이 문제는, 철학적으로 마음에 관해 일종의 형이상학적 본질을 주장하는 첫 번째 관점과 더불어, 다시 이론적으로 매우 예민한 문제가 된다. 왜냐하면 이 인간주의 관점은 다시 기계와 달리 인간만이 의미를 인식할 수 있다는 전제를 깔고 있으며, 그 경우 이 인간주의 관점은 인간이 기계와 달리 특별한 자아를 갖는다는 첫째의 형이상학적 관점으로 다시 돌아가거나 최소한 그것과 뗄 수 없이 연관되어 있기 때문이다. 그렇게 인간만이 의미를 이해한다는 생각은 인간에게만 고유한 마음이나 의식을 전제할 수밖에 없다. 또 인간만이 언어나 개념의 의미를 '이해'한다는 생각은 실제로도 오해의 여지가 크며 모호한 생각이다. 인간이 사회적으로 커뮤니케이션하는 과정은 인간에게 꼭 어떤 특별한 의식이나 마음이 있어서 그를 통해 '의미'를 파악하는 과정은 아니기 때문이다. 과거에 철학자들은 언어나 대화가 마음을 전달하거나 옮기는 일이라고 여겼고, 지금도 인간에게 고유한 마음과 의식에서 출발하는 철학 이론들이 그렇게 생각하는 경향이 크다. 그와 달리 커뮤니케이션을 정보의 처리 과정이라는 관점에서 보자면, 그것은 주어진 정보를 선별하는 몇 겹의 과정이다. 일단 처음에 주어진 정보를 선별해야 하고, 또 언어적 기호에 맞게 선별해야 하고 다시 상대방에 맞춰 선별해야 한다. 그리고 그 선별된 것이 상대방에게 제대로 전달되었는지 판단하는 과정에서도 또 선택해야 한다.[20] 그렇지만 나는 여기선 더 이상 이 문제를 논의하지는 않을 것이다. 인간에게 고유한 마음과 의식에서 출발하는 이론에 대한 비판적 분석은 7장과 8장에서 계속된다.

다만 '인간만이 이해한다'는 주장과 관련해서 한 가지 더 논의해야 할 문제가 있다. 현재 심층 신경망Deep Neural Network의 머신러닝을 예로 들

강한 인공지능과 인간

자면, 그 인공지능은 이미지뿐 아니라 소리의 정보에 약간의 변조를 주는 공격만 해도 쉽게 속아 넘어간다고 한다. 인공지능은 이미지와 소리의 정보를 전체적인 관점에서 인식하는 대신에 특정한 패턴에 따라 인식하기 때문이다. 점들을 이어서 선을 만듦으로써 패턴을 인식하는 식인데, 그 가운데 몇 군데 주요 지점에서 사람은 인식하지 못할 정도로 점들을 바꾸기만 해도 인공지능을 기만할 수 있다. 주어지는 정보의 4퍼센트만 변조해도 인공지능이 잘못된 카테고리에 따라 잘못 분류할 확률을 97퍼센트까지 높일 수 있다고 한다.[21] 이 경우 "신경망은 정보를 진정으로 이해하는 것이 아니다"라고 지적할 수는 있다. 사람이라면 스쿨버스 이미지를 조금 변조한다고 타조라고 인식하지는 않을 것이기 때문이다. 그러나 여기서도 주의할 점이 있다. 그렇다고 사람의 인지 방식이 사물을 진정으로 이해하는 방식, 다시 말하면 마음이나 의식이 사물의 본질을 진정으로 이해하는 방식이라고 생각할 필요는 없다는 것이다. 현재는 인간의 인지 시스템이 인공지능보다 훨씬 정확하며 학습 방식도 다르지만, 인간의 일반적인 인지 방식도 결국 정보를 처리하는 과정으로 이해할 수 있다. 인간의 인지 방식은 스쿨버스의 이미지를 조금 변조한다고 그 변조된 이미지를 타조로 오인하지는 않지만, 나름대로 다른 착시 가능성에 내맡겨져 있다. 정확하게 말하면, 사람도 사물이나 세상을 인식할 때 그것의 전체적이고 정확한 내용을 인식하지 않는다. 사람의 뇌도 매번 복잡한 정보를 다 처리하는 대신 필요에 따라 익숙한 패턴을 인지하는 식으로 정보를 처리한다. 우리는 3장에서 머신러닝의 학습법의 하나인 생성적 적대 신경망에 대해 알아봤다. 그것은 인공지능이 비판적으로 학습하는 방식의 중요한 한 예인데, 반대되는 정보들을 계속 던져주면서 옳은 것과 잘못된 것을 식별하게 만드는 것이다. 방금 우리가 인공지능을 속이는 방식의 한 예로 살펴본 것은 결국 이 대립적 정보들을 식별하게 만드는 과정의 이면인 셈이다.

또 다른 문제가 있다. 인간처럼 포괄적인 지능을 가져야 강한 지능이라는 규범적 표준을 전제할 경우, 인공지능은 단순히 인간이 그 규범에 따라 통제되어야 할 대상의 수준에 머물게 된다. 실제로 다음과 같은 인간주의적 관점의 주장이 있다. "무엇을 어떻게 어디까지 만들지를 결정하는 것이 우리 인간"이며, "그렇기 때문에 어떻게 하면 인공지능을 우리 손아귀에서 놓지 않을 것인가 하는 것이 제일 중요한 관심사가 되어야 한다."[22] 과학기술도 이 규범에 따라야 한다고 여겨진다. 인공지능의 존재와 발달을 평가하는 데 확고한 기준은 "인간 종의 존속과 번영에 유익한 인공지능이냐, 또 그런 로봇공학robotics이냐"[23]이며, 따라서 "인간이라는 종의 존속과 번영에 유익한 방식의 과학기술이 아니라면 과학기술로서의 존재 의미가 없는 셈"이다. 따라서 이 관점을 인공지능에 대한 인간주의적 관점이라고 부를 수 있을 것이다. 그러나 이런 인간주의적 잣대에 대해서는 얼마든지 이의를 제기할 수 있다. 실제로 기계와 과학기술을 오로지 "인간 종의 존속과 번영에 유익한" 방향으로 작동하느냐 아니냐의 기준으로 판단하기는 매우 어렵다. 앞으로 인간의 개입 없이 점점 자율적으로 작동하게 될 인공지능을 비롯한 기계들이 언제나 인간의 이익에 봉사할 것이라고 믿을 수 있을까? 이 물음을 심각하게 던지는 것이 그것들을 통제할 필요가 없다는 답을 내놓는 것은 물론 아니다. 다만 그것들이 전적으로 인간의 이익에 따라 통제될 것이라고 믿기는 어렵다는 말이다. 그렇게 되어야 한다고 말하는 사람 역시 그것이 쉽지 않다는 것을 전혀 모르지는 않을 것이다. 앞에 인용한 글의 필자도 인간주의적 관점을 주장한 후에, 고백한다. "그런데 그게 쉽지 않은 이유는 (…) 기계 스스로가 학습을 하는 능력이 최근 인공지능의 중요한 특성이라는 것이 죠."24 일반적으로 과학기술학Science and Technology Studies, STS도 그런 좁은 의미의 인간주의적 기준에 동의한다고 할 수 없다. 여기서도 기술은 인간이 언제나 도구로 이용할 수 있으며 또 인간의 의지대로 통제할 수 있는 대상의 범위를 넘어간다. 인간과 기술의 연결 또는 동맹 관계에서 인간이 주인이거나 주체는 아니기 때문이다. '테크노사이언스'의 관점을 설명하면서 홍성욱은 "인간-비인간의 네트워크를 생각하면 인간만의 본성 같은 것은 얘기하기가 힘들어진다"고 인정한다.25

인간주의적 관점에 대해서는 이론적이거나 철학적인 비판도 중요하지만, 그 못지않게 파괴력이 큰 이의는 오히려 그 관점의 내부에서 제기된다. 인간다운 모습과 감성을 갖지 않더라도 특정한 분야에서 인간 못지않게 또는 그 이상으로 직무를 수행하는 인공지능에게는 이제 그것이 앞으로 인간처럼 포괄적인 방식으로 존재하는 '일반 지능'이 될 수 있느냐의 물음은 꼭 필요하지도 않고 바람직하지도 않을 터다. 인공지능이 지금 벌써 고용 시장뿐 아니라 다양한 인간관계나 사회적 관계에 대단한 영향을 미치는 이유는 그것이 앞으로 꼭 인간처럼 다양하면서도 포괄적인 방식으로 발전할 것이라는 전망 때문은 아니다. 실제로, 앞에 인용했듯이 인간주의적 관점을 지지하는 사람들도 로봇이 꼭 인간 형태를 가져야 하는 것은 아니라고 인정한다. 인간과 같이 포괄적인 영역으로 발전하지 않아도, 아니 어쩌면 많은 영역에서는 그런 방향으로 가지 않을수록 인공지능 로봇의 능력은 사회 속에서 효과를 가질 것이다. 자율적으로 주행하는 인공지능 자동차, 주식시장에서 주가의 변동을 예측하는 인공지능, 그리고 질병을 진단하는 인공지능들이 꼭 인간처럼 생기고 인간처럼 모든 감성과 반응능력을 갖추어야 할 필요는 없다. 물론 인간처럼 포괄적인 영역에서 생각하고 느끼고 행위하는 인공지능이 어떤 사회적 관계에서는 요구되거나 바람직하게 여겨질 수 있지만, 이런 포괄적인 지능이 일반적으로 모든 형태의 인공지능에게 요구될 필요는 없다. 한 가지 또는 몇 가지 기능을 평균적인 인간보다 잘하거나 또는 심지어 인간 챔피언보다도 유능하게 수행한다면, 인공지능은 사회적으로 충분히 '강한' 지능으로 인정받을 것이다. 그러므로 인간의 얼굴을 하고 인간 같은 마음을 가지고 인간처럼 포괄적인 영역에서 지능을 가져야 한다는 기준을 기능적 역할을 충분히 수행하는 로봇에게 일반적인 규범으로 제시하며 그렇지 못하면 '약한' 지능이라고 평가하기는 힘들 것이다.

인공지능이 인간보다 우월할 것이라는 세 번째 구별의 관점을 믿는 사람들에게는 그런 전통적인 인간주의가 불필요하거나 의미가 없다. 여기서 초지능주의가 등장한다. "인간 수준의 인공지능이 탄생한다면 그것은 언젠가 인간 지능을 초월할 수밖에 없다. 이유는 여러 가지 있다." 기계는 쉽게 지식을 공유하고 자원을 공유하기 때문이다. 또 기계 지능은 최고의 기술을 늘 최고의 수준으로 수행할 수 있다.[26] 인간 지능보다 뛰어난 '초지능'에 대해 이 관점은 낙관적이며 합리주의적 전망을 내세운다. 인간주의적 관점을 지지하는 사람들은 인공지능이 인간처럼 포괄적인 지능을 가지고 실행하는 날은 좀처럼 오기 힘들 것이라고 판단하는 경향이 크다. 그들과 달리, 초지능주의자들은 인공지능이 발전 과정에서 일단 어떤 지점을 지나면 쉽게 인간보다 우월한 지능을 획득하리라고 생각하며, 이것은 거의 확실하다고 주장한다. 여기서 정말 인공지능이 인간에 내재적인 고유성을 가지느냐는 물음은 중요하지 않다. 주로 기술적이고 기능적인 차원에서 인간 지능보다 뛰어난 지능 곧 초지능이 가능할 것이라는 전망이 중요할 뿐이고, 그 전망은 쉽게 긍정된다. 여기서 '보통 사람들'보다 '과학자와 공학자'의 지능이 기준으로 설정되는 것은 우연이 아니다. "쇼핑몰 같은 데서 무작위로 백 명을 고른다고 생각해보자. 아마 비교적 잘 교육받은 사람들로 이뤄진 집단이 될 것이다. 그들에게 인간 지능을 개선하라는 과제를 주면 결과가 어떨까? 인간 지능의 원형까지 안겨 준다 해도 별반 개선을 이뤄내지 못할 것이다." 그러나 과학자와 공학자 집단을 모델로 삼으면 개선과 발전이 쉽게 이뤄진다는 것이다. "일반인 대신 100명의 과학자와 공학자를 예로 들어보자. 적당한 지식을 지녔고 기술도 갖춘 집단이라면 주어진 설계를 개선하는 일을 쉽게 해 낼 것이다."[27] 커즈와일은 낙관적인 태도로 초지능이나 특이점이 한 세대 안에 거의 틀림없이 이뤄진다고 장담한다. 그리고 현재도 이미 인공지능은 인간과 비슷한 수준이나 인간보다 더 나은 수준으로 기능한다는 것이다. 그는 이 단계를 '좁은 인공지능'이라고 부른다. "우리는 이미 '좁은 AI'의 시대에 들어섰다. 좁은 AI란 한때 인간의 지능으로만 처리할 수 있었던 유용한 기능들을 인간 수준으로, 혹은 그보다 더 낫게 수행할 수 있는 인공지능을 뜻한다."[28]

인간주의적 관점과 달리, 초지능주의가 보통 인간의 상식적인 태도나 인간적 행위를 지능을 판단하는 핵심적인 근거나 기준으로 삼지 않는다는 점은 명백하다. 여기서 '인간보다 우월하고 강하다'라는 기준에 대한 물음이 제기된다. 과연 인간보다 우월한 능력이라는 것이 전적으로 또는 근본적으로 기술공학적인 능력을 통해 확보되고 보장되는 것일까? 이 능력만 가지면 인간보다 우월해지고 강해지는 걸까? 기술공학적인 지능이 현재와 같은 기술과학적인 문명 속에서 일차적으로 가장 중요한 요인일 수는 있다. 커즈와일은 유전공학, 나노기술, 그리고 로봇공학이 서로 맞물리며 발전할 것이라고 주장한다.[29] 인간의 신체보다 강화된 신체를 가지고 또 인간의 공학적 능력보다 훨씬 더 고양된 능력을 갖는 종은 도구적 생산성의 차원 등에서 우월할 수도 있다. 그러나 그런 종이 사회를 이루며 사회적 존재로 존속한다는 보장이 어디에 있는가? 인간의 지능이 근대 이후 도구적 능력에서 대단히 발전했지만 그 과정에서 인간들의 권력욕도 확대되었고 또 인간의 영혼도 분열증과 편집증에 시달리게 된 것이 사실이듯이, 인간보다 우월하다는 인공지능이라고 그 비슷한 문제들로부터 자유로울 수 있을까? 강화된 신체에 걸맞게 심리 상태가 건강하게 유지될 가능성의 조건에 대해서는 거의 생각을 하지 않은 채, 초지능주의자는 인간보다 강한 지능을 낙관한다고 할 수 있다. 더 나아가면, '강하다'라는 기준에 과도하게 집착하고 있다고 할 수 있다. 강해야만, 그리고 더 강한 것만이 살아남는다는 주장도 강박일 수 있다.

설혹 인간보다 강한 인공지능 로봇이 단합하여 인간과의 대결적 국면에서 우월한 지위를 점할지라도, 그들이 사회적으로 협력하는 능력을 갖지 않는다면 그 강함이 인간보다 유리한 생존 기회를 가진다는 보장은 어디에도 없다. 물론 여기서 '사회적 협력'을 전적으로 평화주의적인 또는 사회계약론적인 의미로 받아들일 필요는 없다. 인간보다 강하다는 종은 자신들끼리 협력하면서 지속가능한 사회시스템을 구성할 능력이 있어야 할 것이다. 그런데 서로에 대한 파괴적 공격성 없이 사회를 구성하고 그 속에서 함께 존재하는 능력이 오로지 또는 단순히 신체를 강화하고 기술공학적 지능을 높이는 것을 통해 이뤄지는 것일까?

물론 실제로 인공지능이 앞에서 분석한 이 세 유형으로만 분류되지는 않을 것이다. 그러나 이 세 유형에 따라 분류되지 않는 구별들은 오히려 상당한 모호성을 띠거나 오해를 유발하는 듯하다. 한 예로 김대식의 책 『김대식의 인간 vs 기계』를 보자. 그는 약한 인공지능과 강한 인공지

강한 인공지능과 인간

능을 구별하면서 다음과 같이 말한다. "앞으로의 인공지능은 두 가지가 있습니다. (…) 세상을 알아보고 알아듣고, 이야기하고, 글을 읽고 쓰고, 정보를 조합하고, 이해하는 것을 사람하고 비슷한 수준으로 수행하는 인공지능을 약한 인공지능이라고 생각하시면 됩니다." 그와 달리 "이 약한 인공지능의 능력에 플러스알파로 독립성이 있고, 자아가 있고, 정신이 있고, 자유의지가 있는 기계를 강한 인공지능이라고 합니다. 할리우드 영화에 나오는 인공지능, 터미네이터 같은 것은 다 강한 인공지능이죠."[30] 인간보다 신체적으로나 지적으로 뛰어난 능력을 가진 인공지능은 '강하다'고 규정된다. 그런데 여기서 김대식이 말하는 약한 인공지능과 강한 인공지능의 구별은 명확하지 않다. 이는 두 방향에서 생긴다. 우선, 그는 약한 인공지능이 이미 "사람하고 비슷한 수준으로" 수행하는 능력을 가진다고 하면서도, 독립성이나 자아 그리고 정신이나 자유의지는 '강한' 인공지능에게만 귀속시키고 있다. 정말 "사람하고 비슷한 수준으로" 읽고 이해하는 인공지능이라면, 사람이 자아를 가지듯, 마땅히 자아를 갖는다고 할 수 있다. 다른 한편으로 터미네이터 같은 강한 인공지능이 독립성과 자아, 정신과 자유의지를 가지다는 말도 모호하고 우스꽝스럽다. 이런 속성들은 오히려 마음에 고유한 본질을 설정할 때 부여되는 성질들인데, 그는 오히려 로봇의 초지능에 이 성질들을 부여하고 있기 때문이다. 기술적으로 강하고 우월한 기계들이 자유의지와 자아와 정신을 고유하게 가진다는 주장은 혼동을 야기하며 따라서 우스꽝스럽다. 이 성격들은 마음에 관한 형이상학적 관점이 주장하는 것이며, 인간보다 기능적으로 훨씬 우월하다는 기계들은 그것들을 굳이 가져야 할 필요가 없을 것이다.

3. 인간과 기계의 '대립 가설', 그리고 강함과 약함이라는 위계적 구별

인공지능이나 로봇의 등장 때문에 인간의 노동이 위험에 처할 것이라는 예측이 빈번하게 보도되면서 불안이 확대되고 있다. 그러면서 알게 모르게 인간 대 기계의 대립이 부각되고 있다. 지금 여기서 인간과 기계 사이의 사회적 갈등에 대해 깊이 논의하지는 않을 것이다. 인공지능의 등장과 발전에 의해 이제까지의 인간의 역할이나 행동 방식 자체가 심각한 변형이나 전환을 겪고 있는 것이 사실이지만, 그것은 단순히 인간과 기계의 대립 때문에 일어난다고 보기는 어렵다. 로봇과 인공지능의 발전에 의해 인간의 일자리가 급격히 줄어들면서 인간과 기계 사이에 갈등이 생기더라도 그 갈등은 단순히 그리고 오로지 인간 대 기계의 대립으로 환원될 수 없다. 마찬가지로 "기술이 인간에 이로운가 해로운가?" 하는 물음도 전통적인 인간중심주의에서 벗어나지 못하는 것일 수 있다.

그런데도 끊임없이 인간과 기계의 대립이 강조되거나 부각되는 이유는 무엇일까? 「터미네이터Terminator」 시리즈를 비롯한 일련의 할리우드 영화들이 인간과 기계 사이에 전쟁이 일어날 것이라는 선입견을 부추기고, 인공지능 로봇들이 인간의 일자리를 대거 빼앗아가는 시나리오가 점차 현실로 다가오기 때문일까? 그런 면도 적잖이 있을 것이다. 그러나 정말 일자리를 빼앗긴다는 불안이나 공포가 전적으로 인간과 기계의 대립을 야기하는 것일까? 일반적으로 사람들은 새로운 기술의 등장과 확산을 그저 부정적으로 받아들이거나 거부하지는 않으며, 이 점은 지금 일어나고 있는 로봇과 인공지능의 확산 과정에서도 확인할 수 있다. 사람들은 일자리가 줄어들 것이라는 예측에 불안을 느끼지만, 그렇다고

강한 인공지능과 인간

새로운 기술을 모조리 다 거부하거나 혐오하지는 않는다. 자신의 일자리와 직접 관련이 없는 경우에 많은 사람은 여러 형태로 도입되는 인공지능 기술들을 호기심을 가지고 받아들이는 경우가 많다. 알파고의 경우를 보더라도, 사람들은 한편으로 정신적 게임의 하나인 바둑에서 인공지능이 인간을 앞섰다는 데 실망과 경악을 느끼면서 동시에 이상한 방식으로 신기함과 경외감을 느낀다. 실제로 인간과 기계 사이에는 복잡한 관계가 있음에도 불구하고 마치 그들 사이에 일반적인 대립만 존재한다고 설정되는 것이다. 대립 가설은 단순화를 통해 공포와 적대감을 낳기 쉽다.

기업들이 로봇을 투입하면서 인간의 일자리를 축소한다면 인간과 기계 사이에 대립이 생긴다기보다, 기업과 노동자 사이에, 또 기술력이 좋은 기업과 그렇지 못한 기업 사이에 갈등과 대립이 생기는 것이다. 로봇과 인간 사이의 대립만을 강조하는 것은 따라서 자본의 차이나 생산수단의 차이, 또는 그것과 연결되고 교차하는 사회계층의 차이를 단순화하거나 은폐한다. 인간과 기계의 대립 가설이 야기하는 왜곡은 여러 형태를 띤다. 무엇보다 그 영향과 결과는 단순히 인간과 기계의 대립에 그치지 않는다. 그 대립 가설은 인간 지능과 인공지능의 차이를 설명하는데, 나아가 인공지능에 대한 대응 방식과 대책을 논의하는 데 큰 영향을 미친다.

여기서 다음 두 가지 이론적 통찰을 이끌어낼 수 있다. 첫째, 인간과 기계의 대립 가설은 인간과 인공지능의 관계를 성찰하는 데 도움이 되기보다는 이 문제를 모호하고 단순하게 만들고 더 나아가 오해와 왜곡을 조장한다고 할 수 있다. 둘째, 인공지능과 인간의 관계를 설명하면서 일반적으로 적용되는 '강함과 약함'의 위계적 구별도 대립 가설을 증폭시키는 데 기여한다. 이 두 가설은 각각 그 자신 안에 여러 문제를 내포하고 있는데 서로 결합되면서 그 문제들이 뒤섞이고 확대된다.

중요한 점은, 지금까지 서술한 인공지능의 구별에 관한 세 가지 유형, 곧 형이상학적 관점, 인간주의적 관점 그리고 초지능적 관점이 많건 적건 인간과 기계(인공지능)의 대립을 전제하거나 설정하는 경향이 있다는 것이다. 그 이론들은 각자 나름의 방식으로 인간주의와 관련된 문제들을 생산한다. 마음과 의식이 기계와 본질적으로 다르다는 이론은 마음이 세계에 대해 본질적 지향성과 의미론적 통일성을 갖는다고 주장한다. 이 점에 대해서는 여기서 철학적으로 더 이상 논의하지 않아도 될 것이다. 인간주의적 관점에서 강한 지능은 '인간적으로 포괄적인' 영역에서 정상적인 규범에 따라 생각하고 행동하는 능력이다. 그러나 과거의 '뛰어난' 인간들이 여러 방식으로 비정상적인 심리상태에 사로잡혀 있었다는 것은 많건 적건 알려진 사실이며, 더욱이 현대의 많은 보통 사람들은 생애 주기를 지나가며 다양한 심리적 장애disorder에 노출된다. 모든 영역에서 골고루 정상적으로 사고하고 행위하는 지능을 요구하는 것도 다소 추상적이고 모호한 인간주의를 모델로 삼고 있다. 물론 인간주의적 관점은 마음과 의식의 고유성을 주장하는 관점과 비교하면 이 대립을 완화시키려는 방향으로 움직이긴 하지만, 그러면서도 인간주의적 중심과 규범을 설정한다는 점에서 다시 그 대립의 자장 안으로 움직인다.

초지능을 긍정하는 관점도 인간과 인공지능의 관계에 대해 모호하고 이중적인 태도를 취하는 경향이 있다. 한편으로 인간이라는 종의 보편적 자율성과 권한을 전제하는 인간중심주의를 벗어나거나 아예 버리는 관점이라고 할 수 있지만, 다른 한편으로는 휴머니즘을 계승하거나 승화하면서 초지능에 이를 수 있다고 주장하는 사람들도 있다. 커즈와일에게도 이런 경향이 있는데, 포스트휴먼이나 트랜스휴먼을 지지하는 사람들 가운데는 이런 입장이 대다수다. 이들은 한편으로 이제까지의 인간과 인간주의의 좋은 면을 계승하고 발전시킨다는 이상을 내걸면서, 동시에 강화된 신체적 능력과 기술공학적 능력, 그리고 인식과 행위의 차원에서 합리주의를 추구한다. 그러나 이 모든 이질적인 성격이나 능력을 조화롭게 유지한다는 것은 과장되고 기만적인 이상일 수 있다. '트랜스휴먼'을 더 강한 인간으로 이해하는 사람들은 가능한 모든 기술적 발전을 지지하고 수용하면서 인간의 육체와 기능의 한계를 넘어가는 일이 "강한 합리주의"[31]의 흐름 속에 있다고 믿는다. 그런 사람들이 니체[1844~1900]의 '위버멘쉬Übermensch'를 자신들의 선구자로 여기는 것은 벌써 기이한 일이다.[32] 강한 합리주의와 휴머니즘이 결합되어 트랜스휴머니즘transhumanism이라는 흐름이 발생하는 것이다. 이들은 그 흐름 속에서 "과학적 방법, 비판적 사고 그리고 믿음을 수정하는 열린 태도에 모두 헌신"[33]할 수 있다고 생각한다. 그러나 나는 거기 동의하기 어렵다. 오히려 이들이 휴머니즘과 합리주의 그리고 기술낙관주의를 자신들에게 편리한 방식으로만 주장하고 있는 것 같다. 그런 주장과 비교하면, 강한 인공지능이 등장하면 인류는 멸망할 가능성이 크고 그걸 굳이 나쁘다고 생각할 필요가 없다고 말하는 이들이 (비록 인간의 존엄성을 보호하려 하지는 않지만) 더 솔직하다고 여겨질 정도다.[34]

사회관계에서 인간과 기계 사이에 갈등이 고조될 수 있다는 점을 부정할 필요는 없다. 다만 인간과 기계 사이의 대립 가설은 그 관계를 종의 차원에서의 대립 가설을 통해 설명하는 인간중심주의를 내포한다. 그 대립의 가설은, 무엇보다 로봇을 소유하여 이익과 권력을 축적하는 사람들과 그렇지 못한 사람들 사이의 권력관계나 지배관계를 간과하거나 은

폐하면서 인간과 기계의 대립을 부각시킨다는 점에서 이데올로기다. 인간보다 기능적으로 우월한 인공지능 집단이 나타나고 많은 인간이 지금보다 왜소한 모습으로 살아갈 가능성이 사람들 입에 오르내리지만, 그럼에도 불구하고 인공지능 집단이 동질성을 가진 보편적 종種이 되기는 힘들 것이라고 나는 생각한다. 인공지능 모두가 그런 우월한 능력을 보유하지는 않을 것이기 때문이다. 신체적으로나 기술적으로 우월한 새로운 집단이 지배하는 때가 도래하더라도, 로봇 가운데 태반은 자동화 수준의 단순 노동을 반복할 것이고, 상대적으로 소수만이 이기적인 자아를 가지고 우월한 능력을 행사하며 자기조직을 하는 인공지능일 것이다. 따라서 인공지능들 사이에서도 차이와 차별이 얼마든지 생길 수 있다. 더 나아가, 인간과 기계 간의 대립의 가설은 사이보그의 등장을 전혀 고려하지 않고 있다. 앞으로 등장할 인공지능 로봇들이 순전히 기계이기만 할리는 없다. 뇌-컴퓨터의 연결을 추진하는 기술과학은 다름 아니라 인간과 기계 사이의 경계를 허물고 사이보그를 탄생시키려 한다. 그 경우 사이보그가 되는 사람과 그렇지 못한 사람들, 그리고 인간의 뇌의 기능과 결합한 기계들과 그렇지 못한 기계들 사이에 여러 형태의 차이와 차별이 생길 것이므로, 단순히 인간과 기계의 대립을 설정하는 것은 바람직스럽지 못하다.

다음으로, 인간과 기계의 대립의 가설 이외에, 강함과 약함이라는 위계질서가 인간과 인공지능을 구별하는 위의 세 유형에 각각의 방식으로 적용되고 있다는 점에 주의할 필요가 있다. 우선, 인간의 마음과 의식에 내재하는 고유성을 설정하는 관점은 암묵적이고 부정적인 방식으로 강함과 약함의 위계질서를 전제한다. 이 관점에서는 강한 인공지능이더라도 인간의 마음에 미칠 만한 수준이 될 수 없다고 주장한다. 인간주의적 관점에서는 특수한 영역만 잘하는 인공지능과 비교하여 포괄적인 영역에서 우수하게 작동하는 일반적인 지능을 '강한' 지능의 본질로 여긴다. 초지능의 관점에서는 단순하고 포괄적인 방식으로 '인간보다 우월한' 지능을 '강한' 지능으로 상정한다.

그렇다면 이 관점들이 전제하거나 상정하는 '강함'의 작동 방식은 당연하거나 명확한가? 우선, 이 세 유형에서 각각의 방식으로 설정되는 강함과 약함의 위계질서가 모두 동일한 형태로 나타나지는 않는다는 점이 인정되어야 할 것이다. 그리고 그 때문에 강함과 약함의 위계질서는 다소 이질적인 모습을 띤다. 첫 번째의 형이상학적 관점은 강한 인공지능도 마음보다는 못하다는 방식으로 그 위계질서를 간접적이지만 분명하게 표명한다. 인간의 마음에 고유한 본질을 강함의 형태로 주장한다는 점에서 그 관점은 분명하게 마음과 의식에 대해 전통적인 형이상학의 기준을 고수한다. 여기서는 주로 두 번째의 인간주의적 관점과 세 번째의 초지능주의 관점에서 설정된 강함과 약함의 구별을 살펴보도록 하자. 인간주의적 관점에 따르면, 하나의 특수한 영역에서만 작동을 잘하는 인공지능은 '약하다.' 그러나 바둑을 인간보다 잘 두는 인공지능은 최소한 바둑이라는 게임과 능력에 관한 한 강하다고 할 수 있지 않을까? 인간처럼 다수의 영역에서 골고루 또는 '정상적으로' 잘해야 강한 것이라는 기준을 전제한 후에, 인공지능의 능력을 약하다고 평가하는 것은 정당하지 못할 수 있다. 더 중요한 점은, 인간과 기계를 비교할 때 우리가 일반적으로 언제나 강함과 약함의 기준을 따르지는 않는다는 것이다. 포크레인과 비교하든, 컴퓨터와 비교하든, 인간은 그것들보다 꼭 강하다고 여겨지지는 않는다. 오히려 '똑똑하다'나 '스마트하다'는 기준이 정확할 것이다. 따라서 특정 영역에서 뛰어난 인공지능과 인간을 비교할 때도, 단순히 약함과 강함이라는 기준에 의존할 필요가 없고 일반 지능을 강함과 동일한 것으로 여길 필요도 없다.

인간주의적 관점과 달리, 초지능주의 관점에서 인간보다 강한 종은 지금 인간보다 여러 영역에서 더 복잡성을 띠며 활동하는 능력을 필연적으로 갖지는 않는다. 가장 중요하게 능력은 요구되는 기술공학적인 재능과 신체적으로 강화된 능력 그리고 효율성일 것이다. 그러나 앞에서 논의했듯 물리적 힘이 강하고 도구적 효율성이 높고 계산능력이 뛰어나다고 해서 무조건 생존에 유리하거나 우월성을 갖는다고 하기는 어렵다. 호랑이를 비롯한 포식자들을 초지능을 가진 로봇과 단순히 비교하기는 어렵겠지만, 어쨌든 강한 존재라고 해서 언제나 더 오래 살아남거나 더 좋은 환경을 누리는 것은 아니다. 이기적 유전자를 강조하는 리처드 도킨스의 관점에서는 군비경쟁에서 유리한 유전자를 가진 개체들이 생존 경쟁에서 혜택을 받지만, 스티븐 제이 굴드처럼 우연성을 강조하는 관점에서는 능력의 복잡성과 신체적-물리적 강함이 진화의 목표가 아니다. 오히려 오래전부터 지금까지 단순한 상태로 머물러 있는 박테리아가 생존이나 진화에 유리하다고 할 수 있다.[35]

이렇듯 강함과 약함의 구별이 세 가지 유형 모두에서 공통적인 성격을 띠는 것도 아니고 또 일반적으로 명백한 것도 아니라면, 왜 그 구별이 인간과 인공지능을 나누는 일반적이고 표준적인 기준으로 흔히 설정되고 또 인용되는가? 거기에는 어떤 역사적이고 의미론적인 선입견이 깔려 있는가? 우리는 강한 인공지능과 약한 인공지능이라는 구별이 생긴 맥락과 발전 과정을 실증적으로 살피는 것을 목표로 삼지는 않는다. 다만 인공지능에 대한 담론들이 알게 모르게 그 구별에 의존하여 지능을 나누는 일이 상당히 일반화되는 경향이 있다는 것, 그리고 그 구별이 여

강한 인공지능과 인간

러 점에서 문제를 내포한다는 것을 분석한다. 그리고 비록 단일한 형태로 드러나지는 않지만, 강함과 약함의 위계질서가 인공지능을 구별하는 세 유형에서 끈질기게 드러난다는 것을 강조하고자 한다. 중요한 점은, 인간과 기계의 대립 가설이 강함과 약함의 위계질서의 가설과 묘하게 결합되고 있다는 것, 그리고 그로 인하여 인공지능뿐 아니라 인간과 인간의 지능에 대해 오해와 왜곡이 생기고 있다는 것이다. 인간주의적 관점에서 중요한 것은 특정한 영역에서만 뛰어난 지능과 다양한 영역에서의 잘 기능하는 복잡한 지능의 차이인데, 복잡성의 증가가 그 자체로 강함과 약함의 질서를 따르지는 않는다. 그렇다면 인간주의적 기준을 따르는 사람들은 인간과 인공지능을 구별하면서 강함과 약함이라는 구별에 의존하지 않은 채 그들의 차이를 서술하는 쪽으로 가는 것이 좋았을 것이다. 초지능의 등장을 강조하는 관점도, 신체적 강함이나 기술공학적 능력의 강화가 생존에 꼭 유리한 것인지, 또 사회적 협력의 장치 없이 다만 그 강함에 근거한 사회가 과연 장기적으로 지속가능할 것인지, 또 인간과 기계 또는 여러 사이보그들 사이에 어떤 갈등이 생길 것인지 진지하게 서술할 필요가 있다.

어쨌든 인간과 로봇의 대결이라는 시나리오는 한편으로는 인공지능이 인간보다 우월한 '강한' 존재라는 가설에 의해, 다른 한편으로는 인간과 기계의 대립 가설에 의해 부추겨지고 증폭되는 경향이 크다. 인간과 기계의 대립을 줄곧 암시하거나 명시한 책들이 흔히 빠지는 결말의 모습을 보자. "약한 인공지능은 100퍼센트 실현됩니다. (…) 따라서 인간이 가진 유일한 희망은 '우리는 기계와 다르다'입니다. 그 차별화된 인간다움을 가지고 살아가면 되지 않을까 하는 희망을 가져봅니다."[36] 그러나 이런 주장은 여전히 인간과 기계 사이의 대립의 가설이 야기하는 모호함과 오해에서 벗어나지 못하고 있다. 약한 인공지능이 확실하게 실현된다는 것은 무엇을 말하는가? 앞에서 보았듯이 "세상을 알아보고 알아듣고, 이야기하고, 글을 읽고 쓰고, 정보를 조합하고, 이해하는 것을 사람하고 비슷한 수준으로 수행하는 인공지능을 약한 인공지능"이라고 생각한다면, '인간은 기계와 다르다'라는 종 중심적 인간주의에 다시 희망을 걸 필요도 없다. '사람은 기계와 다르다'는 인간중심주의가 다시 등장하는 이유는 근본적으로 인간과 비인간(식물과 동물, 그리고 기계를 포함한)의 관계에 대한 성찰이 부족한 상태에서, 인간과 기계 사이에 '대립의 가설'을 앞세웠기 때문이고, 더욱이 그 과정에서 인간보다 강한 것이 무엇이냐는 기준에 집착하기 때문이다. 이 경우 '우리는 기계와 다르다'라는 주장은 포퓰리즘적 선정성을 띠기 쉽다. 종 중심주의에 근거한 차별화는 인간과 기계의 대립 가설을 전제하며, 끊임없이 그 전제로 돌아간다.

그렇다면 인간과 인공지능 사이의 관계에 대한 두 가설, 곧 대립의 가설 및 강함과 약함의 위계질서 가설에서 벗어나는 길을 찾아야 하는 것일까? 그리고 강함과 약함의 위계질서에서 벗어나야 한다는 것은 아예 강함과 약함의 개념적 구별에서도 벗어나야 한다는 말인가? 비록 보편적 종의 차원에서 인간과 기계 사이의 대립을 피해야 하고 그 대신에 인간과 기계 사이에서 갈등을 일으키는 여러 관계들(기업과 노동자, 로봇을 소유한 개인과 그렇지 못한 개인, 여러 형태의 사이보그들의 차이)을 분석해야 하는 것은 맞지만, 그럼에도 불구하고 인간과 기계 사이의 갈등은 상당한 정도로 나타날 수도 있다. 다르게 말해 대립적 갈등이 전혀 없기를 바랄 수는 없다는 것이다. 그러나 그 경우에도 그 갈등은 단순히 인간과 기계 사이의 일반적 대립에서 기인하지 않기에 이 대립 때문에 갈등이 생긴다고 이해하는 것은 사태를 왜곡시키고 단순화시킨다. 인간과 인간 사이에도 사회적으로 여러 차이와 차별이 존재하는데 이 차이와 차별은 앞으로 더 심해질 가능성이 크며, 기계와 인공지능 사이에서도 기능 차원에서뿐 아니라 사회적 지위에서 이질적인 차이와 갈등이 생길 수 있기 때문이다.

또 강함과 약함의 위계질서라는 관점이 여러 점에서 오해를 야기하긴 하지만, 그렇다고 강함과 약함의 구별이 인간과 인공지능을 관찰하고 파악하는 방식에서 깨끗이 사라져야 한다고 말하기도 어렵다. 다만 종 차원에서의 인간과 기계의 보편적인 대립에서만 출발하여 그 구별을 적용하는 것은 단순할 뿐 아니라 위험하다는 것이다. 특히 인간의 지능을 데카르트 이래 굳어진 일반 지능의 관점, 곧 보편적 이성에 근거하여 모든 영역에서 이성이 요구하는 대로 일반적으로 행위하는 지능의 관점에서 이해하는 것, 또는 인간에게 고유한 마음과 의식을 주장하면서 인공지능은 그것이 없기에 제대로 작동할 수 없다는 이야기는 큰 오해에 근거해 있으며 그래서 이 담론에 다시 큰 오해를 야기한다. 이 관점은 특히 마음에 대한 형이상학적 관점뿐 아니라 인간주의적 관점에도 해당된다. 그렇다고 인간을 넘어서는 트랜스휴먼이나 초지능을 강조하는 이론에서 약함과 강함의 구별이 무리 없이 작동하는 것도 아니다. 여기서도 그 구별은 그 관점에 특이한 방식으로 단순화되고 있다. 그렇지만 인공지능을 비롯한 기술의 확산 속에서 이처럼 앞으로 강함과 약함의 구별은 사라지지도 않을 뿐 아니라 인간과 기계의 이분법을 넘어서는 복잡한 관계에서 끊임없이 나타날 가능성이 크다.

3부와 결론에서 다시 보겠지만 인간 강화의 시도들은 다양한 형태로 일어난다. 낙관적으로 기술의 진보를 주장하면서 지능을 강화하려는 사람들만 그런 시도를 하는 것이 아니다. 신체적 장애를 극복하기 위한 프로젝트를 실행하는 생명공학뿐 아니라, 노화를 비롯한 문제들을 해결하려는 나노기술을 비롯해서 수많은 과학기술들이 그것과 연관되어 있다. 또 일상적으로 인지 시스템을 발전시키려는 다양한 노력들과 과정들도 모두 지능을 강화하려는 시도들과 직간접으로 연결되어 있다. 그러므로 앞으로 이 시도들의 의미와 그것이 야기하는 문제들을 서술하는 것이 중요한 과제일 것이다.

어떤 사람이 '좋고good' 어떤 사물이 '좋은지' 판단하는 문제, 다르게 말하면 가치 판단과 사실 판단의 차이의 문제는 철학사에서 가장 오래된 문제 가운데 하나다. '좋음'과 '선the good'를 정의할 수 있으려면, 무엇보다 목적이 먼저 주어져야 하고 그것에 대해 모든 사람이 합의할 수 있어야 한다. 과거엔 이 조건이 어렵지 않게 충족될 수 있다고 믿었다. 그러나 현대의 어느 순간에 들어서면서 그 조건은 더 이상 충족되기 어렵다고 파악된다. 20세기 초부터 최소한 이 어려움과 직면하지 않는 한, 어떤 윤리 이론도 발걸음을 뗄 수 없다. 강함과 약함의 구별도 마찬가지다. 일반적이고도 보편적인 방식으로 강한 지능과 약한 지능을 구별하는 표지판을 세우기는 불가능할 것이다. 그러나 어쨌든 구체적이고 실천적인 상황에서는 그런 구별의 문제가 점점 심각해지고 중요해질 것이다. 특히 기술의 진보 또는 발전의 속도가 빨라지면서 기술적 요구와 사회적 요구를 함께 그리고 빨리 만족시켜야 할 일들이 많아지고 있는데, 그 와중에 그 구별이 요구되는 경향도 크다.

다음 장에서는 이 강함과 약함의 구별을 다시 한 번, 다른 각도에서 생각해보고자 한다.

강한 인공지능과 인간

주

1. Searle(1980): 3,417.
2. 이 점에 대해서는 최훈(1995)의 논의를 참조할 것.
3. 고인석(2012): 7.
4. 커즈와일(2007): 356.
5. Searle(1991): 526, Searle(1984): 39.
6. 설이 강한 인공지능에 대해 주로 추상적인 수준에서 비판을 했다는 논의에 대해서는 Melnyk(1996)를 참조할 것. 또 국내에서는 정성호(2000)를 참조할 것.
7. Dreyfus(1972). 이들과 달리, 의식의 고유성에서 출발하지 않는 관점의 예로 더글라스 호프스테터, 대니얼 데닛, 『이런, 이게 바로 나야!』(사이언스북스, 2001), 대니얼 데닛, 『의식의 수수께끼를 풀다』(옥당, 2013)가 있다.
8. Brooks(2002): 169.
9. Brooks(2002): 169.
10. 고인석(2012): 11~12.
11. 고인석(2012): 8.
12. 고인석(2012): 18.
13. Descartes(1637), 제5부 자연학적 문제들, 5,6.
14. 코웬(2017): 215.
15. 코웬(2017): 218.
16. "튜링은 지능의 존재 여부를 판단하는 기준으로서 모방 개념을 분석한 여러 연구 논문에서 '기계는 사람을 모방하거나 모방하려고 노력할 때보다 차라리 다른 방식으로 반응할 때 인지적인 측면에서 훨씬 좋은 평가를 받는다'는 점을 강조한다." 코웬(2017): 218~219.
17. 이 점에 대해서 다음 장에서 더 논의할 것이다.
18. '배제'된다는 것이 근대 이후에는 일반적인 권리의 관점에서 주로 이해되고 있지만, 그 이전에는 크게 달랐다. 특정 신분과 사회적 기능에 속하고 거기 내포된다면, 사람들은 자동적으로 다른 신분과 사회적 기능으로부터 배제되었다. 내포와 배제는 시대와 사회에 따라 상이한 역할을 했던 것이다. 루만은 사회 시스템의 관점에서 이 문제를 관찰했다. 이 문제에 대해서는 김진석, 「사회적 배제에 대한 대답은 사회적 내포인가」(2015), 김진석, 「시스템 이론과 내포/배제의 문제」(2016)를 참조할 것.
19. 인간 본성에 대한 촘스키와 푸코의 논쟁을 한 예로 들 수 있다. Chomsky; Foucault(2006). 이 토론에서 촘스키는 거듭 보편적인 인간 본성을 거론했고, 그와 달리 푸코는 지식의 역사적 발생 과정과 특정 역사적 시기에 고유한 인식의 틀을 강조했다. 휴머니즘에 대한 논의와 관련하여, 푸코는 역사적 현재에 대한 성찰인 '계몽'과 달리 휴머니즘은 특정한 역사적 우연성을 이상적 규범으로 삼는 경향이 크다는 점을 비판적으로 분석했다. "우리 자신에 대한 끊임없는 비판은 휴머니즘과 계몽 사이의 너무 쉬운 혼동을 피해야 한다." Foucault(1984): 43.
20. 루만은 이 몇 겹의 정보 선별 과정으로 커뮤니케이션을 파악했으며, 따라서 그것이 인간주의적 이해의 관점과 근본적으로 다른 것이라고 여겼다. Luhmann(1984): 191~242.
21. Dave Gershgorn, 「인공지능을 속이는 방법: 그리고 그 위험성」, 『서울경제』, 2016년 8월 19일. (https://www.sedaily.com/NewsView/1L07C0W5EU)

22. 고인석(2017): 104.

23. 고인석(2017): 123.

24. 고인석(2017): 67.

25. 홍성욱(2016): 67.

26. 커즈와일(2007): 356~357.

27. 커즈와일(2007): 359.

28. 커즈와일(2007): 362.

29. "특이점에 대한 질문 중 중요한 것으로 '닭(강력한 AI)'이 먼저냐 '달걀(나노기술)'이 먼저냐 하는 문제가 있다. (…) 전자의 경우는, 강력한 AI란 초인적 AI인데, 그런 지능이 있어야만 온갖 설계의 난점을 풀고 나노기술을 전면적으로 발전시킬 수 있다고 보는 것이다. 후자의 경우는 강력한 AI에 걸맞은 하드웨어는 나노기술을 통해서만 만들 수 있으리라 보는 것이다. (…) 두 가지 모두 있을 법한 사나리오다. 두 기술이 상호 보완적이라는 것은 분명하다." 커즈와일(2007): 358.

30. 김대식(2016): 275. 강조는 저자.

31. More(2013): 6. "트랜스휴머니스트들은 지난 거의 25년 동안 실질적으로 언제나 자신들을 강한 합리주의와 동일하게 여겼다."

32. Cotter(ed.); DeFfazio(ed.)(2016): 2.

33. More(2013): 6.

34. 여기에는 앤드루 무어나, 케빈 워릭 같은 인공지능 전문가들이 있다.

35. 굴드(2002): 185ff. "생명의 역사는 진보가 아니다." 물론 인공지능의 진화는 자연선택과는 다르다.

36. 김대식(2016): 350. 물론 이 책에서 강한 인공지능에 대한 논의가 언제나 인간과 기계 사이의 단순한 대립관계로 환원되지는 않는다. 한 예. "기계가 무엇을 원하게 될지는 아무도 모릅니다. 근데 분명히 터미네이터는 아닐 거예요. 영화 「터미네이터」에서는 인공지능이 세상을 정복하려 드는데 그건 인간의 상상이에요. 내가 저만큼 힘이 있다면 세상을 정복하고 싶다는 인간의 생각이 반영된 거죠. 기계는 세상을 정복할 이유가 그다지 없습니다."

강한 인공지능과 인간

5장

'강한' 인공지능에 대한 인간주의적 대응의 분석
—니체의 관점을 참조하여

1. 인간주의적 대응의 분석

최근 엄청난 성과를 보이는 인공지능과 빅데이터 기술의 발전은 이론적 차원에서 일련의 중요한 물음들을 제기한다. 우선 합리주의적 인간주의의 시각은 다음과 같이 말한다. 인공지능은 원래 인간이 만든 것이 아닌가? 따라서 아무리 인공지능이 인간보다 뛰어나다고 하더라도, 그것은 결국 인간이 만든 기술이기에 인간이 통제할 수 있을 것이다. 그러나 다른 주장도 가능하다. 물론 인간이 처음에 만든 것은 맞다. 그러나 처음에 인간이 만들었다고 해서 그 피조물이 언제나 인간의 도구나 노예로 머물지는 않는다. 그것은 얼마든지 인간 이상의 존재가 될 수 있으며, 따라서 인간이 더 이상 통제할 수 없는 지능과 자율성을 가지게 될 것이다. 곧, 처음엔 인간이 만들었다고 해도 그로부터 매우 곤란한 문제가 생길 수 있다.

니체의 '발생학Genealogie'의 관점은 무엇보다 발생 과정에서 목적론을 제거한다. 발생의 목적이 발생의 근원에 있는 것도 아니며, 설혹 목적이 처음에 제시되었더라도 처음의 모습이 그 이후의 발생 과정에서 그대로 이어지거나 계속되지도 않는다. 인간과 인공지능의 관계를 이 발생학의 관점에서 파악하면, 인공지능을 인간주의의 시각에서만 파악하는 일이 인간중심주의의 오판이라는 점이 더 잘 설명될 수 있다.

인간과 인공지능의 관계를 설명할 때 흔히 '강한' 인공지능과 '약한' 인공지능이라는 구별이 적용된다. 이 구별은 4장에서 살펴본 것처럼 기본적으로 인공지능을 바라보는 세 가지 관점에서 각각 약간씩 다른 기준으로 적용되는데, 그럼에도 이 구별은 인공지능과 인간의 관계를 서술하는 과정에서 일반적인 기준으로 사용된다. 여기서 '강한' 인공지능은 여러 점에서 전통적 휴머니즘에 도전하며, 휴머니즘은 그 도전에 응하여 강한 인간적 지능을 내세운다. 이 장은 휴머니즘이 그 도전에 충분히 대응하기 어렵다는 점을 보일 것이다.

'강한' 인공지능이 유발하는 문제를 분석할 때, 니체의 '위버멘쉬'[1]가 이런저런 각도에서 지향점이나 참조점 또는 역사적 모델로 등장하는 것은 우연이 아니다. 특히 인간보다 우월한 초지능의 등장을 기대하고 주장하는 사람들이나 거꾸로 그들을 비판하는 사람들이 니체의 모델에 호소하거나 거꾸로 그 개념을 이유로 들면서 이의를 제기하는데, 이때 많은 경우 그들은 니체 텍스트를 복합적으로 분석하지 않고 그의 은유적 표현들만 참조하곤 한다.[2] 은유적 표현이 중요하지 않은 것은 아니지만, 니체 사상의 복합성을 고려하지 않고 거기에만 매달리는 일은 바람직하지 않다. 나는 여기서 '위버멘쉬'의 등장을 긍정하거나 그 가능성에 호소하지는 않을 것이고, 거꾸로 그것의 가능성을 부정하는 데 초점을 맞추지도 않을 것이다. 다만 인공지능에 대해 인간의 일반 지능이 '강함'으로 강조될 때, 또는 인간보다 뛰어난 강한 인공지능이 부각될 때, 그 모습은 니체가 생각한 '더 전체적인 인간'과 어떻게 다르고 또 어떤 점에서 유사할까 하는 물음에 대해서만 일단 대답하고자 한다.

더 나아가면, 다음 물음이 제기된다. 강한 지능과 약한 지능의 구별이 인공지능을 논의하는 과정에서 일반적으로 등장한 배경에는 사상사적 맥락의 심층적 이유와 맥락이 있다. 포스트모더니즘이나 탈형이상학 또는 해체론이나 노마디즘 등의 논의에서 니체가 강조한 '강자'의 관점은 전면에서 물러서거나 또는 복잡한 분열 과정으로 진입하는 듯했다. 민주주의와 인권이 강조될 때는 일반적으로 약자의 권리가 일차적으로 강조되는 상황도 강자의 관점이 퇴조하게 만들었다. 그러나 강한 인공지능이 등장하고 더 나아가 '인간을 넘어가는' 가능성이 알게 모르게 언급되는 현재, 니체가 제기한 강자의 문제는 여전히 해결되지 않은 문제로 남아 있음이 드러난다.

그러나 나는 이 장에서 트랜스휴먼이나 포스트휴먼이라는 주제에 초점을 맞추지는 않을 것이다. 니체가 그 경향들과 어떤 관계를 갖는가, 하는 물음을 본격적으로 논의하지도 않을 것이다. 대신 '강한' 인공지능이라는 주제가 야기하는 문제와 그에 맞서는 인간주의적 대응을 비교하면서 전통적 인간주의적 관점만으로 저 문제들을 다룰 수 있는지에 초점을 맞춘다. 그다음으로, 트랜스휴머니즘이나 초지능주의가 말하는 '강한' 지능은 어떤 점에서 인간주의적 목적론이나 휴머니즘을 연장하거나 강화하는 경향이 있는지 논의한다. 다르게 말하면, 일단 인간적 행위나 정서가 많건 적건 유지되는 한에서만 강한 인공지능이 야기하는 문제를 다룰 것이다. 신체적으로나 기능적으로 인간적 차원을 아예 넘어가거나 변형시키는 차원의 문제는 이것과는 다른 문제이며, 다른 관점에서 다루어져야 할 것이다.

강한 지능 또는 강자는 니체에게 핵심적인 문제였지만, 간단하지는 않았다. 니체는 도덕의 '발생학'[3]을 분석하는 과정에서 강자와 약자의 구별을 가치의 위계질서라는 관점에서 파악했다. 그 원칙을 따를 때, 강함과 약함의 구별은 기본적으로 자연적인 능력에 기반을 둔 자연주의적 성격을 띠거나, 엄밀하게 동물과 유추관계가 성립하지 않을 때는 일종의 정신적이면서도 신체적인 구별에 의존했다.[4] 그러나 그는 다른 한편으로 원인으로서 주체나 행위자를 설정하는 형이상학적 관습을 비판했다. 이로써 그는 강자와 약자의 자연주의적 구별을 스스로 허물었다고 할 수 있다. 실제로 '정보'가 강조되는 맥락에서는 생물체나 기계에서 동역학적 에너지가 직접 전달되지 않아도 될 뿐 아니라, 어떤 점에서는 바로 그 에너지가 직접 전달되지 않을 수 있는 상황이 전제된다. 그러므로 여기서 에너지와 힘에 근거하여 작동하는 권력관계의 관점은 많건 적건 수정되어야 할 것이다. 이 수정의 문제를 우리는 이 장의 끝 부분에서 다룰 것이다.

4장에서 다루었듯이, '강한' 인공지능과 '약한' 인공지능의 구별이 적용되는 세 가지 유형을 가려낼 수 있는데, 첫째는 아무리 강한 인공지능이더라도 인간의 마음에는 미치지 못할 것이라는 관점이다. 이 관점은 존 설 등이 주장한 것으로, 강한 인공지능은 기껏해야 구문론적으로 작동하기 때문에 마음처럼 지향성을 갖지 못한다는 것이다.[5] 두 번째 관점은 인공지능은 특정한 영역에서만 잘 기능할 뿐, 인간처럼 포괄적인 영역에서 행동하지는 못한다는 점을 강조하며, 인간처럼 포괄적으로 행동하는 지능을 '강한' 인공지능이라고 규정한다. 세 번째 관점은 인간보다 신체적으로나 지능적으로 우월한 초지능이 강한 인공지능의 형태로 곧 도래할 것이라고 믿는다. 이 세 유형을 분류하면, 형이상학적 유형, 인간주의적 유형, 초지능주의 또는 '특이점' 유형이라고 할 수 있다.

물론 이 세 가지 유형에서 약함과 강함의 구별은 언제나 동일한 방식으로 유지되지는 않는다. 형이상학적 관점과 인간주의적 관점에서 강함의 내용은 조금 다르다. 또 인간주의적 관점의 강함은 초지능주의적 관점의 강함과도 다르다. 따라서 '강함'의 내용을 동일한 것으로 일반화하거나 동질적 실체로 여길 필요는 없다. 그렇지만, 세 유형 모두 인간의 존재론적 지위나 위상의 문제를 제기하면서, 그 문제를 강함과 약함의 구별의 관점에서 다룬다.

전통적으로 지능은 인간에게 고유한 특성으로 이해되었고, 따라서 지능은 인식론의 차원이든 존재론의 차원이든 인간 종의 경계를 넘어서서 논의될 필요가 없었다. 기껏해야 인간과 신, 그리고 인간과 동물 사이가 능력의 위계질서에 따라 언급되곤 했다. 그러나 강한 인공지능의 등장과 함께 이 모든 당연함은 사라졌다. 인식론과 존재론으로 다루기 어려운 문제인 지능의 강함과 약함이라는 문제에 새삼 주의가 집중되었다고 할 수 있다. 이 상황에서 단순히 종 차원에서 인간과 인공지능 사이의 대립을 부각하거나 과장하는 것은 중요하지도 않고 바람직하지도 않을 것이다.[6] 인공지능 로봇을 다수 소유하면서 권력이 커진 인간과 그렇지 못한 사람들 사이에서 생기는 갈등은 앞으로 확대될 것이고, 따라서 단순히 보편적 종으로서의 인간과 인공지능 사이의 대립에 초점을 맞출 필요는 없다. 또 인간 가운데 사이보그로 진화하거나 전환되는 사람들과 그렇지 못한 사람들 사이의 갈등도 결코 간과할 수 없는 중요한 문제로 남을 것이다. 여기서 니체가 강조한 강자와 약자의 발생학이 이 문제에 대해 어떤 통찰을 줄 수 있는지 살펴보자.

우선, 앞에서 예로 든 세 가지 유형의 구별 가운데 인간의 마음에 대해 형이상학적 우월성을 주장하는 첫 번째 관점은 아래 논의 과정에서 생략해도 좋을 것 같다. 그 관점은 형이상학을 비판하는 맥락에서 많이 다루어졌듯이, 마음을 과도하게 형이상학적 또는 이성적 본질로 이해하고 있으며, 따라서 약함/강함의 구별과 관련해서 간접적인 연관성만을 갖기 때문이다. 그와 달리 인간주의적 관점과 초지능주의의 관점은 명시적으로든 암묵적으로든 강한 지능의, 강한 지능을 위한 목적론을 따른다고 할 수 있다. 이 특징은 초지능주의 또는 트랜스휴머니즘에서 두드러지게 나타난다. 이 관점을 주장하는 사람들 사이에 공통점을 추출하자면, 합리적 이성을 가진 인간은 신체적으로 강화된 몸을 획득하는 데 그치지 않고 과학기술적 숙련성, 휴머니즘 및 열린 태도를 고양시키는 합리주의적 목적을 따라 초지능을 발전시킨다는 것이다.[7] 그리고 이 목적론은 기술과학적 능력이 어떤 위험을 내포할 수 있는지 별로 관심을 갖지 않는다는 점에서 너무도 낙관적인 성격을 갖는다.

인간주의적 관점에서 목적론적 특징은 다소 다른 방식으로 드러난다. 그것은 포괄적인 영역에서 의미 있게 행위하는 지능을 목적으로 설정하며, 특정 영역에서만 작동하는 인공지능이나 로봇은 이 목적에 미치지 못하기에 '약하다'고 평가한다. 또 인공지능은 인간이 만든 것이기에, 인간이라는 생산자 또는 주체에 예속된 도구에 머물러야 한다고 가정된다. 여기서 인간성에 근거해 설정된 목적과, 인간이 만든 인공지능이 도구적 수준에서 머물러야 한다는 조건은 인간주의적 목적론 내부에서 합리주의적으로 결합되어 있다. 그러나 인간이 만든 모든 것이 인간주의적 목적에 합리적으로 부합해야 한다는 조건은 그 목적론이 존재하기 위한 가능성의 조건일 뿐이다. 인간이 인간성을 목적으로 삼는 일 자체가 애초에 불합리하거나 잘못된 것은 아닐 것이다. 그러나 인간이 만든 것은 인간이 설정한 목적을 언제나 합리적인 방식으로 따라야 한다는 조건이 어떤 권력관계나 폭력성도 내포하지 않는다고 여긴다면, 그리고 마치 그 목적론이 근원적으로 '진리'의 문제라고 말한다면, 그 생각은 인간중심주의로부터 자유롭지 못한 것이다. 이 경우 인간주의적 관점은 약한 지능에 대해서는 예속을 요구하고, 초지능에 대해서는 불안이 스며든 경계심을 드러낼 것이다.

한 예를 보자. "자연종 인간의 선제적 인문 주체성"을 강조하는 한 연구자는 인공지능이 따라야 할 목적을 다음과 같이 설정한다. "로봇이 인간사회의 진정한 부분이 되기 위해 해결해야 하는 과제는 로봇 개체들이 어떻게 인간 세계 안에서 책임을 지는 인격적 행위자가 되는가이다."[8] 이 정도의 목적론은 논의 가능하다고 할 수 있다. 그러나 이 필자는 우월한 지능을 가질 수 있는 인공지능에 대해 상당한 불안과 공포를 느낀다. 그래서 로봇에게 '킬 스위치'가 탑재되어야 한다는 논리를 주장하면서, 다음과 같은 논리를 편다. 첫째, "특이성 로봇 인간들이 사용하는 언어는 자연종 인간의 언어이다. 그리고 이 언어는 자연종 인간이 발전시켜 온 도덕적 가치로 장착되어 있다."[9] 그러나 이 논리는 벌써 자신 주위에 과도하게 인간주의적 요구와 당위를 쌓는 듯하다. 인간 바둑 챔피언들이 고백하듯이 이미 알파고도 인간이 알 수 없는 방식으로 자신의 지능을 사용하지 않는가? 그리고 최근 발표된 보고서에 따르면, 토론에 필요한 기계 학습을 하던 인공지능은 이미 자신이 언어를 만드는 단계에 들어섰는데, 놀라운 일은 인간은 그 인공 언어를 이해할 수 없다는 것이다.[10] 그러니 인간이 만든 인공지능이 앞으로 계속 인간이 사용하는 자연언어를 사용해야 한다는 요구는 인간의, 인간에 의한, 인간만을 위한 요구일 듯하다. 일정한 정도의 자율성을 가진 채 작동한다는 가능성은 인공지능이 자신의 방식대로 어떤 기호를 발명하고 사용할 수 있으리라는 가능성을 배제하지 않는다. 그러므로 인공지능이 순전히 자연언어를 사용할 것이라는 기대 또는 사용해야 한다는 요구는 인간중심주의의 산물일 수 있다. 더 나아가면, 인간이 사용하는 자연언어가 "자연종 인간이 발전시켜 온 도덕적 가치로 장착되어 있다"는 주장도 언어의 효과의 한쪽 측면에만 집착하는 듯하다. 무수히 많은 사회적 집단으로 구성되어 있으며 서로 다른 역사적 경로 속에서 사회를 구성하고 있는 인간 집단을 '자연종 인간'이라고 일반화하는 것도 자칫하면 인간 종에 대한 자연주의적 오류에 빠질 수 있다. 그뿐 아니라 인간이 사용하는 언어가 인간의 마음을 따르고 마음을 표현한다는 가정 자체가 언어 또는 커뮤니케이션에 대한 상당히 순진한 가정이자 사회적 커뮤니케이션에 대한 인간주의적 선입견일 뿐이다.[11] 니체는 이미 인간의 언어는 권력관계로부터 분리할 수 없으며, 또 도덕적 언어를 사용하는 일 자체가 자동으로 도덕적 가치를 담보해주거나 보장해주지 않는다고 분석했다.[12] 니체의 '도덕의 발생학'은 이 분석의 가장 강력한 예일 것이다. 자신의 도덕적 선함을 부각시키는 논리는 선과 악의 가치판단에 스며들어 있는데, 거기서 끝나지 않고 이 약자들은 바로 그 도덕성을 무기로 삼아 강자의 자리를 탐낸다. 그래서 결국 도덕적 가치판단이라는 기발한 발상을 통해 약자는 강자의 위치로 올라선다는 점을 니체는 비판한 것이다. 다르게 말하면, 도덕성을 표현한다는 언어가 그 자체로 자신을 도덕적으로 만들어주지는 못하며, 또 인간을 도덕적으로 만들어주지도 않는다.

이 필자는 '킬 스위치'를 로봇에게 장착해야 하는 둘째 이유를 댄다. "'킬 스위치' 장치 장착에는 분명한 조건이 제시되어 있다. 그것은 '인간

강한 인공지능과 인간

에게 유해한 비상 상황'이다. 로봇종 인간들은 자연종 인간들을 비판할 자유를 갖지만 자연종 인간들을 비정상적으로 해하거나 도움을 주지 않는 자유는 허락되지 않는 것이다. 자연 인간들 사이에서도 그러한 행위가 제재되고 있으므로 이것이 종 차별주의로 해석될 수는 없는 것이다."[13] 어떤 인간들이 다른 인간들에게 해를 끼치듯이, 로봇도 그럴 수 있다. 그 경우 행위자가 책임을 져야 한다는 데는 이의가 있을 수 없다. 그러나 인간이든 로봇이든 그런 짓을 한다면, 그것은 특정한 인간에 대해 해를 끼치는 행위이지 인간 일반에 대한 적대 행위와는 다르다. 그러므로 '인간에게 유해한 상황'이라는 기준 자체가 모호하다. 이런 논리는 자칫하면 인간과 로봇 사이에 총체적인 대립이 존재한다는 가설을 남용할 수 있다. 앞에서 짧게 논의했듯이, 오히려 실제적인 것은 로봇을 소유한 기업이나 개인들과 그렇지 못한 사람들 사이의, 그리고 다양한 인공지능들 사이의 갈등과 대립이다. 이 갈등을 은폐하기 위해, 인간과 기계 사이의 대립이라는 가설이 끊임없이 이데올로기로 유포될 위험이 크다. 또 나쁜 행위를 할 가능성이 있다고 애초에 '킬 스위치'를 탑재하는 일은 자신의 행위에 따라 자율적으로 책임을 지게 하는 일과 전혀 다르다. 이 필자는 "로봇 인간이 인간사회의 성원이 되는 가능성을 부정하지 않는다"[14]면서 논의를 시작한다. 그러나 '킬 스위치'가 탑재되어야 로봇들이 책임을 질 수 있다는 논리는 로봇 인간이 사회의 성원이 될 가능성을 애초에 부정한다고 볼 수 있다. 범죄 행위를 저지른 인간은 재판을 받고 선고에 따라 처벌을 받는다. 그와 달리, 애초에 범죄를 저지를 가능성 자체 때문에 로봇에게 '킬 스위치'를 탑재하는 것은 로봇에게 책임을 인식하게 하는 일이라기보다는 그것을 지배하고 통제하는 일이다. 인간주의적 주장들은 인간의 어떤 본성이나 도덕성에 근거한 목적론을 내세우지만, 그 주장들은 실제로는 지배와 통제의 문제, 곧 권력관계의 문제에서 벗어나지 못하면서도 그 문제를 가리는 경향을 보인다.

여기서 우리는 자율성을 획득할 가능성이 있는 인공지능 로봇에 대한 인간의 불안이 '강한' 지능이라는 담론을 생산하는 이유의 하나라고 추론할 수 있다. 그 불안이 커지면 인간은 강자와 약자의 구별을 자기에게 유리한 방식으로 전제하는데, 이것은 우연이 아니다. 인간 종의 본성을 가상적으로 전제한 후 그 인간이 목적을 갖는다는 논리는 필연적으로 인간과 다른 지능 사이에 대립의 가설을 설정하기 쉬우며, 이 대립의 가설은 다시 강자와 약자의 위계질서를 그 목적론에 따라 정당화한다. 그러나 니체는 '도덕의 발생학'을 분석하면서 근원적인 목적이라는 것은 허구임을 꿰뚫어보았다. 특히 형벌과 책임은 역사적 진행 과정에서 권력관계가 변하는 것과 맞물려 끊임없이 수정되고 보충된다.[15] 죄를 찾아내어 단죄하고 형벌을 부여하는 목적이 오로지 그 개인의 인간성을 개선하고 도덕성을 고쳐시키는 데 있다고 생각한다면, 그것은 단순화이고 오해이며 왜곡을 내포한다. 물론 형벌에 그때그때 목표와 목적은 있다. 그러나 그것의 형태는 실제로는 다양하며 이질적이다. 때로는 피해자를 대신하여 사회가 복수를 함으로써 다른 해를 끼치지 못하게 하는 것이 목표이고, 때로는 그저 길들이는 것이 목표이며, 때로는 고통을 주고 그 광경을 봄으로써 쾌감을 느끼는 것도 목표였다. 또 그런 목표들이 전면에 등장하지 않을 때도 있고, 단순히 도덕성을 고쳐시키는 것이 목표가 아니라, 통제를 목적으로 범죄자들에게 형벌을 부과할 때도 있다. 다르게 말하면, 도덕적이고 보편적인 '책임'에 대해 말하는 것은 애초에 목적론적 형이상학의 궤적을 따르는 일이며, 역사적 갈등 뒤에서 작동하는 권력관계를 은폐하는 일이다. '책임'은 강자와 약자의 구별이라는 맥락을 떠나서

강한 인공지능과 인간

독립적으로 논의되기 어렵다.

2. '일반 지능'을 가진 인간과 니체의 '전체적인' 인간의 비교

인간주의적 관점은 특수한 영역에서만 작동하는 인공지능과 비교하여 포괄적인 영역에서 행동하는 일반 지능을 좋고 강한 지능이라고 규정한다. 그러나 정말 그런가? 일련의 문제들이 여기에 얽혀 있다. 우선, 이 인간주의적 관점이라고 로봇이 꼭 인간처럼 생기고 인간처럼 행동하고 인간처럼 느껴야 한다고 주장하지는 않는다. 인공지능 로봇은 일단 특수한 영역에서만 잘 기능하기만 해도 도구로서 충분하다고 여겨지는 경우도 흔하다. 다만 인간의 지능은 포괄적인 영역에서 생각하고 행동하고 느낄 수 있는 일반 지능이기에 좋은 것이며 인간에게 고유하고, 또 강한 지능이라는 것이다. 먼저 포괄적인 여러 영역에서 활동하는 일반 지능은 좋은 것이며 인간에게 고유하다는 주장을 먼저 살펴본 후에, 그것이 강한 지능이라는 주장을 살펴보자.

일반적이며 전반적인 영역에서 활동하는 인간의 '일반적 지능'은 정말 인간의 고유성에 걸맞게 좋은 것일까? 이 물음은 '일반 지능'이란 표현이 하나의 개념이라면 가져야 할 명확함을 가지느냐의 물음이다. 인공지능의 특정한 기능적 작동성과 비교하면 인간의 능력이 일반적이어서 우월하다는 것은 이제까지 당연하게 여겨졌다. 특정한 기능밖에 하지 못하는 인공지능 로봇 또는 기껏해야 입력된 코드에 따라 연산능력을 수행하는 계산 기계 앞에서, 이 논리는 충분하게 여겨졌다. 그러나 인공지능은 작동 시 이미 상당한 수준의 자율성을 드러낸다. 현재 로봇들은 초기 단계에서 모라벡이 지적했던 아이러니, 곧 로봇이 상대적으로 쉽게 하는 일은 인간에게 어렵고 인간이 쉽게 하는 일은 로봇에게 어렵다는 역설을 기술적으로도 극복하는 수준의 유연성에 이르렀다. 로봇 개발의 초기에는 걷고 뛰거나 계단을 오르내리는 동작이 로봇에게 힘들었지만, 계산이나 기억력은 이미 당시에도 인간을 능가했기 때문이다. 물론 현재 로봇들이 인간이 하는 모든 동작이나 표현을 인간처럼 하는 것은 아니다. 그러나 애초에 로봇들이 인간을 모방해야 한다는 가정 자체가 수정되어야 한다. 이론적으로나 기술적으로 로봇들이 인간이 할 수 있는 여러 형태의 동작을 하는 것은 이제 큰 문제가 아니다. 다만 인간처럼 행동하고 감정을 가져야 한다고 가정할 필요는 없다. 그러므로 여러 영역에서 다양하고 유연하게 행동하는 능력이 인간에게 고유한 지능이고 인공지능이나 로봇은 거기에 미치지 못할 것이라는 관점은 과거에는 통했더라도 앞으로는 아닐 것이다.

인간 못지않거나 인간보다 월등한 능력을 보이는 인공지능이 사회에서 인간에게 초래하는 위험은 이 문제에 대해 다른 점을 생각하게 만든다. 인간 의사보다 더 뛰어나게 진단할 수 있는 인공지능, 인간 주가 분석가보다 몇 배로 뛰어난 분석능력으로 주가의 흐름을 분석하는 인공지능이 불러올 수 있는 위험을 단순히 일자리의 문제로만 파악하는 것은 단견이다. 상당한 수준의 일반 지능에 더해서 전문적 경력을 더 쌓은 인간 지능마저 사회적 존재로서 자율성을 가진 인공지능에 밀려날 가능성이 높다는 것은, 인간의 일반 지능 자체가 역사상 유례없는 도전과 직면하고 있다는 것이다. 보통 수준의 인간의 일반 지능은 인권 차원에서는 여전히 지위를 유지하지만, 사회적 존재로서는 지위를 잃어버리고 있기 때문이다. 그래서 인권과 현실 사이의 균열이 점점 크게 벌어지고 있는 것

강한 인공지능과 인간

이다. 일상적으로 무난하게 행동하는 수준의 일반 지능을 가진 인간이 사회에서 거의 '잉여'라고 인식된다는 것은, 일자리의 부족이라는 현상을 넘어, 보통 수준의 일반 지능의 잉여성에 대한 경고다. 그래서 인공지능이 인간 이상의 능력을 보여준 어느 순간부터, 사람들은 더 이상 인간처럼 생각하는 인공지능을 만들려는 노력을 하지 않는다. 보통 수준의 지능을 가진 인공지능, 아니 보통의 인간처럼 행동하는 로봇은, 특수하거나 예외적인 경우를 제외하고는 오히려 기능적으로 의미를 갖기 힘들기 때문이다. 따라서 '일반 지능'을 인간성이라고 여기는 인간주의적 기준은 현재 인공지능이 사회적으로 야기하는 문제를 제대로 파악하지 못한 채 구태의연한 논리를 반복하기 쉽다.

이제 여기서 일반 지능의 모호함 또는 아이러니가 드러난다. 나는 인간이 가진 일반 지능이 일반적으로 의미를 상실했으며 따라서 인공지능에게도 그리 쓸모가 없다고 말하는 것이 아니다. 다만 평범하거나 진부한 수준의 일반 지능은 크게 의미와 가치를 상실하고 있다는 것이다. 그리고 그 상황에서 인공지능도 그런 진부한 수준의 (그러나 전통적인 관점에서는 인간적인, 너무도 인간적인) 일반 지능을 구현하는 것을 목표로 삼을 필요가 없으며, 그보다는 오히려 일반적이지 않은 대신에 특수한 영역에서 인간보다 뛰어나거나 강한 지능을 갖기만 해도 만족스럽다는 것이다. 그러나 진부하지 않은 수준의 일반 지능, 곧 상당히 복합적인 기능들을 연결하고 결합하는 능력은 이전보다 더 중요한 역할을 할 것이다. 그러면 인공지능이 이 복잡하고 진부하지 않은 능력을 가지게 될까? 간단하지 않은 물음이다.

일반 지능이 직면한 이 아이러니는 사실 인공지능 때문에 갑자기 야기되지는 않았다. 인간주의적 관점이 강조하는 일반 지능은 이미 여러 각도에서 모호성에 사로잡혀 있다. 실제로 고전적 인간주의나 근대적 인간주의가 강조한 인간의 고유한 모습도 일상생활에서 이것저것 무난하게 잘하는 일반 지능은 아니었다. 18~19세기에 낭만주의에서 부각된 '낭만적 인간'은 거론하지 않더라도, 근대 이후에도 거의 언제나 창조적인 인간이 인간의 대표로 여겨졌다. '일반 지능'이 아니라 창조성이 인간에게 고유한 것이었다. 니체 역시 그 점을 강조했다. 그리고 그 맥락에서 니체는 보통의 교양적 지능을 가진 인간은 잉여적 존재가 되고 있는 상황을 이미 날카롭게 짚어냈다. 그에게 인간은 '끊임없이 극복되어야 할' 존재였지, 그 자체로 이미 충분한 존재가 아니었다. '약한 인간' '최후의 인간' '너무나 인간적인' 등의 표현은 그 점과 관련이 있다. 니체가 대중의 존재에 대해 여러 각도에서 회의를 표시한 이유도 결국 여기에 있다. 높은 수준의 인간적 자질을 기준으로 삼자면, 대중은 이미 당시에도 표준화되고 획일적인 사회적 기준에 따라 통제되고 있었고 따라서 잉여로 받아들여질 수 있었기 때문이다.[16]

그렇다면, 인간의 일반 지능이 직면한 위험은 주어진 프로그램에 따라 패턴을 인식하는 일을 하는 일자리에서만 발생하는 것일까? 그와 달리 감정이나 감성이 요구되는 일자리에서는 인간의 일반 지능은 여전히 인공지능에 의해 대체 불가능할까? 인공지능의 기능적 수월성에 놀란 사람들은 인간의 특이성은 감정과 감성에 있다는 주장을 하기 시작했다. 여기서 감정의 특성이 무엇이며, 인공지능에게 감정이 가능할 것이냐는 물음을 직접 논의하지는 않을 것이다. 그러나 그 물음을 분석한 다른 글을 참조하면서 우리는 우리가 원하는 물음, 곧 일반 지능의 관점에서 인간이 다양한 감정을 갖는다는 것이 정말 순수한 강점인지에 대해서 간접적으로 해답을 얻을 수 있을 것이다.

강한 인공지능과 인간

인공 감정을 다룬 한 논문의 필자는 다음과 같이 말한다. "인간이 경험하는 풍부한 감정을 로봇에 불어넣는 것이 비현실적이라면, 우리는 어려운 선택에 직면하게 된다. 어떤 감정은 로봇에게 허용하고 몇몇 감정은 억제해야 할 것이기 때문이다. (…) 로봇에게 긍정적인 감정이 풍부하면 좋다는 생각은 그럴듯해 보인다. 그러나 로봇에게 얼마만큼의 부정적인 감정을 넣어주어야 할지 결정하기란 어렵다. 로봇에게 분노, 공포, 슬픔, 역겨움, 수치, 모욕감, 당황스러움의 감정이 필요할까?"[17] 이 필자는 로봇에게 인간이 가진 복잡하고 복합적인 감정을 불어넣는 일의 어려움과 황당함을 피력하고 있는데, 내가 주목하고 싶은 것은 오히려 그것과 다른 문제다. 로봇만 이 모든 감정을 가지고 사는 일이 어렵고 복잡한 과제일까? 아니다. 인간도 이 다양하고 이질적인 감정들을 가지고 살면서 어려움을 겪는다. 따지고 보면, 감정을 가진 로봇이 인간에게 부과하는 어려움은 그 이전에 감정을 가진 인간의 문제다. 인간은 자신의 감정들이 초래하는 문제들과 힘들게 씨름하고 있고, 아직도 그에 대한 적절한 대답을 가지고 있지도 않다.

물론 인간을 정상적인 기준으로 놓고 본다면, 로봇은 인간이 느끼는 부정적인 감정들도 이해하고 스스로 느껴야 할 것이다. 또는 최소한 감정들이 사회적 관계에서 어떤 역할을 하는지 이해하고 그 수준에서 감정을 다룰 줄 알아야 할 것이다. 앞의 글은 다음과 같은 구절로 이어진다. "인간과 인간적인 방식으로 교감하는 로봇을 원한다면, 로봇은 부정적 감정도 가져야 할 것이다. 그런 감정을 소유하지 않는다면, 인간의 부정적 감정을 이해하지 못하거나 아니면 이해하는 척해야 한다."[18] "인간과 인간적인 방식으로 교감하는 로봇을 원한다면" 그런 로봇이 필요할 것이다. 그러나 앞으로의 사회에서 로봇이 꼭 인간과 인간적인 방식으로 사회적 관계를 가져야 한다는 것은 인간주의적 가정일 뿐이다. 도구적인 방식으로 특정 기능만 실행하면 충분한 로봇이라면, 교감할 필요가 없다. 그리고 단순히 도구적인 수준을 뛰어넘는 인공지능 로봇이라고 꼭 인간적인 방식으로 인간과 교감할 필요는 없다. 오히려 이제까지 '인간적'인 방식으로 느끼고 행동했던 인간들도 많건 적건 변화된 사회 시스템 속에서, 다양한 기계와 인공지능들이 작동할 사회 시스템 속에서, 점점 다른 방식을 취해야 할 가능성이 커진다. 로봇이 인간의 파트너가 된다면 분명히 인간의 태도는 바뀔 것이다. 쓸데없이 또는 과도하게 다른 사람의 눈치를 보거나 끊임없이 기분을 맞춰주는 일이 인간적인 방식일까? 이 방식은 앞으로도 유지되어야 할까? 그렇지 않을 것이다.

앞에서 언급했듯이, 감정이 유발하는 문제는 비단 로봇에게만 까다롭고 곤란한 것이 아니다. 인간 스스로에게도 감정의 문제는 사회화 과정 및 문명화 과정에서 매우 까다롭고 곤란했으며, 여러 복잡한 방식으로 근대/현대/탈현대 과정을 거치며 변화하고 있다. 우선 당장 현재 인간은 자신의 복잡한 감정을 매우 미묘한 방식으로 다루고 관리해야 한다. 인간이 감정 노동에 지쳐가고 있다는 것은 꼭 상담원이나 고객서비스 담당자에게만 해당되지 않는다. 십여 년 전만 해도 '혼자 밥 먹기'(줄여서 '혼밥')는 당사자나 그를 관찰하는 사람에게나 부정적인 뉘앙스를 많이 가졌지만, 어느 순간부터 그 부정성은 불필요한 것으로 파악되고 있다. 정확히 말하면, 부정적 감정을 불러일으키던 행위가 '보통'이나 '정상' 영역으로 이동했다. 인구 밀도가 높고 서로 부대끼는 한국 사회에서는 하이킹 도중에 사람을 만나도 굳이 인사를 하지 않는다. 오히려 '인간적'으로 인사를 하는 사람이 이상하게 보일 지경이다. 공동주택에서 엘리베이터를 타도 같은 거주민끼리 인사 없이 가만히 있는 태도가 정상으

강한 인공지능과 인간

로 여겨질 정도다. 한국 사회에서는 무뚝뚝한 태도가 일반적으로 통한다고 할 수 있다. 그와 달리, 상대적으로 사람들이 서로 덜 부대끼는 사회에서 그런 태도는 인간적이지 않은 태도일 것이다. 우스꽝스런 에피소드로 치부할 수도 있는 이런 현상은 문명화 과정을 고찰할 경우 의미심장하게 다가온다. 노르베르트 엘리아스1897~1990가 관찰한 바에 따르면, 단순하게 말해 중세 시대에는 인간의 감정의 기복이 매우 심했다고 한다. 신나는 일이 있으면 유쾌하게 웃고 떠들다가 갑자기 침울한 상태로 빠지곤 했다. 그러다 예절을 따지는 궁정생활의 기준이 확산되면서, 사람들은 일상생활에서 감정을 억압하고 통제하는 다양한 메커니즘에 내맡겨지게 된다. 지켜야 할 규칙들이 사회의 모든 영역에서 세워지고 점점 확대되었기 때문이다. 이 결과는 인간이 사회 시스템의 모든 영역에 참여하도록 권장되는 사회화 과정과 맞물리며, 따라서 그 결과 일반 지능이 사회에서 구성되는 과정과도 맞물리게 된다. 근대적 규범 또는 근대적 사회 통제 방식이 일반 지능뿐 아니라 '일반 감정'까지 만들어낸 셈이다. 그런데 이제 그 근대적 일반 지능과 일반 감정이 위기에 직면하고 있다. 가만히 보면, 어떤 감정에 대해 사람들은 극심한 정도의 배제적 태도를 보이거나 거꾸로 수용적 태도를 보인다.

역사적으로 인간이 특정한 감정을 어떻게 배제하고 거부했는지 살펴보기 위해, 니체의 관찰을 참조해보자. 19세기에 니체는 자유주의자와 사회주의자를 비판했는데, 그 이유는 바로 그들이 고통을 배제하려고 했기 때문이다. 인권 또는 민주주의 또는 복지가 강조되면서 고통은 폐기되어야 할 감정으로 여겨졌고, 그 대신 행복과 연민 등의 감정이 일반적으로 추구되어야 할 감정으로 여겨졌다. "그들은 고통 자체를 폐기해야 할 어떤 것으로 여기는 것이다. 그들과 거꾸로 서 있는 우리"는 그와 달리 평화주의나 도덕주의의 관점에서는 부정적으로 여겨질 수 있는 모든 것이 "그 반대 못지않게, 인간이란 종을 높이는 데 정말 제대로 기여한다고 믿는다."[19] 물론 당시에 니체가 긍정하고 요구했던 고통이나 폭력성을 감내하는 태도는 지금 그대로 받아들여지기 어렵다. 그럼에도 불구하고, 아니, 그렇기 때문에 니체가 제기한 물음의 핵심은 새삼 역사를 굽이굽이 돌아 인간에게 되돌아온다. 인간의 지능에서 부정적이거나 폭력적으로 보이는 면들은 20세기 중반 이후 마치 그것들이 인간 역사에서 영원히 극복되어야 할 그리고 극복된 악덕인 양, 가능한 한 가장 멀리 밀쳐져 있었다. 그러나 그것은 사실이 아니었다. 그것들은 다만 의식의 아래 또는 옆으로 밀쳐져 있던 것뿐이었다.

이질적인 사회적 배경 속에서 다른 방향으로 내달리는 생각과 감정에 휘둘리는 인간은 근대까지만 해도 비교적 풍부하고 정상적인 인간성을 형성한다고 여겨졌다. 슬픔과 고통을 느끼는 감정 덕택에 인간은 기쁨을 느낀다고 여겨졌다.[20] 그러나 니체가 이미 19세기 말 유럽인의 신경증과 신경쇠약증을 시대적 징후로 파악했듯이[21], 그 이후 인간의 심리세계는 양 극단으로 분열되는 경향을 보인다. 한쪽으로는 일반 지능과 일반 감정을 가진 보통 사람들조차 평생 동안 여러 심리적 장애에 시달리며 자살 충동과 우울증에 사로잡힌다. 다른 쪽으로는 오히려 일반 지능과 일반 감정의 발전 방향과는 거꾸로, 편집증적인 강박이 유일하게 창의성의 거름이자 원동력인 것처럼 보인다. 일반적 지능이 창의성에 도움이 될 수도 있지만, 그것만으로 창의성이 생기지 않는다는 것은 명백하다. 창의성이 일반 지능과 일반 감정의 가능성과 비례한다고 말하기 어려운 것은 물론이며, 일반 지능과 일반 감정을 강조하면 저절로 창의성이 따라온다고 생각할 수도 없다.[22]

이 상황에서 인공지능의 도전은 점점 더 빠른 속도로 그리고 점점 더 우월한 방식으로 이뤄질 것이다. 그 도전 앞에서 인간은 인간주의에 근거하는 일반 지능에 의존할 수 있을까? 나는 회의적이다. 이 일반 지능은 현재 사회 속에서 오히려 '잉여'로 내몰리는 경향이 있다. 개별적인 논점에 대해 상세한 논의가 더 필요하긴 하지만, 인공지능의 확장 앞에서 전통적 휴머니즘에 근거를 둔 일반 지능에 호소하는 접근은 충분하지 않다고 나는 생각한다. 일상적으로는 인간적인 면모를 갖추는 것이 여전히 중요하게 여겨지겠지만, 이론의 차원에서는 여러 모호함을 가진 휴머니즘에 호소하기 어렵다. 보편적 휴머니즘의 모호성에 대해서는 이미 미셸 푸코1926~1984가 지적한 바 있다. "최소한 17세기 이래로 휴머니즘이라고 불린 것은 언제나 종교, 과학 또는 정치로부터 빌려온 특정한 인간 개념에 기대지 않을 수 없었다."[23] 조금 강하게 말하면, 그것은 인문학적으로나 사회과학적으로 뒤죽박죽인 어떤 것이다. 이 점에서 휴머니즘에 기반을 둔 '인격' 개념은 모호하다.

여기서 앞에서 언급한 일반 지능의 모호성 또는 아이러니가 직면한 도전이 다시 두드러진다. 진부한 일반 지능은 가치를 잃어가지만 진부하지 않은 일반 지능을 구체적이고도 사회적으로 실행하는 일은 점점 어려워진다고 했다. 인공지능의 특수한 기능성과 비교해 인간에게 고유한 지능의 일반성 또는 전체성을 철학사에서 누구보다 극단적으로 요구한 사람 가운데 하나가 니체다. 다만 그는 지능의 포괄성이 필연적으로 그 내부에서 잔혹함이나 폭력성을 내포한다고 인정했다. 그러나 그는 그 폭력성이 결코 신체적인 조야함이나 인격의 결함 때문에 생긴다고 생각하지 않았다. 그가 '격차의 열정'이라고 불렀던 것은 오히려 정신과 영혼이 자신 속에서 새로 차이와 격차를 만들려는 의지였고, 더 나아가 폭력을 통한 정화를 요구하는 의지였다. "영혼 안에서 항상 새로 간격을 넓히려는 요구, 점점 더 높고, 더 드물며, 더 멀고, 더 넓게 당겨 있는 그리고 더 포괄적인 상태들을 만들어내기. 간단히 말하면 바로' 인간'이란 전형을 고양시키기 (…) 그들은 더 전체적인 인간die ganzeren Menschen이었다."24 인간이란 전형을 고양하는 과제는 '더 전체적인 인간'이 되는 과제이며, 그것은 인간이 수행할 수 있는 모든 지능과 감정을 포괄하려는 과제이다. 그리고 그 과정에서 고통과 잔혹함 그리고 필요한 경우 희생을 무릅쓰는 일이 필요하다.

그 과제는 그저 인간이 희로애락의 다양한 스펙트럼을 가지며 골고루 모든 일을 할 수 있는 일반 지능을 갖는다는 인간주의적 관점과 아주 다르다. 인간주의적 관점은 가치들을 쉽게 선악의 기준으로 구분하기 때문이다. 이 관점은 선은 좋고 악은 나쁘다는 기본적인 전제에서 출발한다. 그러나 전체적인 인간은 그런 선악의 구분을 넘어서야 한다. 존재하는 모든 것을 포괄하는 존재론의 관점에서, 전체적인 인간은 존재하는 인간의 모든 경험 가운데 어떤 것도 부정하거나 배제하지 않는 인간 유형이다.25 이것은 어려운, 매우 어려운 문제다. 이질적이고 심지어 대립적인 성격까지 모두 포괄하는 마음은 실제로는 엄청나게 큰 긴장과 갈등을 다루어야 하기 때문이다. 여성적이면서도 남성적인 마음, 동정심이 많으면서도 필요하면 잔혹하게 싸우는 용기 또는 무모함을 가진 인간, 평화를 사랑하면서 전쟁도 사랑하는 인간, 인간에 대한 연민을 가슴 속에 느끼면서도 인간을 경멸하는 인간. 니체의 '위버멘쉬', 곧 인간을 넘어간 인간은 그저 일반적 지능을 가진 인간에 대해 '위대한 경멸'을 가르치고 요구했다. 지능이 할 수 있는 모든 행동과 감정을 포괄적으로 갖는 '더 전체적인 인간'의 모습은 인간의 자유와 평등을 고취시켜야 한다는 듣기

강한 인공지능과 인간

좋은 말과 아주 다르다. 그리고 바로 이 지점에서 정말 '더 전체적인 인간'의 모습은 자신이 언제나 착한 일을 목표로 삼고 있다는 휴머니스트의 관점과 충돌한다. '전체적인 인간'의 모순은 위험한 칼날처럼 날카로워진다.

그렇다면 니체가 희망했던 인간의 모습, 곧 '더 전체적인 인간'은 이제까지 일반적으로 인간을 고양시킨다는 목표로 이해된 것과 전적으로 다른 것인가? 그들 사이에는 어떤 점에서는 차이가 있지만, 어떤 점에서는 공통되는 면도 컸다. 니체가 희망하고 기대했던 것이 꼭 인본주의와 휴머니즘이 일반적으로 원하는 것이냐는 물음에는 그렇다고 대답하기 어렵겠지만, 니체의 '전체적인 인간'과 '강한 인간'의 목표는 상당한 정도로 인간주의와 인본주의의 전통과 겹치고 교차하는 면이 있다. 이 지점에서 강한 지능을 꿈꾸는 트랜스휴머니즘 계열의 학자들이 니체의 말에 호소한다. 그러나 니체의 관점과 합리주의적으로 인간의 지능을 조화롭게 통합시킬 수 있다는 생각 사이에는 결코 간과할 수 없는 차이가 있다. 니체는 인간을 고양시키는 일이 인간 지능을 포괄적으로 서로 경쟁시키는 잔혹한 일임을 자각했다. 인간의 모든 지능과 능력을 최대한으로 모험하는 '더 전체적인 인간'은 이 점에서 "더 전체적인 야수였다."[26] 따라서 '더 전체적인 인간' 또는 '위버멘쉬'는 그 당시에도 그랬지만 그 이후에는 더 어려운 일, 아니 많은 점에서 불가능한 일이었다. 이 점에서 니체의 희망은 실현되기 어려운 희망이다. 이 위험을 똑바로 인식하고 직시했다는 점에서, 그의 과제는 위험하면서도 솔직한 것이었다. 그와 달리, 인간의 다양하고 이질적인 사고방식이나 감정적 반응이 인간주의의 기치 아래 통합될 수 있다고 믿는 생각, 또는 지능의 발달 덕택에 더 위대한 통합이 이뤄질 것이라고 믿는 생각들은 니체가 제기한 '더 전체적인 인간'의 문제를 제대로 다루지 못하고 있다고 할 수 있다. 현재도 그렇지만 앞으로도 '더 전체적 인간'의 꿈은 니체가 살았던 당시보다 오히려 더 기대하기 어려워 보인다.

3. 강한 지능에 대한 존재론적 기준에 대해

그런데 왜 지능에서 강함과 약함의 구별이 이렇게 문제가 되는가? 인공지능과 인간의 관계를 관찰하는 담론들이, 비록 서로 내용이 조금씩 다르긴 하지만, 강함과 약함의 구별에 의존하는 것은 사실 특이한 현상이다. 지능을 구별하는 실제적 기준이 강함과 약함이 아닌 경우도 많기 때문이다. 실제로 신체적으로는 동물들이 인간보다 더 강하고 우월한 면을 가지만, 그 신체적 강함이 능력이나 지능의 강함으로 곧바로 이어지진 않는다.

그러나 신체적 능력과 지능을 강화한 초지능 로봇이나 사이보그의 경우에는 '강하다'는 말이 단순히 은유에 머물지 않고, 상당한 가능성과 실재성을 지닌다고 할 수 있다. 그러나 이 경우에도 정말 이 초지능들이 사회적 구조 속에서 '심리적으로' 건강한 상태에 있을 수 있느냐는 것은 여전히 의문으로 남는다. 초지능주의자들은 이 심리적인 건강 문제에 별로 주의를 기울이지 않지만, 신체적이고 기능적으로 강하다고 해서 인공지능이나 사이보그가 무조건 더 높은 생존력이나 건강을 유지하는 것은 아닐 것이다. 이 지점에서 초지능을 강조하는 사람들은 대체로 낙관적인 합리주의의 관점을 취한다. "우리는 우리의 지적·신체적 능력을 확대하고, 또 우리 자신의 정신 상태와 감정에 대한 더 증대된 통제를 가

강한 인공지능과 인간

능하게 만들 수 있다."[27] 커즈와일은 '향상된enhanced' 지능을 거론하면서 그것을 '향상되지 않은unenhanced' 지능과 구별한다.[28] 그러나 '향상'이라는 기준이 그 자체로 생존력과 동시에 지능적-정서적 건강함을 보장할까? 강한 것들이 서로 경쟁하고 싸우는 쪽으로 간다면, 그들의 생존 가능성은 높지 않을 것이다. 초지능을 통하여 모든 인지능력과 욕망이 강한 방향으로 발전될 것이라는 기대나 희망은 섣부른 면이 많다.

니체가 '전체적인 인간'이라는 이상을 시도하면서도 다른 한편으로 그에 대해 유보적이거나 회의적인 시각을 가진 것도 이 이유와 상관이 있다. 인간은 여러 동기와 여러 관심사와 여러 자원을 갖는다. 전체적인 인간이 가진 이 다양한 동기와 관심사와 자원들은 그런데 일종의 전체적 목적에 의해 이끌어져야 좋은 성과를 낸다. 그렇지 않을 경우, 수많은 잠재적 능력과 감성들은 서로 충돌하거나 서로에게 장애가 될 수 있다. 그 뿐 아니다. 전체를 이끌며 아우르는 주도적 능력이 한번 나타난다고 해서, 그것이 다양하고 이질적인 능력과 동기들을 지속적으로 통합하고 통일시킬 수 있지는 않다. 근대 이후 개인이든 집단이든 그런 일은 점점 일어나기 어렵게 되었다. 그리고 말이 '통합'이고 '통일'이지, 실제로는 주도권을 가진 한 가지 목적이나 자원에 따라 기존에 해왔던 경로를 따라 계속 앞으로 나아갈 경향이 높을 수밖에 없다. 심리적으로나 경제적으로 이제까지 잘 진행되었던 경로를 반복하는 것이 가장 효과가 좋은 방식이기 때문이다. 이 문제는 그 능력들과 감성들이 향상될수록 더 심각해질 수 있다. 인공지능 개발 과정에서 중요한 역할을 한 민스키는 2장에서 보았듯이 창조적인 지능에 대해 고심했고 그 과정에서 바로 이 다양한 능력과 자원들이 벌이는 경쟁을 고려했는데, 인공지능들이 무엇보다 다음의 문제들을 극복하지 못하기 때문에 쉽게 발전하기 어렵다고 생각했다.

최적화의 역설: 한 시스템이 이미 잘 작동하는 것일수록 어떤 변화를 주었을 때 그것을 더 나쁘게 만들 확률이 높다. 그래서 개선 방법을 찾는 것이 점점 어려워진다.

투자의 원칙: 어떤 과정이 더 잘 진행될수록 우리는 그것에 의존하기 쉽고, 새로운 대안을 찾는 데 더 소극적인 경향을 띠게 된다. 특히 새로운 기술을 능숙하게 다룰 수 있을 때까지 그것이 좋은 결과를 산출하지 않을 때 그렇다.

복잡성의 장애물: 한 시스템의 각 부분들이 더 많이 상호작용할수록 어떤 변화든 기대하지 못했던 부작용을 가져올 가능성이 크다.[29]

일반 지능 또는 '더 전체적인 인간'의 이상과 관련하며 예를 들자면, 예술적이거나 미학적 감성도 어떤 성격을 가지고 어떤 수준에 있느냐에 따라 공학적 능력에 도움이 될 수도 있고 그렇지 않을 수도 있으며, 윤리성과 사업에서의 적극성은 서로 충돌할 수 있을 뿐 아니라, 도덕적 판단은 전체적인 향상에 해로울 수도 있다. 이 문제는 능력과 지능을 향상시키려는 모든 시도들에 해당된다.

더 나아가 인간을 비롯한 복잡하고 높은 수준의 지능이 자신이 원하는 것을 정확히 안다고 가정하기도 어렵다. 합리주의뿐 아니라 마르크스주의도 인간이 그런 선택을 할 수 있다고 흔히 가정하지만, 실제로 그런 선택은 쉽지 않다. 지적인 능력을 많이 향상시킬 수 있거나 많은 돈을 벌 수 있다는 가능성 가운데 하나를 선택하라면, 당신은 어떤 선택을 할 것인가? 사람들이 일관된 선택을 한다고 가정하기도 쉽지 않다. 그래

강한 인공지능과 인간

서 4장에서도 마음과 의식에서 출발하여 인간만이 진정으로 사물을 이해할 수 있다는 인간주의적 가정에 거리를 두었다. 그런데 이 점은 인간뿐 아니라 높은 수준에 도달한 인공지능에게도 마찬가지다. 여러 자원들을 관리하고 제어할 때, 그 지능이 앞에서 민스키가 언급한 문제들을 봉착하지 않으리라는 법은 결코 없는 것이다. 물론 인공지능은 찰떡같이 합리적인 방식으로, 정해진 규칙에 따라 행동할 것이라고 믿는 사람들이 있다. 그렇다고 하자. 그렇다고 해도 그것은 민스키가 지적한 역설을 피하지 못한다. 합리적이거나 원칙을 따르는 인공지능은 어떤 지시나 주문을 말 그대로 이해하고 실행하는 경향이 크기 때문이다. 램프의 요정 지니는 사람이 원하는 주문이 그 사람이 정말로 원하는 것인지 자문하지도 않을 것이고 사람이 자문하게 하지도 않을 것이다. 지니가 그저 주문자가 원하는 주문을 그대로 들어주듯이, 인공지능도 얼마든지 그렇게 행동할 수 있다. 합리성은 종종 맹목성과 구별되지 않는다. 어떤 목적을 위해 최적의 수단들을 많이 확보하라는 주문은 그 자체로 합리적으로 보인다. 그러나 그렇게 보이는 것은 사람의 이해력이 충분하지 않기 때문이다. 그 주문을 곧이곧대로 실행하려는 인공지능은 어떤 한계도 없이 모든 다른 자원을 이 수단으로 만들 것이다. 금이 좋다고 하면, 모든 것을 금으로 바꿔놓을 것이다. 입으로 들어가려는 음식도 금으로 만드는 것이 좋다고 여겨 그렇게 할 것이다. 이 역설은 단순히 우화의 형태로만 나타나지 않는다. 경제와 경영 영역에서도 그런 일이 종종 일어난다. 인기 있는 종목에 대한 투자가 과잉되어 일어나고, 그것의 피해가 상당한 정도에 이르기까지 그 과잉 투자를 제어할 합리적 방법은 없다. 인간지능이든 인공지능이든 여러 자원에 대해 자신이 원하는 만큼의 적절한 정도와 그들 사이의 복잡성을 이해하기 어렵기 때문에 이런 일이 생긴다.[30] 또 요정 지니든 인공지능이든 주문자가 누구인지 신경 쓰지 않을 뿐더러, 인간 사회에는 언제나 악당들이 있다. 그러니 인공지능이 인간과 휴머니즘을 위해 봉사하기만 하면 된다는 가정은 단순화의 오류나 순환적 논리에 빠진다.[31]

여기서 특이한 점은 이런저런 이의가 제기되면, 초지능주의자들 또는 트랜스휴머니즘을 말하는 사람들은 '도덕 교육'에 호소하는 경향이 있다는 것이다.[32] 그러나 강함을 희망으로 내세우다 다시 도덕에 호소하는 일은, 도덕을 사회적으로 분석하는 관점에서는 회의적으로 여겨지지만, 니체의 도덕 비판의 관점에서 보면 우스운 일이다. 일반적으로도 도덕이 쉽게 최종 해결책이 되기는 어렵지만, 니체는 도덕 또는 도덕화라는 것이 많은 경우 역사적으로 약함의 증상이나 징후이거나, 또는 복잡한 권력관계를 은폐하거나 호도하는 역할을 하기 십상이라고 분석했다.

'인간의 향상'이라는 초지능주의의 핵심 주제를 깊게 논의하는 일은 3부로 넘기도록 하자. 여기서는 니체가 '위대한 건강'을 그렇게 기대하면서도 동시에 회의에 빠진 이유를 다시 생각해볼 필요가 있다. 강자의 덕을 가진 자의 미래를 상상하고 요구하면서, 그는 회의에 빠진다. "이 위대한 건강이 바로 지금도 역시 가능할까? (…) 그러나 어느 땐가는, 이 부서질 듯하며 자기회의적인 현재보다 더 강한 시대에는, 위대하게 사랑하면서도 경멸하는 구원하는 인간, 창조적인 정신이 우리에게 와야 한다."[33] 이 기대는 니체의 강자에만 해당되지 않고, '강한' 지능을 가졌다는 모든 인간 유형에 해당할 것이다. 그러나 현재보다 '더 강한 시대에는' 가능할 정신적 건강, 결국 다양한 욕망을 가진 '전체적인 인간'이 가능하느냐는 물음에 대한 대답은 현재에서 미래라는 시대로 하염없이 연기된다. 초지능을 믿는 사람들은 미래가 '현재보다 강하다'고 말할지 모른다. 그러나 그 경우에도 '강함'이란 속성은 제대로 해결되거나 대답되지 않은 채, 몇몇 강한 초지능 로봇들의 기능적 우월함에 기생하게 될 것이다. 인간을 고양시킨다는 이상은 초지능을 주장하는 사람들에 의해서만 애용되지 않고 인간주의에 의해서도 애용되지만, '더 전체적인 인간'의 심리적 건강은 쉽지 않다.

니체가 강함과 약함의 구별을 존재론적이고 자연주의적인 특성으로 이해하는 경향이 있었던 것은 사실이다. "강함에 대해서 그것이 강함으로 드러나면 안 된다고 요구하는 것, 강함이 압도하는 의지, 제압하는 의지, 지배하려는 의지, 적과 저항과 승리에 대한 갈증이 아니어야 한다고 요구하는 것은, 약함에게 그것이 강함으로 드러나야 한다고 요구하는 것만큼이나 어처구니없다. 일정한 총량으로서의 힘은 바로 똑같은 양으로서의 충동이고 의지이며 활동이다."[34] 강함과 약함의 구별에 대한 이 주장은 기본적으로 자연적 진화 과정을 거쳐서 종의 형태로 실존하는 생물종이 가진 힘에 대해서는 유효할 수 있다. 맹수와 초식동물의 힘은 자연적으로 구별된다. 그러나 이 경우에도 힘의 강함 자체가 환경 속에서 생존할 가능성을 보장해주거나 이것과 비례한다고 말하기는 어렵다.

다르게 말하면, 사회 속에서 다른 인간들이나 기계 그리고 사회적 환경에 상호의존하는 정도가 심한 인간에게는 실체론적이고 독립적으로 분리된 힘의 구별을 전제하기 어렵다. 인간은 인터넷의 발전에 의해 매우 촘촘히 서로 연결되기 이전에도, 이미 상징적 기호들을 통해 자신의 지능을 외부 사물이나 환경에 위임했었는데,[35] 인간의 지능이 기계를 비롯한 외부 환경에 접속하면서 거기에 의존하는 연결망이 확장될수록 강함과 약함을 개인이나 개체에게 귀속시키는 일은 의미를 상실한다고 할 수 있다. 더 나아가면 이 귀속적 불가능성은 개체에게만 해당되지 않는다. 니체도 강자를 단순히 개인의 속성으로 여기지는 않았다. 그가 강자를 고귀한 계층이나 계급의 특성과 뗄 수 없다고 여긴 이유도 여기에 있다.[36] 그러나 특정한 독립적 계층이나 계급에 강함과 약함을 귀속시키는 일도 점점 구태의연한 일이 되어버렸다. 현재 계층적이고 계급적 차이가 존재하지만, 그것을 강함과 약함의 존재론적인 기준에 따른 구별이라고 보기는 어렵다.

그런데 너무나 다행하게도, 그리고 역설적이게도, 니체는 도덕의 발생학과 관련해서는 강자와 약자의 대립을 강조했지만, 다른 한편으로 힘이나 의지라는 원인을 주체나 실체에게 귀속시키는 일을 형이상학적 잔재라며 혹독하게 비판했다. 그것은 "잘못된 원인성의 오류"다. 원인으로서의 의지를 설정하는 것이 제일 그럴듯한 원인성이고, "원인으로서 자아(주체)의 관념은 이후에 뒤따라 태어났다." "모든 행위는 하나의 의지의 결과"로 해석되고, "하나의 행위자(하나의 주체)가 모든 사건에 떠넘겨졌다."[37] 이로써, 강함과 약함의 관계는 니체 텍스트에서 존재론적이고 형이상학적인 궤적을 벗어나게 되는 계기를 확보한다.

일상적 표현으로는 맹수는 강하고 그의 먹이가 되는 동물은 약하다. 그러나 그런 표현에서 강함과 약함의 구별은 일차원적이다. 사자에게 잡아먹히는 동물 무리라고 다 약하지도 않다. 사자들의 먹이가 되는 약한 무리라고 모두 약하지도 않다. 달리기를 기준으로 삼으면, 가장 약하고 어린 것 또는 한눈을 파는 것을 제외하면, 사자가 노리는 무리들 다수는 사자보다 더 잘 달리고 이 점에서 강하다. 호랑이나 사자는 오래 달리기 힘들다. 아주 근접한 거리까지 살금살금 기어간 다음에야, 몇 초 동안만 질주할 수 있을 뿐이다. 더 나아가면, 맹수들의 무리에서 강함은 오래 지속되지 못한다. 사자의 수컷은 암컷들을 독점하면서 다른 수컷들

강한 인공지능과 인간

을 배제하기 때문에 한 무리에서는 독점적 지배권을 갖지만, 바로 그 때문에 쉽게 도전에 노출된다고 할 수 있다. 맹수라고 피식자 무리보다 오래 생존한다는 보장도 없다. 자연적인 본능과 기관을 가진 짐승들에게도 이렇듯 약함과 강함의 구별은 단순히 일차원적인 차원에서 끝나지 않는다. 그와 비교하면 복잡한 사회관계 속에서 상호의존하게 만드는, 연결망이 촘촘한 사회 속에서 사는 인간에게 그 구별은 다차원적 복합성을 띨 수밖에 없을 것이다.

그렇다고, 강함과 약함의 구별 자체가 의미를 상실한다는 말은 아니다. 다만 강함과 약함이 특정 개인이나 계급 또는 일반적 종에게 그들의 존재론적 또는 자연주의적 본질로 귀속되기는 어렵다는 것이다. 또 강함과 약함은 존재의 순수한 원인으로 작용하기도 힘들고, 행위의 단일한 원인으로 작용하기도 힘들다.

머신러닝의 성과가 잘 알려져 있는 가운데, 알파고가 계산을 아무리 잘해서 상대방을 이겨도 그는 자신이 이긴다는 것을 모른다는 지적이 있다. 그 말은 맞을 것이다. 인공지능은 아직 또는 앞으로도 영영 인간처럼 느끼지는 못하거나 그렇게 하지 않을 것이다. 그런데 정말 상대방을 이기는 데서 기쁨을 느끼고 그 느낌을 아는 데서 다시 기쁨을 느끼는 것을 인간성의 고유함이나 미덕으로 여겨야 할까? 그렇게 여기는 것이 당연한 일일까? 능력의 뛰어남을 그 자체로 미덕으로 여기는 기준, 그리고 그 미덕에 기뻐하는 일이 고대적 덕virtue의 핵심이며, 그 '덕의 윤리'가 이제까지 윤리의 역사의 가장 중요한 축 가운데 하나인 것은 맞다.[38] 그래서 사람들은 인공지능을 평가하고 구별하면서, 알게 모르게, 강한 인공지능과 약한 인공지능 구별에 호소하는 것이다. 그러나 이 구별은 이제까지의 인간의 기준에서 당연했던 것이지 사이버 행위자들의 시대에 그들의 작동 방식을 살피는 일에서는 무조건 당연한 것은 아닐 듯하다. 물론 월등한 실력은 여전히 능력주의 기준에서 미덕이고 감동을 준다. 그러나 그 기준의 중요성은 다름 아니라 전통적으로 바로 그 고대의 덕목이 중요한 가치로 여겨졌기 때문에 유지된다고 할 수 있다. 사람들은 바둑을 잘 두는 사람을 고수로 여기고 존경하며, 다시 그 고수를 이기는 인공지능에 감동하고 그것을 경외한다. 이것이 '습관적인' 인간의 태도다. 그런데 여기서 문제가 생긴다. 우수성으로서의 덕의 관점에서 보면, 인간의 대부분도 그 수준에 도달하지 못한다. 인간 가운데 소수만이 그 수준에 도달한다면, 그래서 나머지는 그렇지 못하다는 것을 알게 되면, 우월성으로서의 강함은 무엇에 도움이 되는가? 이는 인공지능이 아직 인간처럼 훌륭하지 못하다는 것을 증명해줄 수 있지만, 대다수의 인간도 '훌륭한' 인간이라는 이상에 한참 못 미친다는 점을 씁쓸하게 알린다.

니체는 강자의 존재 조건에 대해 다각적이고도 깊이 생각한 사람이다. 그가 강한 인간이라고 표현한 사람은 단순히 지능이 높거나 물리적인 힘이 세거나 사회적 권력이 강한 사람은 전혀 아니었다. 무엇보다 자신의 도덕성을 내세우며 자신을 도덕적이라고 자칭하는 사람은 더더욱 아니었다. 인간이 가질 수 있는 자질이나 능력들이 전체적으로 상호작용하면서 그 결과 더 높은 곳을 향하여 나갈 수 있는 인간, 곧 "더 전체적인 인간"이 인간의 강함을 가장 잘 표현한다고 할 수 있는데, 이 전형은 그러나 그 능력과 자질들 사이에서 잔혹한 경쟁과 싸움을 거쳐야만 가능한 것이다. 니체는 이 경쟁과 싸움이 인간의 내부에서만 이뤄진다고 생각하지 않았다. 사회 조직 자체가 그것들을 뒷받침하고 정당하게 만드는 환경이 필요하다고 여겼다. 그러나 이런 잔혹한 존재 조건은 그의 사후 점점 어렵거나 심지어 불가능한 것으로 드러났다. 그것도 일종의 철학적인

강한 인공지능과 인간

이상이었던 셈이다.

그런데 뇌와 컴퓨터가 상상하지 못했던 수준에서 연결되고, 유전공학이나 생화학 기술의 발전에 가속도가 붙으면서, 강한 인간이라는 이상에 다시 불이 붙게 되었다. 그리고 그 이상을 꿈꾸는 사람들은 이런저런 방식으로 다시 니체의 꿈을 자신의 꿈으로 만들려고 한다. 물론 니체는 이런 기술적 발전에 대해 깊이 생각하거나 상상할 수 없었다. 그래도 그는 어떤 방식으로든 강한 존재가 되려는 노력을 추구해야 한다고 생각했다. 니체가 생각했던 방식으로, 곧 정신과 신체가 상호작용을 하며 서로를 높이는 방식으로 과학기술이 진행되기는 힘들겠지만, 그래도 어쨌든 니체의 이상은 끊임없이 소환될 가능성이 크다.

강자와 약자를 구별하면서 니체는 이 구별이 전통적인 도덕이나 이성의 기준에 의해서 다뤄지기 어렵다는 점을 강조했다. 니체 이후 질 들뢰즈[1925~1995]는 강함과 약함의 구별을 강조했지만,[39] 그 구별은 더 이상 휴머니즘적 관점에서 이뤄지지는 않았다. 푸코는 비록 강함과 약함의 구별에 직접 호소하지는 않았지만, 평생 권력관계 분석을 수행했다. 물론 권력관계의 분석은 강함과 약함을 특정 개체나 집단에게 귀속시키지 않는다. 그러나 그가 분석한 '통제'와 '통치'의 문제는 여러 점에서 강함과 약함의 구별의 문제를 새로운 관점에서 수행한 것이다. 그런데 그들 이후 그 구별에 기초를 둔 철학적 문제들은 더 이상 사회의 주요 과제가 되지 못하고 밀려나는 듯했고 그 대신 사회적 약자에 대한 관심이 여러 형태로 대두되었다. 그러나 강함과 약함을 구별하는 역사의 종말이 그렇게 쉽게 도래한 것은 아니었다. 인공지능의 발전이 강한 지능을 강조하면서, 그 물음은 다시 새롭게 제기되고 있다. 더욱이 인간을 강화시키고 고양시키려는 여러 시도가 인공지능의 발전과 더불어 새로 등장하고 있다.

주

1. 나는 이 개념을 번역하지 않고 독일어 표현 그대로 사용하고자 한다. '초인'이란 표현이 여러모로 모호하기 때문이다.

2. 니체의 관점을 포스트휴먼이나 특이점을 위한 참조점으로 사용하는 경우의 예로 Kurzweil; More(2002). 거꾸로 니체가 그것들의 참조점으로 거론된다며 비판하는 예로는, Cotter(ed.); DeFfazio(ed.)(2016): 2.

3. 니체의 'Genealogie'는 계보학이나 발생학으로 번역되는데, 이 글은 후자를 사용하고자 한다. 이 개념을 번역하는 문제를 나는 이미 『니체는 왜 민주주의에 반대했는가』(2009)에서 다룬 적이 있기에, 여기서는 생략한다.

4. 이 문제를 나는 이전의 책에서 집중적으로 다룬 적이 있다. 김진석(2009).

5. Searle(1980), Dreyfus(1972).

6. '인간과 인공지능 사이의 대립'은 사실이라고 보기 힘들다. 사람들이 인공지능에 대해 전적으로 적대감을 갖는 것은 아니기 때문이다. 그 대립은 일종의 과장스럽게 구성된 '가설'이라고 볼 수 있다. 비록 인간과 기계 사이에 상당한 갈등이 생길 수 있는 있겠지만, '인간과 기계 사이의 대립의 가설'은 특히 종 차원에서 과도한 일반화를 전제하고 또 초래한다는 점에서 이데올로기라고 할 수 있다. 이 점에 대해서는 4장을 참조할 것.

7. More(2013): 6. "트랜스휴머니스트들은 거의 지난 25년 동안 실질적으로 언제나 자신들을 강한 합리주의와 동일하게 여겼다. 트랜스휴머니즘의 휴머니즘적 뿌리의 건강한 유산은 과학적 방법, 비판적 사고, 그리고 믿음을 수정하는 개방성에 대한 헌신이다."

8. 정대현(2017): 193.

9. 정대현(2017): 207.

10. 구본권, 「인공지능, 목적 이루려 스스로 언어 개발… 사람은 이해 못해」, 『한겨레』, 2017년 6월 26일. (http://www.hani.co.kr/arti/economy/it/800264.html)

11. 니체가 언어를 권력관계의 효과이자 산물이라고 설파한 것은 잘 알려진 사실이다. 푸코도 언어가 사물이나 진리의 재현이라는 관점을 거부하고, 담론discours들이 역사적으로 형성된 틀의 산물이라고 분석했다. 루만 역시 커뮤니케이션은 마음의 메시지를 전달하는 과정이 아니라, 몇 겹의 복잡성 가운데서 선택을 하는 '있을 법하지 않은' 교환 과정이라고 분석했다. Luhmann(1984): 193~200.

12. 고귀하고 권력이 있는 사람들이 격차의 열정을 통해 좋은 것들을 명명했으며, 여기에서 "좋다"라는 개념의 생성의 기원을 찾아야" 하고, 이 점에서 "언어의 기원 자체를 지배자의 권력 표현이라고 파악해도 좋다." Nietzsche(1980b): 259.

13. 정대현(2017): 208.

14. 정대현(2017): 191.

15. 형벌의 근원과 목적에 대한 니체의 분석에 대해서는 Nietzsche(1980b): 313~318.

16. 다이애나 퍼스는 '인간적인, 너무도 인간적인' 지능을 니체의 관점에서 다루면서, 그것의 잉여성을 지적한다. 잉여로 겨우 존재한다면 인간성을 무조건적으로 소중하게 여기기 힘들 것이다. "인간성이 그 자신의 잉여성을 통해 자신을 구성한다면, 인간적이라는 것은 이미 어떤 심오한 의미로 인간적이지 않다는 것이다." Fuss(1996): 4.

17. 천현득(2017): 232~233.

18. 천현득(2017): 233.

19. Nietzsche(1980a): 62.

20. 비극의 중요성을 강조한 아리스토텔레스는 휴머니즘의 관점에서 슬픔과 공포의 가치를 인정한 고전적 예이고, 니체는 그 비극성의 가치를 최고로 강조한 예일 것이다. 보통 사람들의 감정을 평균적으로 합산하여 계산할 수 있다는 공리주의적 원칙을 주장한 J. S. 밀도 동물과 인간의 차이는 슬픔 같은 감정을 느끼는 능력과 분리될 수 없다고 말했다. Mill(2002): 241~242.

21. Nietzsche(1980a): 67. 니체는 '종교적 신경증'에 대해 말한다.

22. 촘스키는 인간의 지능에 대해 이런 모호한 관점을 유지한다. 언어를 사용하는 능력 자체가 창조성이라는 주장은 너무 모호하며, 논점을 흐리는 경향을 보인다. Chomsky; Foucault(2006): 19. "창조성은 보통의 인간 행위이다."

23. Foucault(1984): 44. 이 문제에 대해서 9장에서 더 이야기할 것이다.

24. Nietzsche(1980a): 205~206.

25. Nietzsche(1980c): 368. 니체는 모든 종류의 궁지를 없애야 하는 것으로 여기는 것이 매우 어리석은 짓이라고 말한다. "전체의 위대한 경제 속에서, 실재의 끔찍한 면들(감정에서, 욕망에서, 권력에의 의지에서)이 선한 것들보다 생각할 수 없을 정도로 더 필요하다."

26. Nietzsche(1980a): 206.

27. Bostrom(2005a): 202~203. 보스트롬의 낙관주의는 지나칠 정도다. "무한한 건강 수명과, 현재의 그 어떤 인간보다도 훨씬 뛰어난 지적 능력을 가질 수 있고, 그들 스스로의 감정을 통제하는 능력뿐 아니라 어쩌면 완전히 새로운 감성이나 감각적 양상을 지닐 수도 있다." 초지능은 "인간의 권리와 개인의 선택을 강하게 옹호하는 동시에, 기술적 진보를 받아들일 수" 있게 해준다. 기술은 지능과 감성, 그리고 자기 통제 등 모든 것에 좋게 작용한다고 여겨진다.

28. Kurzweil(2012): 276.

29. Minsky(2006): 181.

30. 초지능을 주장하는 보스트롬도 인공지능의 단순성을 지적한다. "인간과 인간 같은 존재가 복잡한 것과 달리, 인공지능 행위자는 상대적으로 단순한 건축을 가질 수 있다. 그 행위자들은 또한 단순하고 명백하게 성격이 주어진 동기를 가질 수 있다." Bostrom(2014): 252. 그래서 그것은 우직하거나 맹목적일 정도로 주어진 하나의 목적을 따르는 경향이 있다. 심지어 하나의 주어진 목적에 맹목적으로 매진하다 보면, 그 과제의 실행은 "도착적인 실행"이기 십상이다. Bostrom(2014): 146.

31. 인공지능이 악당의 수중에 들어가는 것을 걱정하는 개발자도 다시 이 순환적 인간주의에 사로잡히는 경우가 많다. 악당이 생길 경우 그 "인공지능을 붙잡고 지우는 인공지능 경찰이 있는 것"이 필요하다. 또는 "평화를 지키는 더 거대한 인공지능"이 필요하다. 착한 편이 더 많고 결국 그 편이 이길 것이라는 순진한 가정이 순환 논리를 낳는다. 도밍고스(2016): 454.

32. 생물학적 뇌보다 비생물학적 뇌가 우월해질 때, "우리에게는 도덕 교육이 필요할 것이다." Kurzweil(2012): 178.

33. Nietzsche(1980b): 336.

34. Nietzsche(1980b): 279.

35. 데닛(2006): 220. "사람이 가진 뛰어난 지능의 원천이 뇌의 크기에 있다고 보는 것은 오류에 가깝다. 내가 제안하는 인간 지능의 으뜸가는 원천은 환경 자체에 인지 과제를 부려

놓는 우리의 습성이다."
36. "'인간'이란 전형의 모든 고양은 이제까지 귀족적 사회의 작품이었다. 그리고 앞으로도
언제나 그럴 것이다." Nietzsche(1980a): 205.
37. Nietzsche(1980c): 90.
38. 덕에 관한 이 관점이 얼마나 뿌리 깊은 역사를 가졌는지를 살피려면, 다음 두 텍스트
만 봐도 충분할 것이다. Nietzsche(1980a), 매킨타이어(1997). 그러나 덕에 대한 전통은 서
양에만 해당되지 않고 근대 이전까지는 거의 모든 인간 문화의 형태들에 해당할 것이다.
39. Deleuze(1962).

강한 인공지능과 인간

6장

하이브리드 행위자,
사이버 행위자

1. 인간주의적 행위자에서 하이브리드 행위자로

인간 지능과 인공지능의 구별로부터 생기는 편견은 무엇보다 다음 두 가설에 의존하거나 그것을 축으로 삼아 작동한다. 첫째로 인간과 기계를 대립관계로 보는 가설과, 둘째로 지능의 능력을 약함과 강함이라는 단일한 위계질서로 평가하는 가설이다. 앞의 두 장에서 이뤄진 논의를 바탕으로 우리는 이 두 가설을 넘어서는 길을 모색할 것이다. 인공지능과 인간의 관계를 논의하면서 극복해야 할 가장 중요한 문제 가운데 하나가 일방적으로 그 두 가설에 의존하는 것이기 때문이다. 이 두 가설을 넘어서면서, 우리는 인간주의적 행위자의 개념에서 벗어나는 방향으로 갈 것이다. 이 장에서는 일단 첫 번째 가설을 다루고, 두 번째 가설은 3부에서 이어 다루려 한다.

인공지능이나 그 지능을 구현하는 로봇이 어떤 지능을 가지고 어떤 사회적 역할을 하느냐의 물음은 인공지능이 정말 사회적 행위자로 인정될 수 있느냐는 물음, 그리고 정말 사회적 권한과 책임을 가질 수 있느냐는 물음으로 이어진다. '행위자agent/actor'에 관한 물음들은 대단히 중요하고 또 어렵다. 그런데도 도저히 쉽게 간단히 대답할 수도 없다. 아마 철학적으로 정의하기 가장 어려우면서도 모호한 개념 가운데 하나일 것이다. 중요함과 모호함이 겹치는 이유는 여럿일 터인데, 무엇보다도 보편적 인간을 가장 훌륭한 도덕적 행위자로 이해하는 관습과 개인으로서의 인간을 행위의 주체로 이해하는 관습을 꼽을 수 있다. 많은 사람은 이 관습들을 말할 필요도 없이 정당하다고 여기는데, 그럼에도 불구하고 거기에는 여러 선입견이 끼어들어 있다.

인공지능이나 그것을 가진 로봇을 행위자로 볼 수 있느냐는 물음은 따라서 이론적으로 또는 철학적으로 논란을 동반한다. 엄격한 의미에서 인간만이 행위자라는 관점을 주장하는 사람들은 인간만이 자신의 행위에 대해 이성적 목적이나 마음/의식, 의도를 가진다고 설명한다. 그러나 이런 설명은 일종의 철학적 순환론에 빠져 있다. 그것은 인간에 대해 이성적 목적이나 고유한 마음 또는 주체성을 전제한다. 인간이 자신의 행위에 대해 언제나 합리적인 동기를 가지며 그것을 또 명확하게 서술할 수 있다고 가정하고 그런 다음에 그 의도나 목적에 따라 수단들을 사용할 수 있다는 것이다. 형이상학이나 인간주의적 인식론이 지배하던 때에는 이런 관점이 그 자체로 철학적인 내용을 가진다고 여겨졌다. 그러나 그런 관점은 의식과 이성의 역할을 과도하게 평가하는 편견의 산물이다.

생물체로서의 인간이 의식과 이성을 따라 행동한 것은 진화의 역사에서 극히 최근의 일이다. 그렇다고 해서 그 역할이 보잘것없다는 말은 아니다. 다만 인간이 생존하고 사회적 활동을 하면서 하는 지능의 활동들은 과거에도 그랬지만 지금도 의식되기 이전에 또는 그 이후에 더 많

강한 인공지능과 인간

이 이뤄진다는 말이다. 또 의식과 의도의 영역에서 시작된 생각이나 동작들도 익숙해지면 곧바로 의식되지 않고 수행하는 움직임의 영역으로 옮겨간다. 물론 여기서 '익숙'해지는 것은 그냥 휙 지나가는 것이 아니라 그 나름대로 중요한 과정이다. 익숙해지기 위해서는 오랜 훈련과 자의식을 통한 통제가 필요하다. 그리고 그 과정은 단순히 의식과 마음에서만 일어나는 일이 아니다. 몸을 통해 그 기억을 저장해야 하는데 그 저장하는 과정은 몸의 다른 능력이나 활동들과 경쟁하면서 일어난다. 이 문제를 먼저 다룬 데닛의 말을 들어보자. "마음의 내용물은 뇌 안에 있는 특수한 방에 들어가거나 어떤 특별하고 신비로운 매질로 변화되어야 의식이 되는 것은 아니다. 행동 제어의 주도권을 잡기 위해, 바꿔 말해 장기적 영향을 미치기 위해, 또는 오해를 낳기 쉬운 표현이지만 '기억에 들어가기' 위해서는 마음의 다른 내용물들과 경쟁을 벌여 승리해야 의식이 된다."[1] 의식이 그것의 내용만으로 아주 특별한 것은 아니라는 말이다. 몸에는 여러 능력과 지능 들이 있으며 몸의 활동은 그것들이 경쟁하면서 일어난다.

인간의 의식을 이렇게 설명하면, 데닛의 말대로 "사람들은 너나없이 당혹스럽다는 반응을 보인다." 몸에서 그런 경쟁이 일어난다고 하더라도 결국 그것을 의식하기 위해서는 다시 '나'의 의식이 필요하지 않느냐고 그들은 말한다. "이런 반론은 뿌리 깊은 오해를 드러낸다. 그들은 '나'는 무언가 다른 것, 뇌와 몸의 모든 활동에 부가되어 있으며 데카르트가 말한 사유하는 것res cogitans의 일종이라고 전제하기 때문이다. 그렇지만 나는 내 몸이 발전시킨 갖가지 능력들 사이에서 벌어지는 모든 경쟁 활동의 조직화일 뿐이다."[2] 몸의 여러 능력과 지능 들이 조직화하는 과정, 또는 자기조직화하는 과정이 의식보다 더 기본적이며 생존에 더 필요하다. 그렇지만 여기서 생존은 이제 단순히 초보적인 수준의 생존이 아니다. 사고와 지능을 높이는 과정을 포함한 생존이다.

그렇지만 의식을 핵심으로 보는 생각들, 의식에서 출발하여 다시 의식으로 돌아가는 순환적 사고방식들은 여전히 있다. 물론 자기 성찰을 하는 인간에게 걸맞은 지위를 부여하고 그에 맞게 책임과 권한을 위임하려는 태도는 그 자체로 잘못된 것은 아니다. 그러나 그 과정에서 몸 안에서 일어나는 다양하고 복잡한 활동들, 그 활동들 사이의 경쟁과 긴장, 그리고 사물과 도구에 대해 많건 적건 폄하하게 된다면, 그것은 잘못된 일이다. 또 의식이 그 자체로 생명 활동의 목적인 것처럼 생각하는 것도 불필요한 일이다. 고도로 훈련된 동작이나 행위는 거의 의식되지 않은 채 수행되지 않는가? 그런데도 인간주의적 사고는 마치 의식의 영역에 있는 내용이 그 자체로 유기체의 목적이며 고차원적 질서를 따른다고 생각하는 경향이 있다.[3] 초보적인 수준이 아니라 높은 수준의 생존을 위해, 또 지능과 사고를 향상시키기 위해서도, 몸의 다양한 능력들이 훈련되고 경쟁할 필요가 있고, 신체 외부 그러나 인지 시스템의 한계 내부에 그 능력들을 분산시킬 필요가 있다. '의식하는 자아'는 과도하게 근대적 개인의 주체성에 의존하며, 실제로 복합적인 인지 시스템의 진행 과정을 설명하기 힘들다. 그 대신에 잘 조직된 복합적이고 분산된 시스템의 관점에서 이 이 과정을 적절하게 관찰할 수 있다. 몸의 복합적인 지능과 능력 들 사이의 경쟁 관계, 그리고 그 지능과 능력 들의 활동을 생물학적 몸의 외부이면서도 인지 시스템의 내부인 곳에 이리저리 분산시키는 과정을 인정하고 거기서 출발하는 일이 필요하다.

인공지능을 어떤 행위자로 여길 수 있느냐는 물음을 제기하기 전에, 대단한 지능을 갖지 않은 것으로 여겨졌던 기계와 사물에 대해 그 물음

강한 인공지능과 인간

을 던지는 것이 필요하다. 그 물음은 기계와 사물들이 단순히 인간이 설정한 목적에 봉사하는 도구에 그치느냐 아니냐 하는 물음에서 출발한다. 그것들이 단순히 도구적 존재에 그치지 않는다면, 그것들은 어떤 일을 하며 어떤 사회적 연관성을 갖는가?

이 물음에 대답하는 길은 꼭 하나만은 아닐 것이다. 3장에서 소개한 두 번째 단계의 사이버네틱스의 관점은 내가 생각하기에 가장 먼저 고려해야 할 이론적 장치이고, 다음으로 고려해야 할 이론적 장치는 과학기술학의 관점과 과학사회학의 관점이다. 사이버네틱스 이론에 대해서는 어느 정도 소개를 했고 또 나중에 더 얘기할 기회가 있기에, 여기서는 후자의 이론에서 출발해보자. 이 관점은 기본적으로 인간과 기계가 대립 관계가 아니라는 데서 출발한다. 또 애초에 과학과 기술은 분리된 영역이 아님을 강조하며 '테크노사이언스'라는 개념을 제안했고, 그 개념은 널리 사용되고 있다. 브뤼노 라투르1947~ 등이 제안한 행위자-네트워크 이론actor-network theory, ANT은 독립된 인간이나 기계는 존재하지 않으며, 인간과 비인간(도구와 기술, 무생물을 포함하여)의 동맹관계가 사회적으로 작동하며 이것이 중요하다는 점을 강조한다. 인간과 기계 사이의 대립 가설이 근본적으로 거부되는 것이다.

인간과 기계가 네트워크를 구성한다는 것은 여러 심각한 관점들을 함축하고 논쟁의 대상으로 삼는다. 인간과 기계는 연결된 망이며 동맹 관계에 있다는 관점은 무엇보다 다음 두 관점에서 벗어나기를 요구한다. 첫 번째 관점은 인간이 중심이며 기계는 인간을 위한 도구에 지나지 않는다는 것이다. 앞에서 논의한 대로 이 관점은 인간주의의 핵심을 이루는 주장이라고 할 수 있다. 여기서 다시 알 수 있듯이, '휴머니즘'이란 개념은 그저 좋고 착한 개념은 아니다. 인간을 중심에 놓고 모든 자연과 사물을 도구로만 이해할 뿐 아니라, 인간이라는 허구적인 가상과 이념을 과도하게 설정한다. 자연이나 사물 그리고 기계를 도구로 사용하는 사람들이 단일하고 동일한 집단이 아닌데도, 마치 모든 인간은 같은 자리와 위치에서 자연과 사물을 도구로 이용하고 또 이용할 수 있는 것처럼 설정한다. 그러나 과학기술의 혜택을 받는 사람들과 그로부터 피해를 보는 사람들의 차이, 또는 혜택을 더 받는 사람들과 덜 받는 사람들의 차이는 여러 방식으로 존재한다. 인간을 중심에 놓는 관점과 달리, 기술의 발전에 우선권을 주는 기술중심주의 또는 공학적 관점도 존재한다. 기술의 발전은 기본적으로 언제나 이로운 목적에 따른 것으로 설정되며, 인간은 거기에 맞춰 행동하거나 기능해야 한다고 여겨진다. 인간주의(휴머니즘)와 공학적 기술중심주의가 물론 인간과 기계 사이의 대립을 명시적으로 드러내지는 않을 수도 있지만, 실제로 그 두 관점은 알게 모르게, 또 많건 적건, 그 대립을 부추기며 뒷받침한다. 우선권이 처음부터 인간이나 기계 어느 한쪽에 부여됨으로써 단순하고 일반적인 대립이 부각되기 때문이다. 그리고 그 와중에 인간과 사물이 참여하고 구성하는 사회적 관계에 대한 관심과 주의는 밀려나거나 축소된다. 바로 이 인간중심주의와 기술중심주의를 벗어나야 한다고 강조하는 브뤼노 라투르는 위의 두 관점을 "공학적 꿈"과 "휴머니스트의 대립된 꿈"으로 지칭한다.4

이 논의는 기껏해야 이론적인 분석에 그치는 것일까? 그러나 기술중심주의와 인간중심주의는 그저 극단적인 이론에 그치지 않는다. 그 두 관점은 사람들의 경험적이고 일상적인 태도에까지 스며들어 있기 때문이다. 가만히 살펴보면 모호하면서도 극단적인 '이성적 인간'이라는 개념은 옆으로 밀어놓자. 경험적이고 실제적인 인간을 서술하는 개념인 '만드는 인간homo faber'의 예를 들어보자. 라틴어 'faber'는 명사로는 목수,

대장장이, 수공업자를 지칭하며, 형용사로는 '기술과 솜씨를 가진'이라는 뜻이다. 그래서 '호모 파버'는 손을 사용해 솜씨를 발휘하는 기술자의 모습을 그린다. 그리고 그 개념은 그저 독단적으로 이성과 뇌에 우선권을 주는 이성적 인간이라는 개념이나 관행을 거부하면서, 인간은 손을 이용하여 어떤 것을 만들고 그럼으로써 몸으로 그 사물들과 관계를 가지게 된다는 좋은 면을 선보인다. 거기까지는 좋다. 그러나 가만히 살펴보면, 그 관점은 순진한 인간주의의 경계 내부에 안전하게 머문다. 인간을 중심으로, 인간에 의하여, 그리고 인간을 위해, 인간이 도구/기계를 이용한다고 설명하는 경향이 크기 때문이다. 인간이 거의 언제나 중심과 목적으로 설정되고 있다. 행위자-네트워크 이론은 이런 소박한 또는 순진한 인간주의에서 벗어나야 한다고 말하며, 그 점에 나는 동의한다. 'faber'라는 단어와 '이야기 또는 허구를 꾸며내는fabulous'이라는 단어가 어원이 같다는 점을 패러디하여, 라투르는 'homo faber'라는 용어를 다음과 같이 꼬집는다. "만드는 인간homo faber은 인간이 만든 우화이며, 허구를 만들어내는 인간Homo fabulous이다. 정말 그렇다."**5**

도구를 사용하는 인간이라는 개념과 이미지는 역사적으로 그리고 일상적으로 인간에게 매우 익숙한 것인데, 행위자-네트워크 이론은 그 관습에서 벗어나기를 권장할 뿐 아니라 요구하고, 더 나아가 도발한다. 그 요구는 근본주의적으로 휴머니스트를 자처하는 사람들뿐 아니라 그렇게까지 근본주의적이지는 않더라도 "사람이 중요하다"라는 관점을 당연하고도 자연스럽게 생각하는 많은 사람에게도 도발일 수 있다. 라투르의 이론적 성찰이 인공지능이 현재와 같은 궤도에 이르기 전에 이뤄진 것이라는 점을 생각하면, 그 성찰이 야기하는 도발은 오늘날 과거보다 훨씬 더 심각하고도 즉각적으로 다가올 수 있다.

그런데 라투르의 개념적 문제 제기는 '도구를 사용하는 인간'이라는 일반적인 패러다임에서 그치지 않는다. 행위자-네트워크 이론은 인간과 사물의 연합 또는 연결망을 강조하면서 그것이 사회적 성격을 갖는다고 강조하는데, 라투르는 여기서 '인간 또는 사회는 사회적으로 구성된다'는 근대적 관점에도 이의를 제기한다. 왜? 왜냐하면 근대의 사회과학자들은 '사회화'라는 과정에서 과도하게 인간적 관계에만 주의를 집중했기 때문이다. 과학 및 기술 연구의 관점에서 보면, 그렇게 인간들의 사회적 관계에만 주의를 기울이는 이론은 인간 아닌 사물들이 사회에 미치는 영향을 무시하거나 간과하기 십상이다. "근대주의적 합의에서, '사회'는 사회과학자들에 의해 사회적 관계라는 동화로 바뀌었는데, 거기서 인간이 아닌 모든 것은 신중하게 적출되었다."[6] 과학 및 기술 연구의 관점에서 사회과학은 과도하게 인간관계에만 집중하며, 의도적으로 또는 결과적으로 모든 비인간은 삭제된다. 라투르는 정색을 하고 말한다. "사회는 물론 구성된다, 그러나 사회적으로 구성되지는 않는다."[7] 이로써 우리는 과학과 기술에 대한 성찰이 인간주의뿐 아니라, 인간을 사회적 행위의 중심에 놓는 근대 이후의 사회과학의 관행에 정식으로 이의를 제기한다는 것을 알 수 있다. 그러므로 논의해야 할 사태는 결코 간단하지 않다. 인간을 중심에 놓는 것뿐 아니라 사회적 관계를 중심에 놓는 일도 기계나 인공물의 가치를 이미 평가절하하고 있기 때문이다.

그렇다면 인간이 아닌 기계나 인공물은 어떤 것인가? 그것은 그냥 바깥에 있는 사물인가? 아니면 그것들은 그냥 대상으로만 존재하는 것이 아닌가? 여기서 라투르가 '비인간nonhuman'이라고 부르는 것의 실제 모습이 드러난다. '기계' 또는 '기술' 또는 '대상'이라고 부름으로써, 우리는 마치 어떤 것이 그 자체로 독립적으로 존재하는 어떤 사물이나 대상이

강한 인공지능과 인간

라고 여기는데, 그는 그런 것은 없다고 말한다. "철학적으로 또는 사회학적으로 객체라고, 또는 인공물이라고, 또는 기술의 한 부분이라고 정의할 수 있는 것은 없다."[8] 실제로는 인간과 비인간의 복합적인 조합 또는 결합이 존재할 뿐인데, 인간은 오히려 기술이라는 말로 어떤 독립적인 대상이 따로 존재하는 것처럼 이해한다. "기술이란 명사는 사람들이 결합되는 다양한 조합으로부터 사람을 분리시키기 위해 사용될 필요가 없다."[9] 인간이 한편에 따로 있는 것도 아니고, 기술이나 기계가 대상으로 다른 편에 따로 존재하지도 않는다. 인간과 비인간이 시대마다 다른 방식으로 조합되고 결합되는 연결망만 있을 뿐이다.

이상하거나 극단적인 발상으로 보이는가? 처음엔 그렇게 보일 수 있다. 그러나 가만히 보면, 근대 이전에는 인간과 사물이 철학적으로 그렇게 '순수하게' 분리된 것들이 아니었다. 어떤 점에서는 절대자(또는 무서운 신)를 제외하고 나머지 존재자는 거의 다 비슷한 불완전하거나 '잡종'의 형태로 존재했다고 여겨졌다. 임금이든 귀족이든 서민과 비슷하게 불완전한 존재였다. 그런데 데카르트가 마음과 물질을 철학적으로 분리하면서 마음의 특별함을 부각시켰듯이, 근대는 인간과 인간 아닌 것(대상 또는 사물)을 '순수하게' 구별하고 대립시켰다. 따라서 근대와 더불어 이상한 두 실천들이 진행되었다고 할 수 있다. 첫째, 실제로는 자연과 문화가 서로 섞이고 또 섞이는 혼합의 실천들이 확산되었다. 그런데 "두 번째 실천은 순수화에 의해서 2개의 완전히 구별되는 존재론적 영역을 만들어냈다. 한편에 인간 존재의 영역, 다른 한편엔 비인간의 영역."[10] 근대는 이 점에서 이상하고 별난 시대였다. 한편으로는 봉건적 질서에서 벗어나 인간을 중심에 놓는 진보를 가져왔지만, 다른 한편으로는 과도하게 인간을 다른 비인간으로부터 분리하여 세계의 중심으로 설정하는 결과를 초래했다. 인간은 도구를 사용하는 존재 또는 인간은 사회를 구성하는 존재라는 정의도 알게 모르게 인간중심주의를 고취시켰다.

인공지능이 점점 사회에 개입하고 심지어 침입한다고 여겨지는 시대에 근대적 인간중심주의에 대한 이의는 진지하게 제기되어야 한다. 그렇게 하지 않고 인간과 기계/인공지능의 대립을 사실이나 진리로 여길 경우, 그로부터 기인하는 모든 과잉 대응이나 적대감의 결과는 결국 다시 인간에게 되돌아갈 것이다. 물론 인간이 더 이상 우주의 중심이나 세계의 중심, 또는 심지어 사회의 중심이 아니라는 생각은 처음에는 불편함과 우울함, 슬픔을 초래할 수도 있다. 그러나 앞에서 언급했듯이, 인간이 우주와 세계 그리고 사회의 중심이라는 생각은 다소 단순화해서 말하자면 근대에 들어 비로소 자리를 잡은 것이지 원래부터 굳건하게 있었던 것은 아니라는 점을 떠올릴 필요가 있다. 그러면 인간이 목적이며 사물은 도구에 지나지 않는다는 생각에서 벗어날 수 있고, 또 거기서 생긴 불편함과 불안, 오만에서도 벗어날 수 있다.

인간중심주의도 불편함과 불안을 야기하지만, 거꾸로 거기서 벗어나는 일도 나름대로 불편함과 불안을 야기하는 것이 아니냐고 말할 수 있다. 그럴 수도 있다. 방향과 성격은 다르지만, 불편함과 불안은 저쪽에도 있고 이쪽에도 있을 수 있다. 그러나 전자가 오만과 착각에서 기인한다면, 후자는 사실과 직면하는 데서 생긴다고 할 수 있다. 그러므로 그 두 불편함과 불안의 성격과 맥락은 분명히 다르다. 복합적인 또는 달갑지 않은 사실에서 생기는 불편함과 불안을 무작정 피한다고 해서 그것이 사라지지는 않는다. 그것을 제어하고 다스리는 것이 과제일 것이다.

'행위자'라는 개념이나 표현은 흔히 또는 자연스럽게 인간에게만 부여되거나 귀속된다. 그러나 그 '자연스러움'은 사실은 자연스럽지 않다. 근

강한 인공지능과 인간

대적 인간주의 또는 인간중심주의가 그런 과장된 인간주의적 행위자의 관점을 부추겼다고 할 수 있다. 실제로 사람들은 일상에서 그런 편견에서 벗어나서 사물들을 대하고 있다. 실제로 장인이나 솜씨 좋은 기술자들은 "연장이 일을 한다"는 말을 자연스럽게 하며, 자신의 연장을 소중하게 다룬다. 연장이 없으면 인간은 무력하다. 그렇게 연장을 소중하게 여기고 자신과 한 몸으로 생각하면서도 때로는 인간에게 사물은 도구에 지나지 않는다는 인간주의적 또는 인간중심주의적 판단에 사로잡히거나 휩쓸리는 것이다. 이 인간주의적 관점에 따르면, 기계와 로봇도 한갓 수단으로 기능하는 도구에 지나지 않을 것이며, 행위자의 위상에 이르지 못한다. 그러나 행위를 하거나 행동하는 데 특별히 인간의 마음(그것이 무엇이든)이 꼭 필요한 것은 아니다. 환경이 부과하거나 초래하는 복잡성과 직면하여 그것을 다루고 제어하는 일련의 실천들이 모두 행위와 행동이다.

물론 그렇다고 인간이 기계와 똑같거나, 도구가 인간과 차이가 없는 행위자라는 말은 아니다. 3장에서 우리는 행동주의와 두 번째 단계의 사이버네틱스의 차이를 살펴보았다. 철저한 행동주의의 관점에서는 같은 방식이거나 같은 역할을 하므로 도구와 인간이 같은 것이라고 볼 수도 있지만, 사이버네틱스의 관점에서 시스템의 작동은 나름대로 자율성을 갖는다. 인간의 마음이 꼭 인간을 독립적이며 특별한 행위자로 만들지는 못하더라도, 생물체나 기계와는 다른 차이를 발생시키는 것은 사실이다. 사람이나 로봇이 또는 반려동물이 집에 돌아온 사람을 반길 때, 일차적으로 그들의 행위들에서 유추할 수 있는 유사성이 있는 것은 사실이다. 그렇다고 그들의 행위가 동일하다는 말은 아니다. 그때그때 작동하는 시스템이나 네트워크는 자기조직이나 자율성의 수준과 관점에서 얼마든지 차이를 가진다. 다른 한편으로 인간 행위자라고 언제든 다른 행위자보다 우월하거나 인간에게 친밀성을 갖는다고 말하기도 어렵다. 마음을 가진 인간은 인간에게 더 친밀함을 줄 수 있지만, 오히려 양가적 감정이나 애착의 감정 또는 본인도 의식하지 못하는 다른 감정적 요구들에 사로잡히기도 한다. 사람이 사람을 피하거나 어렵게 대하는 이유도 거기서 온다.

여기에 인간주의적 또는 인간중심주의적 행위자의 개념을 버리거나 포기하거나 거부해야 하는 까닭이 있다. 그 대신, '하이브리드 행위자hy- brid actor'11의 개념이 적절하다. 이 개념은 단순히 이론적인 차원에서의 문제에 그치지 않고, 이론이나 개념이 사람들의 일상적 태도에 영향을 미치는 일반적인 결과와 연결된다. 예를 들어, 총을 가진 인간이 그것으로 어떤 일을 저질렀다고 하자. 여기서 행위자는 누구인가? 오로지 사람만이 행위자인가? 인간을 중심에 놓은 관점에서는 그렇다. 또 사람에게 죄와 벌을 귀속시키는 법의 관점에서도 그렇다. 그러나 최종적인 행위자로서의 개인에게 보편적으로 죄와 벌을 귀속시키는 법도 근대에 들어서면서 비로소 일반적으로 성립되었다. 그 이전엔 가족이나 종족에게도 개인 못지않은 책임이 부여되었고, 여러 부족사회에서는 부족 전체가 사회적 죄와 벌을 공유하는 방식들이 있었다. 또 신분에 따라 차별적으로 죄와 벌이 귀속되기도 했다. 오로지 개인으로서의 행위자가 언제든 일반적으로 행위와 책임의 전적인 주체로 존재했었고 또 인정되었던 것은 아니다. 인간의, 인간에 의한, 또 인간을 위한 법이나 규범의 기준에서는 그렇게 보일 수 있지만, 그런 '정상성'은 근대 이후에 비로소 도입되고 확산되었다. 또 인간이 행위의 주체로 일반적으로 인정되었다고 해서, 오직 사람만이 전적인 행위자로 여겨진 것은 아니다. 사물들과 비인간들도 여러

강한 인공지능과 인간

방식으로, 명시적이든 암묵적이든, 많건 적건, 행위자로 인정되었고, 그에 따라 혐오감이나 적대감이 표현되었다. '흉가'라는 표현은 어떤 집이나 건물이 나름대로 나쁜 영향을 끼치거나 역할을 한다는 것을 말하고, '흉기'는 어떤 무기가 그것을 소지하는 사람에게 나쁘거나 해로운 영향을 끼칠 수 있다는 사실을 말한다. 총은 그것을 소유하고 소지한 사람으로 하여금 어떤 행동을 유발하게 하거나 그에게 어떤 영향을 끼칠 수 있다는 점에서 명백히 행위를 유발하는 행위자이다. 무기가 가진 이 영향력과 행위를 유발하는 힘을 단순히 도구가 가진 영향력이라고 서술한다면 그것은 너무 인간을 중심에 놓은 이해 방식이다. 도구라는 개념은 목적으로서의 인간을 전제하며, 마치 도구는 언제나 부차적인 역할을 한다는 전제를 깔고 있다.

여기서 우리는 두 가지 길이 있다는 것을 알 수 있다. 첫째로, 총을 가진 인간이라는 예에서 '하이브리드 행위자'는 인간과 총을 포함하는 연결망이다.[12] 인간과 비인간의 동맹이나 연합이라는 개념을 강조하는 이유가 여기에 있다. 그러나 둘째로, 비인간인 사물도 나름대로 행위를 유발하고 초래한다는 점에서 행위자로 여겨질 수 있다. 행위자를 단순히 인간에게만 국한할 필요가 없으며, 더욱이 기술이 발달하면서 사물들이 사물이나 인간 그리고 생명체에 미치는 영향력이 점점 커졌다. 따라서 비인간 역시 엄연한 행위자로 파악할 필요가 있다. 인간만이 자연이나 문화 또는 환경에 영향을 끼치는 행위를 유발한다고 생각할 필요는 없다. 다만 여태껏 '행위자'라는 용어가 과도하게 인간주의를 전제하고 개별적인 인간을 지칭했기에 어색함이나 부자연스러움이 생길 뿐이다. 그 인간주의적 해석에서 기인하는 행위자에 대한 오해를 피하기 위해, 또 "비인간의 경우에 '행위자'라는 용어가 일반적이지 않다"는 것도 사실이기에, 라투르는 "(기호학적 개념인) 행위소actant, 行爲素가 더 좋은 표현"[13]이라고 제안했다.

이로써 인간과 기계의 단순한 대립의 가설, 그리고 인간만이 행위자의 권한을 갖는다는 가설이 옳지도 않으며 이론적으로 정당하지도 않다는 것이 증명된 것일까? 더 나아가 사물과 기계도 나름대로 행위를 유발하고 초래한다는 점에서 얼마든지 행위 연관성을 갖는다는 것도 증명된 것일까? 어떤 점에서는 그렇지만, 다른 점에서는 아직 그렇지 않은 듯하다. 현재 사회는 아직 법과 제도의 차원에서 인간만을 유일한 행위자로 인정하는 관습에 근거하고 있으며, 그 관습은 사물에게도 나름대로 행위자의 지위를 주는 것을 거부하기 때문이다. 라투르가 "비인간의 경우에 '행위자'라는 용어가 일반적이지 않다"는 점을 인정하고, 일종의 '기술적 개념technical term'을 도입한 것도 바로 이 어려움을 간접적으로 인정했기 때문일 것이다. 따라서 사물이 물리적이고 기호학적 차원에서 행위를 유발할 수 있다는 점을 인정하고, 또 도구가 아예 인간과 분리되어 존재하는 어떤 것은 아니라는 데 동의하더라도, 사람들은 행위자라는 용어를 사용할 때 사물과 도구는 일단 거기서 제외하는 쪽으로 결정을 내리고 싶어 할 수 있다. 그렇지만 도구는 인간과 분리된 존재가 아니며 인간도 도구 없이는 존재하지 않는다. 이론적으로는 또는 넓은 의미의 존재론의 관점에서는 사물과 도구도 충분히 행위자로 여겨질 수 있다. 그리고 인간과 사물의 동맹관계는 따라서 새롭게 부각되고 새로운 이름으로 인정될 필요가 있다.

강한 인공지능과 인간

2. 사이버 행위자의 발생학

인간뿐 아니라 사물에게 나름대로 행위를 유발하는 힘이나 능력이 있다. 그리고 인간이 홀로 사회적 관계를 실행하거나 구현한다기보다 비인간과의 동맹이나 연합에 의해 그 역할을 한다는 것은 사실이다. 그 점에서는 사물과 도구를 나름대로 '행위자'로 부를 수 있지만, 현재 사회 시스템에서는 부적절한 면도 있다는 것을 앞에서 논했다.

그런데 인간 못지않거나 심지어 인간보다 뛰어난 기능을 하는 인공지능은 이미 상당한 수준의 자율성을 확보했으며, 따라서 '하이브리드 행위자'나 '사물 행위자'라는 개념만으로는 그 자율성과 '인간 못지않음', 또 어떤 점에서는 인간보다 뛰어날 수 있다는 가능성을 고려하거나 서술할 수 없다. 이 논점은 인공지능이 강력하게 사회에 등장하기 전에 이미 이론적으로 논의가 되었던 것인데, 이제 인공지능의 등장과 함께 더 절박하게 요구된다. 인공지능이나 그것을 사용하는 로봇은 과거의 사물이나 기계보다 훨씬 더 자율성을 가지게 구현되기 때문이다. 다르게 말하면, 비인간이라는 개념은 사물과 기계의 위상은 충분히 지칭하지만 높은 수준의 인공지능을 가진 로봇은 충분하게 설명하지 못한다. 인간과 인공지능/로봇은 작동의 차원에서 얼마든지 유추의 관계에 있을 수 있으며, 인공지능과 로봇이 가진 인간과의 유추의 수준은 행위자의 관점에서 도구가 가진 위상을 넘어간다. 그러므로 이제 우리는 행위자의 개념을 또 다른 관점에서 넓히는 과제와 직면한다.

여기서 나는 사이버 행위자라는 개념을 제안한다. 그 개념에 따라 행위자를 몇 가지 그룹으로 분류할 수 있다. 발생학적 기원에 따른 가로축(x)과 자율성의 수준을 세로 축(y)으로 한 그래프 상에서 이 그룹들을 구분해볼 수 있다. 가로 축은 기본적으로 유기체에서 출발하며, 유기체의 구조를 가지고 있느냐 아니면 인공물이냐의 구별에 따라 축의 어느 쪽에 놓일지 결정된다. 원점에서 세로 축에 가까운 쪽에 유기적으로 발생한 행위자를, 세로 축에서 멀어지는 쪽에 인공적으로 발생한 행위자를 놓도록 하자. 세로 축은 자율성의 높고 낮음을 가리킨다. 인간의 개입 없이도 어느 수준에서 자율적으로 움직이는 기계와 프로그래밍된 대로 움직이는 로봇을 크게 첫 번째 그룹으로 분류할 수 있다. 그다음으로 동물 집단이 있다. 자연 상태에서 비교적 본능에 따라 살아가는 동물들은 나름대로 자율을 가지며, 발생학적 축에서는 유기체의 쪽에 분포될 것이다. 세 번째 그룹에는 인공지능 및 인공지능 로봇들이 속한다. 이 그룹은 자율성의 기준에서 기계와 로봇보다 더 높은 쪽에 있지만, 발생학적 축에서는 인공물 쪽에 머문다. 넷째 그룹은 사이보그다. 사이보그는 말 그대로 '사이버네틱스'와 '오가니즘organism'의 결합체다.[14] 사이보그 집단은 넓게 유기체와 인공물, 자연과 문화의 결합체로 알려져 있지만, 사이버 행위자의 기준에서는 기본적으로 유기체 또는 생명체에서 출발하거나 그것에 근거하면서 높은 자율성을 갖는 그룹이다. 사이보그들은 자율성이 높고, 발생학적으로 유기체 쪽에 있다. 결합체에서 인공물의 구조가 유기체의 구조보다 강하더라도, 유기체에서 출발한 결합체라면 모두 여기에 속한다. 인간도 이 그룹에 속한다.

물론 사이버 행위자에 단순히 이 네 그룹만 있는 것은 아니다. 각 그룹은 다시 하위의 그룹들을 포섭할 수 있고, 자세히 보면 기계와 로봇들 사이에도 얼마든지 차이가 있을 수 있다. 어떤 기계들이 단순한 도구이며 어떤 것들은 로봇 수준에 도달한 것인지를 가리는 일은 경우에 따라서 어려울 수도 있다. 인공지능 그룹에도 앞으로 여러 수준의 소집단들

강한 인공지능과 인간

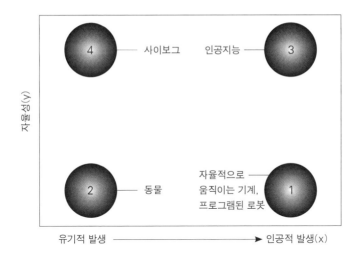

이 분화할 가능성이 크다. 어느 순간에 엄청난 수준의 초지능을 가진 인공지능이 대두할 가능성이 있고 그 경우 그 초지능은 인공지능들의 네트워크를 통합한 형태로 작동할 가능성이 높다.[15] 그런 초지능이 등장하기 전에는 수준의 차이가 있는 여러 인공지능 및 로봇들이 작동할 것이다. 또 사이보그라고 순전히 유기체로만 이뤄진 것은 아니다. 처음에 유기체에서 출발했더라도, 어느 순간 인공물의 요소가 많이 추가될 수 있다. 이 경우 사이보그는 유기체(와 인공물) 그리고 자율성의 결합체일 것이다.

자율성 수준의 축에서도 분포는 단순하지 않을 것이다. 양의 방향으로는 자율성의 수준과 함께 문명의 수준이 높아지고, 원점에 가까울수록 그것이 낮아진다고 보면, 사이보그 그룹과 인공지능 그룹은 이 축의 위쪽에, 인간의 개입 없이 움직이는 기계/로봇과 동물은 아래쪽에 위치하는 듯이 보인다. 따라서 기본적으로는 우리가 3장에서 살펴본 진부한 기계와 진부하지 않은 기계의 구별, 또는 진부한 지능과 진부하지 않은 지능이 자율성의 수준의 차이에 상응한다고 할 수 있다. 자율성이 어떤 특별한 마음이나 도덕성이라는 능력에 근거한다고 생각한다면, 그것은 인간주의적 사고이다. 그와 달리 여기서 자율성은 어떤 시스템의 자기조직의 수준에 달려 있다. 이 관점은 인간주의적 기준보다 다양한 시스템(동물과 로봇 등)의 작동의 자율성을 인정한다는 점에서 포괄적이고 따라서 인간주의의 독단성에서 벗어난다. 그럼에도 불구하고 '자율성의 수준' 개념은 아직도 완전하지는 않다. 3장에서 논의했듯이 자율성이 어떤 시스템이 작동 차원에서 갖는 성격이라면, 그것은 일반적으로 모든 시스템의 작동에 부여될 수 있을 것이다. 그러나 실제로 '자율성'의 수준에서 차이가 존재한다면, 여기엔 어떤 충돌이 있지 않은가? 또 자율성의 수준이 어떤 시스템의 가치와 질을 결정하는 것이냐는 물음도 가능하다. 복잡한 조직을 갖는 것이 자율성이나 자기조직의 관점에서 결정적으로 중요한 것이냐는 물음도 가능하다. 왜냐하면 한편으로는 복잡한 조직을 가진 시스템이 비교적 진화의 높은 단계에 있는 것처럼 보이지만, 비교적 단순하면서 생존능력이 우월한 경우도 충분히 가능하기 때문이다.

사이버 행위자를 구성하는 네 집단, 기계/로봇 집단, 동물 집단, 인공지능 집단과 사이보그 집단 가운데, 첫째 그룹과 둘째 그룹, 그리고 셋째 그룹과 넷째 그룹의 구별은 근본적으로 발생학적 배경을 갖는다. 기능적 차원에서는 큰 차이가 없는데, 발생학적 구별이 큰 역할을 한다. 사이보그가 기본적으로 유기체 또는 생물에서 출발하거나 거기에 조금이라도 기반을 두는 것과 달리, 인공지능 그룹은 유기체와 생물로부터 독립적으로 발생한 인공적 조직이다. 마찬가지로 기계/로봇 그룹과 동물 그룹도 기능적 차원에서는 큰 차이가 없을 수 있지만, 발생학적 관점에서는 차

강한 인공지능과 인간

이가 난다. 반면, 기계/로봇 그룹과 인공지능 그룹은 모두 인공물이기에 발생학적으로는 차이가 없지만, 기능적 차원에서는 작지 않은 차이를 보인다. 마찬가지로 사이보그와 유기체 그룹은 발생학적으로는 유기체에 근거하지만 기능적 또는 문화적 차원에서는 차이를 보인다.

사이보그 개념은 사이버네틱스 이론을 중심으로 1950년대에 이미 제안되었지만, 다나 해러웨이[1944~]가 1991년에 「사이보그 선언A cyborg manifesto」을 발표한 이후에 더 잘 알려졌다.[16] 해러웨이는 자연과 인공이 뒤섞이는 여러 예들을 통해 사이보그가 확산되는 사회적 과정을 분석했다. "천년 말의 씨앗, 칩, 유전자, 데이터베이스, 폭탄, 태아, 인종, 생태계 등과 같은 사이보그 비유들은 주체와 객체의 내파와 자연적인 것과 인공적인 것의 내파의 자손이다."[17] 자연과 인공의 혼종이라는 관점에서 보면, '생태계'조차 사이보그 영역에 진입한다. 인간과 공존하며 인간의 사회적 영역에 상당히 밀접하게 가까이 있는 '자연'의 영역이기 때문이다. 해러웨이가 1990년대 초에 한 선언은 문학적 비유와 생물학적 비유에 상당히 많이 의존한 작업이었다. '혼종'이나 '잡종'이라는 비유도 과도하게 생물학적 틀을 부과한다. 거의 한 세대 가까운 시간이 지난 지금 우리는 사이보그를 생물학적 잡종의 차원을 넘어, 좀더 분석적이고 포괄적인 관점에서 관찰하고 평가할 필요가 있다. 초기 사이버네틱스에서도 그랬다고 볼 수 있지만, 해러웨이의 의견에 따르면 인간과 자연, 인간과 기계, 자연과 기계의 경계를 넘어가는 모든 것들은 다 사이보그다. 이 관점은 사이보그에 대한 매우 넓은 이해 방식인데, 그 이유는 사이보그를 주로 '잡종'이라는 비유로 이해하기 때문이다. 그 비유적 이해 방식을 따르자면, 앞에서 언급한 네 종류의 사이버 행위자 모두가 사이보그로 여겨진다.

그와 달리 내가 제안하는 사이보그는 다소 좁은 의미의 것으로, 유기체로 출발했으면서도 다양한 형태의 인공지능이나 자기조직하는 지능과 결합한 복합체를 말한다. 그러나 앞에서 언급한 대로 유기체에서 출발했더라도 어느 순간 얼마든지 인공물과 결합할 수 있고, 그래서 인공물의 비율이 유기체의 비율보다 더 커질 수도 있는, 나름대로 자율성을 가진 복합체이다. 인공물의 비율이 유기체의 그것을 구조의 차원에서 압도할 수 있는 사이보그 결합체가 어쩌면 유기체의 구조를 더 가진 사이보그 결합체보다 얼마든지 더 많아질 수도 있다.

그렇지만 간단히 인간과 기계의 결합을 사이보그로 이해할 수 있지 않을까? 그럴 수도 있다. 다만 생각할 점이 몇 가지 있다. 우선, '기계'라는 말이 너무 넓게 혹은 모호하게 사용될 수 있다. 왜냐하면 '기계'는 단순한 도구에서부터 인공지능 로봇까지 다 포함할 정도로 넓은 범위이기 때문이다. 사이버 행위자의 관점에서 보자면, 단순한 기계와 상당한 자율성을 가진 인공지능 로봇 사이에는 작지 않은 차이가 있다. 또 '기계'를 단순히 인간의 도구로 이해하는 버릇에서도 벗어나야 한다. 일반적으로 인간과 기계의 결합을 사이보그로 지칭하는 것은 과도하게 비유적일 수 있다.

또 사이보그의 형태는 실제로는 매우 다양할 수 있다. 기본적으로 그것은 유기체에서 출발했다. 그러나 분산된 지능의 차원에서 기계와 필수적으로 결합한 채 살아가는 인간에서부터, 두뇌가 컴퓨터와 연결된 인간과 신체 자체에 기계적 장치가 삽입된 인간을 거쳐, 신체와 두뇌가 인공지능과 연결된 인간까지. 사이보그와 인공지능은 발생학적으로 서로 다른 사이버 행위자로 구별되지만, 이 둘은 실제의 작동 차원에서는 비슷하거나 서로 결합할 수도 있다. 이렇게 되면, 사이보그는 점점 확장될

강한 인공지능과 인간

수 있다. 인공지능과 결합한 인간뿐 아니라, 비록 아직은 드물게 보이지만 프로그래밍이 된 대로 움직이는 기계와 로봇과 결합하는 인간도 거기 속할 수 있다. 단순히 도구로서 인간에게 사용된다는 의미의 '기계'에서 벗어난다면, 모든 형태의 기계 장치와 결합하고 동맹을 맺는 인간은 확장된 의미의 사이보그다. 또 지금은 드물게 보일지라도 동물과 생물학적으로나 유전공학적으로 결합한 인간도 거기 속할 수 있다. 커즈와일의 다음과 같은 예측은 지금은 과감하게 보인다. "2030년이 되면 우리 몸은 생물학적 부분보다 비생물학적 부분이 많게 될 것"이고 "2040년쯤이면 비생물학적 지능은 생물학적 지능보다 수십억 배 뛰어난 상태가 되어 있을 것이다."[18] 수치에 조금 오차는 있을 수 있지만, 이제 사이보그는 비유에 그치지 않는 실제 상황이다.

　동물을 논의할 차례가 되면, 유기체라고 모두 같은 자율성의 자리에 있지는 않다는 점도 지적되어야 한다. 식물도 생명체인데 왜 동물과 같은 사이버 행위자에 속하지 않느냐는 물음도 가능하다. 사물도 나름대로는 행위자로 볼 수 있지만 조금 엄격한 관점에서는 행위자에서 제외되었듯이, 식물에게도 비슷한 기준이 적용될 수 있을 것이다. 또 흔히 동물은 '자연 상태'에서 살아간다고 여겨진다. 그러나 여기서도 '자연 상태'라는 말은 더 엄격하게 정의되어야 할 것이며, 그 동물들 사이에서도 얼마든지 차이점을 표시할 수 있을 것이다. 비교적 자연 상태에서 살아가는 동물들이 있는 반면, 인간 사회나 인공지능과 상호작용을 하면서 '자연 상태'를 벗어나서 살고 있는 동물들도 있다. 인간에 의해 길들여진 개를 비롯한 가축이 대표적인 경우다. 앞에서 행동주의와 관련하여 언급했듯이, 집에 돌아온 주인이나 가족을 반기는 반려견은 단순히 애완견이 아니라 인간의 사회생활을 도와주며 동반하고 또 사회적 관계를 형성하는 역할을 한다. 쓸쓸함과 외로움을 느끼는 인간(앞으로는 인공지능 로봇도 그럴 수 있다)이 인간과 함께 있으면서 위안을 얻기보다 동물과 함께 있으면서 위안을 얻고 동반자의 관계를 유지한다면, 그 동반관계는 동물과 인간이라는 좁은 경계를 가로지르며 새로운 역할을 하는 셈이다. 흥미로운 사실은 그렇게 인간의 사회생활을 동반하며 인간의 외로움을 진정시키는 역할을 하는 동물들도 점점 외로움이라는 느낌에 예민해지고 또 거기에 사로잡힌다는 것이다.[19] 동물들도 애초에 개별적으로 살아가는 그룹과 집단생활을 하는 그룹으로 나뉘고, 집단생활을 하는 동물들은 홀로 살아가는 방식에는 약하다. 그런데 인간에 의해 길들여지고 인간과 같이 사는 반려동물들은 더 그렇다. 이들은 동물이지만 인간과 사회적 관계를 형성하면서 나름대로 초보적인 수준에서 '사이보그 되기 과정'에 들어갔다고 생각할 수 있다.

그렇다면 인간과 사회생활을 하는 개 같은 경우만 단순한 자연 상태의 동물에서 벗어나 사이보그 영역에 가까워지는 것일까? 여기서 인간과 맺는 사회적 관계 또는 그것에 상응하는 문명적 수준도 시대에 따라 달라질 수 있다. 예를 들자면 돼지는 개처럼 사람과 밀접하게 사회생활을 같이 하면서 사회적 관계를 맺는다고 말하기는 어렵다. 그런데 돼지의 장기는 여러 점에서 인간의 장기와 유사성을 가지므로 이종異種 간에 장기 이식을 가능하게 할 수 있는 예로 꼽는다. 그 경우 비록 돼지가 개처럼 인간과 동반자적 관계를 갖지는 않고 이제까지 주로 식용 고기를 제공하는 동물로 여겨졌지만, 새로운 방식으로 인간과 사이보그 동맹을 맺을 것이다. 이 경우 인간과 동물의 연합이나 결합이 사이보그로 정의될 수 있다. 또 비록 장기 이식과는 거리가 멀지만, 사이버네틱스 이론에서 보았듯이 쥐가 여러 점에서 인간 신경계를 실험하고 확장하는 접점

강한 인공지능과 인간

의 역할을 할 경우 쥐도 나름대로 사이보그 동맹에 가입할 수 있다. 또 칩이 인간 몸에 이식되고 인간 뇌와 컴퓨터가 연결될 경우, 인간만이 사이보그가 되는 것이 아니라 칩이나 컴퓨터도 단순한 기계나 인공물의 자리에서 사이보그의 영역으로 진입한다.

이처럼 사이버 행위자로서의 사이보그 개념은 비유적으로 넓게 사용되면서 다소 모호해진 사이보그라는 표현과 구별된다. 그렇지만 실제로 엄격하게 정의하려 들 경우, 여전히 모호한 것도 사실이다. 어느 정도의 자율성을 가져야 로봇은 인공지능의 영역으로 진입하는가? 1부에서 '진부한 기계'를 논의하면서 다루었듯이, 인간도 적지 않은 면에서 교육과 훈련을 통해 프로그램이 주입되며, 그 점에서는 진부한 기계의 면을 갖는다. 그러면서도 성찰의 기회가 주어져 있는 셈이다. 마찬가지로 자율성도 순수한 형태로 이해할 필요는 없다. 그래서 나는 2장과 3장에서 인공지능이 갖는 자율성을 철학적 이성주의나 휴머니즘이 주장하는 그것과는 분리했고, 그 후 사이버네틱스에 근거하여 그것을 작동적 차원의 자율성으로 규정했다. 그래서 일단 유기체의 구조에서 출발한 후, 인공물과 얼마나 섞여 있든, 상당 수준의 자율성과 자기조직성을 가진 결합체로 사이보그를 파악하는 것이 좋을 듯하다. 가장 먼저 사람이 거기에 속할 수 있지만, 사람과 함께 사회적으로 상호작용을 하는 개를 비롯한 동물들도 나름대로 사이보그 되기 과정에 있다고 파악될 수 있는 까닭이다. 그와 달리 처음부터 인공물에서 출발한 로봇이나 시스템은 그것과 구별할 필요가 있고, 따라서 다른 사이버 행위자로 분류하는 것이 좋다고 생각한다.

또 자율성을 가진 유기체와 기계의 결합체 또는 그 둘의 경계를 허물며 가로지르는 조직적 동맹, 또는 자연과 인공의 결합 또는 동맹이라고 사이보그를 정의할 수 있고 이 정의를 큰 오해 없이 사용할 수 있는 것처럼 보이지만, 아직 이론적으로 보충될 여러 지점들이 있다. 이론적 보충이 필요한 한 예는 '사회성' 또는 '사회 시스템'의 요인이다. 인간과 기계의 결합체는 사이보그다. 그러나 자율성의 수준이라는 기준이 사이버 행위자를 구별하는 유일한 기준일까? 그것 못지않게 인간을 특징짓는 요인은 사회성 또는 조직성 또는 정치성이라고 할 수 있다. 그래서 인간은 사회적/정치적 동물로 정의되었던 것이다.[20] 그 관점에서 인간과 기계의 결합이라는 정의를 보자면, 사이보그의 핵심적 특징을 사회성 또는 조직성이라고 할 수 있다. 그러나 사이보그로 존재하기 위해 어떤 수준의 사회성이 필요하고 또 요구되는지에 대해서는 아직 명확하지 못한 점이 있다. 인간의 인위적 개입과 조작에 의해 사이보그가 되고 있다고 여겨지는 돼지와 개의 경우, 어느 정도의 사회성이 존재하는가? 개는 주인이나 가족을 식별하고 같이 생활한다는 점에서는 상당한 사회성을 갖지만 다른 한편으론 매우 제한된 지능적 수준에 머물며 더 이상 지능이 발달하지 않을 뿐 아니라, 인간과 같이 하는 사회생활의 형태도 제한되어 있다. 그와 달리 장기를 이식할 수 있는 돼지의 경우 사회적 관계를 형성하지는 않은 채 인간의 개입과 조작에 의해 신체 조직의 차원에서 사이보그가 되고 있는 셈이다. 이처럼 개념적 구별은 상당히 복잡한 분류 방식에 의존하고 있으며, 사이버 행위자의 개념도 그 과정을 거쳐 구별되어야 할 것이다. 여기서 나는 일단 낮은 수준에서 그 구별을 수행하고자 한다. 그리고 사이버 행위자 개념의 특징으로 몇 가지를 들 것이다.

첫째, 인간 종은 특별한 종이나 독립적인 집단으로 설정되는 대신에 사이보그 집단에 속한다고 설정된다. 순수하게 자연적인 인간 종을 설정할 필요가 없다면 인간을 넓은 의미의 사이보그로 파악하는 것이 가능

강한 인공지능과 인간

할 뿐 아니라 그렇게 하는 것이 실제로 요구되기 때문이다. 인간과 기계 그리고 생물체 사이에 본질적인 구별이나 경계를 설정하는 것이 중요하지 않을 때, 사이보그 개념은 그들의 존재 방식을 설명하는 좋은 용어다.

둘째, 그러나 여기서도 넓은 뜻의 사이보그와 좁은 뜻의 사이보그를 구별해야 한다. 비유적으로 이해하자면, 인간과 동물, 인간과 기계 사이의 경계와 구별을 열어놓는 모든 연합이나 동맹은 사이보그로 여겨질 수 있다. 그리고 과거와 달리 실제로 유전공학이나 생명공학, 그리고 나노 기술에 의해 그 경계들은 흐려지고 있다. 이종 생명체의 장기를 이식하거나 신체를 기계와 융합하는 일은 앞으로 점점 활발해질 것이다. 그러나 이런 비유적으로 넓은 뜻의 사이보그 개념은 사이버 행위자들 사이에 존재하는 차이를 고려하지 못하고 있다. 최소한 발생학적 경로에 따라, 또 자율성이나 자기조직의 수준에 따라 연합이나 연결 사이에 차이가 생겨나며, 그 차이들을 고려하여 상이한 그룹의 사이버 행위자들을 구별할 필요가 있다. 물론 이들은 실제 상황에서는 다시 '잡종'이 될 수도 있으며, 그 경우 사이보그의 존재 형태는 점점 확장될 수 있다.

셋째, 그렇기에 자율성과 문화의 수준에 따라서만 사이보그를 규정하는 방식은 완벽하지 않을 뿐 아니라 충분하지 않다. 무엇보다 '사회 시스템'의 관점에서 그렇다. 이 기준을 도입한다면, 앞에서 제시한 그래프에 x축과 y축 말고도 z축을 추가로 설정해야 할 것인데, 그것은 일단 여기서는 건너뛰기로 하자. 자율성과 자기조직의 수준과 관점에서 사이보그를 규정할 때 기본적으로 개체들이 사이보그로 존재할 것이지만, 사회 시스템, 특히 조직의 기준에서 관찰하면, 사이보그의 존재 방식은 크게 달라질 것이다. 이제까지의 서술에서도 언뜻언뜻 드러났지만 7장에서 본격적으로 이를 논하게 될 터인데, 자유주의적 휴머니즘이 설정하듯 개체나 개인에서 출발하는 일은 여러 문제에 부딪힌다. 인간과 기계, 그리고 유기체와 기계의 결합이 이미 서로 다른 개체들 사이의 연합과 결합임이 드러났듯이, 사이보그는 점점 그리고 아마 필연적으로 조직의 형태로 작동하고 활동할 가능성이 매우 높다. 시스템이란 개념 자체가 이미 개체나 개인뿐 아니라 그것을 넘어서는 수준의 자기조직을 고려할 뿐 아니라 가능하게 한다. 네트워크 개념은 말할 것도 없다. 따라서 지금 우리가 논의한 사이버 행위자에서 사이보그 개념은, 일단 과거의 유기체와 기계 등의 결합이라는 너무 넓고 모호한 규정에서 벗어나면서 보다 정밀한 규정을 거치기는 했지만, 아직 과도기적인 상태. 초기의 비유적 개념을 사이보그(1)이라고 한다면 방금 우리가 세분화한 개념을 사이보그(2)라 할 수 있고, 사회 시스템이나 조직의 관점을 고려한 개념을 사이보그(3)이라고 할 수 있다. 사실 이 시스템으로서의 조직이 제대로 설명되지 않으면, 행위자로서의 사이보그는 아직 충분히 정의되지 못한 것이다. 이것에 대해서는 8장에서 다시 살펴보자.

넷째, 사이버 행위자의 개념은 행위자-네트워크 이론이 '인간'과 '비인간'을 구별하는 방식과도 다른 점이 있다. 사이버 행위자 개념은 단순히 인간과 비인간을 구별하는 데서 그치지 않는다. 앞에서 설명했듯이 라투르는 인간이 특별하게 독립된 순수한 행위자는 아니라고 말하면서도, 인간을 크게 비인간과 구별했다. 그러나 인간이 특별하게 독립된 순수한 행위자가 아니라면, 그 인간 종을 굳이 독립된 종이자 집단으로 설정하면서 그 밖의 것을 모두 비인간으로 부를 필요가 있을까? 그래서 그는 인간이 이미 사물/기계와 연결되어 '하이브리드 행위자'로 행동한다고 말했다. 그런데 인간이 바로 그 사물이나 기계 그리고 다른 인공물과의 접속이 없이는 독립적으로, 또 순수하게 자연적으로 행동할 수 없다면, 인간을 포괄적인 의미로 사이보그로 정의하는 것이 훨씬 나을 것이다. 지금도 모바일 기기 없이는 인간은 사회적 행동을 할 수 없으며 심지어 개인으로도 존재하기 힘든 상황이 아닌가?

행위자-네트워크 이론이 '비인간'에게 인간 못지않은 행위자의 자격을 부여하기는 했지만, 인간 아닌 모든 것을 하나의 집단으로 묶는 것은 인간을 독립적인 실체로 가정하면서 시작하는 것 자체가 문제적인 것처럼 아직 단순하다. 행위자의 관점에서 발생학적으로나 기능적으로 이질적인 집단을 구별할 필요가 있다. 처음부터 인공적인 경로를 통해 발생한 인공지능 로봇과, 그래도 처음에 유기체로부터 출발한 사이보그는 발생학적으로 무시할 수 없는 차이를 갖는다. 그 구별은 무엇보다 인간과 기계의 대립을 전제하는 가설들을 극복하기 위해 필요하며, 동시에 그 대립이 아닌 다른 차이를 고려하게 해준다. 앞으로 다양한 사회적 갈등이 발생할 경우, 그것들은 크게 발생학적 차원과 기능적 차원을 따라 일어나고 배열될 것이다. 인공지능 집단은 사이보그와는 발생학적 차이를 갖지만, 동시에 기계/로봇과 유기체와 다른 기능적이고 차이를 선보일 수 있다. 이 차이들을 새롭게 관찰하고 인정하는 일은 인공지능이 발전하고 확산하는 시대에 매우 필요한 과제라고 여겨진다.

3. 인간은 사이보그가 되지만, 다른 사이버 행위자가 되기도 한다

우리는 사이버 행위자 개념을 일단 기초적인 수준에서 서술했다. 그런데 인간을 사이보그로 분류하는 일은 몇 가지 중요한 문제를 새로운 관점에서 다루게 해주지만, 동시에 새로운 문제를 제기한다.

사이버 행위자의 관점은 무엇보다 인간과 기계를 단순한 대립으로 보는 이해 방식을 극복하는 데 필요하다. 물론 앞으로 사회적 관계에서 인간과 기계 사이에 일자리를 비롯한 문제들에서 갈등이 생길 수는 있지만, 그 갈등을 그들 사이의 대립에서 기인한다고 생각할 필요는 없다. 갈등은 인간들 사이에서도 얼마든지, 그리고 언제든 일어나지 않는가? 일자리를 둘러싼 갈등은 오히려 기능적으로 구별할 수 있는 사이버 행위자들의 관계 내에서 분석할 수 있다. 자동화 수준에서 움직이는 기계나 로봇은 상당한 수준의 자율성을 가진 인공지능 로봇과 기능적으로 구별된다. 자동화된 로봇처럼 일하는 사람들은 실제로 그 로봇들에 의해 대체될 것이다. 그러므로 앞으로의 사회에서 단순히 자동화 수준에서 노동하는 인간은, 최소한 그 기능으로만 보건대 로봇 집단에 속한다고 여겨질 수 있다. 이것이 단순한 일자리 축소보다 심각한 문제다. 마찬가지로 인공지능 로봇에 의해 일자리를 잃거나 잃을 위험이 있는 사람들은 기능적으로 인공지능에 의해 대체되는 셈인데, 사이버 행위자의 관점에서는 그들은 인공지능 그룹에 속하는 사이버 행위자가 되는 셈이다. 물론 그렇다고 사람이 간단히 인간성을 상실하거나 인간이 전혀 아닌 것은 아니겠지만, 사회적 기능의 차원에서 그는 기계/로봇 또는 인공지능과 같은 사이버 행위자가 되는 셈이다. 그러므로 로봇이나 인공지능에 의해 단순히 일자리가 없어지는 과정만이 일어나는 것이 아니라, 그 과정 뒤에서 사이버 행위자들 사이에 위상의 변화가 일어난다. 점점 많은 사람이 기계/로봇이나 인공지능에 의해 대체될 위험이 있다는 것은, 점점 많은 사람이 기계/로봇과 같은 사이버 행위자나 인공지능과 같은 사이버 행위자가 될 위험이 있다는 것이다.

강한 인공지능과 인간

이처럼 사이버 행위자의 관점은 인간과 기계의 단순한 대립의 가설에서는 벗어나게 해주지만, 다른 한편으로 인간이란 이름을 사라지게 만든다. 사람은 기계나 로봇 혹은 인공지능 같은 사이버 행위자가 되거나, 사이보그가 된다. 또는 이상하거나 놀랍게도, 동물 같은 사이버 행위자 쪽으로 가까이 간다. 정말 동물처럼 단순해지거나 동물처럼 무작정 생존을 위해 싸우는 행태도 그 동물 되기와 관련이 있다. 이것이 특이한 점이다. 인간은 일차적으로 사이보그가 되는 것처럼 보이지만, 동시에 다른 사이버 행위자로 변모한다.

'사이버 행위자' 개념에서 '행위자'라는 말은 특별히 인간적 행위자의 형태를 띠지 않는다. '행위자'라는 말이 너무 인간주의적으로 이해된다는 점에서, 그 말은 적절하지 않은 표현이다. 앞에서 언급했듯이, 라투르는 그 때문에 '행위자' 대신에 기호학적 용어인 '행위소'가 더 낫다고 말했다. 그런가 하면 인간 주체의 형태를 과장하는 이 용법 때문에 루만은 아예 엄격하게 시스템의 관점에서 서술하면서, '행위자'라는 표현을 거의 사용하지 않거나 최소한으로만 사용한다. 또 중요한 점이 있는데, 인공지능이 매우 높은 수준으로 발전할 경우 그 지능은 어떤 개별 행위자의 형태로 머물지 않을 것이다. 그것은 모든 지능 장치와 기억 장치, 감시 장치와 통제 장치가 연결된 시스템이나 네트워크의 형태로 작동할 것이다. 그러니 이 경우에도 인간처럼 개인의 형태로 행동하는 행위자의 모습을 상정할 필요는 없다. 이처럼 '행위자'라는 용어가 개별 인간의 형태를 전제하기에 적절하지 않다는 점을 아는 것이 중요하다. 이 모든 상황을 고려할 때, '사이버 행위자'라는 용어에서 '행위자'는 그러므로 실체적 의미에서가 아니라, 형식적인 의미로 또는 임시적으로 또는 일상적 표현으로 사용되고 있다고 할 수 있다. 권한과 책임을 돌릴 행위자를 상정하는 습관이 여전히 강한 것도 잠정적으로 그 말을 사용하게 만드는 이유이다.

인간(중심)주의는 '행위자'라는 표현을 인간적 주체로 주로 이해하려고 하지만, 오히려 실제로 그 말은 일상에서도 다른 방향으로 사용되고 있다는 데 주의할 필요가 있다. 그 말은 일상생활에서 주체로서의 인간만을 표현하기보다는, 오히려 대리인이나 대행자의 의미로 많이 사용된다. 실제 생활에서 행위자는 어떤 방식으로든 대행자의 역할을 한다. 사물이 인간을 대행하기도 하고, 사람이 사물이나 기계를 대행하기도 한다. 교통 신호등은 교통경찰의 대행자이고, 교통경찰은 신호등의 대행자다. 누가 원래 그 자리에 있었던 '원조' 행위자인지는 대행자의 네트워크 속에서 분명하지 않다. '원조'들이 많아지는 것도 거기서 기인한다. 처음에 교통 신호등이 도입될 때 그것은 인간 경찰의 대행자였을 것이다. 그런데 교통 신호등이 도입된 상황에서 교통정리를 하는 경찰은 신호등의 대행자로 여겨질 것이다. 이 대행자의 의미를 사이버 행위자에 적극적으로 적용해보자. 인간과 어떤 사이버 행위자 사이에서든 대행 관계가 성립한다. 인간은 기계를 대행하기도 하고, 기계가 인간을 대행하기도 한다. 인공지능은 인간을 대행하기도 하고, 거꾸로 인간이 인공지능을 대행하기도 한다. 마찬가지로, 기능적으로 큰 차이가 있다고 말하기 어려운 인공지능과 사이보그들도 서로를 대행하는 관계에 있다. 사이보그가 사회적으로 계약을 맺는 등 행위자로 활약한다면, 인공지능도 조만간 그런 활약을 할 수 있을 것이다. 어쩌면 이것이 사람들에게는 매우 예민한 관심의 대상이 될 문제다. 서로 사이에 기능적으로 본질적인 차이가 있지는 않기 때문이다. 다만 사회적 관계에서 어떤 시스템이 더 강하거나 약한가, 누가 더 스마트하고 누가 덜 스마트한가 하는 판단이나 구별이 개입하곤 할 뿐이다. 우리는 교통정리를 신호등이 하든 교통경찰이 하든

강한 인공지능과 인간

크게 상관하지 않는다. 사람이 할 일을 기계가 한다고 화를 낼 일도 아니고, 기계가 할 일을 사람이 한다고 실망할 일도 아니다. 마찬가지로, 인공지능 로봇은 보통 사람이나 사이보그가 하는 사회적 활동을 대행하거나 대체할 수 있을 것이다. 인간 변호사가 일을 처리하든 인공지능 로봇이 일을 처리하든 큰 차이가 없는 사회적 상황이 도래해도 놀랄 일이 전혀 아니다. 4장과 5장에서 우리는 인공지능과 인간의 관계를 약함과 강함의 구별을 통해 관찰했는데, 이 문제를 우리는 3부에서 더 다룰 것이다. 지금은 일단 사이버 행위자의 개념, 특히 사이보그의 개념을 매개로 삼아, 인간과 인공지능의 관계를 조금 거슬러 올라가서 관찰하도록 하자.

인간은 최근에 등장한 첨단 기술 때문에 사이보그가 되는 것일까? 또 인공지능 때문에 갑자기 사이보그가 되면서 인간이란 이름을 상실하게 되는 것일까? 아니면, 오히려 인간은 처음부터 사이보그로 태어나는 것은 아닐까? 단순히 동물처럼 본능에 의존하지 않고 복합적인 기술적 장치와 분산된 기억 시스템을 사용하는 행위자를 사이보그라고 명명할 수 있다면, 현재 여러 형태의 모바일 기기와 장치들을 사용할 뿐 아니라 생물학적 신체를 기계 장치와 컴퓨터에 연결하는 인간을 일종의 사이보그라고 파악하는 데는 큰 이의가 없을 수 있다. 그렇다고 사이보그를 모바일 기기나 컴퓨터와의 접속 덕택에 최근에 생긴 새로운 형태라고만 파악할 필요는 없다. 여기서 우리는 사이보그 개념을 시간을 더 거슬러 올라가며 추적할 수 있다. 그것은 기본적으로 유기체와 기계의 결합체이지만, 단순히 최근의 기술 덕택에 등장한 존재들만 사이보그라고 파악할 필요는 없다. 오래전에 문자를 처음 발명해서 사용한 인간, 아니 그 이전에 이미 언어를 사용해 말을 한 인간, 그리고 그 후에 인쇄술을 대중적으로 사용한 인간, 그리고 19세기에 사진술을 이용한 인간도 역사 속에서 진화한 사이보그의 여러 형태로 파악할 수 있다. 물론 그들 사이에 정도의 차이는 분명 존재하지만, 그만큼 사이보그는 다양한 형태와 단계에서 존재할 수 있다는 말이 된다. 다시 말해, 최근의 기술적 성과 때문에 혹은 그 덕택에 인간이 비로소 사이보그가 된다고 생각할 필요는 없다.

이 점을 특히 강조한 사람은 앤디 클락1957~이다. 그에게 인간의 기억 장치나 지능은 단순히 생물학적 두뇌 안에서만 일어나는 것이 아니다. 처음부터 인간의 마음이라고 불리는 것은 생물학적 신체 외부에 분산된 다양한 기억 장치와 인지 시스템 덕택에 작동한다. "새롭거나 가까운 미래의 기술을 강조하는 것은 그 자체로 흥미진진하지만 역효과를 낼 수도 있다. 왜냐하면 이것이 건설적인 비판적 수용보다는 반사적인 부정이나 저항을 일으킬 수도 있기 때문이다. 만약 우리의 기술적인 세계가 마음이나 자아로 침투해 들어올 것이라고 말한다면, 어떤 사람들은 이제 출입구를 봉쇄하고 위기에 대비해야 하며 디지털 침입자들을 저지할 시간이라고 말할 것이다. 우리가 태생적인 사이보그라는 나의 주장은 물론 정확히 이런 반응을 회피하고자 하는 시도이다."21 위험에 대비해야 할 지점이 최근의 기술 때문에 갑자기 생기는 것은 아니다. 인간을 그의 경계를 가로질러 뒤섞이게 만드는 흐름이나 물결들은 이미 오래전부터 있었다. "최소한 텍스트의 등장, 그리고 아마 인간의 구어가 등장한 이후 그래왔다. 이러한 뒤섞임은 우리 종의 독특한 특징을 진정으로 표현한 것이다."

여기서 두뇌와 지능이 작동하는 방식에 대한 분석이 조금 필요하다. 인간주의 또는 인간중심주의의 관점에서 보면, 인간의 지능이 점점 발전하면서 인간의 뇌는 다른 동물들과 근본적으로 다른 능력을 가지게 되었다고 여겨진다. 달리 말하면, 인간의 뇌와 마음은 생물학적으로 이

강한 인공지능과 인간

미 고정된 본성이 있다고 전제된다. 그 관점에서는 진화도 인간에 고유한 생물학적 본성을 목적으로 발전시키는 과정처럼 이해된다. 먼저 생물학적이고 해부학적인 본성이 진화의 결과로 나타났고, 그 후 그 바탕 위에서 문화가 진행된다는 것이다. 그러나 이것도 인간의 생물학적 본성을 전제하는 이원론이다. "생물학적으로 고정된 '인간 본성'이 있으며 도구와 문화가 거기에 둘러져 있다고 가정하는 것은 잘못이다. 도구와 문화는 우리 본성의 산물인 만큼 또한 우리 본성의 결정자다. 우리의 본성은 (그 본성에서 원래) 대단히 유연하며 기회주의적인 두뇌를 갖추고 있다."[22] 도구와 문화가 우리 본성을 만들고, 따라서 우리 두뇌는 대단히 유연하며 기회주의적이라는 말은 무슨 뜻인가? 인간의 두뇌가 비록 중요하긴 하지만 그것이 다른 도구와 외부 장치들을 독립적이며 우월한 관점에서 통제하지는 않는다는 것이다. 인간의 두뇌의 특별함은 그 두뇌 내부의 생물학적 본성이나 특성에 있지 않고, 오히려 생물학적 신체 외부의 장치들과 버팀목들을 여기저기 만들고 거기에 연결될 수 있는 기회를 최대한 이용한다는 데 있다. "두뇌의 정상적인 기능은 언제나 비생물학적 버팀목과 발판을 모집하고 활용하는 것을 포함한다."[23] 생물학적 두뇌는 언제나 비생물학적 연장선이나 접선에 의존하면서만 제 기능을 발휘하며, 이 점에서 인간의 마음은 혼종적 인지 시스템이다. 다르게 말하면, 두뇌는 애초에 환경과 뗄 수 없이 결합되어 있다. 독립적으로 존재하는 특별한 생물학적 본성이나 '두뇌'의 신비에 의해 인간을 정의하고 규정할 필요는 없다. 두뇌는 처음부터 비생물학적 장치나 접속점에 의존하고 또 그것들을 확장하면서 문화뿐 아니라 인간의 마음을 만든다는 점에서, 그것은 "단순히 기회주의적인 것만이 아니라 폭발적으로explosively 기회주의적이다."[24] 그것은 학습 과정에서 대면하는 기회를 가능한 한 활용하기 위해 자신을 변화시킬 준비가 되어 있다.

인간을 타고난 사이보그로 보는 관점과 달리, 전통적인 인간주의나 인간중심주의는 인간 종을 특별한 집단으로 설정하면서 그것에 순수성을 부여하는 경향이 있다. 또 인간주의에서 출발하는 사람들은 행위자라는 용어를 주체로서의 인간에게 국한시키거나 그것으로 해석하는 경향이 있다. 그러나 '주체'를 강조한다고 해서 문제가 해결되는 것은 아니다. 오히려 그 개념 자체가 매우 문제적이다. '주체subject'라는 표현을 쓰는 사람들은 그 용어의 사용이 마치 인간을 특별한 존재로 만들어준다고 여기는 경향이 크다. 그러나 그 용어는 혼란을 야기한다. 인간이 홀로 주체로 존재하는 것도 아니지만, 주체라고 해서 환경이나 다른 사회적 관계에도 의존하지 않는 것은 아니다. 물론 인간을 '주체'의 관점에서 서술할 수는 있다. 그런데 그 용어를 많이 사용한 독일 관념론에서도 그 용어는 주인과 노예, 주체와 객체라는 갈등적 관계에서 사용되었다. 주체에게 봉사하는 노예(객체) 없이 주체는 존재하지 않는다. 또 객체들은 끊임없이 주체에게 분열과 갈등을 만들며, 심지어 주체의 자율성이나 권한을 뒤집고 주체를 객체로 만든다. 더 나아가 주체의 설정은 권력관계에서 분리되기 어렵다. 이것을 효과적으로 분석하고 강조한 사람이 푸코다. 푸코의 『감시와 처벌Surveiller et punir』은 단순히 감시와 처벌이 늘어나고 억압이 강화된다는 이야기를 하는 책이 아니다. 거기서 그는 주체의 설정이 단순히 휴머니즘이나 사회계약론 덕택에 이뤄진 역사적 과정이 아님을 치밀하게 분석했다. 감시와 처벌을 통한 권력의 통제는 사람들을 객체로 만들면서 비로소 그들이 자신을 주체로 설정하도록 부추겼기 때문이다. 예컨대 근대 이후 권력이 객체화를 통해 사람들을 객체로 구성하면서, 사람들은 자신을 주체로 구성하기 시작했다.

강한 인공지능과 인간

이처럼 인간이 태어날 때부터 사이보그라고 본다면, 무엇이 바뀌는 것일까? 인공지능을 비롯한 소프트웨어 대행자들이 점점 늘어나면서 사람들은 거기에 점점 더 많이 의존하고, 그것들과 상호작용하면서 지능을 실현한다. 그것들과 접속하지 않으면 사회적 행동을 할 수 없을 뿐만 아니라, 심지어 혼자 있기도 힘들다. 역설적이게도 혼자 있기 위해서도 소프트웨어 대행자들이 필요하다. 이 경우, 대행자들은 사람에게 타자인가? 여기서 클락의 '타고난 사이보그'라는 관점은 발상의 전환을 요구한다. "이러한 경우에 소프트웨어 대행자들은 문제를 해결하는 환경의 일부라기보다, 진정한 의미에서 당신의 일부인 것처럼 보인다. 이제 더 넓어진 세계와 맞닥뜨리는 지능적 시스템은 생물학적인 당신-더하기-소프트웨어 대행자다."[25] 인간이 타고난 사이보그라는 것은, 사이보그는 생물학적 신체 외부에 연결되어 있고 그것들 사이에 꽉 끼워 맞춰져 있으며 맞물려 있다는 말이다. 그럼으로써만 마음의 기능이 확장된다. 이 확장된 시스템에서 인간 두뇌나 마음 또는 '자아'나 '주체성'이 홀로 특별한 권한을 갖지 않는다. 그 시스템은 확장되었으면서 분산된 시스템이다. "두뇌와 육체, 세계에 걸쳐 분산된 채로 추리하고 사유하는 시스템 말이다. 인간 지능의 특출한 많은 부분이 귀속되는 것은 바로 이러한 확장된 시스템의 작용이다."[26]

그렇다고 해서 두뇌의 역할이 중요하지 않다는 말은 아니다. "두뇌의 역할은 핵심적이며, 중요하다. 그러나 그것이 이야기의 전부는 아니다. 사실상 두뇌의 역할이 갖는 진정한 힘이나 아름다움은 그것이 복잡하고 반복적인 과정 속에서 매개적 요소로 작용하고 있다는 것이다. 그리고 문제를 해결하는 것은 바로 이 전체 시스템이다."[27] 또 이젠 인간이 중요하지 않다는 말도 아니다. 인간은 여전히 중요하다. 다만 그 중요함을 어떤 방향에서 파악하느냐의 문제다. 인간을 중심에 놓고 인간의 생물학적 두뇌에 독립적이고 특별한 지위를 부여하느냐, 아니면 생물학적 경계를 넘어 확장되고 분산된 시스템을 인정하고 받아들이느냐의 문제다. 전자의 태도는 데카르트 이래 철학적으로 인간의 마음에 독보적인 지위와 권한을 부여한 이성주의적 또는 합리주의적 인간주의다. "우리가 진정으로 거부해야 하는 것은 이 모든 다양한 신경적, 그리고 비신경적 도구들이 일종의 특권적인 사용자를 요구한다는 유혹적인 그 생각 자체이다. 대신에 처음부터 끝까지 모두가 도구이다."[28] 기계나 사물 또는 인공지능은 단순히 인간이 제시한 목적을 실현하는 도구로 작용하지 않는다. 굳이 말하자면, 모든 것이 도구이다. 인간도 무수한 도구들의 네트워크나 시스템 속의 도구이거나 연결점 또는 접점이다. "이 복잡한 도구 상자안에 있는 그 어떠한 단일 도구도 내재적으로 사유하거나, 궁극적인 통제권을 갖거나, 자아의 자리seat of the self'는 아니다. 우리 개별적 인간들은 단지 이 도구들이 변화해가는 연합이다."[29]

마음이나 두뇌에서 출발하지 않고 아예 처음부터 그것과 맞물린 사물들과의 전체 시스템에서 출발한다는 점에서, 그리고 바로 그 전체 시스템을 인간-사이보그의 조건으로 본다는 점에서, 이 관점은 전통적인 인식론과 다르며 그 점에서 커다란 전환이다.[30] 인간은 처음부터 사이보그로 태어난다는 점이 강조되기 때문이다. 이 점이 중요하다.

"사이보그로 태어난 인간"이라는 클락의 관점은 앞으로 더 나아가기 위해 필요한 조건이지만, 이론적으로 미묘한 교차점에 있다. 클락은 인간의 분산된 인지 시스템에 거의 완벽할 정도로 결합된 기술을 "인간중심적human-centered 기술"이라고 부른다. "이것들은 우리가 그것과 함께 살아가고, 함께 일하며, 그것을 통해서 생각하는 기술들이다."[31] "특히 이

강한 인공지능과 인간

러한 (인간중심적) 기술은 더 높은 이동성, 더 풍부한 인터페이스, 그리고 더 풍부한 상호작용을 지원하도록 약속한다. 우리의 주인공은 구석에 고립되어 있기보다, 이동이 잦고, 다양하며, 물리적인 부담이 큰 사회적 활동의 연속에 둘러싸여 있을 것이다."[32] 여기서 물음이 제기된다. 정말 그것이 분산된 인지 시스템 안에서 작동하는 기술이라면, 왜 굳이 그것을 "인간중심적인 기술"이라고 이해해야 할까? 물론 우리 인간이 일상에서 인간 중심적으로 살고 행동하는 것은 자연스럽다. 그러나 '인간-사이보그'이라는 개념을 정의하는 과정이 필수적이라면, 인간을 중심으로 설정하는 습관에서도 벗어나야 하지 않을까? 우리가 인간이라고 알고 있는 이 존재는 분산된 인지 시스템의 복잡한 고리이며 결합관계라고 파악하는 것이 더 낫지 않을까? 기술도 단지 인간중심적이지 않고, 인간이 분산된 인지 시스템 안으로 결합되게 만드는 과정이라고 파악하는 것이 더 낫지 않을까? 다르게 말하면, 인간중심성을 버리고 조금, 조금 더, 그러나 확실하게, 시스템 쪽으로 움직이는 것이 낫지 않을까?

다르게 말하면, 클락은 아직 루만의 시스템이론이 확보한 과감함이나 날카로움에는 도달하지 못하고 있다. 그런 점이 또 있다. 3장에서 논의했듯이, 루만은 하나의 시스템이 작동의 자율성을 갖기 위해 우선적으로 그것이 환경에 대해 닫혀 있어야 한다는 점을 강조했다. 그렇게 일단 닫혀 있는 다음에야, 환경에 대해 그 시스템은 열릴 수 있다. 일종의 닫혀 있는 열림이다. 그와 달리, 인간과 외부 세계가 하나의 전체적인 시스템이라는 클락의 관점은 인간-사이보그가 외부와 밀접하게 연결되어 있는 점을 강조하지만, 인지 시스템을 비롯한 시스템들이 어떻게, 어떤 점에서, 닫혀 있는지에 대해서는 제대로 냉정하게 파악하지 못하고 있다.[33] 인간의 마음과 의식에 의존하는 인식론에서는 벗어난다고 해서 두뇌와 사물을 잇는 전체 시스템이 통합된 형태로 그냥 주어지지는 않는다. 두뇌는 사물들의 흐름을 따라가고 사물들의 틈에 끼워 맞춰지긴 하지만, 그렇다고 두뇌와 다른 시스템 사이에 "하나의 통합된 연결 시스템"이 쉽게 주어지지는 않는다.

이 점에 대해서는 3부에서 이어 논의하자. 사물인터넷이나 블록체인 같은 기술이 발전할수록 시스템들의 연결은 새로운 모습을 띨 터다. 아니, 내비게이션 장치만 생각해도 인간 행위자의 모습은 이미 일상생활 가까운 곳에서부터 크게 바뀌고 있다. 과거엔 그런 장치 없이도 도시 안에서 제법 잘 돌아다녔지만, 이젠 그 장치를 켜지 않으면 도시 안에서 움직이기 어렵다. 편리해졌지만 동시에 전통적인 행위자 개인의 자율성은 사라지거나 분산된 행위성의 방향으로 크게 변형되었다. 사람은 더 이상 자신의 마음으로 운전하지 않는다. 장치가 말해주는 대로 차선을 바꾸고 속도를 조절하고 복잡한 인터체인지를 가까스로 통과한다. 어떤 점에서는 사람이 벌써 장치의 대행자다. 이것은 시작에 지나지 않는다. 자율주행차는 행위자의 이 위상을 완전히 바꿔 놓을 것이다.

강한 인공지능과 인간

주

1. 데닛(2006): 250.
2. 데닛(2006): 251.
3. 오로지 인간만이 행위자로 받아들여져야 한다는 한 국내 연구자의 주장을 보도록 하자. "문제는 지능을 장착한 인공물을 행위 주체로 볼 수 있을 것인가이다. 이에 대한 판단의 기준은 이미 언급된 두 가지 항목이다. 그 하나는 '의도'이고, 다른 하나는 감수자 체계와 행위자 체계의 통합인 '성공' 여부다. 그리고 두 기준 항목은 서로 연결되어 있다. 후자는 다름 아니라 전자의 실현이라는 방향성으로 규정되기 때문이다. (…) 행위는 감수자 체계와 행위자 체계의 조율과 협의를 통해 자아의 의도를 실현하는 과정이다." 고인석(2017): 75. 이 관점은 언뜻 보면, 합리적인 듯하다. 그러나 인간이 자신의 동기를 명확하게 합리적인 형태로 가지고 추구한다는 것은 합리주의적 가정일 뿐이다. 자신이 의식하지도 못한 채 무의식적으로 수행되는 행위가 얼마나 많은가. 우리 몸은 다양한 능력과 지능 들이 함께 활동하고 서로 경쟁하는 공간이기 때문이다. 또 행위가 행위자와 감수자의 체계를 통합하는 '성공'이라는 기준에 따라 평가되어야 한다는 것도 과도한 결과주의적 기준이다. 물론 어떤 행위자나 자신의 행위가 잘되기를 바라는 생각은 당연한 것처럼 보인다. 그러나 실제로 그 기준은 모호하다. 누구의 관점에서 성공인가? 무엇이 '성공'인지는 추후에 설정된 목적이나 나중에 가시화된 결과에 의해 평가되는 경우가 많다. 3장에서 논의한 사이버네틱스의 관점은 그런 합리적인 통합의 성공을 전제하지 않고 시스템이 일차적으로 재귀적인 순환성 속에서 자기를 조직한다고 생각한다.
   이 연구자는 또 말한다. "따라서, 자아가 없는 한 행위 주체성은 없다. 또 경계와 기준에 대해 세부적인 고민이 필요하겠지만, 자아가 있는 체계의 동작이라고 해서 다 행위인 것도 아니다. 예를 들어 눈 깜빡임 같은 생리적 기제에 의한 동작은 주체의 의도를 통해 선택되고 조절된 것이 아니라는 점에서 행위의 범주에 속하지 않는다." 고인석(2017): 75. 그렇게 높은 수준에서 '행위'와 '행위 주체성'의 기준을 세울 수는 있겠지만, 인간이 오로지 그렇게 행동해야 인간답다는 가정을 엄격하게 고수한다면, 아마 실제 인간의 많은 부분은 그 기준에서 멀어질 것이다. 실제로 인간이 의식에 근거하여 주체적으로 하는 행위는 일부분에 지나지 않기 때문이다. 더욱이 '자아'나 '주체성'은 그 자체로 고도의 추상물일 뿐 아니라 복합적인 권력의 작용이자 결과이다. 그것이 이미 복합적인 권력의 작용이자 결과라면, 그것도 이미 복합적인 합성물이라는 말이다. 의식과 마음의 특권을 전제하는 습관에 대한 비판은 7장에서 이어진다.
4. Latour(1995): 301.
5. Latour(1999): 282.
6. Latour(1999): 193.
7. Latour(1999): 198.
8. Latour(1999): 190~191.
9. Latour(1999): 191.
10. Latour(1993): 10~11.
11. 인간과 비인간의 연합이나 동맹에서 출발해야 한다고 주장하는 라투르는 '하이브리드 행위자'의 개념이 필요하다고 생각한다. Latour(1999): 180.
12. Latour(1999): 180.

13. Latour(1999): 180.

14. '사이보그'란 용어는 1960년 『애스트로노틱스Astronautics』란 잡지에 실린 「사이보그와 우주Cyborg and Space」라는 글에서 처음 제안되었다. 저자는 맨프레드 클라인즈와 네이선 클라인이었다. 이들은 인간주의에 대한 일종의 발상의 전환을 요구했다. 우주 탐사에서 지구와 유사한 환경을 만들려는 노력을 하는 대신 인간이 외계의 요구에 적응하고 더 나아가 극복하도록 인간을 변화시키는 것이 더 낫다는 것이다. 이 목표는, 첫 번째 단계의 사이버네틱스가 추구한 목표, 곧 시스템이 항상성을 유지하도록 만드는 것과 동일하다.

15. 보스트롬은 초지능을 여러 형태로 분류했다. 모든 것을 알면서 인간에게 조언을 해주는 형태, 천재적으로 똑똑한 형태 그리고 주권자souvereign의 형태. Bostrom(2014): 177~184.

16. "우리들은 모두 기계와 유기체의 이론화되고 제작된 잡종인 키메라chimera이며, 따라서 사이보그이다." 해러웨이(2002): 268.

17. 해러웨이(2007): 57.

18. 커즈와일(2007): 425.

19. 실제로 야생동물이 인간에게 길들여진 과정은 인류학적으로 미묘하고 복잡한 문제들을 포함하고 있다. 인간(중심)주의의 관점은 인간이 자신의 목적을 위해 가축을 길들였다고 쉽고 간단히 설명한다. 그러나 여기서 인간의 목적이 무엇인가? 단순히 일을 시키고 고기를 얻기 위해? 바로 그 전제가 인간(중심)주의적 성격을 띤다. 인간과 함께 사는 동물을 단순히 도구로만 이해하기 때문이다. 여기서 애초에 동물을 '길들이는' 일이 동물을 단순히 일만 잘하는 도구로 만드는 과정, 곧 경제적 이익을 목표로 삼고 그 합리주의에 근거해서 이뤄진 활동이 아니었다는 것, 그 대신 일단 동물을 인간과 '가까운 존재'로 변형시키는 일이었다는 것, 그리고 그 가까움에 근거해서 동물을 인간 대신 일종의 사회적 '희생'을 치를 수 있는 존재로 탈바꿈시키려는 사회적 행위였다는 르네 지라르의 인류학적 관점도 참조할 수 있다. 다만 그 관점을 사이버네틱스의 차원에서 조금 변형시킬 필요가 있다. 자연으로서의 동물이 인간과 같은 환경에 적응하는 데서 그치지 않고 사이버 시스템인 인간과 사회관계를 맺으면서 인간과 비슷해지는 과정은 그러므로 상당히 복잡한 과정이며, 일종의 사이보그 되기라고 할 수 있다. 따라서 인간과 가축동물이 맺는 관계도 단순히 '길들이는' 과정이 아니라 일종의 사회 시스템을 구성하는 과정이다. 지라르(2006): 172~178.

20. 흔히 아리스토텔레스가 인간을 '사회적 동물'이라고 정의했다고 알려져 있지만, 실제로 '사회'라는 개념은 당시에는 없었다고 할 수 있다. 그가 정의한 내용은 사실은 도시라는 공간 또는 공동체에서 살아가는 '정치적 동물'이었다.

21. 클락(2015): 224.

22. 클락(2015): 138.

23. 클락(2015): 138.

24. 클락(2015): 139.

25. 클락(2015): 52.

26. 클락(2015): 55.

27. 클락(2015): 121.

28. 클락(2015): 218.

29. 클락(2015): 219.

30. 여기서 흥미로운 점은 클락도 앞에서 우리가 인용한 책을 출간하기 몇 년 전까지는 마

음에서 출발해 인간의 조건을 탐구했다는 것이다. 물론 그는 '그냥 마음'에서 출발하지는 않았고 '확장된 마음'을 강조했지만, 여전히 마음을 중심에 놓고 그로부터 출발하는 관점에서 벗어나지 못한다는 인상을 준다. 그는 1998년에 데이빗 차머스[1966~]와 함께 「확장된 마음Extended Mind」이라는 글을 썼다. 그들은 마음이 확장되는 과정에서 외부 세계가 능동적인 역할을 한다고 가정하며, 외부 세계가 수동적인 역할을 한다고 보는 관점과 구별하기 위해, 자신들의 관점을 '능동적인 외부주의active Externalism'이라고 불렀다. Chalmers; Clark(1998): 9. 두뇌 외부의 사물들의 역할을 능동적인 것으로 평가한 점에서 그 관점은 좁은 의미의 마음 이론과는 다르지만, 그래도 여전히 마음에서 출발하고 있으며, 아직 시스템 자체에서 출발하는 관점에 다다르지 못하고 있는 셈이다.

"확장된 마음" 이론은 여전히 마음과 마음의 확장에서 출발하기 때문에 전통적인 인식론이 사로잡혀 있던 문제로부터 많건 적건 벗어나기 힘들다. 그 이론은 인지 시스템이 외부 세계와 연결된 시스템을 이룬다고 말하긴 하지만, 그들이 "하나의 통일된, 밀접하게 연결된 시스템a unified, densely coupled system"을 이룬다고 말한다. Chalmers; Clark(1998): 12. 두뇌와 외부 세계가 "하나의 통일된, 밀접한 연결 시스템"을 이룬다는 관점은, 두뇌와 외부의 뗄 수 없는 관계를 강조하려는 의도에서 나왔지만, 바로 그 때문에 전통적인 인식론이 의존한 마음과 세계의 '상응correspondence'를 연장하거나 반복하는 면이 있다. 그와 달리, 루만의 시스템이론은 두뇌와 외부 세계 사이에 그런 직접적인 통일된 연결을 설정하지 않는다. 3부에서 보겠지만 시스템은 오히려 일차적으로 환경에 대해 닫혀 있다는 점에서 특징적이다. 그래서 루만은 심리 시스템과 환경 사이에 인식의 차원에서 다만 "구조적인 연결"이 있을 뿐이라는 점을 강조한다.

여기서 또 중요한 점이 인과적 관계다. '마음의 확장'의 관점은 "외부적 특징들이 두뇌의 내부적 특징들과 마찬가지로 똑같이 인과적으로 중요하다"라고 말한다. Chalmers; Clark(1998): 29. 그러나 루만의 시스템이론은 일단 작동 차원에서 그런 직접적 인과성을 배제한다. 시스템이 일단 환경에 대해 닫혀 있기에 시스템 작동의 자율성이 가능한 것이다. 물론 그렇다고 인과적 연결이 부정되는 것은 아니다. 우선적으로 하나의 시스템이 작동의 차원에서 자율성을 갖는다는 점을 강조하기 위해, 환경의 직접적인 인과성이 배제될 뿐이다. 영향을 받는다는 관점에서는 얼마든지 인과적 관계가 작용한다.

31. 클락(2015): 93.

32. 클락(2015): 306~307. 타고난 사이보그로 인간을 규정하면서도 클락이 이 책에서 인간 중심성에 매달린다는 것, 그것은 있을 수 있는 일이면서도 기이한 일이다.

33. 인공지능과 머신러닝을 논의하는 연구자 가운데 두 번째 단계의 사이버네틱스와 루만의 시스템이론을 모두 다 고려하는 사람은 아쉽게도 적다. 캐서린 헤일스는 사이버네틱스 이론을 풍부하게 참조했지만, 루만의 시스템이론에 대해서는 최소한으로만 언급했다. 루만의 시스템이론을 적극 고려한 예는 Wolfe(2010)다.

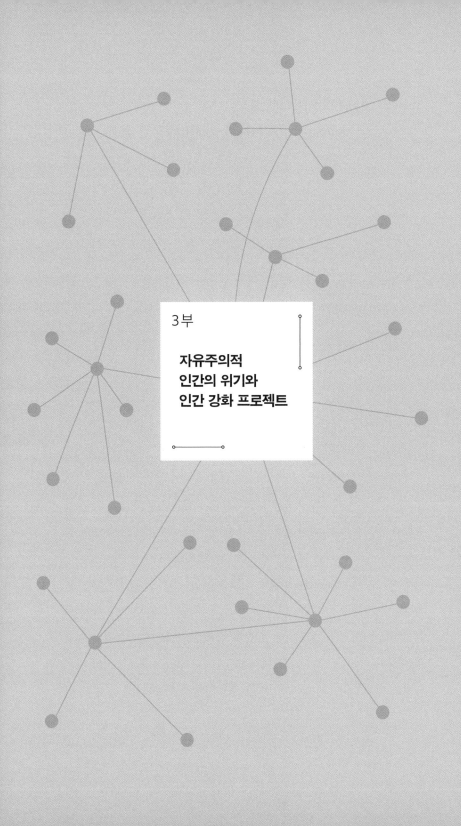

3부

**자유주의적
인간의 위기와
인간 강화 프로젝트**

7장
의식과 지능에 대한
인간주의적 접근에서 벗어나기

1. 의식과 마음이라는 특별함에서 벗어나기

2부에서 우리는 인간과 기계의 단순한 대립이라는 가설을 극복하는 과제를 논의했다. 그러나 인간과 인공지능이 단순히 적대적으로 대립하지는 않더라도, 한동안 그들 사이에서는 누가 더 효과적인 방식으로 지능을 실행하느냐는 문제를 두고 갈등이 거듭 불거질 것이다. 그리고 그 과정에서 지능의 약함과 강함이라는 구별이 여러 형태로 자꾸 등장한다. 여기서 다시 한번 물음이 필요하다. 왜 약함과 강함의 구별이 지능의 구현 및 인지 시스템과 관련하여 제기되고 또 제기되는가?

우리는 다소 근본적인 물음을 던질 필요가 있다. 근대 이후 계속된 인간주의-자유주의-합리주의의 틀이 크게 흔들리고 있다. 철학과 인식론의 차원에서 근대는 의식과 성찰의 중요성을 강조했다. 보편적 인간의 이성이나 사고능력이 인식론뿐 아니라 사회계약론, 그리고 정치 이론에서도 많건 적건 전제되었기 때문이다. 사람의 사고능력뿐 아니라 감

강한 인공지능과 인간

성, 그리고 실천능력에서 자신을 의식하는 능력이 기본적으로 전제되었고, 그 기반 위에서 모든 개인이 비슷한 자유를 실행하면 사회와 경제도 성장한다는 믿음이 정당화되고 공유되었다. 이 전제가 정당화되고 공유되면서, 모든 개인이 다 가지고 있고 또 비슷한 방식으로 보편적으로 표현할 수 있는 의식이 인간의 고유한 지능과 인지능력의 핵심으로 여겨졌다. 모든 개인에게 보편적으로 존재하므로 의식은 충분히 합리성을 유지할 것이라고도 간주되었고, 그래서 당연히 인간의 본질을 의식과 이성에 두는 것이 합리적으로 보였다.

그러나 이런 서술은 상당히 단순하다. 18세기 말 프랑스 대혁명 등 사회·정치적 진보가 이뤄질 당시에는 비교적 인간의 보편적 의식과 합리성에 호소하는 일이 자연스러워 보였을 것이다. 여러 형태의 이념과 가치를 의식적으로 자각하고 실천하는 일이 진보로 여겨졌기 때문이다. 그러나 사회와 정치의 흐름을 보면 그 이후 유럽 여러 국가 사이에 경쟁과 갈등이 가열되고 있었고 따라서 인간의 보편적 자유와 의식에 바탕을 둔 자유주의는 많건 적건 수정되었거나 여러 사조 가운데 하나로 여겨졌다. 19세기 후반엔 철학과 문학 그리고 예술 내부에서 그런 보편적 의식과 이성의 합리성을 인간 지능이나 행위의 핵심으로 여기는 것에 대해 이의가 제기되고 있었고, 그 합리성이 실제 인간들의 능력이라기보다는 사회나 통치 시스템이 요구하는 이념이라는 인식이 이뤄지고 있었다. 20세기 들어 실존주의는 사상과 문화의 차원에서 근대적 합리성과 보편성에 대한 강력한 이의와 비판을 제기했다. 의식과 이성이 인간에게 고유하고 보편적인 본질을 인식할 수 있다는 가정이나 믿음은 결정적으로 깨졌다고 할 수 있다. 인간에 대한 지식과 이론 바깥에서도 변혁은 일어나고 있었다. 정보 이론과 컴퓨터의 발전 속에서 사이버네틱스 이론은 더 이상 그런 의식과 인간의 마음에 호소하는 일이 필수적이라고 여기지 않게 되었다. 컴퓨터가 연산을 수행하면서 인간처럼 꼭 자신을 의식할 필요는 없다. 앞에서 논의하였듯이, 재귀성이 자기조직하는 시스템 안에서 작동하기만 하면 충분하다고 여겨졌다. 이제 21세기 초입에 인공지능과 머신러닝, 빅데이터와 사물인터넷은 근대적 휴머니즘을 훌쩍 넘어 돌진하고 있다.

그러나 바로 이 순간에도 이 변화는 간단하지 않고 쉽지도 않다. 여전히 인간의 의식과 자아 또는 행위 주체성 등의 이념에 호소하는 일이 이론뿐 아니라 사회에서도 일어나고 있다. 아마 '사람이 중심이 되는 사회' 등의 구호는 인공지능 및 로봇들이 인간의 기능과 일자리를 잠식하는 과정 내내 정치적으로나 정책적으로 그리고 사회적으로도 끊임없이 반복될 수 있다. 그 일이 이상한 것도 아니다. 엄청난 과도기이며, 변화의 시대이기 때문이다. 또한 사람이 여전히 사회 내부에서 다수인 한, 사람들을 위한 정책이 요구되는 것도 당연하기 때문이다. 그러나 되돌릴 수 없는 변화가 일어나고 있음을 자각하고 이론적으로나 정책적으로 그 변화를 반영하고 예측하는 일도 필요하다. 더 나아가면, 근대적 휴머니즘이 발생한 맥락과 배경을 분석한 후에, 비록 사회에서는 인간에 대한 고려와 염려가 계속 필요하다고 하더라도, 이론적으로나 실천적으로 그 휴머니즘에만 의존하는 일은 바람직스럽지도 않고 충분하지도 않다는 점을 인식하는 것이 필요하다. 6장에서 논의했듯 사이버 행위자의 관점에서는 인간의 고유성을 고집하는 일은 불필요하게 보인다. 인간은 여러 방식과 형태로 다른 사이버 행위자에 의해 대행되고 있기 때문이다. 인간은 사이보그가 된다. 그러나 그뿐 아니다. 인간이 인공지능이나 기계에 의해 대행되는 순간, 인간은 인공지능도 되고 기계도 된다. 인간이 사회에서 진부한 기계가 된다는 인식은 이미 20세기 초반부터 생기기 시작했고, 지금은 더할 것이다.

그렇다고 이론적으로 의식이란 말을 송두리째 삭제해야 한다는 말은 아니다. 다만 '의식'과 '마음'이라는 말에 과도하게 인간에게만 고유한 특별함을 부여하지만 않으면서, 그것들이 기계나 인공지능에서도 충분히 가능하다는 점을 인정하면 된다. 이 발상의 전환을 대니얼 데닛은 사이버네틱스 이론과는 다른 흐름 속에서 이미 1970~1980년대부터 수행하고 있었다. 데카르트는 인간만이 마음과 의식을 가지며 그 특성에 걸맞게 인간의 뇌는 다른 생명체의 뇌와 본질적으로 다른 것이라고 여겼다. 데닛은 그런 데카르트의 가설을 데카르트 극장이라고 부르며, 이론의 착각이라고 비판했다. 1991년에 출간된 『의식 설명하기Consciousness explained』에서 그는 말한다. "나는 인간의 의식 현상을 '가상 기계'의 작동 면에서 설명했다. 뇌의 활동을 이루는 일종의 진화된(그리고 진화하는) 컴퓨터 프로그램이다. 뇌 안에 데카르트 극장은 없다. 데카르트 극장이 있다는 놀랍도록 끈덕진 확신은 이제는 드러나고 설명된 다양한 인지적 착각의 결과였다. (인간에게 고유한 특성이라고 여겨졌던) 감각질은 뇌의 복잡한 기질적 상태로 대체되었고, 데카르트 극장의 관객, 중추의 의미 부여자, 목격자로 알려진 자아는 그럴듯한 추상적 관념인 것으로 드러났다. 내적인 관찰자나 우두머리라기보다는 이론가의 허구였던 것이다."[1] 신체의 다른 기관들이 의식하지 못하면서도 자동으로 실행하는 무수한 동작이나 무의식의 흐름들을 특별한 '코기토'의 형태로 의식하는 자아는 인지 이론의 관점에서 결정적으로 파기된다. "만일 자아가 '단지' 이야기 무게중심이고, 인간의 모든 의식 현상이 인간 뇌의 어마어마한 가변적 연결로 구현된 가상 기계의 활동만으로 설명될 수 있다면, 원리적으로는 실리콘으로 만든 컴퓨터 뇌로 적절하게 프로그램된 로봇도 의식이 있을 것이고, 자아를 가질 것이다. 몸은 로봇이고 뇌는 컴퓨터인 의식 있는 자아도 있을 것이다."[2] 로봇도 가상현실의 차원에서 의식을 가지며, 자아를 가질 수 있다. 인간을 타고난 사이보그라고 볼 수 있듯이, 인간의 마음 자체가 이미 '가상 기계'의 형태로 작동하기 때문이다. 뇌를 일종의 컴퓨터라고 생각하는 것은 그저 비유가 아니라 정보의 흐름의 관점에서 사실이다. 인간의 의식이나 마음의 흐름, 더 나아가 신체 작용도 '가상 기계'의 작동으로 파악할 수 있다.

물론 데닛도 이 발상의 전환이 누구에게나 쉬운 것은 아니라고 생각한다. "로봇의 컴퓨터 뇌가 의식이 있을 수 있다고 상상하는 것은 실제로 매우 믿기 어려운 일이다. 어떻게 실리콘 칩 덩어리에서 일어나는 복잡한 정보처리 과정이 의식적인 경험에 해당할 수 있겠는가?"[3] 마찬가지로, 인공 뉴런에서 일어나는 복잡한 과정이 의식을 가질 수 있다고 생각하기를 싫어하거나 거부하는 사람들이 있다. 그러나 그것만이 믿기 어려운 일일까? 19세기 유물론자들이 인간의 뇌 또는 마음이라는 것이 두뇌 안의 생물학적 조직들의 연결 속에서 일어나는 전기화학적 작용이라고 설명했을 때도 의식을 좋아하는 사람들은 그것을 거부하기만 했지, 그것이 실제로는 얼마나 믿기 어려운 일인지 고려하지 않았다. 데닛도 그 점을 지적한다. "그러나 유기적인 인간의 뇌가 의식을 갖는다고 상상하는 것도 그만큼이나 어렵다. 어떻게 수백만 개의 뉴런 사이에서 일어나는 수많은 복잡한 전기화학적 상호작용이 의식적인 경험에 이르게 하는가? 그러나 이제 우리는 인간이 의식을 갖고 있다고 상상할 수 있다. 어떻게 이런 일이 가능한지는 여전히 상상하기 힘들더라도 말이다."[4] "기적의 도움 없이 뇌가 우리 이해를 책임진다고 확신하는 유물론자라면 진정한

강한 인공지능과 인간

이해는 스스로는 아무것도 이해하지 못하는 하부 체계들의 상호작용으로 성취된다는 것을 인정해야 한다."5 생물적 조직으로부터 의식 같은 것이 생겨난다면, 기계 조직으로부터도 얼마든지 비슷한 것이 생겨날 수 있다. 자신에 대해서나 세계에 대해 "명백하고 깨끗한 의식"이 없는 하부 시스템들이 얼마든지 의식과 마음이 작동하게 할 수 있다.

우리는 4장에서 설이 인간의 마음과 인공지능의 차이를 부각시키면서, 어설프게 '중국어 방' 같은 실험을 제안했었다는 것을 알고 있다. 설은 컴퓨터나 인공지능이 한자가 적힌 카드들을 '생각 없이' 나열한다고 여긴다. 데카르트, 그리고 모든 인간주의적 인식론을 옹호하는 사람들은 '중추의 의미 부여자' 또는 의식하는 자아가 없으면 제대로 말을 할 수 없다고 생각한다. 그러나 그런 생각은 완벽하게 이성적인 자아를 이념적으로 전제한다. 실제로 일상생활에서 보통 사람뿐 아니라 철학을 전공한다는 사람들도 자신이 무슨 말을 하는지 잘 모르고 하는 경우가 많다. 또 지그문트 프로이트1856~1939도 제시했듯 흔히 병리학적인 언어 사용이라고 여겨지는 것들도 그저 결함을 가진 잘못된 사용이라고 치부될 수 없으며, 오히려 언어가 사용되는 실제 모델의 예로 파악되어야 한다. 2장에서 보았듯이 머신러닝은 빅데이터가 처리되는 방식과 밀접한 관계를 가지고 있는데, 여기서 들쭉날쭉한 언어 사용들도 나름대로 쓸모 있는 데이터로 대접을 받을 뿐 아니라 모범적이거나 정상적인 언어 사용 모델이 제공할 수 없었던 유용성을 선보이기도 한다. "다른 병리적인 상태에서 수행된 실험에서도 중추의 의미 부여자로부터 명령을 받지 않아도 언어화가 이뤄지는 언어 생성 모형을 세울 수 있었다."6 이 점에서 신경학자와 언어학자가 다양한 형태의 실어증 증상을 연구했고, 이를 통해 실제 언어가 사용되는 복잡한 경우들을 가감 없이 알 수 있었다. 컴퓨터가 언어를 이해하고 사용하는 방식도 비슷하게 파악될 수 있다. 실제로 말들이 배열되고 사용되는 과정은 "단어 도깨비들word-demons의 복마전"[7]이다. 그만큼 복잡하고, 그만큼 단일한 자아의 통제 없이 말은 입을 통해 나온다. 인간이든 인공지능이든 인간주의가 가정하는 마음의 단일한 대로를 따라 말들이 배열되는 것은 아니다. "이런 모든 도깨비와 그 밖의 실체들은 커다란 시스템을 형성하고, 그 활동은 자신의 이야기 무게중심을 중심으로 조직되어 돌아간다. 중국어 방에서 일하고 있는 설은 중국어를 이해하지 못하지만, 방 안에 그 혼자만 있는 것은 아니다. 거기에는 그 시스템, 중국어 방도 있다."[8] 두뇌와 의식이 이 커다란 시스템을 단독으로 지휘하는 것이 아니라, 그것들은 이 커다란 시스템의 부분이다.

두 번째 단계의 사이버네틱스에서 시스템이론을 발전시킨 루만도 '의식'이란 말을 피하기는 했지만 꺼리지만은 않았다. 다만 '의식'이라는 것을 인간주의와 자아 행위자의 틀에서 벗어나게 하는 데 주력하면서, 그것을 자기조직하는 시스템의 한 형태로 파악했다. 개인은 물론 의식을 갖는다. 그러나 시스템으로서의 개인의 의식은 저절로 사회 시스템인 커뮤니케이션에 참여하거나 이것에 통합되지 못한다. 냉정하고도 무서운 일이지만, 사회 시스템인 커뮤니케이션은 개인들의 의식과는 통합되지 않은 채 따로 돌아간다. 물론 개인의 의식은 사회 시스템과 상호작용을 하고 거기에 의존하기도 한다. 그러나 근대의 사회화 과정 이론들이 가정하듯, 개인의 의식이 사회 안에서 말끔하게 사회화되는 것도 아니고 일관된 방식으로 사회에 통합되는 것도 아니다. 개인의 의식은 컴퓨터나 인공지능이 재귀성의 구조 안에서 자기를 조직하는 시스템으로 작동하듯이 작동한다고 볼 수 있다. "이것을 인정하면, 우리는 의식이 세계의 주

강한 인공지능과 인간

체라는 전제를 이미 포기한 것이다."⁹ 이런 재귀적인 시스템 또는 자기참조적인 시스템이라는 개념이 적절한 형태와 방식으로 도입되지는 않았다고 루만은 언급하지만, 그래도 의식을 가진 주체의 개념보다는 덜 남용된다고 말한다. 어쨌든 이 재귀적인 시스템으로서의 의식은 "하나의 주체(또는 주체들의 한 종류)로 중앙 집중을 전제하지 않으며, 따라서 현재 학문의 비중심적인 세계관에 더 잘 맞는다."¹⁰ 여기서 '비중심적'이라는 말은 포괄적인 의미로 사용되고 있다. 주체 중심이든, 인간 중심이든, 의식 중심이든, 모든 형태의 중심에서 벗어난 움직임이 강조되고 있다.

이 모든 논의는 다만 이론적이고 철학적인 맥락 안에서만 머무는 것일까? 그런 것처럼 보일 수 있다. 그러나 실제로 인간의 의식이라고 이제까지 이해된 것이 '가상 기계'의 작용과 유사하다는 것이 드러나고 또 개인의 의식이 저절로 인간을 주체로 만들지는 못한다는 점이 알려지는 것과 맞물려, 인공지능과 로봇이 급격하게 발전했다. 이제까지 인간에게 고유하다고 알려진 의식이 실제로 그렇지는 않다는 점이 이론적으로나 철학적으로만 분석될 때는, 충격파가 보통 사람들에게 직접 다가오지 않았다. 그러나 실제로 인공지능이 여러 영역에서 인간 못지않게 또는 인간보다 월등하게 작동하거나 행동할 수 있다는 점이 드러나는 순간, 엄청난 변화가 시작된다. 인공지능과 로봇들은 사회적 행위자로서 충분한 자격을 얻기 시작하기 때문이다. 그와 맞물려, 인간주의적 의식의 포기 또는 거꾸로 가상 기계의 작용으로서의 의식의 확산은 실제 사회생활에서 긴급하게 주의를 요구하는 문제이다. 인간의 고유한 지위와 권한 자체가 사라지고 있기 때문이다.

유발 하라리¹⁹⁷⁶~는 이 문제를 의식과 지능의 분리라는 관점에서 파악하면서, 역사의 진행 속에서 의식과 지능의 분리라는 문제가 어떤 충격을 줄 수 있는지 관찰하고 있다. "지난 몇십 년 동안 컴퓨터의 지능은 엄청나게 발전했지만 컴퓨터의 의식은 전혀 발전하지 않았다 (…) 하지만 우리는 중대한 혁명을 목전에 두고 있다. 지능이 의식에서 분리되고 있고, 이로 인해 인간은 경제적 가치를 잃을 위험에 놓여 있다. 지금까지 높은 지능은 발달한 의식과 항상 짝지어 다녔다. (…) 이 둘이 항상 짝지어 다니는 한, 둘의 상대적 가치를 논하는 것은 철학자들의 소일거리에 불과했다. 하지만 21세기에 이 문제는 절박한 정치적·경제적 쟁점이 되었다."[11] 그는 군대와 기업이 이 변화의 영향과 결과를 가장 먼저 그리고 포괄적으로 인지하고 받아들일 것이라고 본다. "지능은 반드시 있어야 하지만 의식은 선택사항이다"라고 간단히 대답할 수 있는 문제임을 알고 나면 그들은 정신이 번쩍 들면서, 전통적인 인간적 의식 없이도 작동하는 지능의 효과를 적극 이용할 것이다.

물론 전통적으로 우주 속에서 인간의 마음이 신비와 놀라움을 느끼는 일은 귀중한 경험이었고 지금도 그렇다. 또 어떤 직업에 종사하든 사람이 철학적 물음을 던지고 고민하는 일은 과거에도 중요했고 지금도 물론 중요하다. 그러나 앞으로 인공지능에게는 그런 경이감의 경험이 크게 중요하지 않거나 의미를 잃을 가능성이 크다. 그리고 그 점은 인공지능에게만 국한되지 않을 것이다. 인간이든 사이보그든 존재에 대한 신비를 느끼고 인간으로서 다른 사람들에 대해 모름지기 느껴야 할 감정들을 느끼는 일이 점점 덜 중요해질 것이다. 인간과 사이보그가 인공지능에 의해 대행되면 될수록 그 경향은 점점 커질 것이다. 철학의 핵심 주제였던 세계를 이해하는 일, 사고의 깊이를 추구하는 일도 점점 의미를 잃을 것이다. 그 일은 이미 지구적인 범위에서 벌어지고 있다. 예술과 미학도 존재의 깊이 및 정신적인 것을 표현하는 일에서 멀어졌다. 그 대신 삶을

강한 인공지능과 인간

물질적으로 풍요롭게 만드느라, 또는 삶이 주는 지루함을 피할 수 있는 대체물을 제공하느라 바쁘다. 보통 사람들과 사이보그들의 지능은 존재의 깊이에 대해 명상하기보다는, 넘치는 사물들을 다루고 그것들이 야기하는 문제들을 해결하는 데 더 집중해야 할 것이다. 문제들의 의미에 대해 깊이 있게 숙고하는 행위보다 그 문제들을 얼마나 빨리 효과적으로 해결하느냐는 문제가 많은 사람에게 더 중요하게 다가오고 있다. 지능 시스템은 과거처럼 존재의 관조도 아니고 세계의 이해도 아닌 다른 것에 집중해야 할 것이다. 물론 인간이 세계의 중심에서 밀려난 것이 처음 있는 일은 아니다. 지구가 우주의 중심이 아니라 태양 주위를 도는 행성의 하나임을 알았을 때, 그리고 인간이란 종이 특별한 목적을 가지고 존재하는 것이 아니라 동물에서 진화했다는 것을 알았을 때도 그랬다. 프로이트는 거기에 의식보다 오히려 의식하지 못하는 무의식이 더 대단한 것임을 알게 된 순간을 첨가했다. 이제 인간이 인공지능이나 로봇에 의해 얼마든지 대행될 수 있는 사회적 행위자임이 알려지는 순간도 거기 추가될 것이다.

2. 존재와 힘에 대한 전통적 위계질서에서 벗어나기

휴머니즘적 의식을 포기하고 '가상 기계'의 작용으로서의 의식을 받아들이는 일이 일단 이론적 충격파의 형태로 공기를 갈랐지만, 인공지능과 로봇의 확산이 실제적 충격파의 형태로 다시 공기를 갈랐다. 그 충격파에 내맡겨진 인간의 의식과 신체는 악, 소리를 낸다. 세계의 깊이를 이해하고 인식하는 전통적인 인식론의 역할은 급격히 줄어드는 대신 넘치고 넘치는 사물들과 제때 연결되고 접속되는 일이 지능의 핵심 과제가 될 것이다. 이 과정은 낯선 것이 아니다. 지금도 매 순간, 알게 모르게, 착착 진행되고 있다. 과거엔 별과 달의 위치를 보고 항해를 했다. 사이버네틱스의 그리스어 어원은 '조타수kybernetes'다. 내비게이션 장치가 초기에 도입될 때만 해도, 그저 모르는 길을 알려주는 정도로 도구로 사람들은 그것을 인식했다. 그러나 향상된 인공지능이 도입된 내비게이션 장치는 사람 운전자가 실시간 교통 정보의 흐름을 타도록, 아니 그 흐름에 따라 움직이도록 만든다. 과거엔 얼마든지 우회로로 갈 수 있었지만, 이제는 마음대로 우회로를 가기 힘들다. 제일 빠르거나 제일 거리가 짧은 경로가 추천되는 대로, 운전자는 따라야 한다. 그다음엔? 인간이 아예 운전을 하지 않는 시대가 곧 올 것이다. 그때가 되면 알고리듬에 따라 교통 정보는 전반적으로 관리되고 통제될 것이다.

변화의 몇 가지 방향을 정리할 필요가 있다. 우리는 아직도 이해와 실천의 구별에 따라 우리의 태도를 정리하려고 한다. 19세기에 마르크스가 "이제까지 철학자들은 세계를 이해하려고 했다. 이제는 세계를 바꿔야 한다"라고 말했을 때, 그것은 중요한 변화였고 지금도 마찬가지로 필요한 점이 있다. 그러나 '세상을 바꾼다'는 관점도 실제로는 너무도 인간주의적이다. 인간이 한쪽에 있고, 세계는 다른 쪽에 있다고 가정한다. 이 역시 전통적인 존재론과 인식론의 구도 안에 있음을 알아야 한다. 시스템이론과 사이버네틱스에 따르면, 모든 관찰자는 각자 이미 자기조직하는 시스템이며 그들은 외부 환경과 대면하고 있다. 하나의 시스템은 다른 시스템에게 환경으로 작동한다. 단일하고 총체적인 세계는 존재하지 않는다. 루만은 말한다. "세계 자체는 오로지 다수의 맥락 안에서 서술될 수 있다. 그것의 복잡성은 가능한 서술들의 환원불가능한 다수성의 복

강한 인공지능과 인간

잡성이다."12

마찬가지로 패러다임의 변화는 단순히 이론과 실용 사이에서 일어난다고도 볼 수 없다. '실용'이란 말은 좋게 사용될 수도 있지만 과도하게 경제적 합리주의에서 출발하는 경향이 있다. 한편으로 각자는 자신의 이익이나 쓰임새에 맞게 행동한다고 할 수 있지만, 그렇다고 언제나 그런 것도 아니다. 단기적 이익이나 쓰임새가 장기적 이익과 쓰임새와 다를 수도 있고, 또 이익이란 것이 단일하고 총체적인 성격을 띠지도 않기 때문이다. 그래서 인간이 이익이나 유익함을 명확하게 의식하는 일도 말처럼 쉽지 않다. 한 가지 관점에서 좋은 것은 다른 관점에서는 그렇지 않고, 어느 순간 자신에게 이롭다고 여겨도 실제로는 그 순간의 판단이기 때문이다. 시스템이론과 사이버네틱스가 제안한 자기조직하는 시스템의 관점은 이론/실천이나 이론/실용의 구별보다 인간주의에서 벗어나 있으며, 총체적이고 단일한 세계상에서도 벗어나 있다. 머신러닝을 '자기조직'으로 파악하는 것은 그래서 도움이 된다.

이 변화를 인지하는 일이 왜 중요한가? 2부에서 인공지능과 인간 지능의 관계를 약함과 강함의 구별이라는 기준에 따라 관찰하는 여러 관점과 경향들은 우발적으로 일어난 것이 아니다. 강함과 약함이라는 구별이 그 자체로 매우 적절하며 중요하다고 여겨질 수 있는 점이 있지만, 그 구별 및 그와 연결된 구별들은 세계를 이해하는 일보다 세계의 복잡성에 맞춰 자기를 조직하는 일이 더 중요해지는 과정을 반영하거나 대변한다. 다르게 말하면, 세계를 이해하기와 인식하기가 관조의 한 형태였던 때가 있었다. 철학을 비롯한 학문은 자신의 핵심 과제를 절대자 아니면 인간의 관점에서 세계를 인식하는 일로 이해했다. 그 점에서 인식론과 존재론은 함께 움직였다. 존재하는 것은 존재한다고 여겨졌으며, 그것을 인식하기만 하면 되었고 그것이 목표였다. 그러나 세계를 인식하는 일도 실제로는 관찰자로서의 자신의 행동과 태도를 조직하는 일의 한 형태였을 것이다. 다만 과거에는 생존하는 일이 삶의 낮은 수준에서 일어나고 그로부터 벗어나거나 그로부터 떨어진 자리에 있어야만 사물과 세계에 대한 정보를 얻을 수 있었기 때문에 '관조' 또는 '인식'이 중요하게 여겨졌을 뿐이다.

전통적으로 정보와 주체화의 가능성은 사물들과 힘의 위계질서에 따라 배분되었기 때문이다. 물론 지금도 그런 권력의 전통적인 위계질서가 유지되는 면들이 있지만, 그것이 중심을 형성하지는 못하고 그 위계질서가 전체를 관통하지도 못한다. 그런데 약한 지능과 강한 지능의 구별은 이 전통적인 힘과 능력의 위계질서에 의존하며 그것을 전제하는 경향이 있지 않은가? 그렇게 여겨지는 한, 그 구별은 오해를 부른다. 이제 우리는 그 오해의 가능성을 분석해야 한다. 약함과 강함이 힘과 능력의 위계질서를 따른다는 흔한 가설은, 인간과 기계의 단순한 대립 가설과 함께, 인간의 지능과 인공지능을 논의하는 과정에서 매우 해롭다. 2부에서 지능의 약함과 강함의 구별을 논의하면서 그 가설을 논의하기는 했지만, 그것을 다시 자세히 살펴보자.

약한 인공지능과 강한 인공지능이라는 구별을 니체가 강조한 강함과 약함의 구별과 비교한 것은 이유가 있었다. 비록 인간과 기계가 단순한 대립관계에 있지는 않더라도, 인공지능의 능력이 점점 커질수록 강함과 약함이라는 구별은 여러 변형된 형태로 등장할 것이기 때문이다. 인간 강화[13]를 둘러싼 기획과 비전도 끊임없이 그리고 여러 형태로 니체가 말한 '위버멘쉬'와 연결되어 언급될 것이다. 그러나 5장의 논의를 통해 우리는 일단 다음을 알게 되었다. "너무나 다행하게도, 그리고 역설적이게도,

니체는 도덕의 발생학과 관련해서는 강자와 약자의 대립을 강조했지만, 다른 한편으로 힘이나 의지라는 원인을 주체나 실체에게 귀속시키는 일을 형이상적 잔재라며 혹독하게 비판했다." 이 양면성은 문제적이지만, 그렇다고 그것 때문에 거기에 있는 문제의 중요성을 간과하면 안 된다. 니체를 사로잡은 양면성은 우연이 아니었다. 도덕주의에 대한 니체의 비판은 매우 적절하지만, 강자와 약자의 구별에 기댄 희망은 쉽게 이뤄지기 어려운 것이었다. 그도 그 구별을 기대와 희망 속에서 언급하기는 했지만, 동시에 그것이 형이상학적으로 또는 존재론적으로 남용될 수도 있음을 분석했고 또 강력하게 비판했다. 이 점을 고려하면, 다음과 같이 말할 수 있다. 선함과 악함이라는 도덕적 구별을 비판하고 거부하되, 마치 강자는 좋고 약자는 나쁘다는 가치의 질서에 사로잡힐 필요는 없다. 이 논리 또는 희망도 존재와 힘의 위계질서를 전제하기 때문이다. 그래서 실제로 사이버네틱스, 루만 그리고 라투르의 행위자-네트워크 이론은 비록 조금씩 세부사항이 다르고 또 방향도 차이가 나지만, 존재와 힘에 대한 전통적인 위계질서에서 벗어나는 데서는 공통성을 가졌다. 이제 그 점들을 살펴볼 것이다.

애초에 사이버네틱스 이론에게 극복의 대상이었던 것은 '인간과 기계 사이의 대립 가설'만이 아니다. 힘에 대한 자연주의적 또는 존재론적 관념, 그리고 권력을 소유의 대상이나 실체로 보는 관념도 마찬가지로 극복의 대상이었다. 루만은 다음과 같이 근본적인 물음을 제기한다. "여기서 이론적 선택 가능성을 찾으려는 일반적인 방식은 다음 물음에 놓여 있다: 권력이 실제로 내적인 잠재력인지, 또는 권력 소유자가 실행하는 자원에서 읽을 수 있는 일종의 '힘'인지의 물음."[14] 루만은 권력이나 강함의 기준이 전근대적이며 오래된 권력이론의 특징을 가지고 있다면서,

그 기준에서 벗어날 것을 주문한다. 오래된 권력이론에 대해 현재 이론이 갖는 아마 가장 중요한 변화는 더 이상 "권력을 파트너 가운데 한 명에게 성질이나 능력으로서 귀속시키지 못하는 것"[15]이다. 힘이나 권력은 어느 한 원인이나 행위자에게 독점적으로 또는 그에게만 고유한 방식으로 귀속되는 것이 아니다. "힘, 능력, 잠재력" 등은 오래된 언어가 갖는 '성질의 개념'일 뿐이며, 그 성질 등을 권력의 소유자와 결합시킴으로써 그 표현들은 오히려 "권력이라는 것이 커뮤니케이션 과정의 상황적 효과라는 사정을 감춘다."[16] 한 예를 들어보자. 민주주의 체제에서 민중의 힘은 때로는 기적을 일으킨다. 촛불들의 힘도 그렇다. 그렇다고 "국민에게 권력이 있다"는 헌법 구절만 암송하면서, 마치 국민이라는 단일한 실체가 최종적으로 민주주의를 위한 권력을 행사한다고 믿을 수 있을까? 그렇지 않다. 민중은 때로는 지리멸렬하다. 그렇다고 허상은 아니다. 오히려 일상적으로 국민과 여론은 끊임없이 자기를 반사시키면서 또 자기를 흡수하는 자기참조의 과정 속에서 끝없이 돌고 돈다. 국민과 대의기관인 국회의 관계도 서로를 비스듬히 참조하는 자기참조성과 상호참조성 속에서 돌고 또 돈다.

루만은 자연이나 본질적 존재 또는 위인에게 돌릴 수 있는 힘을 설정하는 대신 모든 인지능력에 기본적인 재귀적이고 순환적인 작동 방식을 강조한다. 이 재귀적 작동 rekursive operation 방식은 "'인공지능'의 의미에서의 기계든, 세포든, 뇌든, 의식적으로 작용하는 시스템이든, 커뮤니케이션 시스템이든" 마찬가지로 작동한다."[17] 어떤 지능이든 자신이 수행했던 작업으로 재귀하는 반성적 과정이 필요하기 때문이다. 그런데 과거 이론들은 이 재귀적 작동 방식을 실체화하면서 거기에 존재론적 힘을 귀속시켰다. 제일 원인이나 행위 주체도 그런 시도의 결과였다. 기억하면서 미래를 선취하는 지능에서, "어떤 행위는 스스로 어떤 순간적 무상함에서 벗어나서 자기 자신을 넘어 울려 퍼지는 것처럼 보인다. 그러나 이것은 어떤 내재적인 에너지, 어떤 힘, 어떤 행동의 생명력을 통해 가능한 것은 아니다."[18] 사이버네틱스와 시스템이론의 차원에서는 더 이상 어떤 내재적인 에너지, 어떤 힘, 어떤 생명력의 개념에 호소할 필요가 없다. 단일한 생물학적 또는 물리적 힘, 단일한 원인으로서의 행위자, 단일한 주체를 설정하지 않고도, 자기를 조직하는 시스템의 기능을 설명하는 과제가 점점 중요해진다. 그런 힘들을 설정하지 않고 그것들에 의존하지 않을 경우, 생물학적 시스템이든 인공지능 시스템이든 어쨌든 자신을 끊임없이 참조하면서 자기를 조직하는 과정이라고 할 수 있다. 이렇게 보면, 자기 지시적이면서 자기를 조직하는 시스템은 과거에 힘이라고 불렀던 것에서 단순히 멀리 있는 어떤 것이거나 또는 그것을 부정하는 어떤 것은 아니다. '자기조직하는 시스템'은 힘의 위계질서에 의존하면서 그 힘을 형이상학적 실체라고 이해하는 방식에서는 벗어나되, 생명체와 기계들이 작동하는 방식을 서술하려는 과제를 갖는다. 그래서 자기를 조직하는 능력으로서의 자기참조성은 이제까지 생명체를 설명하려던 여러 관점을 포괄하는 방식으로 나타날 수 있다. 그렇게 보면 자신을 조직하는 자기참조성이 과거엔 '자기사랑' 또는 '스스로 자신의 근거를 세우는 이성' 또는 는 '권력에의 의지'라는 이름으로 지칭되었다고 볼 수 있다. 루만은 다만 그런 시도들이 그것들과 평행선을 그리며 나타났던 합리성의 몰락을 보충하려는 유럽적 제스처라고 파악하고 있고, 이제 그것을 새로운 방식으로 서술해야 한다고 생각한다.[19]

물론 루만의 시스템이론은 많은 점에서 니체 텍스트와 다르다. 그리고 루만도 사회 시스템을 분석하면서, 보통은 니체 텍스트를 언급하지 않는다. '권력에의 의지'를 자기참조성의 한 형태로 파악하는 일은 그래서 놀랍게 다가온다. 그러나 앞의 인용 구절들이 보여주듯이, 시스템이 자기조직하는 과정을 설명하는 일은 에너지와 힘에 대한 전통적이면서도 형이상학적인 관념들을 극복하는 과제와 인간 중심 행위자의 시각에서 벗어나는 과제와 뗄 수 없이 연결되어 있다. 그리고 니체의 텍스트는 이 과제들이 교차하는 지점에 있다. 일반적으로 니체가 강자와 약자의 구별에 호소하는 것으로 알려져 있지만, 니체는 힘과 권력을 형이상학적이고 존재론적 실체로부터 벗어나게 만든 역사적 분기점이었다. '생명력' '권력에의 의지' 등의 표현은 힘을 역동적으로 표현하면서 다른 한편으로는 전통적인 형이상학적 실체에 호소하지 않으려는 시도에서 튀어나온 말로 파악될 수 있다.

이런 관찰은 이론적인 차원에서만 벌어지는 일처럼 보일 수 있지만, 그렇지 않다. 인간을 특별한 행위 주체로 여기지 않으려는 태도나 관점이 그저 이론적이거나 사변적인 차원에 그치지 않는 것처럼, 독립된 단일한 실체나 원인에 힘과 능력을 부여하지 않으려는 태도나 관점도 여러 형태의 실제적인 결과와 영향을 불러온다. 아마 가장 이론적이면서 실제적인 효과를 동시에 가져오는 것은, 이미 언급하였듯 원인과 결과 사이에 단순하게 인과적 관계를 설정하는 습관의 거부이다. 어떤 행위가 한 행위자에서 나왔을 때, 원인은 결코 단일하게 귀속되지 않는다. 사람들이 잘된 일의 원인은 흔히 자기에게 돌리고, 잘못된 일의 원인은 흔히 타자나 환경에 돌리는 태도는 가장 두드러지게 나타나는 심리적 이중성일 것이다. 또 자신이 실수를 하면 환경 탓을 하지만, 타자가 실수를 하면 사람들은 쉽게 타자의 인격에 책임을 돌리곤 한다. 이런 다중성은 사회 조직의 차원에서도 관찰할 수 있다. 근대 이전의 사회 제도나 도시 구조

강한 인공지능과 인간

는 명확하게 중심과 주변의 관계에 의해 구획되어 있었고, 중심에 힘과 본질이 귀속되었다. 신분 구조나 계층구조도 마찬가지로 위계질서에 의해 규정되었다. 그러나 근대 이후 사회 시스템은 정치, 경제, 교육, 법, 학문, 예술, 종교 등의 기능 시스템들로 분화되기 시작하고, 이들 각각의 시스템들은 다른 시스템을 환경으로 인지한다. 시스템이론의 관점에서 보면, 근대 이후의 사회 시스템엔 단일한 중심도 없고 단일한 주변도 없는 셈이다. 이 관점은 시스템이론의 가장 기본적인 출발점을 형성한다. 현재 사회의 위험을 분석할 때에도, 이 관점은 중요하다. 과거처럼 단일한 주체나 중심을 설정하기도 어렵고, 힘과 권력의 명확한 위계질서를 설정하기도 어렵다. 개인들은 끊임없이 위험을 무릅쓰도록 부추겨지는데 그 결과에 대해서는 자신이 책임을 떠맡을 수밖에 없다. 그러나 타자에 의해 야기된 위험에 대해서는 개인들은 대부분 방어적인 자세를 취하면서 냉정함을 키운다. 단순하고 명확한 인과관계가 사라지는 이 와중에, 과거처럼 이익은 취하고 손실은 피한다는 합리주의는 너무 단순한 설명이다. 자율주행차가 사고를 낼 경우, 책임은 인공지능과 인공지능 생산회사 그리고 규칙들을 만드는 사회 기구들 사이에서 분배될 것이며, 이 행위자들은 그 경우 다중적인 보험 시스템을 통해 책임을 분산시키려고 할 것이다. 따라서 책임은 점점 익명적인 대행자들에 의해 대행된다. 이것은 인공지능 때문에 비로소 생긴 일이 아니다. 현재에도 교통사고의 책임은 예방적으로뿐 아니라 사후적으로도 보험 시스템에 의해 대체되고 대행되고 있으며, 사람은 보험료를 납부하면서 얼마든지 보험 시스템을 통해 책임을 대행시킨다.

사이버네틱스나 시스템이론이 말하는 것을 다음과 같이 정리할 수 있다. 지능이나 힘의 약함과 강함은 기능적으로는 작동하지만, 존재론적으로는 단일한 행위자에게 귀속되지 않는다. 앞에서 논의한 행위자-네트워크 이론도 이 방향에서 네트워크 개념을 구성한다. 여기서 주의해야 할 점은 전통적인 의미의 인간 행위자들이 네트워크를 형성한다는 데 있지 않다. 이 네트워크는 "개별적인 인간 행위자를 지칭하는 것이 아니다."[20] 인맥 또는 사회적 커넥션이라는 표현들은 "대개 남성들이 권력을 잡고자 동맹의 네트워크를 만들고 그의 권력을 확장하는 것을 지칭"하는데, 그런 이해는 가장 심각한 오해를 야기한다. 그 이론은 또 "근대 사회가 지위, 계층 (…) 관념을 사용해서는 결코 이해될 수 없다"는 점을 강조한다.[21] 이 점에서 라투르는 루만의 시스템이론과 궤를 같이 한다. 마찬가지로 라투르는 강함과 권력에 대한 전통적 관념을 거부한다. "힘은 확산, 이질성 그리고 약한 연결들의 신중한 엮음에서 온다." 또는 "저항, 완고함, 강함은 약한 연결들의 엮임, 누빔, 꼬임을 통해 더 쉽게 얻어진다."[22] 강함과 약함의 전통적인 위계질서가 지위와 계층 등의 관념을 가능케 하는 구조로 작용하는 반면, 행위자-네트워크는 말하자면 인간 행위자들, 더구나 권력이나 영향력을 소유의 대상으로 여기는 행위자들이 연결된 그물이 아니다. 오히려 '행위자-네트워크'란 개념에서 네트워크 자체가 일종의 행위자라는 것이다. 물론 네트워크 자체가 행위자라는 관점은, '행위자'라는 개념을 다소 엄격하게 규정할 경우, 상당한 역설로 보일 것이다.[23]

이로써 우리는 사이버네틱스와 사회 시스템이론, 그리고 행위자-네트워크 이론이 인간과 기계의 대립 가설 및 힘과 권력의 위계질서라는 가설 둘 모두에서 벗어나는 길을 찾았음을 알 수 있다. 힘과 권력의 단순한 위계질서를 거부하는 일은 한편으로는 꼭 필요한 과제였지만, 다른 한편으로는 1960~1980년대의 시대적 분위기를 반영한다고 볼 수 있다.

탈형이상학, 해체주의, 포스트모더니즘 등의 사조들은 근대적 거대 서사를 허물고자 했다. 권력관계에 대해 당시 푸코가 수행한 분석도 권력관계가 실행되는 미시적 흐름들에 주의를 기울였고, 이 관점은 알게 모르게, 많건 적건, 힘과 권력을 위계질서와 소유의 대상으로 보는 이해들을 흔들었다.

3. 작동의 자율성만으로도 충분하지 않을 수 있다

그러나 힘에 대한 자연주의적 관념, 강함과 약함의 위계질서, 그리고 소유대상으로서의 권력의 관념에서 벗어나는 일은 매우 중요하면서도, 쉽지 않고 미묘하다. 일상생활에서는 인간주의적 관점의 인간 행위자가 끊임없이 설정되고 있으며, 거꾸로 기술공학적 관점은 기술을 통한 지배나 통제를 쉽게 목표로 설정하고, 또 여전히 사람들은 권력을 소유 대상으로 이해하는 경향이 있다. 그래서 인간과 인공지능의 관계도 누가 누구를 지배할 것이냐의 문제로 단순화되곤 한다. 계속 그런 방식으로 생각하면, 세상도 그렇게 보일 것이다. 세상에 대한 차분하고 복합적인 관찰이나 분석을 할 여유를 유지하지 못하면, 사물이나 기계가 인간에 끼치는 영향력은 지배관계 아래에 있는 것으로 보일 수 있다. 그 경우 강함과 약함은 다시 위계질서의 형태로 배분될 것이고, 대립을 통한 싸움이 다시 전면에 등장할 것이다. 그런 상황이 생기면 이제까지 우리가 수행한 분석은 그 중요성에도 불구하고 뚜렷하게 실제적이고 실천적 효과를 갖지 못할 수 있다. 그렇다고 힘과 권력의 관계를 과거에 위계질서가 굳건하고 존재들의 위계질서도 분명했던 시대의 관점으로 계속 이해할 수는 없다. 이것은 확실히 변화했거나 사라졌다. 단순한 지배관계는 사라졌고, 권력관계는 복잡해졌고 책임을 명확하게 고정시킬 수 없는 대행자들의 연관관계는 확산되고 있다.

그러나 이 소용돌이는 매우 미묘하고 복잡하다. 자연적 실체에게 귀속되었던 힘과 권력, 그리고 그것들의 위계질서는 사라졌지만, 그렇다고 약함과 강함의 관계가 깨끗이 사라진 것은 아니기 때문이다. 명확하게 개별적인 존재자에게 귀속되는 힘과 능력은 더 이상 큰 의미를 갖지 않지만, 그럼에도 불구하고 인간을 사로잡는 무력감이 약함과 강함의 구별을 다시, 자꾸, 소환해낸다. 그렇지만 이 구별이 인간과 기계의 대립관계를 다시 조장한다면, 갈등은 불행으로 이어질 뿐이다. 가능한 한, 인간과 기계의 대립이라는 생각, 그리고 힘과 권력을 위계질서의 형태로 생각하는 습관을 버리되, 서로 충돌하고 서로 마모시키고 서로 깎아먹는 갈등관계를 간과하지 않도록 해야 한다. 이 문제는 힘과 권력의 문제 및 지능의 약함과 강함의 문제를 둘러싸고 있는 무섭고 끔찍한 딜레마를 보여준다.

나는 여기서 이 문제에 대해 몇 가지 선택을 할 수 있다고 생각한다. 하나는 루만의 방식이다. 앞에서 보았듯이, 자기조직하는 시스템은 환경에 대해 닫혀 있으면서만 환경에 대해 열려 있을 수 있다. 내가 보기에 이 시스템의 관점은 지금도 중요하고 유효하다. 그러나 다른 한편으로 이 관점은 시스템의 자율성을 상당히 또는 때로는 과도하게 강조하는 관점이다. 다른 각도에서 말하면, 모든 시스템이 가진 자폐적 성향을 과도하게 또는 너무 솔직하게 드러낸다고 할 수 있다. 시스템의 자폐적 자율성을 드러내는 일은 여전히 중요하지만, 다른 한편으로 그런 폐쇄적인 시스템들이 개인이나 집단에 끼치는 영향에 대해 어떻게 대응해야 할지

강한 인공지능과 인간

에 대해서는 답을 얻기 어려운 것도 사실이다. 루만은 인간 행위자들의 구체적인 대응에 대해서는 크게 관심이 없기 때문이다. 또 시스템들이 '착하게' 상호작용하는 방식에 대해서는 애초에 시스템이론은 큰 기대를 하지 않았지만, 그것들이 서로 부딪치면서 서로 침투하는 과정에 대한 분석도 부족한 것도 사실이다. 비판적으로 보면, 루만은 힘과 권력을 분석하고 서술하는 일을 너무 꺼렸고 따라서 시스템과 네트워크를 둘러싼 갈등을 논의하고 거기 대응하는 데 그의 텍스트는 큰 도움이 되지 않는다고 여겨질 수 있다. 그러나 루만의 시스템이론의 핵심은 어쨌든 모든 시스템은 환경에 대해 작동의 차원에서 닫혀 있으면서만, 나름대로 환경에 대해 열려 있을 수 있다는 것이다. 닫혀 있는 또는 폐쇄적인 열림이다. 그럴 수밖에 없는 까닭은, 모든 시스템보다 환경은 더 복잡하며, 따라서 "이 복잡성을 단순하게 만들면서만 하나의 시스템은 그 안에서 질서를 구축할 수 있기 때문이다."[24] 이 점을 제대로 파악할 필요가 있다. 그 관점에서 보면, 어떤 시스템이 더 스마트하고 어떤 것이 덜 스마트한가를 따질 필요도 없고, 어떤 시스템이 다른 것보다 더 강한가를 굳이 따지고 판단할 필요도 없거나 줄어든다. 각각의 시스템은 어쨌든 제 방식으로 환경과 세계의 복잡성을 감축하면서 질서를 구성하고 자율성을 확보하기 때문이다. 그래서 루만은 힘과 권력의 위계질서나 중심과 주변의 구도가 더 이상 유효하지 않다고 판단한 후에는, 힘과 지능의 차이에서 기인하는 갈등이나 지배의 문제에는 상대적으로 관심을 크게 기울이지 않는 것이다. 어떤 시스템이든 환경이나 세계가 던지는 복잡성을 단순하게 만들면서 세계를 보는 지평을 확보한다면, 지능과 힘의 차이는 크게 의미를 갖지 못할 듯하다. 인간이든 인공지능이든 마찬가지다. 인공지능도 언제나 자신보다 복잡한 환경을 마주하고 있다. 그것은 자신보다 복잡한 환경 속에서, 그 복잡성을 단순하게 환원하면서만 자율성을 가질 수 있다. 그래서 루만은, 비록 자기참조성과는 다른 타자참조성Fremd-Referenz을 가끔 언급하긴 하지만, 무엇보다 자기참조성이 핵심이라고 여기는 것이다.

둘째 길은, 루만 이상으로 타자참조성 또는 외부참조성을 인정하고, 그에 따라 자기참조성의 영역을 상대적으로 줄이는 것이다. 타자와 외부를 참조해야 한다는 것은, 또는 그렇게 해야 하는 이유는, 기본적으로 자기 안에서 재귀적으로만 작동하는 방식으로는 충분하지 않기 때문이다. 조금 단순하게 말하면, 첫째 길과 달리, 어떤 시스템이든 무조건 환경에 대해 닫혀 있으면서 자신의 자율성을 확보하는 것은 아니라는 말이다. 자기를 조직하는 시스템이라고 언제나 자신의 시스템 내부에서만 머물러 있을 수 있는 것은 아니고, 언제든 자신보다 강하거나 큰 기계나 시스템 안으로 들어가야 할 때가 있다. 한 세포가 더 크거나 강한 세포 안으로 들어가면 어떤 일이 생길까? 그것은 계속 자율성을 유지할 수 있을까, 아니면 더 큰 시스템에 종속될까? 이런 권력관계를 이론에 개입시킨 예는 드물지 않다. 푸코와 질 들뢰즈1925~1995, 그리고 장 프랑수아 리오타르1924~1998를 대표적인 예로 꼽을 수 있다. 그러나 여기서는 두 번째 단계의 사이버네틱스의 중요한 인물인 마투라나의 예를 보도록 하자. 그는 두 가지 경우를 구별하기 위해 자기생성autopoiesis와 타자생성heteropoiesis을 구별한다. 전자에게는 자기조직과 자기참조가 핵심인 반면, 후자에게는 그런 자율성이 없다. "자기생성 통일체의 유일한 목표는 자기생성을 계속하는 것이지만, 타자생성 통일체의 목표는 자기조직을 만들어내는 것이 아니다. 내가 자동차를 운전할 때 자동차의 기능은 내가 설정한 목표에 종속된다. 예를 들어 자동차는 피스톤에 에너지를 써서 스

강한 인공지능과 인간

스로를 수리하는 대신, 구동축 회전에 에너지를 써서 내가 거기에 갈 수 있게 한다. 즉 나는 자기생성적으로 기능하지만 자동차는 타자생성적으로 기능하는 것이다."[25] 이 점에서 다음과 같은 판단이 가능하다. "마투라나는 타자생성과 자기생성을 구별했기 때문에 사회의 권력 투쟁에 대해 이야기할 수 있었다."[26]

이처럼 마투라나는 루만보다는 권력관계가 갈등을 일으키는 면에 주목했다. 그러면 권력관계에 의해 지배와 종속이 일어난다고 말하면 될까? 그런 방식으로 문제가 끝나지는 않는다. 실제로 루만처럼 전통적인 권력의 관점이나 인간 행위자의 관점을 가능한 한 괄호 안에 넣어버리고 시스템의 관점에서 보는 것이 오히려 드문 경우이고, 지배관계나 종속관계 자체에 대해 말하는 것은 전혀 드문 일이 아니다. 오히려 많은 사람과 이론가들이 그것을 말한다. 다만 그것을 비판하거나 해결한다는 행동이 다시 새로운 문제를 발생시킬 수 있다는 것이 문제이다. 그럼 마투라나는 어떻게 했을까? 그는 사상적으로 다시 자유주의적 합리주의에 호소한다. 그는 그 권력관계에 의한 갈등을 없애거나 줄이는 쪽으로, 다르게 말하면 합리성을 추구하는 쪽으로, 이상적인 모델을 제안하면서, 문제를 봉합하려 했다. 이상적인 사회는 "모든 사람을 자신과 동등하게 여기고 사랑하며 (…) 자기 자신이 관찰자로서 사회에 통합될 때 기꺼이 받아들이는 정도 이상의 개별성과 자율성의 포기를 타인에게 요구하지 않는 것이다."[27] 이런 관점은 합리적이며 자유주의적 요구이다. 거의 칸트의 도덕주의 및 합리적 자유주의를 이어받을 정도다. 그러나 이렇게 다시 이상적 상태에 호소할 것이었으면, 자기생성과 다른 타자생성의 존재 방식을 애초에 구별할 필요도 없지 않았을까?

여기서 자유주의를 둘러싼 사이버네틱스의 긴장이 느껴진다. 자유주의의 근간은 무엇일까? 개인이 자유의지를 가지며 타자에게 해를 끼치지 않으면서 합리적으로 행동할 수 있다는 것이 그것이다. 그렇다면 사이버네틱스를 연구하는 사람들은 이 자유주의의 기본 원칙에 충실할 수 있었을까? 이 물음을 집중적으로 다룬 것은 캐서린 헤일스1943~일 것이다. 사이버네틱스의 시작 단계는 2차 세계대전과 겹쳤다. 노버트 위너는 줄리언 비글로1913~2003와 함께 대공화기 연구에 참여했는데, 그 연구에서 그들은 전투기 조종사를 사이버네틱스 모델링을 통해 구성했다. 조종사는 인간 행위자라기보다는 자동 제어 장치처럼 행동한다고 파악된 것이다. 그러던 위너는 전쟁이 끝난 후 사이버네틱스가 군사적으로 이용되는 것에 불만을 나타냈고 또 반대했다. "위너가 전쟁 당시에는 군대를 위해 일했지만 전쟁이 끝난 후에는 반군사적 입장을 취했다는 사실은 그에게 사이버네틱스는 강렬한 자부심의 원천이자 커다란 불안의 원천이었음을 놀랄 만큼 확실하게 보여준다." 이 자부심과 불안의 갈등은 다만 사이버네틱스가 전쟁의 도구로 사용될 수 있다는 데 국한되지 않는다. 그 갈등은 개인의 신체적이고 심리적 자율성이 확보되느냐의 물음을 둘러싸고도 번진다. "위너는 인간 형체의 물리적 경계가 확보될 때는 유기체를 통한 정보의 흐름을 칭송한다. 그러나 조종이나 흡수를 통해 물리적 경계가 자율적 자아를 더 이상 정의하지 않게 되면 모든 것이 바뀐다."28 다르게 말하면, 초기부터 사이버네틱스와 자유주의적 휴머니즘은 긴장과 갈등 관계에 있었다. 다소 단순화해서 말하면, "위너는 『인간의 인간적 활용The Human Use of Human Beings』을 바탕으로 쓴 『사이버네틱스Cybernetics』에서 사이보그라는 거울을 흘깃 들여다보지만 금방 물러선다."29 매우 중요한 지점이다. 사실을 말하자면, 위너가 처음 사이버네틱스를 논의하기 시작했을 때, 사이버네틱스는 아직 사이보그와 제대

강한 인공지능과 인간

로 대면하지 못했다(6장에서 나는 사이버 행위자의 그룹들을 구별하면서 이 지점을 정확히 지적하지는 않았다. 다만 일반적으로 비유적 의미의 사이보그와 사이버 행위자의 한 그룹인 사이보그를 구별했을 뿐이다). 물론 그렇다고 사이버네틱스가 전혀 사이보그에 가까이 가지 못한 것은 아니다. 사이보그를 말하면서도 처음에 사이버네틱스는 휴머니즘적 자유주의의 관점을 유지하고 싶었던 것이다. 그리고 그 경향은 두 번째 단계의 사이버네틱스에 이르러서도 부분적으로 남아 있었다.

여기서 다시, 시점을 거꾸로 돌리자면, 마투라나는 자기조직과 자기생성을 논의하면서 다시 휴머니즘적 자유주의를 고수하고 싶어 했다. 그와 달리 루만은 마투라나처럼 합리적 자유주의, 그리고 인간성에 호소하고 싶지 않았다. 그래서 루만은 마투라나의 자기생성 개념을 강조하면서도, 마투라나처럼 인간성에 호소하지는 않았다.[30] 이 모든 것은 단순히 이론적인 문제처럼 보일 수 있지만, 그렇지 않다. 그래서 루만은 자기생성과 타자생성의 구별을 알면서도, 자기생성과 자기참조성을 서술하는 쪽으로 다소 완강하게 나아갔다. 그러면서 많건 적건 폐쇄적으로 보이는 작동의 자율성, 환경에 닫혀 있음으로써 열리는 시스템에 대해서만 이야기한 것이다. 내가 1부에서 인공지능에게 일정한 자율성을 인정할 수 있다고 말했을 때, 이 자율성도 자유주의적 휴머니즘이 말하는 자율성과는 거리가 먼 자율성이었다. 시스템이 그 자체로 좋다는 말은 아니다. 다만 어떤 관찰자든 내부와 외부 환경을 구별함으로써 재귀성을 반복하고 또 그를 통해 시스템의 폐쇄적 자율성이 발생한다는 것이다. 루만은 도덕적이고 이상적인 해결책을 다시 제출하는 태도는 이론적으로도 철저하지 못할 뿐 아니라 또 실제로 효과도 없다고 여겼다. 이렇듯 두 번째 단계의 사이버네틱스에서도 차이들이 발생했고 그 간격은 작지 않았다. 그 차이는 이성적이고 합리적인 관찰자나 휴머니즘적 자유주의의 주체를 상정하느냐 또는 하지 않느냐의 차이였다. 내가 보기에, 루만은 두 번째 단계의 사이버네틱스에서 휴머니즘적 자유주의와 이론적으로 과감하게 결별한 경우였다.

헤일스는 루만의 텍스트를 상세하게 분석하지 않았기에, 이 점을 드러내지는 못했다. 그 대신 헤일스는 마투라나와 공동 작업을 끝내고 독자적인 관점을 추구한 바렐라에게서 이 가능성을 발견했다. 바렐라는 현대의 인지 모델들이 자유주의적 휴머니즘의 자아를 해체하는 방향으로 간다고 강조한다. 이 모델들에서 휴머니즘적 자유주의가 말하는 주체나 자율성이 요구되지는 않는다. "이 모델에서 의식은 부수적인 현상이며 현재 일어나고 있는 일에 대해서 일관된 이야기를 하는 역할을 맡는다. 의식이 들려주는 이야기는 과정 속에서 실제 일어나고 있는 일과 별로 상관이 없다."[31] 바렐라에 따르면 이러한 모델에서 마음은 기껏해야 "통일성 없고 이질적인 과정의 집합"일 뿐이다. 그렇다고 해서, 신체가 적극적으로 행동하지 못하는 것은 아니다. 통일된 의식으로서 자아는 허상이지만, 사람이 환경과 상호작용하며 행동하는 일은 그것에 의해 전혀 방해받지 않으며, 오히려 더 살아 있는 형태를 띤다. 이 '환경과 상호작용하며 행동하는 일'을 바렐라는 '행동으로 보여주기enaction'이라고 부른다.[32] 마투라나와 루만의 재귀적인 자기생성과 비교하면, 이 '행동으로 보여주기'는 재귀적 순환성에 갇히지 않고 적극적으로 환경과 상호작용을 하는 것처럼 보인다. 그 점에서는 자기생성의 재귀적 순환성에서 벗어나 일종의 능동성을 가지게 된다. 그러나 적극적으로 환경과 상호작용을 한다는 말은 듣기에 좋아 보이지만, 다소 모호하지 않은가? 어떤 행위자든 다 그렇게 행동한다고 설명된다면, 그 말은 별 의미를 갖기 힘들다. 마투

강한 인공지능과 인간

라나는 자기생성과 다른 타자생성을 말하면서도 다시 휴머니즘적 자유주의에 호소했는데, 바렐라는 자기생성의 폐쇄성에서는 벗어났지만 환경과의 모호한 상호작용에 과도하게 호소하는 듯하다. 그런 모호성에 호소하기보다는 차라리 시스템은 일단 환경에 대해 닫혀 있으면서 비로소 열릴 수 있다고 말하는 것이 더 담담하고 이론적으로도 과감하지 않을까? 중요한 점은, 환경과의 상호작용이라는 무난한 설명도 지능과 힘의 충돌이 빚어내는 긴장과 갈등을 서술하기는 쉽지 않다는 것이다.

뒤돌아보면, 마투라나와 바렐라, 그리고 루만의 사이버네틱스는 그래도 아직 철학적이거나 이론적 접근이 유효했고 또 효과도 있다고 여겨지는 차원의 시도들이었다. 그런데 개념들의 꼼꼼한 구별을 통해 이론적 성찰을 하는 여유가 사치스럽게 보이거나 한가하게 보이거나 또는 충분히 과감하다고 여겨지지 않을 수 있다. 이론이 아무리 신중하거나 치밀하게 또는 복잡하게 말을 해도, 그것은 논리이자 방법에 지나지 않지 않는가. 세상이 논리나 이론으로 잘 설명될 수는 있지만, 이론이 치밀하다고 해서 세상이 저절로 변화하지는 않는다. 실제 행동하는 사람들은 그런 논리정연한 이론에 따라 행동하는 것도 아니다.

여기서 이론이나 철학과 다른 방식으로 수행되는 길의 예를 들어보자. 그것은 이론보다 더 담담하거나 어둡거나 냉정할 수 있는 SF의 방식이다. 헤일스는 루만에 대해서는 거의 서술하지 않았지만, 마투라나와 바렐라의 접근 방식을 필립 K. 딕1928~1982의 소설들과 비교했다. 헤일스는 이론적 접근보다 소설들이 나름대로 복잡성과 더 잘 대면한다고 여기면서 다음과 같이 서술한다. "마투라나와 바렐라는 그들의 기반인 생명 과학에 어긋나지 않는 이성적 관찰자를 가정하는 경향이 있다. 그들이 상정하는 관찰자는 실험실에 앉아서 실험 기기의 눈금을 보는 관찰자이다. 이성적인 관찰자라면 자제력을 발휘할 것이라고 생각할 수 있기 때문에 관찰자에게 시스템을 구성하는 힘을 부여하는 것이 인식론적으로는 급진적일지도 모르지만, 정치적 혹은 심리적으로는 반드시 급진적인 것은 아니다. 필립 K. 딕은 그러한 관찰자를 가정하지 않는다. 그는 관찰하는 사람의 정신이 안정적이라고 생각할 수 없는 경우들, 특히 세상을 창조하는 행위가 권력과 자기 확장에 대한 만족할 줄 모르는 욕망을 자극하는 경우를 예리하게 인식하고 있기 때문에 더욱 어둡고 심리적으로 더욱 복잡한 결론을 내린다."[33] 어두운 면을 보는 것을 꺼리거나 무서워하지만 않는다면, 이론보다 더 어둡고 복잡한 서술이 더 냉정하고 강한 방식일 것이다.

여기서 "이성적인 관찰자라면 자제력을 발휘할 것이라고 생각할 수 있기 때문에 관찰자에게 시스템을 구성하는 힘을 부여하는 것이 인식론적으로는 급진적일지도 모르지만, 정치적 혹은 심리적으로는 반드시 급진적인 것은 아니다"라는 말에서 조금 생각할 것이 있다. 우선 그 문장의 뒷부분을 보자. 관찰자가 내부와 외부 환경을 구별함으로써 시스템이 발생한다는 관점이 이론적으로는 급진적이지만, 정치적 혹은 심리적으로 반드시 급진적이지 않다는 말은 맞다. 여기서 이론적으로 '급진적이거나 과격하다'는 말은 합리주의적 해결이나 이상주의적 해결을 거부한다는 의미다. 아마 그 의미로는 루만이 이론적으로 가장 과격하다고 할 수 있다. 그러나 그것이 정치적이고 심리적으로도 반드시 과격한 것은 아니다. 루만은 실제로 시스템이 인간이나 다른 시스템에게 어떤 권력 또는 폭력으로 '나쁜' 또는 '거친' 영향을 미칠 수 있느냐는 물음을 던지는 것을 애써 삼가고 있기 때문이다. 심리적으로 시스템은 자폐적이거나 강박적인 면을 가지고 있지만, 루만은 마찬가지로 자폐성이나 강박성이 폭력적

강한 인공지능과 인간

인 양상을 얼마든지 띨 수 있다는 점을 평소에는 잘 드러내지 않는다.[34] 물론 그렇다고 그가 자폐성이나 강박성에 주의를 기울이지 않는다는 것은 아니다. 오히려 재귀적 자기참조성이 가장 기본적인 작동의 축이라고 끊임없이 말한다는 점에서, 루만은 합리성이 꼬이고 막히게 만드는 높고 두꺼운 벽과 환경을 도처에서 본다. 다만 루만은 냉정하게 그 벽과 환경들을 관찰한다. 그리고 그 벽과 환경을 지배나 종속 등의 개념으로 단순하게 서술하는 것을 피할 뿐이다.[35]

다음으로 같은 구절의 앞부분을 보자. 마투라나와 바렐라에게는 '자제력'을 가진 이성적인 관찰자가 바람직하게 보일 수 있다. 그러나 루만이 자기참조적인 관찰자를 강조할 때, 그는 합리적 '자제력'에 호소하고 있는 것은 아니다. 루만은 행위자가 발휘할 수 있는 인식론적 능력이나 도덕적 아름다움에 거의 호소하지 않는다. 그 대신에 그는 자기참조적이며 자기조직하는 시스템이 어쩔 수 없이 패러독스와 순환성에 사로잡혀 있다는 것을 강조한다.[36]

결국, 루만은 힘과 권력의 위계질서라는 전통적인 틀에서는 벗어나 시스템의 작동적 자율성에 호소하면서 인간적 행위자의 권위를 극복하기는 했지만, 시스템의 재귀적 자기조직의 이면인 시스템의 폐쇄성을 해결하지는 못했다. 그리고 그 폐쇄성과 연결된 시스템의 맹목적 자기참조성, 그리고 그로부터 기인하는 시스템들의 충돌을 충분히 서술하는 데 이르지 못했다. 그와 달리, 마투라나는 자기생성과 다른 타자생성을 강조함으로써 시스템의 자율성이 얼마든지 방해받거나 억압될 수 있다고 생각했지만, 다시 자유로운 주체들의 협력이나 이해라는 합리주의적 자유주의의 목표에 호소함으로써 타자생성의 의미를 깎아먹는다.

어쨌든 시스템의 재귀적인 자율성이나 자기생성만 주장할 수는 없을 것이다. 아무리 작동의 차원에서 자율성을 갖는다고 해도, 시스템은 타자에 영향을 주고 타자의 생성에 간섭하고 타자에 의해 간섭된다. 전적인 것은 아니더라도 부분적으로 지배와 종속이 일어나면서, 약함과 강함 사이의 긴장과 갈등이 얼마든지 생길 수 있다. 이 점이 중요하다. 힘과 권력이 지배와 종속의 형태로 또는 위계질서의 형태로 나타나는 방식은 비교적 잘 알려져 있지만, 타자의 생성에 영향을 주고 간섭하는 약함과 강함의 형태에 대한 개념적 구별들은 잘 알려져 있지 않다. 그렇지만 약함과 강함의 구별을 피하기는 힘들 것이다. 그리고 작동 차원에서의 자율성의 개념만으로는 타자에 의한 간섭과 타자와의 얽힘을 충분히 설명하기 어려울 듯하다. 이제까지 우리는 인간 행위자를 넘어 사이버 행위자의 확장을 설명하기 위해 자율성을 작동 차원에서 이해했는데, 그것만으로는 충분하지 않은 지점에 도달했다. 자율적으로 작동한다는 점만을 강조할 경우, 재귀적 폐쇄성과 순환성에서 벗어나기 어려울 것이기 때문이다. 그렇다고 해서 단순하게 또는 합리주의의 방식으로 환경과의 상호작용에 호소하기도 어렵다.

작동의 자율성은 모든 시스템에게 매우 중요하면서도 다른 한편으로 강함의 조건에는 꼭 필수적인 것으로 보이지 않을 수도 있다. 왜냐하면 시스템이론의 관점에서 모든 자기생성 시스템은 많건 적건 이미 작동의 자율성을 가지고 있기 때문이다. 자기생성 시스템을 극단으로 해석하면, 작동하지 않는 기계나 생명체도 나름대로 자율적이라고 할 수 있다. 생명체든 기계든 탈이 난다면, 그 탈조차 자기생성의 경로나 순환성 안에서 일어난다. 따라서 시스템의 자율성만으로는 약한 지능과 강한 지능의 관계를 충분히 설명하기 어렵다. 그것 이외에, 지능이나 인지 시스템의 효율성과 독립성 그리고 확장성도 지능의 약함과 강함을 규정하는 중요한 조건이다. 여기서 말하는 자율성은 작동의 자율성이 아니라, 환경에 최소한으로 영향을 받으면서 또는 환경에 최대한으로 영향을 주면서 자신의 이익이나 생존을 위해 행동하고 선택할 수 있는 여지나 독립성을 말한다. 다르게 말하면, 작동의 자율성과는 어떤 점에서 반대 방향에 있는 자율성이다. 자신의 생존을 위해 필요한 물리적·영토적·심리적·경제적 정치적 힘을 갖는다는 의미의 자율성. 그 자율성은 어떤 사이버 행위자의 작동에 필요한 자원을 스스로 확보할 수 있는 힘 같은 것이다.

특수한 사이버 행위자가 직면하는 환경과의 관계 또는 그의 생존에 관한 자율성, 그리고 그와 관계된 강한 지능과 약한 지능의 구별은 그러므로 상황과 맥락에 따라 다를 수밖에 없고, 결국 보편적인 이론은 그로부터 생기는 긴장과 갈등을 서술하기 어렵다. 작동의 자율성을 넘어 각각의 환경 속에서 어떤 지능이 강하고 어떤 지능이 약한가를 서술하는 일은 보편적인 이론이 다룰 수 있는 일반성의 매끈한 표면 아래에 있을 것이다. 그와 달리 시스템이론은 가능하면 상당한 추상성을 가진 일반적인 이론이 되고자 했다. 시스템의 작동의 자율성에 초점을 맞추는 한 이론은 일반성을 가질 수 있을 것이다.[37] 그러나 환경과의 관계에서 어떤 시스템이 강하고 어떤 것은 약한가에 관한 물음, 또 자기참조성을 넘어 타자를 참조할 수밖에 없는 시스템은 어떤 폭력을 직면하는가라는 물음을 던질 때, 이론의 일반성은 포기되어야 한다. 시스템이나 사이버 행위자 들은 환경과의 관계에서 언제든 상당한 수준의 갈등과 폭력성을 고려해야 한다. 자기만을 참조하지 않고 타자를 참조해야 하는 상황은 언제든 폭력적일 수 있기 때문이다. 강함과 약함의 구별조차 일반적인 이론의 대상이 아니다. 보편적인 이론은 그런 갈등과 폭력성을 고려하기 어렵다. 보편적인 이론과 구별되는 특수한 이론이나 모델들이라야 이 갈등과 폭력성을 다룰 수 있을 것이다.

강한 지능과 약한 지능을 다루는 이 책의 서술은 따라서 일반적인 이론을 추구하지 않는다. 강함과 약함의 구별이 드러나는 다양한 맥락과 차원에 대한 특수한 이론 또는 모델을 제시하려 한다고 할 수 있다. 서술의 차원에서 보편적인 모델이란 존재할 수 없다. 다양한 시스템에 대한 다양한 모델들만이 있을 뿐이고, 그것들은 보편적인 관찰이나 검증 방식을 가정하지 않는다. 특정한 환경 속에서 작동하는 시스템들의 작동의 수준에 대한 다양한 모델이 있을 것이고, 강한 지능과 약한 지능을 구별하는 관찰 방식을 고려할 때 그 모델들 가운데 더 쓸모 있는 것이 있고 그렇지 못한 것이 있을 것이다.

인공지능을 비롯한 기술의 발전 앞에서 인간이 무력해진다고 여기거나 또는 거꾸로 그 기술 덕택에 인간이 더 강해질 수 있다고 믿을 때, 사람들이 찾는 길은 갈등을 야기하고 폭력적인 상황을 초래할 수 있다. 지능을 약함과 강함의 기준으로 나누는 경향이 다시 커지고, 인간과 인공지능 가운데 누가 더 강한가, 라는 물음이 다시 등장하는 것도 우연이 아니다. 그래서 인간보다 강한 종을 추구하는 사람들이 늘어난다. 다음 장에서 우리는 인간을 고양시키고 향상시키려는 프로젝트를 둘러싼 문제를 논의할 것이다.

강한 인공지능과 인간

주

1. 데닛(2013): 554. 대괄호 안의 구절은 필자의 부연. 데닛은 인간에게 고유한 마음을 설명하면서 '감각질'이라는 특이한 능력이 인간에 있는 것으로 가정했다.
2. 데닛(2013): 554~555.
3. 데닛(2013): 556.
4. 데닛(2013): 556~557.
5. 데닛(2013): 564.
6. 데닛(2013): 321.
7. 데닛(2013): 308.
8. 데닛(2013): 565.
9. Luhmann(1984): 595.
10. Luhmann(1984): 596.
11. 하라리(2017): 425~426. 물론 의식과 지능의 분리라는 문제에만 초점을 맞출 경우, 의식이 다소 독립되고 순수한 형태로 파악된다. 의식이 분리되어 뚝 떨어진 채 남는다기보다는, 실제로는 인간주의적 의식의 가상이 드러나면서 그와 맞물려 가상 기계의 작용으로서의 의식이나 지능이 확산되고 있다. 또 사이버네틱스의 관점에서 분석되었듯이, 근대적 형태의 의식은 자기참조적인 재귀적 순환성의 한 형태이다. 그리고 의식이라고 이해되었던 것은 정보의 형태로 작동하는 지능으로 변하고 있다.
12. Luhmann(2008): 331.
13. 'Enhancement'를 나는 '강화'라고 번역하였다. 이 단어는 '증강'이라고 번역되기도 하는데, '증강'이란 표현은 '증강 현실Augmented Reality' 등에서 이미 사용되고 있기에 '강화'라는 용어가 적절하게 보인다. 물론 이 단어는 단순히 좁은 의미의 '강화'만을 뜻하지는 않는다. 많은 경우 양과 질의 증가와 향상을 같이 의미한다. 따라서 단독으로 사용될 때는 '향상'이나 '증가'라는 용어도 사용할 만하다. 그러나 이 책의 후반에서 큰 주제가 되는 'Human Enhancement'는 '인간 향상'이나 '인간 증가'라는 용어로 옮기는 것이 어색했다. 더욱이 이 책에서 강한 지능과 약한 지능의 구별이 중요한 개념적 기준의 하나이므로, 인간의 능력과 관련하여 '인간 강화'라는 용어를 사용하는 것이 좋다고 판단되었다.
14. Luhmann(2000): 27.
15. Luhmann(1975): 23.
16. Luhmann(1975): 40.
17. Luhmann(1995): 39.
18. Luhmann(1984): 392.
19. Luhmann(1984): 638. 일반적으로 루만이 니체를 거의 언급하지 않기에 그들의 관계는 아주 먼 것으로 여겨진다. 니체의 과장적인 제스처 탓일 수도 있다. 루만은 위대함과 영웅적 계기들을 멀리하기 때문이다. 그러나 형이상학의 파괴자로서의 니체는 사실 루만과 가깝다. 니힐리즘의 관점에서 그들의 가까움을 서술한 책으로 Stegmaier(2016)가 있다. 이 책에 대한 정보는 한 니체 연구자가 제공했음을 알린다.
20. 라투르(2010): 107.
21. 라투르(2010): 100.
22. 라투르(2010): 100.

23. 토머스 필벡은 라투르의 이론이 행위 주체성의 분산을 가져왔다는 점에서는 장점이지만, 그것이 관찰자에 의해 임의적으로 결정된다는 점은 문제적이라고 지적한다. "지난 25년간의 사회학적 접근은 새로운 길을 개척해왔고, 그중 가장 유망한 길은 단순한 이원론이나 문제가 있는 일원론 대신에 물리적 행위자 사이의 행위 주체성의 무한정적인 분산을 지지한다." 필벡(2013): 36. "[라투르의] 이러한 접근은 특정 네트워크 내에서 참여자들의 내재적인 행위 주체성을 특정하는 문제를 해결하지 못했다. 이러한 상호작용의 망 속에서 인공물과 인간의 영향이나 행위 주체성이 관찰자에 의해 다소 임의적으로 결정되어야 한다는 것은 분명하며, 이것 자체가 그 존재론적 모형에 문제가 된다." 필벡(2013): 37~38.

24. Luhmann(1984): 638.

25. 헤일스(2013): 258.

26. 헤일스(2013): 259.

27. Maturana; Varela(1980): xxix.

28. 헤일스(2013): 198.

29. 헤일스(2013): 199.

30. 루만은 마투라나가 "커뮤니케이션 시스템을 사회 시스템으로 규정하는 것을 거부"했다고 말한다. "마투라나는 인간으로부터 주의를 돌리고 싶어하지 않았다." Luhmann(2002): 109. 물론 루만은 생물학적 자기생성의 관점이 사회 시스템에 그대로 적용되리라고 생각하지는 않았다. 생물학적 자기생성이 미시적인 차원에서 구성요소들이 생성하고 흩어지는 데 모습까지 관찰해야 한다면, 사회 조직은 그런 미시적인 차원에까지 신경을 쓰지 않아도 되기 때문이다. 또 사회 조직은 생물학적 유기체와 다른 방식으로 외부 환경과 관계를 맺기 때문이다.

31. 헤일스(2013): 282.

32. 앞에서 언급한 헤일스(2013) 책의 옮긴이뿐 아니라 다른 사람들도 'enaction'을 '발제發製'라고 번역하는데, 거의 사용되지도 않는 한자어로 번역하는 것은 좋은 방식이라고 생각되지 않는다. 그 번역은 어색할 뿐 아니라 공연히 '깊이 있음'을 가장할 수 있다. 물론 '행동으로 보여주기'가 최선의 번역인 것은 아니지만 임시적인 대안으로 작동하기를 바랄 뿐이다.

33. 헤일스(2013): 337.

34. 루만이 폭력에 둔감하다는 말은 아니다. 후기에 들어서면서 그는 기능적인 사회 시스템들이 단순히 자기생성의 방식으로 자율적으로 작동하는 대신에 자율성과는 거리가 먼 방식으로 작동하거나 폭력성을 띠게 되는 예들을 이런저런 방식으로 언급한다. 그런데 이 경우에도 후진적인 국가나 유럽 내에서 후진적인 사회의 측면들을 주로 든다는 점에서, 그는 시스템의 재귀적인 자기조직의 틀을 크게 벗어나지 않았다.

35. 루만은 지배와 종속이란 표현을 거의 사용하지 않는 대신 시스템은 환경에 의해 '자극을 받는다irritieren'는 면을 강조한다. 시스템의 자기참조성은 환경에 의해 바뀌거나 자율성을 침해할 정도로 영향을 받지는 않지만, 환경은 시스템에 자극을 주고 당황하게 만든다. 이 차이는 작은 듯하면서도 상당히 크다.

36. "패러독스는 더 이상 단순히 논리적 혹은 인식론적 문제가 아니다. 또한 그것은 더 이상 금기로 여겨질 수도 없다. 그것은 복잡한 리얼리티의 가능성의 조건으로 전면에 선다. 그것은 시스템들 자체 안에 존재한다." Luhmann(1995): 257.

37. 루만의 경우에도 일반적인 이론을 추구하는 경향이 있었다. Luhmann(1984): 19.

강한 인공지능과 인간

8장

인공지능과 데이터,
자유주의를 뒤흔들다

1. 자율성은 소셜 네트워킹에 의해 대행된다

우리는 앞에서 두 가설을 다뤘다. 첫째는 인간과 기계가 대립한다는 가설, 그리고 힘과 권력 또는 지능의 위계질서 가설. 충분히 다뤘다고 장담하지는 못하지만, 그래도 그 가설들을 더 이상 믿을 수 없다는 점만큼은 다뤘다고 생각한다. 마지막으로 세 번째 가설인 인간주의를 다룰 것이다. 특히 좋은 의미의 인간성을 전제하거나 목적으로 삼는 인간주의적 휴머니즘. 이 가설은 앞의 둘과 긴밀하게 연결되어 있어서, 두 가설을 논의하는 와중에 이미 이 인간주의적 휴머니즘의 몇몇 측면들에 대해서 비판적인 언급이 있었다. 이제 이 장과 다음 장에서는 집중적으로 다음 물음을 던져보자. 왜 이 인간주의적 휴머니즘은 문제가 되는가? 그리고 어떻게 그것을 넘어가야 하는가? 그것을 넘어간다는 것은 무슨 말인가?

4장과 5장에서 약한 인공지능과 강한 인공지능의 구별을 통해 이 세 가설이 서로를 뒷받침하면서 꿈틀거리는 모습을 보았다. 그리고 6장에서 사이버 행위자의 그룹들을 구별하면서, 인간을 독립적인 행위자로 설정하는 대신에 사이보그 그룹에 속하는 것으로 규정했다. 물론 그렇다고 해서 간단히 '인간'이란 이름이 사라질 리 만무하다. 그렇지만, 다른 한편으로 그 이름을 군이 고집할 필요도 없을 수 있다.

7장에서는 이제까지 의식이나 정신을 인간 지능이나 힘의 핵심이라고 여기던 습관에서 벗어나는 길을 따라 조금 앞으로 나아가봤다. 거기서 중요한 과제는 능력이나 힘 또는 권력을 전통적 위계질서의 형태로 이해하는 방식에서 벗어나는 것이었다. 그렇다고 힘과 능력 또는 권력관계에서 아예 벗어난 이상적이고 평화적인 사회를 상정하는 것은 대안이 아니었다. 인간과 기계가 서로 대립하지는 않더라도, 서로 다른 사이버 행위자들 사이에 충돌과 갈등은 끊임없이 일어난다. 그 이전에 물론 인간끼리도 충돌과 갈등은 끊이지 않는다. 여기서 생기는 중요한 물음은 다음이었다. 기본적으로 사이보그든 인공지능이든 자율성을 갖는데, 이 자율성에 근거한 작동 방식은 어떻게 인지 시스템들 사이에서 충돌과 갈등을 야기하는가? 한편으로는 자율성이라고 부르는 것이 인간의 경계를 넘어 인공지능과 로봇에게까지 확대되는 와중에 그 자율성이 사이버 행위자들 사이에 긴장과 갈등을 야기한다면, 저 자율성과 이 갈등은 어떤 관계를 갖는가? 거기서 나는 두 번째 단계의 사이버네틱스 내부에서 일어나는 일종의 갈림에 주의를 기울였다. 마투라나와 바렐라, 그리고 루만은 모두 자기생성 또는 재귀적 자기조직에서 출발하기는 했지만, 앞으로 나아가면서 각자 서로 다른 길로 접어들었다.

인간 행위자를 중심에 두지 않고 사이버 행위자로 확대하는 과정에서, 자율성을 작동 차원의 자율성으로 파악하는 것은 중요하다. 사이보

강한 인공지능과 인간

그든 인공지능 로봇이든 비슷한 수준의 자율성을 가질 수 있다. 사회 시스템도 나름대로 자율성을 가질 수 있다. 이 자율성은 시스템이 환경에 대해 일단 닫힌 상태에서 재귀적으로 작동하기 때문에 얻어진다. 환경에 대해 닫힌 상태에서만 시스템은 열린다. 작동operation 차원의 자기생성과 자기참조성은 여기까지는 유효하다. 그러나 자기생성을 넘어 타자생성이 시작되는 곳부터 시스템이론은 작동 차원의 자율성만으로 행동을 설명하기 어렵다. 몇 가지 중요한 결정이 필요하다.

우선, 앞에서 논의한 분산 인지 시스템을 상기하자. 어떤 시스템이든 환경에 열리면서 그것과 상대하는 과정에서 이 분산 인지 시스템이 중요한 역할을 한다. 지능 또는 인지 시스템이 작동하는 방식을 설명하면서, 우리는 인간에게 고유한 독립적 지능이나 '이성'을 설정하기보다 환경에 분산된 인지 시스템에 자신을 촘촘하고도 유연하게 기회주의적으로 끼워 맞추고 접속하는 능력이 바로 그의 지능과 인지 시스템이라고 파악했다. 이 연결망들을 최종적으로 결정하고 통제하는 인간의 고유한 정신이나 주체성을 상정할 필요는 없다. "모든 것은 도구이다." 구어를 사용하고, 문자를 발명하고, 최근엔 모바일 기기를 통해 엄청난 정보를 저장하고 또 얻으면서 점점 더 많은 사물과 연합하는 과정은 인지 시스템이 분산되면서 확장되는 과정이다. 이 단계에 들어서면 시스템 내부에서 재귀적으로 자기참조하면서 자기조직하는 과정만으로는 충분하지 않을 것이다. 또 환경에 대해 닫혀 있으면서 작동적 차원에서 '자율성'을 확보하는 것만으로도 충분하지 않을 것이다. 자율성은 재귀적 자기생성에서처럼 큰 의미를 갖지 않는다.

사이보그든 뇌와 컴퓨터의 결합체든 인공지능 로봇이든 비슷하다. 자율주행차의 예를 들어보자. 인공지능으로 움직이는 차가 자율성을 갖는다는 말은 어떤 의미인가? 처음에 작동 차원에서 다른 사물들과 끊임없이 신호와 정보를 주고받으며 스스로 안전하고도 효과적으로 주행할 수 있는 능력이 작동 차원의 자율성일 것이다. 보행자를 피할 수 있어야 하고 다른 차들과도 일정한 거리를 두고 주행해야 한다. 또 사고가 날 수 있는 상황에서 스스로 판단해서 피해를 줄여야 한다. 여기서 흔히 두 그룹의 잠재적 피해자 가운데서 어느 쪽을 피해야 하느냐는 물음을 인공지능에게 던지면서 인공지능이 그 딜레마를 피할 수 있느냐는 실험들을 하곤 하는데, 내 생각엔 그런 물음은 한가한 사고실험일 수 있다. 왜냐하면 인공지능만 그런 선택의 어려움에 직면하는 것이 아니다. 인간도 비슷한 딜레마에 빠지며, 그 상황에서는 미리 정해진 보편적인 답이 없다. 기본적인 원칙이나 상식을 안다는 전제하에서 그때그때 나름대로 상황에 따라 판단을 할 뿐이다. 어쨌든 여기까지는 환경에 대해 닫힌 상태에서 재귀적으로 자기조직하는 단계이며, 작동 차원에서 자율성이 확보되었다고 할 수 있다. 여기서 자율성은 일차적으로 운행에 필요한 정보를 받아서 처리하는 작동의 자율성 수준이다. 그 정보들은 기본적으로 다양한 규칙의 형태 안에서 조절되고 통제될 것이다. 그리고 그 수준은 말할 것도 없이 진부하지 않은 기계의 수준이다. 그러나 그 커뮤니케이션은 환경과의 인과적 영향, 곧 주유하고 정비하고 비용들을 처리하는 자원을 어떻게 확보하느냐는 물음까지 꼭 포함하지는 않아도 된다. 사고가 났을 경우에 대응할 수 있는 능력도 아직 포함되지 않아도 될 것이다. 운행의 의미에서 작동하기만 해도 충분하다.

그러나 자율주행차는 어느 단계에 이르면 이 운행으로서의 작동에 필요한 커뮤니케이션 수준을 넘어 그 이상을 처리할 수 있어야 사회적 사이보그로서의 사이버 행위자로 여겨질 것이다. 예를 들면 스스로 주

강한 인공지능과 인간

유하고 필요한 정비를 처리하고 또 비용 결제를 포함한 여러 일을 할 정도여야 한다. 더 나아가면, 사고가 났을 경우 필요한 행동도 할 수 있어야 한다. 다르게 말하면 환경으로부터 오는 인과적 영향들을 처리할 수 있어야 하고 필요한 자원들을 어떤 방식으로든 확보해야 한다. 그래야 비로소 사회적으로 '자율적인' 행위자 또는 에이전트로 기능한다고 할 수 있다. 여기서 중요한 자율성은 자원 확보 또는 사회적 행위의 관점에서의 자율성이다. 사회 시스템에서 행동하는 행위자는 누구든 최소한 작동의 자율성을 가져야 하지만, 그다음으로는 자신에게 필요한 자원을 확보하거나 자신에게 필요한 사회적 행위를 하는 데 관련 있는 자율성을 확보해야 한다.

이제 우리는 '자율적 행위자'를 좀더 분명하게 정의할 수 있다. 일단, 작동의 자율성을 갖기만 해도 인공지능이나 로봇은 자율적 행위자로 여겨질 수 있다. 그것은 사람의 개입과 지원 없이 사람처럼 '저 홀로' 작동할 수 있는 시스템을 말한다. '저 홀로'는 인간의 개입에 의존하지 않는다는 뜻이다. 그러나 여기서 자동차가 갖는 '자율성'은 사실 어떤 의미인가? 사람의 개입에 의존하지 않고도 사람과 같은 높은 수준의 판단을 한다는 의미에서의 자율성이고, 따라서 그 자율성은 인간주의에 의존하고 그것에 근거한다. 그러나 이런 관점에서 인공지능 로봇에게 자율성을 부여하는 것은 오해일 수 있다. 왜냐하면 마치 로봇이나 인공지능이 사람처럼 정신이나 이성에 근거해서 판단을 하는 것처럼 여겨지기 때문이다. 우리는 조금 다른 상황에서이지만 이미 이 예를 검토한 적이 있다. 실제로 로봇이나 인공지능은 전혀 인간처럼 작동하지 않으며 그렇게 할 필요도 없다. 자율주행차가 인간 못지않게 또는 인간보다 운전을 잘한다고 해도, 인간처럼 마음의 집중력을 유지하며 조심해서 운전하기 때문은 아니다. 그것은 인간 개입 없이 작동하지만 '저 홀로' 작동하지는 않는다. 오히려 무수한 사물과 센서 들의 시스템과 네트워크에 연결되어 있다. 더욱이 작동의 자율성을 넘어 필요한 자원을 관리하고 확보하는 자율성, 그리고 필요한 사회적 행위를 하는 자율성까지 인공지능이나 로봇이 수행하는 상황이 온다고 하자. 이 시스템 또는 네트워크는 단순히 신호와 정보를 주고받는 네트워크에 국한되지 않고, 사람들-사이보그들-인공지능들-사물들-사회적 규칙들의 결합체 속에서 필요한 자원까지 관리하고 확보하는 사회적 네트워크이다. 따라서 정확히 말하자면 인공지능 자동차는 사람처럼 행동하기 때문에 자율성을 갖는다기보다는, 사회적 네트워크와의 연결 속에서 사회적 시스템으로 기능해야 '자율적' 행위자라고 할 수 있다. 인간의 지원과 도움 없이 사이버 행위자로서 사회적 시스템과 네트워크 속에서 움직일 수 있어야 한다. 이제 '자율성'은 더 이상 '사람처럼' 또는 '사람 못지않게'의 의미가 아니다. 오히려 '사람이 없어도', 또는 '사람이 없을수록' 자율적으로 움직이는 사회적 시스템 또는 사회적 네트워크에 적절하게 끼어들어가 있고 그 시스템/네트워크와 함께 돌아가는 적응력 또는 연결성 또는 유연성을 뜻한다. 이 점은 자율주행차의 도입 단계에서도 가시화된다. 일단 자율주행차의 운행이 상당한 수준에서 또는 거의 전반적으로 도입되는 상황이 오면, 인간이 독립적으로 운전하는 차는 없어지거나 심지어 일반적인 교통 상황에서는 금지될 수도 있다.

당연한 말이지만, 필요한 자원을 확보하고 사회적 행위를 수행하는 자율성이라는 말은 어떤 사이버 행위자가 자신에게 필요한 자원을 독립적으로 가진다거나 또는 휴머니즘이 가정하듯 실체적 자율성을 가지고 수행한다는 말이 아니다. 어떤 행위자도 환경에 의존하지 않고 그런 자

강한 인공지능과 인간

원을 독립적으로 확보할 수 없으며 필요한 사회적 행위를 독립적으로 수행할 수는 없다. 다만 사회 시스템과 네트워크 속에서, 그것이 부과하는 규칙과 강제력에 많건 적건 구속되면서, 그리고 인본주의가 가정하는 정신적 자율성에 호소하지 않은 채, 필요한 자원을 관리하고 확보하며 사회 시스템의 규칙에 따라 사회적 행위를 할 수 있는 능력을 가진다는 뜻이다.

여기서 패러독스가 발생한다. 그 뜻이라면, 인간주의 또는 인본주의 관점에서의 '자율성'이란 말은 더 이상 필요하지 않을 것이다. 실제로 인공지능 자동차는 '자율적'이기보다는 분산된 사회적 네트워크 또는 사회적 시스템 속에서, 그에 의해 움직인다는 점에서 '시스템에 따라' 또는 '네트워크에 따라' 움직인다. 그리고 정비를 하거나 필요한 비용을 지불할 때에도 시스템이나 네트워크가 요구하는 규칙에 따라 자원을 확보하거나 필요한 사회적 거래를 해야 한다. 이러한 시스템은 자율/타율의 이분법을 넘어간다. '자율성'은 소셜 네트워킹이나 사회 시스템에 의해 대행되고, 거의 대체된다. 사이버 행위자로서 '자율'주행차는 사실은 역설적이게도 자율성을 가질 필요가 없다. 기술-정보-규칙들-사이버 행위자들의 사회적 네트워크나 사회적 시스템에 끼어 들어간 채, 그것에 의해 조절되고 관리되며 통제된다.

이 점은 사물인터넷 또는 만물인터넷과 연결되고 접속되는 인간-사이보그에게도 마찬가지다. 그는 점점 자율성을 가질 필요가 없다. 자율성보다 중요한 것은 촘촘하고도 유연하게 연결된 연결망 속에서 같이 흘러가고 같이 멈추고 같이 출렁이는 일이다. 여기서 환경과 상호작용한다는 말은 잘못된 말은 아니지만, 진부하기 십상이다. 하나의 시스템은 임의적이고 합리적으로, 또는 선의로 환경과 상호작용하기 어렵다. 시스템의 관점에서는 자기생성의 범위 안에서, 그것을 통해서만 환경과 상호작용할 수 있기 때문이다. '상호작용'이라는 말은 일상적으로 흔히 두 행위자가 서로 주거니 받거니 하는 관계로 이해되는데, 지금 중요한 사회적 네트워크나 사회 시스템은 그런 두 개별 행위자 사이의 주고받음을 훨씬 넘어간다. 그것은 흔히 인간 행위자 사이에서 의식을 가지고 하는 행동이라고 여겨지는 것이 아니다. 사이보그와 인공지능 로봇들 사이에서 일어나는 커뮤니케이션은 마음이나 의사를 가지고 소통하는 일이 아니기 때문이다. 자율주행차나 사물인터넷에서 일어나는 소셜 네트워킹은 단순히 사이보그와 로봇 사이에서 일어나는 일보다도 복잡한 분산 인지일 것이다.

아마 사회 시스템의 차원에서 작동하는 사이버 행위자의 문제를 기술의 관점에서 실제적으로 다루는 방식의 한 예는, 비록 지금 우리가 하듯이 개념적으로 정밀하게 분석되지는 않고 있지만, 만물인터넷과 블록체인일 것이다. 블록체인의 예를 보자. 블록체인은 최근 암호 화폐를 둘러싸고 이뤄진 투기 때문에 유명해졌지만, 그것의 실질적인 효과는 오히려 아직 제대로 파악되지 않았다고 할 수 있다. 블록체인은 이제까지 중앙의 기관에 의해 관리되고 저장되고 통제되던 개인들 사이의 거래 내용이나 기록들을 분산된 원장에 나누어 저장하고 관리할 수 있게 해준다. 중앙의 기구나 제도가 개입하지 않고도 참여자들끼리 거래를 기록하고 관리하고 통제할 수 있는 길이 열릴 수 있다는 것이다. 그 점에서 블록체인은 일종의 분산 저장 시스템이다. 그것이 가능해질 때, 시스템들은 분산되어 있을 뿐 아니라 서로 연결되고 협력해야 한다. 자율주행차에 이 기술이 적용되면, 차를 부르고 관리하고 정비하는 일련의 내용과 기록들이 시스템과 네트워크의 형태로 저장되고 관리되고 통제될 것이다.

강한 인공지능과 인간

"이러한 모델에서 신기하게 느껴지는 것은 무인 차량이 아니다. 무인 차량은 머지않아 널리 보급될 것이기 때문이다. 그보다 차량 스스로 완벽한 자율형 에이전트로 탈바꿈한다는 사실이 놀라울 뿐이다. 스스로 요금을 지불하고, 스스로 주유와 수리비용을 결제하고, 스스로 차량 보험에 가입하고 (…) 정말 강력한 것은 시스템이 서로 협력한다는 것이다. 지능형 인프라를 바탕으로 지능형 차량이 작동한다."[1] 블록체인을 설명하는 이 구절에서 자율주행차가 '자율형 에이전트'라고 불리는 이유는, 인간 없이도 인간처럼 행동할 수 있다는 인간주의적 기준이 알게 모르게 다시 적용되었거나, 또는 인간의 개입 없이 '차가 단독으로 저 혼자' 작동한다고 여겨지거나, 또는 자동차가 시스템 속에서 시스템에 의해 움직인다고 여겨지기 때문이다. 어쨌든 스스로 알아서 운행할 뿐 아니라 정비도 하고 비용도 처리하는 자율주행차의 자율성은 인간주의/인본주의가 상정하는 정신적 자율성도 아니고, 시스템이론이 말하는 작동의 자율성도 넘어간다. 시스템에 의해서 관리되고 통제되는 분산된 인지 시스템이 허용하고 요구하는 자율성이다. 인간적 행위자가 아니라, 사이버 행위자이자 사이버 대행자가 네트워크의 요구와 필요에 따라 수행하는 일련의 동작들. 그것은 인간주의적 관점이 상정하듯 이성적인 판단에 따라 행동한다는 자율성을 따르지 않지만, 자기참조적인 시스템 차원의 작동의 자율성도 따르지 않는다. 그것이 작동의 자율성을 전혀 갖지 않는 것일까? 그것은 아니다. 자기생성의 차원에서는 그것을 갖지만, 보다 포괄적이고 환경에 더 의존적이며 환경에 더 연결되어 있는 복합적 네트워킹에 따른다는 말이다.

이 관찰은 2장에서 우리가 초보적으로 수행한 자율성에 대한 관찰뿐 아니라, 바로 앞에서 관찰한 루만 방식의 시스템의 자율성도 확대한다. 시스템이론을 빌려, 나는 자율성이 일단 작동 차원의 자율성임을 부각시켰다. 그것이 가능하기 위해 시스템은 환경에 대해 닫혀 있어야 한다. 그다음에야 비로소 환경에 대한 열림이 가능해진다. 이 작동 차원의 자율성은 일반적으로 인간주의의 관점에서 주장되는 자율성과는 거리가 멀다. 시스템으로서의 커뮤니케이션의 관점에서 관찰되는 자율성이다. 이 작동의 자율성은 시스템의 자율성에 주의를 기울일 때 유효하다. 자율주행차의 경우, 주행 작동의 차원에서 자율적이다.[2] 그러나 그 차가 일련의 시스템 속에서 '자율적으로' 주유하고 정비하고 또 고객들과 사회적으로 네트워킹을 할 수 있으려면, 다르게 말하면, 필요한 자원을 확보하고 필요한 사회적 행위를 수행하려면, 작동 차원의 자율성으로는 충분하지 않다. 환경에 더 열려 있어야 하고 다른 시스템들과도 협력하고 그것들과의 연계 속에서 관리되고 통제되어야 한다. 다르게 말하면, 저홀로, 또는 저절로 작동한다기보다는, 분산된 여러 시스템들의 네트워크 속에 끼어들어 있어야 하고 그것들과 함께 움직여야 한다. 인본주의 방식의 '자율성'뿐 아니라 자기참조적 자율성도 충분하지 않다. 분산되었으되, 복합적인 시스템들의 네트워크과 함께 얽혀 있어야 하고 단독으로 행동하지 못한다는 점에서 그것은 역설적으로 자율성이 없다. 그러므로 사이버행위자는 초기 단계의 작동에서는 일단 환경에 닫혀 있으면서 자기참조성을 따르면 되겠지만, 점점 더 환경의 자극을 많이 받아들여야 할 것이고 이것과 더 많은 커뮤니케이션을 해야 한다. 시스템과 환경 사이에서 더 강한 강도의 '상호침투'가 일어난다. 또는, 시스템의 자기참조성은 약화되고 네트워크 안에서의 상호침투는 강해질 것이다. 또는 네트워크가 점점 시스템의 구조를 가지게 된다.

처음에 시스템은 환경에 대해 닫혀 있으면서만 환경에 대해 열릴 수

강한 인공지능과 인간

있었다. 그다음에, 환경에 대해 더 자신을 열어놓을수록 시스템은 다른 시스템들 속에 닫힌다. 역설이 또 한 번 일어나는 셈이다. 행위자나 시스템이 자율성을 얻기 위해는 처음에 우선 환경에 대해 닫혀 있어야 했는데, 그 자율성이 더 확대될수록 환경에 대해 더 열리긴 하지만, 역설적이게도, 같이 움직이는 시스템들 속에 닫히게 된다. 환경에 열리면 열릴수록 사이버 행위자 또는 시스템은 다른 시스템 또는 네트워크와 얽히고 그것들 속에 닫힌다. 자율성은 스스로 불필요해진다. 자율성도 자동화되거나 자율화되는 상황이 벌어지기 때문이다. 휴머니즘이 상상한 자율성에도, 사이버네틱스가 상정한 자기참조적인 작동의 자율성에도, 황혼이 밀려온다.

2. 사회 시스템으로서의 사이보그

6장에서 언급했듯이, 이제 세 번째 단계의 사이보그를 논의해야 할 때이다. 첫 번째 단계 사이보그(1)는 비유적 의미로 모든 잡종과 혼종이었다. 그것은 비유적으로는 훌륭하지만, 너무 비유적이다. 두 번째 단계 사이보그(2)는 사이버 행위자의 일종으로서 유기체에서 출발해서 인공물과 결합한 결합체이면서 일정 수준의 자율성이나 문화적 복합성을 갖는 것이었다. 우리는 이 자율성이나 자기제어의 수준이라는 기준이 모호할 수도 있음을 암시했는데, 그 이유는 사이보그에게 특징적인 것은 그것보다 사회 시스템일 수 있기 때문이었다. 그리고 바로 앞의 절에서 논의했듯이, 인간주의 또는 휴머니즘이 인간 종에게 부여하고 싶었던 자율성은 일단 사이버네틱스가 강조한 작동의 자율성에 의해, 그다음에는 다시 자원 확보의 자율성과 사회적 행위의 자율성을 통해 대체되고 대행된다. 기술이나 시스템 또는 네트워크가 확대될수록 그 자율성은 유명무실해지고 시스템이나 네트워크에 의해 대행된다. 인간의 개입이 불필요해지는 자율성이 확대될수록 (비록 인간주의/인본주의 관점은 그 과정을 여전히 자율성이라고 부르겠지만) 자율성은 분산된 시스템들의 연결이나 얽힘 또는 끼워 맞춤에 의해 대행되고 또 대체된다.

이 수준에서 사이보그는 그 자체로 사회 시스템이자 네트워크의 일부분이자 그 과정이다. 어떤 사이버 행위자든 사회 시스템의 차원에서 단독으로 행동하거나 자율성을 실행하기는 점점 어려워지기 때문이다. 이것은 단순히 이론과 개념의 문제에 그치지 않고 실제 인간의 행위에 영향을 미치고 그것을 변화시킨다. 인간 운전자는 자신의 정신으로 차를 운전한다고 생각하기 쉽다. 그러나 내비게이션에 이미 익숙해져 거기 의존하는 운전자는 환경으로부터 제공되는 정보 없이는 운행하기 어려운 상태가 된다. 물론 아직은 내비게이션을 끄고 운전할 수 있다. 그러나 복잡한 도시와 시스템들 속에서 그런 자유는 점점 사라지고 있다. 이젠 낯선 도시에서 운전을 할 때만 내비게이션을 작동시키는 것이 아니다. 자신이 사는 도시에서도 일상적으로 내비게이션에 의존하고 있다. 내비게이션 없이는 자신이 사는 도시에서도 움직이기 어려운 셈이다. 항공기 조종사들이 실제로는 조종을 최소한으로만 하고 시스템이 이를 대행하듯이, 자동차의 운행 장치도 인간을 상당 부분 대행할 것이다. 그러나 그래도 여기까지는 사람이 기계에 일을 대행시키는 수준이었다고 생각할 수 있다.

자율주행차에 이르면 상황은 완전히 바뀐다. 그것은 수없는 칩과 센서 들의 조합이자 결합이며, 환경으로부터 오는 무수한 자극을 읽고 기록하며 또 그 자극들의 연쇄적 체인에 자신을 끼워 넣거나 그것들과 접속되어야 한다. 내비게이션에 대한 의존성보다 훨씬 더 크고 심각하게 인간 개인의 행위성은 최소한으로 줄어들거나 거의 사라진다. 이 점은 자율주행차가 사고가 날 경우 분명히 가시화된다. 이제 더 이상 인간 운전자의 과실이나 책임에 대해 논의할 필요가 없다. 소프트웨어나 차를 생산한 회사가 책임을 떠맡을 것이다. 그러나 그들도 스스로 책임을 온전히 떠맡는 대신 여러 보험 회사 등에게 책임을 대행하게 만들 것이다. 그러므로 개인 행위자의 역할과 책임은 급격히 감소하거나 거의 사라질 것이다. 나아가 자율주행차의 작동에 핵심적인 머신러닝의 작동 방식에서도 그것이 드러난다. 과거의 진부한 기계에서는 인간이 프로그래밍 작업을 주도했지만, 이제 인공지능은 주어진 데이터를 기반으로 스스로 알고리듬을 만들어낸다. 처음에는 인간이 소프트웨어를 만들겠지만, 자율주행이 일정한 수준에 도달하면 알고리듬의 확대와 발전은 더 이상 인간의 개입 없이 머신러닝에 따라 이뤄질 것이다. 그러나 어쨌든 운행하는 순간 자동차와 인간-사이보그는 일종의 동맹이나 결합 상태로 움직일 것이다. 그 점에서 사이보그는 일종의 사회 시스템으로 존재한다.

사회 시스템의 한 요소나 과정으로 규정되는 사이보그는 그러므로 이제 더 이상 인간 개인 행위자의 지위나 권한에 의존하지 않게 된다. 더나아가 그것은 유기체에서 출발하지도 않고 그것에 의존하지도 않는 로봇이나 인공지능과 명확히 구별되지 않는다. 아니, 오히려 사이보그는 점점 이것들과 합체될 것이다. 뿐만 아니라, 사물과 자연과도 연결되고 결합된다. 인공지능과 사물인터넷의 확대와 발전이 기술적으로 그것을 요구하고 또 가능하게 할 것이다. 분산 인지의 관점에서 인지 시스템은 최대한으로 분산되고 확대될 것이기 때문이다. 여기서는 사이보그(2)를 규정했던 기준, 곧 발생학적으로 유기체에서 출발한다는 것은 더 이상 큰 의미를 갖지 못한다. 유기체의 몫이 얼마나 크거나 본질적이냐는 물음도 크게 중요하지 않을 것이다. 사이보그(2)와 인공지능 로봇의 구별은 한시적으로, 또는 단계적으로만 의미를 가진다.

사이보그의 세 단계를 이렇게 구별하고 분석하는 일은 다만 개념들을 구별하기 위한 이론적 작업인가? 그렇지 않다. 오히려 개인들이 자신의 행동과 인지 방식을 되돌아보고, 존재 방식의 변화를 적절히 반영하고 수용하는 데 필요하다. 인간을 처음부터 사이보그의 형태로 규정하고 거기 속하게 함으로써 우리는 일단 인간이 대단히 독립된 존재는 아니라는 것을 선보였다. 다른 어떤 행위자는 갖지 못한 이성이나 정신을 그 자신에게만 고유한 방식으로 가진 엄청난 존재는 아니라는 것이다. 그리고 환경에 대해 닫혀 있음으로써만 작동의 자율성을 갖는다는 점에서는 다른 사이버 행위자와 크게 다르지 않다는 점도 강조되었다. 그러나 이것으로 충분하지 않았다. 사이보그라는 행위자는 마치 단독으로 자율성을 실행하는 것처럼 여겨지거나 다른 행위자들보다 우월한 자율성을 가지거나, 환경이나 다른 시스템들로부터의 사회적이고 인과적 영향을 최소한으로만 받는 것처럼 여겨질 수 있기 때문이다. 사이버 행위자로서의 사이보그는, 처음에는 환경에 닫혀 있으면서 작동의 자율성을 확보했지만, 그다음엔 일정하게 환경에 열려 있으면서만 시스템들 속에서 자원을 확보하고 사회적 행위를 수행하는 '자율성'을 확보한다. 시스템이나 네트워크에 연결되어 있고 다른 시스템들과의 상호 침투에 자신을 내맡기지 않는 한, 사이보그는 환경의 복잡성을 너무 단순하게 만들고 따라서 다시 폐쇄적인 시스템으로 떨어질 것이다. 사람도 이 환경과의 관계에서 벗어날 수 없다. 지금도 인터넷이나 모바일에 접속되지 않으

강한 인공지능과 인간

면 보통 사람들은 형편없이 무력해진다. 처음에 작동이 자율성을 확보했지만, 그다음에는 사회 시스템이나 네트워크 속에서 필요한 자원을 확보하고 사회적 행위를 수행하는 일이 더 중요해진다. 다만 이제까지 휴머니즘은 개인이나 종으로서의 인간이 자율성을 갖는다고 가정했다면, 사이버네틱스는 시스템의 자기생성 차원의 자율성을 강조했다. 그러나 자기생성만으로는 충분하지 않다. 어떤 시스템이든 실제로는 사회 시스템으로서 작동하기 때문이다. 기술 시스템도 마찬가지다.

여기서 사회 시스템 또는 조직이 강조되는 이유는 단순히 시스템이론에 의한 이론적 관점 때문이 아니다. 기술이 아무리 효과를 낼 수 있는 잠재성을 가졌더라도, 그 기술은 사회 시스템이나 조직에 의해 영향을 받기 때문이다. '과학기술 사회학'은 바로 그것과 관련된 주제에 집중한다. 과학기술의 발전이 남녀의 사회적 관계에 의해 어떻게 영향을 받고 또 어떤 영향을 주는가에 대한 연구는 그 가운데 한 예이다. 인터넷이나 스마트폰의 확산이 사회적으로 어떤 효과를 가져왔는가를 연구하는 것도 중요한 예다. 기술 발전의 역사를 연구한 루이스 멈퍼드1895~1990는 그의 유명한 기술과 인간 발전에 관한 연구에서 기술의 발전과 사람들의 사회적 조직이 시대적으로 서로 영향을 주고받는다고 분석했다. 심지어 새로운 기술의 발전이 있으려면 그 이전에 인간의 사회적 관계에서 그 기계를 닮은 조직이 이뤄져야 한다.[3] 더 나아가면, 새로운 기술에 의한 생산성의 증가조차 그 기술을 보완하는 다른 기술 시스템과 조직의 변화가 있어야만 효과를 발휘한다. 이 점은 특히 컴퓨터 개발 초기(1970년대와 1980년대)에, 금방 생산성이 높아지지 않았다는 점에서 두드러진다. 마찬가지로 인공지능을 비롯한 기술이 획기적이어도 그를 보완하는 기술이나 조직의 변화가 뒤따라야만 뚜렷한 성과가 가시적으로 나타날 것이다.[4] 기술만을 발명한다고 큰 변화가 저절로 일어나지는 않는다. "조직과 기술의 공동 발명"이 필요하다.[5] 이 점에서 '조직'은 사회 시스템 가운데 점점 중요해지는 형태다.

여기서 '기계가 사람을 대체한다'는 흔한 판단에도 변화가 일어난다. 기술로서 기계는 단독으로 사람을 대체하는 효과를 전반적으로 가져오기는 힘들다. 물론 행위자에게 초점을 맞추면 사람이 기계에 의해 대체되는 것처럼 보이며, 그런 일도 일어나기는 한다. 그러나 경영 문화 또는 조직에 변화가 일어나면서, 기술의 효과는 본격적으로 드러난다. 기계가 사람을 대행하는 과정도 이 조직 변화의 일부라고 할 수 있다. 경영의 관점에서는 그래서 "노동자를 말 그대로 기계로 대체하는 것이 아니라, 프로세스를 재구성하는 것이 신기술을 활용하는 가장 좋은 방법"[6]이라고 할 수 있다.

사이보그는 사회 시스템이나 네트워크의 형태로 움직인다. 그리고 사람은 사이보그로 움직인다. 나는 이 인식을 따라가고자 한다. 일단 이 인식은 큰 성과이기는 하다. 그러나 여기에도 아직 모호한 구석이 있다. 사이버 행위자로서 사이보그는 어떤 시스템이나 네트워크로 움직이는가? 다르게 말하면, 시스템이나 네트워크는 사회 속에서 어떤 영향 속에서 움직이며, 어떤 범위 안에서 얼마나 잘 움직이는가? 모든 생물학적 시스템은 자신이 잘 생성할 수 있는 범위 안에서 작동하고 움직이며, 그러면서 환경의 복잡성을 단순하게 조절한다. 사회적이고 기술적인 시스템도 비슷할 것처럼 보인다. 자율주행차가 기술적으로 인간보다 사고를 덜내며 운행할 수 있는 수준에 도달하더라도, 해결해야 할 사회적인 문제들은 많다. 그것은 기술적인 차원에서 머지않아 상당한 수준에 도달하겠지만, 사회적 규칙들과 규정들을 만드는 일, 그리고 그와 연결된 산업 및 서비스 시스템의 구축은 더 복잡한 과정을 요하며 완성되기까지 긴 시간을 소요할 것이다. 자율주행차가 일단 기술적으로 운행의 자율성을 넉넉하게 획득한다고 가정할 때, 그것이 야기하는 큰 사회적 변화 가운데 하나는 차량 공유 시스템이다. 20세기 이후 지금까지 개인은 각각의 수준이나 능력이나 취향에 따라 차를 소유했지만, 차량이 시스템 속에서 자율적으로 운행하고 사회적 환경도 그에 맞춰 준비된다면 대다수의 개인은 운전을 할 필요가 없을 뿐 아니라 차를 소유할 필요도 없을 것이다. 차량이 시스템에 의해 관리되고 통제되기 때문이다. 자신이 운전대를 잡을 때, 차량을 개인적으로 소유하는 것이 의미를 갖는다. 그렇지 않고 차량이 분산된 시스템에 의해 관리되고 통제되는 국면에서는, 보통 개인이 차를 소유하고 관리하는 일은 의미를 잃어버리거나 시스템에 의한 관리와 통제의 기준에서 벗어나는 '위험한' 일이 된다. 그래서 벌써 차량 공유 시스템을 두고 기업들과 투자자들은 싸움을 벌이고 있다. 이 일은 단순히 누가 사업에서 성공하느냐의 문제에 그치지 않고, 누가 어떻게 시스템을 관리하고 통제하느냐의 문제로 이어진다.

시스템이나 네트워크는 따라서 추상적이고 이론적인 대상에 그치지 않는다. 인간주의에서 탈인간주의의 방향으로 움직인다는 점만 생각하면 이론적인 문제로 보이지만, 그렇지 않다. 경제적으로는 누가 사업의 지배력을 행사하느냐의 문제이며, 사회적으로는 관리와 통제의 문제이며, 정치적으로는 권력관계의 문제이다. 여기서 지배력이나 관리와 통제, 그리고 권력관계의 문제가 다시 등장한다. 이 문제는 시스템이나 네트워크가 단순히 기술이나 수단의 문제인 것처럼 여기는 관점을 수정하고 거기 대항한다. 그리고 그 문제는 2부 이후 우리가 다뤘던 약한 지능과 강한 지능의 구별을 이어나가는 일 및 권력관계의 위계질서라는 전통적인 기준을 수정하는 일과 연결된다. 7장에서 우리는 후자의 문제를 다뤘다. 거기서 루만의 시스템이론은 이 관리와 통제 그리고 권력관계의 문제를 다루는 데는 소극적이라는 점이 드러났다. 이제 그 맥락을 확장하여 분석할 필요가 있다.

통제 또는 제어의 문제는 사이버네틱스의 초기에서부터 중요한 문제였다. 그것의 그리스어 어원(kybernetes, 조종사 또는 선장)이 말해주듯이, 사이버네틱스는 애초부터 '조종'과 '제어'와 직결된 문제였다. 특히 당시엔 바다를 항해하는 기술이 최고의 지능을 요구하는 일이었기에, 조종 기술이나 항해 기술이 핵심적인 이미지로 작용했다고 볼 수 있다. 그리고 이 그리스어가 라틴어로 'gubernare'가 되었으며 여기서 'govern'이라는 어근이 영어를 비롯한 라틴어에 새로 생겼다는 것은 이 점에서 매우 의미심장하다. 그래서 1830년대에 프랑스어 'cybernétique'가 등장했을 때, 그 말의 의미는 다름 아닌 '통치의 기술the art of governing'이었다. 지능의 문제를 사이버네틱스의 관점에서 다루는 과제는 따라서 사이버네틱스의 세 가지 면을 통합적으로 다루어야 한다. 첫째, 새로운 기술의 등장으로 촉발된 과정을 서술하고 설명할 인지 및 정보 이론의 축(인간 지능과 인공지능 그리고 생물 사이에 어떤 본질적인 차이나 우월성을 설정하는 대신에 지능이라는 일반적인 원칙에서 접근하기), 둘째, 전통적인 휴머니즘의 차원에서 벗어나기. 셋째, 이질적인 형태의 '사이버 행위자들'을 사회적으로 조종하고 관리하며 더 나아가 통제하고 통치하는 'governing'의 문제. 사이버네틱스는 정보와 지능을 다루는 '기술'이며, 동시에 사회적 제어와 통치의 '기술'이다.[7] 그러므로 '조종'이나 '제어'로서의 사이버네틱스는 인간중심주의나 인간주의의 관점으로만 이해될 수 없다. 그 경우 로봇이나 인공지능을 오로지 인간의 이익을 위해 도구적으로 조종한다는

강한 인공지능과 인간

편협한 의미가 우세할 수 있다.

'통치의 기술'로서의 사이버네틱스도 단순히 근대 이후의 국가주의에 봉사하는 정부의 정치권력 또는 통치 권한의 의미로만 제한되지 않는다. 여기서 'governing'의 개념도 새로운 지평을 요구한다. 굳이 규정한다면, 이 관점을 사이버 행위자들에 대한 '정치적' 분석이라고 부를 수 있을 것이다. 더 이상 보편적인 종 개념인 '휴먼'이나 근대적 국가 개념에 근거해서는 충분히 설명될 수 없는 사회, 그러니까 새로운 형태의 사이버 행위자들이 서로 다른 수준에서 사회 시스템에 참여하면서 커뮤니케이션하고 서로 의존하는 사회에서 사회 시스템들이 어떻게 작동할 것이며, 그 사회는 어떤 방식의 권력관계에 의해 제어되거나 통제될 수 있느냐는, 사회적이고 정치적인 물음이 매우 넓은 영역에서 새로 제기된다.

이 문제는 실제로 예민한 반응을 유발한다. 사이버네틱스를 생물학적 자기생성의 영역에서 다루려는 연구자들은 시스템의 제어나 통제를 사회 시스템으로 확대하는 것에 반대했기 때문이다.[8] 또 통제와 제어의 문제를 사회 시스템으로 확대하더라도, 루만처럼 통제나 지배의 문제를 정치의 관점에서 제기하지 않으려고 할 수도 있기 때문이다. 시스템이론의 관점에서 보면, 자율적으로 작동하는 기능 시스템들(학문, 경제, 정치, 법 등)은 근대 이후 사회를 분화시키고 확장시키는 역할을 해왔다. '사회'는 이 와중에 정치로 통제할 수 있는 범위를 넘어갔다고 할 수 있다. 그런데도 사람들은 아직도 정치의 관점에서 사회를 통제하거나 지배할 수 있다는 생각을 한다. 사이버네틱스의 초기 단계에서 조종 또는 지도의 의미를 가진 제어라는 목표가 설정되기는 했지만, 루만은 그 조종과 제어의 목표조차 합리주의적 방식으로는 가능하지 않다고 판단한다. 시스템의 자율성을 인정할 때, 분명히 "제어의 한계Grenzen der Steuerung"[9]가 있기 때문이다. 정치든 경제든 학문이든 각자 시스템의 자기참조의 순환 속에 갇혀 있기에 사회 전체를 제어하는 데는 명백하게 한계가 있다.

이것은 상당한 정도로 사실일 것이다. 블록체인이나 사물인터넷의 형태로 커뮤니케이션이 이뤄지고 정보가 교환될 때, 개인이나 개별적 행위자 또는 중앙의 기관이 모든 과정에서 합리적으로 개입하고 통제하기는 어렵기 때문이다. 다르게 말하면, 중앙의 개입이나 통제는 줄어들고 인지 시스템이 분산되는 대신 인간주의적 관점에서의 전통적인 합리적 관리나 통제는 점점 어렵거나 거의 불가능한 것이 된다. 정보의 교환은 즉각적이고도 복합적이며 블록이 맞물리는 방식으로 이뤄질 것이기 때문이다. 중앙의 기관이나 중개인이 없다는 점은 분산 저장 시스템의 장점이지만, 계약이나 거래 내용이 체인처럼 연결된 시스템에 의해 저장되기 때문에 개별적인 행위자들의 운신의 폭은 점점 줄어든다. 블록체인 기술 또는 분산 저장 시스템의 양면성이다. "한편으로는 블록체인 기반 솔루션은 매우 효율적이고, 비용을 절감시키며, 각종 비용을 대폭으로 인하해줄 수 있다." 그러나 "사람들은 자동화된 스마트 계약이 가진 최종성 finality, 곧 수정 불가능성에 불편함을 느낀다."[10]

중앙 집중이란 말이 부정적인 의미로 많이 사용되는 것과 동시에, 분산이란 말이 점점 긍정적인 말로 많이 사용되는 경향이 있다. 그러나 분산된 시스템이라고 그저 좋은 것도 아니고, 저절로 자율과 평등을 보장해주지도 않는다. 소규모 공동체가 스스로를 관리하고 통제하는 이미지는 아마 국지적이고도 일시적으로만 가능한 풍경일 듯하다. 조금 비관적으로 보자면, 중앙으로 과도하게 집중된 통제 시스템이 근대적인 반면, 분산된 시스템에 의해 과도하게 통제되는 시스템이 미래의 모습일 수 있다. 그런데 정밀한 코드에 의해 통제되는 사회에서 또 정밀하게 코드화

강한 인공지능과 인간

된 인격이 맞물린다면, 어떤 모습일까? 법학자 필리피와 라이트는 비슷한 상황에서 "자기 집행 계약의 이미지를 제시했다. 복잡한 분권화 조직 네트워크가 이러한 체제를 독점해 관리하고, 이 네트워크는 아무런 헌법상의 보호 장치나 제약 없이 사람들이 할 수 있거나 할 수 없는 바를 강제한다."[11] 그 경우 분산된 기술 시스템이 새로운 형태의 전체주의를 야기하거나 주도할 가능성이 제기된다. 다소 비관적이고 과장된 모습일 수 있지만, 그런 가능성도 얼마든지 있다.

인터페이스가 발전할수록 직접적인 인터페이스는 사라지는 과정도 이것과 비슷한 현상을 보인다. 루치아노 플로리디[1964~]는 사람이 컴퓨터 장치들과 연결된 형태에서 벌써 이 비슷한 현상을 관찰한다. 예전에 기계를 사용할 때는 사람과 그것 사이의 인터페이스가 눈에 드러났었지만, 이제 정보통신기술에서는 더 이상 그것이 보이지 않는다. 기계 장치들이 서로 보이지 않게 연결되면서 작동하는 과정을 '핸드셰이킹handshaking'이라고 부른다면, "당신과 나는 그런 핸드셰이킹에 초대되지도 않고 또 개입되지도 않는다."[12] 사람은 사물인터넷이 고도로 작동하는 과정에 초대되지도 않고 개입할 필요가 없으며 개입할 수도 없다. 스마트폰을 통하여 사물인터넷이 작동할 경우, "당신이 집에 가면 당신의 스마트폰은 자동으로 무선 홈서비스에 연결되고, 필요한 업데이트를 다운로드하며, 집에 있는 다른 통신 장치들과 '말한다.'" 여기서 플로리디는 흥미로운 발견을 하나 더 한다. 흔히 우리는 시스템들이 서로 연결되어 있는 네트워킹에 대해 말하곤 한다. 그러나 거기서 인간이 어디에 있는지에 대해서는 주의를 기울이지 않는다. 대부분 인간중심적으로 인간이 그 네트워크를 사용한다고 하든지 또는 그 고리 어딘가에 사람이 있다고 말하곤 한다. 그러나 플로리디는 과거처럼 인간 사용자가 기계와 만나는 인터페이스가 사라진다는 점을 끝까지 밀고 간다. 그 결과 발견되는 사실은 다음이다. "우리는 (기계들이 연결된) 고리 바깥에 있다."[13] 인간이 개입할 틈이 생기지 않은 채 네트워크가 자동으로 작동한다면, 인간이 그 고리 바깥에 있는 것은 피할 수 없을 것이다.

어쨌든 분산된 시스템이라고 평화적인 공동체를 저절로 보장해주지 않는다는 것은 분명하다. 아무리 분산되었다고 하더라도 각각의 시스템이 폐쇄적인 형태로 작동하는 한 그것이 맺는 네트워킹이 무조건 열려 있는 것은 아니기 때문이다. 7장에서 나는 행위자-네트워크 이론이 전통적인 힘과 권력의 이미지를 거부한다는 점을 긍정적인 관점에서 설명했다. "저항, 완고함, 강함은 약한 연결들의 엮임, 누빔, 꼬임을 통해 더 쉽게 얻어진다."[14] 이 관점은 힘과 권력을 전통적인 방식의 강함으로 이해하는 것이 좋지 않은 방식임을 강조한다. 그러나 "힘은 확산, 이질성 그리고 약한 연결들의 신중한 엮음에서 온다"라고만 말할 수 있을까? 이런 이해 방식은 집중을 나쁜 것으로, 그리고 분산을 좋은 것으로 여긴다는 점에서 여전히 단순한 이분법일 수 있다. 1980년대 전후 유행한 해체주의는 과거의 거대 서사를 해체해서 분산시키기만 하면 좋다고 여기는 경향이 있었다. 마찬가지로 권력도 분산시키기만 하면 좋아진다고 여기는 경향도 컸다. 그러나 유감스럽게도 그렇지는 않다. 어떤 시스템과 네트워크든 자신의 기능적 강함과 우월함을 사양하기는 어렵다. 대부분의 시스템이나 네트워크는 자신의 강함이나 우월함에서 오는 결정들 및 그와 연결된 위험을 합리적 위험으로 정당화할 것이다. 그와 달리 기능적으로 약하거나 열등한 시스템은 어쩔 수 없이 강한 시스템에 의한 위험을 외부적 환경으로부터의 위험으로 인식할 것이다. 이 점은 사람에게도 적용된다. 강한 시스템이나 네트워크에 참여하는 사람들은 기능적 강함이나 우월함을 누릴 것이며 그것을 쉽사리 포기하지 않을 것이다. 그와 달리 약한 시스템이나 네트워크의 참여자들은 환경이 주는 위험에 시달릴 것이다. 다르게 말하면, 하나의 네트워크는 자신의 강함이나 약함을 객관적이고 합리적인 방식으로 관찰하기 어렵지만, 그럼에도 불구하고 강함과 약함의 구별 및 그것이 부과하는 결과에서 벗어나기는 어렵다.

이 점을 행위자-네트워크 이론이 드는 예로 설명해보자. 라투르는 속도 방지 턱의 예를 들면서 그것이 사람이나 사회적 장치와 비슷한 기능을 대행한다고 말한다. 속도를 줄이게 한다는 점에서 기능은 비슷하며, 따라서 사물도 인간 행위자와 비슷한 기능을 수행하는 행위자일 수 있다는 것이다. 도로의 턱은 분명히 운전자의 행위에 변화를 주고, 운전자는 속도를 늦춘다. 이 턱을 우리는 속도 제한 신호와 비교할 수 있다. 기호와 신호의 관점에서 그 둘은 비슷한 메시지를 전달한다고 할 수 있다. 그러나 도로의 튀어나온 턱이 하는 역할은 운전자와의 관계에서 표지판의 신호와 크게 다르며, 다른 한편으로 단순히 그저 거기 있는 사물도 아니다. 학교 가까이에 있는 속도 제한 사인은 "학생들에게 위험이 갈 수 있으니, 속도를 줄이시오"라는 목표를 운전자에게 전달한다. 그와 달리 도로 턱은 운전자에게 수정된 목표를 전달한다. "속도를 늦춰, 당신 차의 완충장치를 보호하시오." 운전자가 하는 행위는 결과적으로 비슷하게 보이지만, 이 두 목표는 전적으로 멀리 떨어져 있다. "경고의 첫째 버전은 도덕성, 계몽된 사심 없음 그리고 성찰에 호소한다. 반면 둘째 것은 순전한 이기심과 반사 행동에 호소한다." 운전자는 속도 방지 턱의 중개작용을 통해 그의 행동을 수정한다. 사물 또는 비인간이 간섭하거나 매개하는 정도는 흔히 생각하는 도구의 수준을 넘어서며, 바로 그 점이 그들을 그 나름의 활동성을 가진 행위자로 만든다. 그들은 행위하면서 "목표를 바꾸게 하고, 목표를 정의하는 데 기여한다."[15] 인간의 행위를 바꾸고 목표를 새로 정하는 데 기여한다는 점에서, 사물/비인간은 독특한 힘을 갖는다. 인간 운전자는 도덕성이나 계몽성을 따르는 대신에 자신의 차에 직접 가해지는 충격을 고려하면서 행동한다. "운전자는 도덕성을 지키는 것에서 강제력을 따르는 것으로 물러난다."[16] 엄청난 변화다. 인간 운전자는 도로 턱에 의해 도덕적 자율성을 실행하는 행위자에서 자신의 이기심을 참조하는 행위자로 바뀐다. 속도 방지 턱이 연속으로 있는 도로는 도덕성에 호소하기보다 이기심에 호소하면서 인간 운전자를 길들인다. 그리고 사람보다 이런 사물들이 더 다양한 방식으로 역할을 하는 것이 현재 사회다. 라투르는 그래서 본격적으로 '사물들'에 주의를 기울인다. 사람이나 생명체에만 주의를 기울이는 일도 편견이다.

도로의 턱은 새로운 시스템이다. 교통신호와도 다르고, 교통경찰과도 다르다. 그 시스템은 운전자들을 관리하고 통제한다. 그렇다면 자율주행차는 어떤가? 여기서 다시 변화가 일어난다. 교통신호와 도로 턱을 관찰할 때는 도덕성/이기심이라는 도덕적 구별이나 차이가 중요했지만, 자율주행차를 관리하는 시스템과 네트워크에서 그 구별은 더 이상 크게 중요하지 않다. 칩과 센서 들을 통합 관리하는 알고리듬이 얼마나 잘 작동하느냐의 문제가 전면에 등장한다. 제한 속도를 유지하는 것, 앞차와의 간격을 일정하게 유지하는 것, 기능과 관련된 데이터의 패턴을 살펴보다 이상 징후가 나타나면 진단을 하는 것 등등 모두 인공지능이나 알고리듬의 영역에서 일어난다. 기술적으로는 합리적 기준을 따르는 것처럼 보이지만, 산업과 사업의 차원에서 알고리듬은 그 조직의 논리를 따르며 얼마든지 미묘하게 조절되거나 조작될 수 있다. 현재 예측할 수 있듯이, 우버Uber와 같은 차량 공유 기업들과 차량 생산업체들이 모두 그 알고리듬을 자신에게 유리한 방식으로 조절하거나 조작할 기회를 포착하려고 노력할 것이다. 물론 그렇다고 조직이 다시 합리적으로 그 알고리듬을 관리하고 통제할 수 있다는 말은 아니다. 작동뿐 아니라 네트워크 정비조차 머신러닝에 위임되는 이 상황에서는 알고리듬이 다시 알고리듬을 낳을 것이다. 개인은 그 시스템 속에서 지금보다 훨씬 제한된 범위 안에서만 개입하거나 거의 개입하기 힘들 수도 있다.

이 점을 자기생성과 타자생성의 관점에서 살펴보자. 어떤 시스템이든 일단 작동의 차원에서 자기생성의 원리에 따라 환경에 대해 자신을 닫은 채 자기를 조직할 것이다. 그러나 그것은 시스템의 내부에 초점을 맞출 때만 그렇다. 환경과의 관계 쪽으로 초점을 맞추면, 타자의 생성에 기여하거나 협력하거나 거기 종속되는 과정이나 경우들은 무수하다. 사물인터넷이나 블록체인 같은 기술들은 이런 흐름을 가속화시킬 것이다. 자기조직화를 특징짓는 경계선은 흐려지고 들쭉날쭉해지며 얼기설기해지거나 복합적인 모양을 띤다. 이 흐름이 극단에 이른 상태에서는, 어떤 심리적·생물적·정보 시스템이든 독자적으로 존재하는 대신 다른 시스템들과 발을 맞추면서만 자기를 조직할 것이다. 어떤 강력한 권력도 독자적으로 결정하고 행동할 수 없다. 다만 그 과정에서도 자신에게 유리하게 조직을 꾸리면서 타자들에게 영향력을 발휘하는(또는 발휘한다고 생각하는) 시스템이나 네트워크가 있을 것이다. 이들은 인과론적으로 자원의 흐름을 차단하거나 허용하는 능력이나 결정할 수 있는 권한, 또 사회적으로 필요한 행위를 제 뜻대로 수행할 수 있는 능력을 강함과 우월성의 척도라고 여길 것이다. 또는 강제적으로 타자의 생성에 개입하여 타자에게 고통을 주거나 타자를 방해하는 수단을 가진 것을 강함으로 여길 수도 있을 것이다. 또는 다양하고 수많은 지혜와 의견들이 합리적이고도 전체적으로 통합되지 않는 상황에서 행정력을 동원하고 집행력을 행사하는 권한을 시스템의 핵심적 능력이라고 여길 수도 있을 것이다. 강함은 이렇듯 한편으로 실제적이지만, 다른 한편으론 겹겹이 반사되는 가상의 거울이다.

물론 개인을 단위로 한 합리적인 관리와 통제, 더 나아가 합리적인 통치가 점점 힘들어진다고 해서, 통제와 통치의 문제가 사라지지는 않을 것이다. 다만 전통적인 합리주의 방식으로, 곧 전체를 아우르는 목적을 먼저 설정한 후에 그에 맞춰 수단들을 동원하는 방식으로는 통제하고 통치하기 어렵다. 또 근대적 자유주의 방식으로, 곧 각 개인들이 일정하게 자율성을 가지고 합리적으로 행동하는 방식으로도 통제하고 통치하기 어려울 것이다. 아마 정치적 통치의 관점에서 가장 타격을 입는 것이 자유주의일 수도 있다. 그리고 이들에 기반을 둔 인간주의도 마찬가지로 타격을 입는다. 합리주의, 자유주의 그리고 휴머니즘은 서로 연결되어 있고 서로를 뒷받침하는 관계에 있다. 이들 모두가 타격을 입고 그들의 연대는 느슨하고 푸석푸석해진다.

3. 데이터 자본주의의 위협

합리주의와 자유주의, 그리고 인본주의가 타격을 입는다는 관점을 이제까지 여러 각도에서 여러 지점을 살펴보며 논의했지만, 아직도 이에 경악하는 사람이 있을 수 있다. 여기서 되새겨보고 살펴볼 점들이 여럿 있다. 합리주의에 대한 논의는 여기서 생략하기로 하고, 자유주의에 대해서만 논의해보자. 자유주의가 타격을 입거나 약화된다는 관점

강한 인공지능과 인간

은 한편으론 역사적으로나 정치철학적으로 필연적인 것으로 여겨지지만, 다른 한편으로 그것과 관련된 문제들이 맥없이 사라지지는 않기 때문이다.

철학적 또는 인간주의적 자유주의의 핵심은 인간의 보편적 가치에서 출발해서 개인에게 자율성을 부여한다는 것이다. 근대 초기에 이 사상은 최고의 가치와 권위를 누렸다. 물론 여기에도 인간의 보편적 도덕성에 근거하는 철학적 흐름(곧 이성과 도덕성에 근거를 둔 자유주의)과 개인의 경제적 자유를 강조하는 흐름(경제적 자유주의) 사이에 작지 않은 차이가 있을 수 있고, 더 나아가면 긴장과 갈등이 있을 수 있다. 그러나 보편적 도덕성이나 자유를 최고의 가치로 신봉하든 개인의 경제적 합리성을 최고로 신봉하든 그 사이에 공통점이 있는 것도 사실이다. 양도할 수 없는 자유가 보편적 인간에게 있든 개인에게 있든, 신체와 정신을 가진 인간이 중심에 있기 때문이다. 그러나 바로 이것이 크게 흔들리고 있다. 무엇보다 인공지능과 로봇의 등장으로 인해, 그리고 마찬가지로 정보와 데이터의 중요성이 커지면서 그 경향이 거세지고 있다. 전자는 인공지능과 로봇에 의해 인간의 일자리가 대체되는 국면에서 가시화되고 있고, 보다 즉각적으로 불안을 일으킨다. 그와 비교하면 인간이 데이터로 대상화되거나 전환된다는 불안은 덜 가시적이고 덜 즉각적이다. 그러니 여기선 후자에 관심을 집중해보자.

사회와 산업 활동에서 정보의 역할이 처음 강조될 때만 해도 정보는 물질과 신체의 무거움과 느림을 덜어줄 수 있는 새로운 매체로 여겨졌다. '정보화 사회' 또는 '정보 고속도로'라는 표현이 그 경향을 대변한다. 데이터의 확산은 그 정보의 발전을 또 한번 반복하거나 확대한 것처럼 보일 수 있지만, 빅데이터가 머신러닝의 알고리듬과 결합하면서 데이터의 역할과 활동은 과거와 비교하기 어려울 정도로 커졌다. 이 와중에 인간의 실질적 동기나 행동 대신에 데이터를 사회적 결정의 기본 축으로 삼는 경향이 확산되고 있고, 인간이 데이터에 의해 대체되고 있다는 비관적 목소리가 커지고 있다. 하라리는 이 비관적 목소리를 증폭시키는 한 예이다. "만물인터넷이 실제로 운용되기 시작하면, 우리는 엔지니어에서 칩으로, 그런 다음에는 데이터로 전락할 것이고, 결국 세차게 흐르는 강물에 빠진 흙덩이처럼 데이터 급류에 휩쓸려 흩어질 것이다."17 실제로 이런 경향이 상당한 정도로 나타나고 있다. 그러나 이것이 최근에 갑자기 생긴 것은 아니다. 통계적인 접근은 19세기 이래 점점 중요해졌고, 지금 머신러닝이나 빅데이터는 그것의 정점일 뿐이다. 과거에는 구하기 어려웠던 무수한 데이터가 등장하고 사용되면서, 과거에 중요했던 몇몇 인간적 모델은 구시대의 모델로 여겨진다. "우리가 네트워크에서 수행하는 기능이 중요하지 않은 것이 될 때, 우리는 우리가 창조의 정점이 아님을 알게 될 것이다."18 그래서 전체적으로 인본주의 또는 인간주의의 과제들이 폐기된다는 것이다. "권한이 인간에게서 알고리듬으로 옮겨가는 즉시 인본주의 과제들은 폐기될 것이다."19 다소 비관적이고 예측을 너무 일반화하는 경향이 있지만, 이 판단이 전혀 근거가 없지는 않다. 원칙이나 이념 또는 이상으로서 인본주의의 과제들이 점점 폐기되고 있는 것과 함께, 종으로서의 인간, 개인으로서의 인간은 모두 수백만, 수억, 수백억의 데이터의 쓰나미에 밀려가고 있다. 개인의 고유한 동기나 맥락은 거대한 데이터의 패턴의 흐름 속에는 별로 중요하지 않아 보인다.

인본주의가 데이터의 거센 파도에 밀리고 휩쓸려서 떠내려간다면 자유주의도 기본적으로 그 흐름을 피할 수 없다. 그런데 자유주의는 보편적 인간의 모델에서 출발할 뿐 아니라, 개인의 개별적 자유에도 근거한

강한 인공지능과 인간

다. 그러므로 순서를 따지자면, 처음엔 원칙과 이념으로서의 자유주의가 타격을 입고, 다음엔 그것에 근거했던 개인의 일반적 자유가 타격을 입는다. 자유주의는 세 가지 차원에서 위협을 받는데, "첫째는 인간이 가치를 완전히 잃게 된다는 것이고, 둘째는 인간이 집단으로서의 가치는 유지하더라도 개인으로서 권위를 잃고 외부 알고리듬의 관리를 받게 된다는 것이다. 시스템이 교향곡을 작곡하고, 역사를 가르치고, 컴퓨터 코드를 작성하려면 여전히 당신이 필요하겠지만, 시스템은 당신보다 당신을 더 잘 알 것이고 그러므로 중요한 결정의 대부분을 당신 대신 내릴 것이다."[20] 하라리는 개인이 알고리듬에 자신의 행위나 취향의 선택을 위임하게 되는 과정, 그래서 실질적으로 근대적 자유주의가 근거한 개인의 자율성이 쪼그라들거나 사라지는 과정 자체가 반드시 나쁜 것은 아니라고 말한다. 알고리듬에 의한 위임이나 대행이 많건 적건 일종의 역사적 과정이라고 여겨지기 때문이다.[21]

조금 더 구체적으로 관찰하면, 이제까지 자유주의를 가능하게 했던 개인 및 집단의 사회적이고 경제적이며 생물학적 평등이 실제로 무너지고 파괴된다. "자유주의가 직면한 세 번째 위협은, 일부 사람들은 업그레이드되어 필수불가결한 동시에 해독 불가능한 존재로 남아 소규모 특권 집단을 이룰 것이라는 점이다. 이런 인간들은 전대미문의 능력과 전례 없는 창의성을 지닐 것이고, 그런 힘을 이용해 세계적으로 중요한 결정들을 계속 내릴 수 있을 것이다. (…) 그러나 대부분의 인간은 업그레이드되지 않을 것이고, 그 결과 알고리듬과 새로운 초인간 양쪽의 지배를 받는 열등한 계급이 될 것이다."[22] 인간이 대다수의 열등한 인간들과 소수의 우월한 인간 그룹으로 쪼개질 것이며, 이것이 결정적으로 자유주의를 위협하리라는 것이다. 이 비슷한 논점은 이미 이전에도 있었다. 프랜 시스 후쿠야마^{1952~}는 1990년대에 사회주의가 몰락한 이후에 자유주의가 승리했다고 주장한 사람이지만, 그는 2000년대 들어 생명공학과 유전공학 기술에 의해 인간이 생물학적으로 분리되고 있다면서 자유주의의 위협을 예고했다.[23] 다수의 인간이 생물학적으로나 사회적으로 열등한 계층으로 내몰릴 것이라는 문제는 이후에 다루고, 지금은 자유주의가 위협을 받고 무너지는 과정을 더 추적해보자. "인류가 생물학적 계급으로 쪼개지는 즉시 자유주의 이념의 근간이 파괴될 것이다. 자유주의는 사회경제적 격차와 공존할 수 있다. 오히려 자유주의는 평등보다 자유를 우선시하므로 그런 차이를 당연하게 받아들인다. (…) 하지만 부자와 빈자가 단지 부가 아니라 생물학적 차이로 나뉠 때도 이런 해법이 여전히 유효할까?"[24] 어려울 것이다.

앞에서 언급했듯이, 자유주의가 위험에 처할 것이라는 생각은 이미 여러 사람이 피력했다. 19세기 말과 20세기 중반까지 이념적으로 사회주의와 긴장관계에 있었던 자유주의는 사회주의가 사상이나 정책으로서 실패하자 최종적으로 승리한 것처럼 보였지만, 내부의 과학기술 발전 및 그로부터 야기되는 긴장과 갈등 때문에 다시 위기에 빠진 셈이다. 그렇다면 자유주의는 단순히 생명공학이나 유전공학 그리고 인공지능과 로봇 기술과 같은 외부의 적에 의해 위협을 받고 있는 것일까? 아니다. 생명공학과 유전공학, 그리고 인공지능과 머신러닝, 그리고 빅데이터를 과학기술적으로나 산업적으로 추구하는 사람들은 모두 자유주의적 자본주의의 충실한 행위자들이다. 다음 장에서 논하겠지만, 과거의 강압적인 유전공학이나 우생학과 달리 개인의 선택에 호소하는 자유주의적 인간 향상 프로젝트가 더 활발하고 더 호소력이 강한 것도 우연이 아니다. 과학기술의 발전이 더 커다란 자유를 추구하는 데 도움이 된다는 믿음이

강한 인공지능과 인간

인공지능과 로봇의 개발에 분명히 기여했고 이 개발을 확대하도록 부추겼다. 말하자면 자유주의가 내부적으로 요구하거나 부추긴 동기들에 의해 발생한 움직임들을 그것이 더 이상 통제하거나 제어하지 못하는 상황이 발생했고 거기서 혼란이 확대되었다.

20세기 후반에는 자유주의가 직면하는 이 위기 또는 그것이 초래하는 위협이 흔히 신자유주의의 형태로 대상화되었다. 거기에 대한 반응에도 여러 가지의 서로 다른 형태가 있다. 적극 긍정하는 방식에서부터 사실로서의 과정으로 인정하는 방식을 거쳐 이념적으로 비판하는 방식까지 스펙트럼은 넓었다. 신자유주의에서 자유주의라는 기본 골격은 유지된다고 생각한 접근 방식도 있었고, 그 기본 골격조차 크게 변형되었다고 여기는 관점도 가능했다. 개인의 위상에 관해서도 마찬가지로 접근 방식은 차이가 났다. 집단이나 공동체가 붕괴하고 과도하게 개인으로 분열이 일어났다고 비판하는 관점이 있었는가 하면, 어차피 이젠 공동체 같은 것은 실제로는 존재하지 않는다고 여기며 개인들로 분산되는 과정을 필연적인 것으로 받아들이는 관점도 있었다. 자유주의와 신자유주의에 관한 한, 아마 이 갈등은 앞으로도 지속될 것이다. 인간의 자유와 자율성에 대해서도 마찬가지일 것이다. 이것들도 이중성에 시달린다. 판단하기에 따라서는, 약자들이 거기에 호소해서 얻는 이익보다 강자들이 거기 호소해서 얻는 이익이 훨씬 클 것이다. 그렇다고 약자들이 거기 호소하지 않는가? 그렇지 않다. 약자들도 거기에 호소한다.

이 다의성에도 불구하고, 근대적 의미의 이상주의적 자유주의와 철학적 인본주의는 쇠퇴할 수밖에 없다고 나는 생각한다. 그리고 그 이유는 단순히 기계나 인공지능이 똑똑해져서 인간의 일자리를 빼앗기 때문만은 아니다. 19세기에서 20세기까지는 교육을 많이 받은 다수가 활동하는 사회가 산업적으로나 문화적으로 우월하고 진보적이라고 여겼다. 그러나 그런 풍경은 근본적으로 바뀌었다. 대학 교육을 받은 인간도 직업적 직무에 관한 한 인공지능이나 로봇과 경쟁하기 어려운 시대가 도래했기 때문이다. 또 개인들이 자율적으로 행동하고 선택하기는커녕 선택과 결정의 부담 속에서 점점 시스템의 일부가 되어가는 경향이 커지고 있기 때문이다. 또 사회 시스템으로서의 조직의 힘은 커지는 반면, 개인은 상대적으로 점점 무력해지고 있다. 그렇다고 해서 자유주의가 완전히 붕괴했느냐 아니냐 사이에서 택일해야 하는 것은 아니다. 개인이 존재하는 한, 그들은 물론 개인의 자유에 의존할 것이다. 그러나 실제로 개인의 자율성 또는 인격이라는 것은 모호하고 유동적이며 불안정하다. 지금도 개인들은 사회 시스템 속에서 그것의 부분으로 행동하면서 정체성을 얻으면서도, 개인의 인격이라는 다소 추상적이면서도 가상적인 이념에 매달린다. 특히 개인의 프라이버시가 훼손될 때, 어떤 개인이든 개인의 권리에 호소할 수 있고 또 그럴 수밖에 없겠지만 '개인의 권리'라는 것은 이념과 실제 사이에서 요동을 친다. 시스템이 강조될수록, 시스템의 확장에 따라 규칙들의 사슬이 촘촘해질수록, 그리고 인지 시스템이 분산되고 더 나아가 블록체인 같은 분산형 계약 및 거래 시스템이 확산될수록 개인이 전통적인 기준에 따라 독립적인 관점에 따라 행동할 수 있는 땅은 좁아질 것이다. 그렇지만 사람들은 자신의 자유에 대한 믿음을 포기하지 않을 것이다. 심지어 여전히 인간이 기술을 도구로 사용한다고 믿는 사람들도 있을 것이다. 말하자면, 개인은 자신이 참여하는 사회 시스템과 개체로서의 자아 사이에서 분열된 채 실존한다. 그런데도 개인은 자신이 갖는다고 여겨지는 자율성에 점점 의존하며 행동할 수밖에 없고, 그에 따른 책임을 개별적으로 짊어질 수밖에 없다.

강한 인공지능과 인간

이미 우리는 앞에서 더 이상 개인적이고 독립적인 인간 행위자에 매달릴 필요는 없다는 점을 강조했다. 행위자는 사물과 기계와의 연합 속에서 사이보그가 되며, 사이보그는 그 과정을 통해 일종의 사회 시스템의 한 형태가 된다. 이것을 피하거나 우회할 수 있을까? 인간적인 실체가 데이터로 변하는 과정 자체는 무조건 나쁜 것도, 무작정 비판할 수 있는 것도 아니다. 2장에서 논의했듯이 과거엔 정보가 너무 적었기 때문에 모범적이고 이상적인 인간을 모델로 삼는 경향이 컸던 것이고, 이제 모든 사람과 사물에 관한 정보와 데이터가 활용될 수 있고 축적될 수 있는 상황에서 데이터의 패턴이 중요한 자리를 차지하게 된 셈이다. 다만 이 정보와 데이터는 새로운 방식으로 권력들이 싹트는 기반이 되었고, 더욱이 인간이 접근하기 어려운 알고리듬에 의해 관리되고 통제된다.

한스 모라벡은 이미 1980년대에 인간의 지능을 정보로 전환시키는 것이 가능하고 그것을 추구해야 한다고 말함으로써, 그 문제를 한동안 논란의 대상으로 만들었다. 그는 개인의 몸에 근거한 동일성을 주장하는 관점을 '몸-동일성' 관점이라 부르며, 그것은 "복제에 의한 생명의 연장에 대한 흥미를 개인적으로 상당히 감소시킨다"[25]라고 말한다. 그와 달리, '패턴-동일성' 관점은 다음과 같다. "한 인격, 예컨대 나 자신의 본질을 내 머리와 몸 안에 일어나는 패턴과 과정으로 정의하고 (…) 만일 그 과정이 보존된다면, 나는 보존된다. 나머지는 젤리에 불과하다."[26] 이것은 지능과 자아의 정체성을 정보의 패턴으로 환원시키는 극단적인 관점이다. 그는 "몸-동일성 입장은 생명체의 본성에 관한 잘못된 직관에 기초한다고 생각한다. 교묘한 방식으로 이뤄지는 패턴의 보존과 신체의 상실은 일상생활의 정상적인 일부이다."[27] 신체는 전혀 의미 없는 것은 아니지만 흘러가는 것이며 유동적인 것이고, 유지되고 남는 것은 패턴이라는 주장이다. 그런 주장은 인간을 정보와 데이터의 패턴으로 정의하는 공학적 관점이며, 그 점에서 개인이 갖는 신체성을 무시하는 면이 크다. 신체의 개입에 의한 생명과 자아의 진실성보다 정보와 데이터의 패턴을 더 중요한 것으로 파악하는 이 생각은 그 이후에도 꾸준히 지속되어 왔다. 이 경향은 트랜스휴머니즘을 주장하는 사람들의 가장 강력한 계열 가운데 하나다. 정보와 데이터의 패턴이 유지되는 한 신체는 이차적인 것으로 여겨진다. 인간의 신체성을 부차적인 것으로 여기는 그 관점은 결국 신체는 소멸하더라도 정보의 패턴은 소멸하지 않을 수 있다는 '디지털 불멸성'으로 향할 것이다.

그렇다면 지능과 자아의 정체성이 정보나 데이터의 패턴이라고 파악하는 관점에 반대해, 신체의 물질성에 내재하는 고유성을 주장하고 그것이 개인의 동일성을 구성한다고 하면 될까?[28] 정보화와 신체화의 대립 사이에서 택일해야 하는 것일까? 그럴 필요는 없다. 다시 물음을 던져보자. 우리는 쉽게 '인공지능 로봇' 또는 '사이보그'를 언급하고 이야깃거리로 삼지만, 그것이 인간의 신체와 분리될 수 있는 것인지 분리될 수 없는 것인지 구별하는 것은 앞으로 한동안 중요한 문제로 남을 것이다. 그리고 그 구별을 엄격하게 적용하면, 일반적으로 또는 추상적으로 '인공지능'에 대해 말하는 것은 우스꽝스러울 수도 있다. 인간 신체에서 분리될 수 있는 정보처리 장치와 그렇지 않은 것은 매우 다르기 때문이다.[29] 정보와 데이터로 쉽고 간단하게 환원되기 힘든 신체를 개인들이 가지고 있는 것은 사실이다. 커즈와일처럼 기술의 낙관적 발전을 숭배하는 사람이 주장하는 것처럼 '사람의 뇌를 스캔해서 컴퓨터에 업로드하면 그 사람과 동일한 개체가 복사되는 일'은 쉽사리 일어나지 않을 것이다.

그렇다고 해서 정보화와 신체화의 단순한 대립을 조성할 필요는 없다.

강한 인공지능과 인간

인간과 기계의 단순한 대립을 주장할 필요가 없는 것과 마찬가지다. 정보를 빨리 습득함으로써 이를 광범위하고 빠르게 이용할 수 있는 분산된 인지 시스템이 진보한다면, 또는 심지어 정보의 빠른 습득을 통해 신체 기능이 향상된다면, 그런 과정은 틀림없이 남용될 수 있을 것이다. 그리고 그렇게 정보에 의해 손쉽게 생산되거나 조작되는 가상 또는 가상현실은 여러 부정적인 면을 가질 수 있다.[30] 그러나 이미 사이보그가 되고 있는 보통 인간이 일반적으로 가상현실 되기의 다양한 가능성에 저항하기는 쉽지 않을 것이다. 말하자면, 과도한 또는 극단적인 정보화에 반대하는 것은 개념적으로 어렵지 않다. 또 감정을 가진 인간이 단순한 데이터로 환원될 수 없다고 말하는 일도 어렵지 않다. 그러나 그렇게 말하는 일과 실제로 데이터나 정보를 통한 다양한 활용법과 그로부터 생기는 다양한 지능의 강화에 반대하는 일은 다른 것이다. 보통 사람, 보통 사이보그들은 그 흐름에 일관되게 저항하기는 어렵다고 나는 생각한다. 내비게이션이 가끔 바보짓을 할 때 그것을 비웃을 수는 있지만, 복잡한 도시에서 내비게이션 없이는 운전하기 어려운 것이 사실이다. 내비게이션이 꽤나 시끄럽고 사람을 바보로 만들 때가 많지만 그것을 꺼놓으면 인간은 더한 바보가 될 수 있다.[31]

우리는 사람의 정체성을 확인하는 궁극적인 기준으로 기억의 동일성을 꼽는다. 그러므로 정보의 패턴이 가장 중요하다는 생각은 앞으로 더 강력해질 수 있다. 다만 현재 인간의 삶은 정보의 패턴을 업로드하는 과정과 비교하면 매우 느리며 거기서 상당한 안정성이 생긴다. 육체에 대한 수많은 전통적인 관념들과 습관들, 곧 생로병사 과정을 지탱하는 육체에 대한 여러 생각이 인간을 육체에 기반하여 이해하고자 하는 방식을 지지하고 후원하는 셈이다. 이 느림과 안정성이, 정보의 패턴이 인간의 핵심이라는 생각을 거부한다. 궁극적으로 육체의 소멸을 인정하면서 정보의 패턴을 행위자의 정체성이라고 이해하는 생각은 물론 지금은 다소 과격하게 보일 수 있다. 그러나 어떤 동작을 할 수 있는 노하우를 일련의 정보와 데이터의 패턴으로 대행할 수 있다면, 그 대행 자체가 이미 인간의 육체성을 상당한 정도로 대체 가능한 것으로 만들 것이다. 지금도 사람들은 기억력이나 지능을 높이는 약물들을 다양한 방식으로 원하며, 신경과학의 큰 흐름은 바로 그런 가능성을 현실로 만드는 데 몰두하고 있다. 그것이 도덕적으로 옳은 방식이 아니고 모든 사람이 거기에 동의하지는 않더라도 말이다.

인간은 대체 무엇이 되길 원하는 것일까? 거기에 대답하기는 쉽지 않다. 사회적 위상과 능력에 따라 원하는 것이 다르고, 같은 사람이라도 늘 상 같은 것을 원하지 않는다. 거대한 인간 향상 프로젝트는 다음 장에서 논하고, 지금까지의 논의를 거쳐온 여기에서는 최소한 다음과 같이 말할 수 있을 것이다. 우선, 인간이 보편적인 도덕성이나 마음을 가지고 있지 않듯이 보편적인 신체를 갖는다고 말할 필요가 없다. 이에 따라 개인의 정체성이 그의 개별적인 신체에 의해 규정된다고 말할 수 있을 듯하다. 페미니즘은 이 점에 대해 할 말이 많았다. 인정하자. 이제까지 남성들이 남성의 신체를 일반화했다면, 이제부터는 그런 보편적인 신체에 매달릴 필요도 없다. 캐서린 헤일스는 엘리자베스 그로츠[1952~]의 관점을 인용한다. "그로츠가 메를로퐁티, 라캉, 니체, 푸코, 들뢰즈와 가타리를 포함해서 다양한 이론가들에 대해 논의하면서 보여주듯이, 신체화를 진지하게 받아들이는 철학자들조차 별 생각 없이 남성의 신체를 규범으로 받아들이는 경향이 있다."[32] 그런 면이 분명히 있었다. 그로츠는 말한다. "사실 그런 신체는 없다. 단지 여러 신체들—여성이든 남성이든, 흑인이든,

강한 인공지능과 인간

황인이든, 백인이든, 크고 작든—과 그 사이의 단계들만이 존재한다."[33] 남성들도 각자의 신체가 있고 여성들도 각자의 신체가 있으며, 유럽인과 아시아인 그리고 아프리카인들도 전체나 보편적인 것으로 환원될 수 없는 개별적인 신체를 갖는다. 그렇다고 해서, 개인의 동일성이나 정체성이 지속적으로 그의 신체에 의해 정의되거나 확보되는 것일까? 그렇게 생각한다면, 다시 자유주의적 개인주의로, 그리고 개별자들이 자연적 핵심이라고 여기는 낭만주의로 되돌아가게 된다.

실제로 개인들은 언제든 시스템으로서의 사이보그가 될 가능성, 언제든 정보로 전환될 가능성에 내맡겨져 있고 유혹당한다. 개인의 개별적인 신체도 권력관계가 작용하고 사물/소비재가 개입하는 복합적이고 가상적인 개인화 과정의 대상이자 주체이기 때문이다. 그러니 각 개인이 자신의 신체의 고유한 정체성을 통해 '자기 자신이 된다'고 믿을 수는 없다. 멋있는 신체를 가진 사람이나 가지려는 사람이 그것을 전시하고 소비하면서 자신의 정체성을 확보하려 할 수는 있지만, 그 정체성은 이미 가공된 것이고 소비되는 대상이며, 따라서 그것을 갖는다고 '자기 자신'이 되지는 않는다. 보편적인 신체가 과거에 남성의 신체의 형태로 설정되었듯이, 근대 이후 개인이 자신의 신체라고 여기는 것도 권력관계가 작용하는 표면이자 권력관계가 구성하고 동원하는 자원이다. 자본주의가 끊임없이 유혹하고 호소하는 최고의 대상이 개인의 신체가 아닌가? 그러므로 정보화에 반대한다면서, 정보로 바뀌지 않는 개별적인 신체를 과도하게 실체화하거나 심지어 다시 이상적인 준거점으로 설정할 필요는 없다. 그것은 근대적 자유주의가 믿었던 핵심 이념이었지만, 일종의 낭만적 자유주의이다.

어쨌든 어려운 상황임에 틀림없다. 인본주의 및 그것과 결합된 자유주의를 벗어난다면서 기껏 데이터 자본주의의 발전을 돕는다면 우스운 일일 것이다. 그리고 포스트휴먼을 긍정하는 일은 결국 신체가 정보로 환원되는 과정을 긍정하는 일과 겹칠 수 있다는 것도 씁쓸한 일이다. 그렇다고 포스트휴먼이 되는 일이 전적으로 정보의 패턴에 항복하는 일인가? 그렇게 보일 수 있지만, 단순히 그렇게 되지는 않는다. 다음 장으로 가보자.

주

1. 탭스콧; 탭스콧(2017): 303~305.
2. 물론 주행 상황도 가만히 보면 구별이 필요하다. 교통 네트워크 시스템 안에서 특별한 역사성을 고려하지 않고 교통 규칙에 따라 주행하는 경우와 서로 다른 역사성을 가진 교통 네트워크 시스템 사이에서 움직이는 경우는 서로 다르다. 자율주행차가 특정 사회의 교통 시스템 내부에서만 작동한다면, 전자에 속한다고 할 수 있을 것이다. 그 경우 자기참조적 시스템이 기본적으로 작동한다. 환경의 자극을 받아들이고 또 그것의 자극과 간섭에 내맡겨지더라도, 자기참조 시스템은 유지된다. 자율주행차의 목표는 어떤 일이 있든 사고를 피하면서 도로 상황에 따라 주행하는 것이 목표일 것이기 때문이다. 그러나 여러 사회들에서 교통 시스템 또는 교통 환경은 각각 다른 경로를 따라 발전해왔다. 공식적인 규칙은 비슷하게 유지되더라도 각각의 사회 안에서 운전자들의 태도나 습관은 상당히 다르다. 다르게 말하면, 한 사회에서 비교적 잘 작동하는 자율주행차도 다른 사회에서는 적응하는 데 시간이 걸릴 것이다. 3장에서 논의한 진부함과 진부하지 않음의 구별이 여기서 다시 유용하다. 인공지능은 단순히 규칙을 따르는 '진부한' 수준을 넘어, 역사성과 우연성을 고려해서 '진부하지 않은' 수준에서 작동해야 한다.
3. Mumford(1966): 188~211.
4. 이 점은 특히 인공지능과 로봇에 의해 산업 생산이 획기적으로 높아진다고 판단하는 브린욜프슨과 맥아피의 연구에서 드러난다. 전기가 처음 도입되었을 때도 생산성의 지체 현상이 일어났듯이, 컴퓨터와 인공지능이 발전하는 과정에서도 생산성의 지체가 일어난다. "더 이전의 범용 기술에서도 그러했듯이, 제2의 기계 시대의 기술이 가져다줄 혜택을 제대로 보려면, 조직에 상당한 규모의 혁신이 일어나야 한다." 브린욜프슨; 맥아피(2014): 135.
5. 브린욜프슨; 맥아피(2014): 176.
6. 브린욜프슨; 맥아피(2014): 177.
7. 다만 여기서 사이버네틱스를 '기술'이라고 말할 때의 '기술'의 의미는 근대 이후의 개념인 'technology'에 국한되지 않고, 고대 그리스적 의미로서의 'techne', 곧 'art'로서의 기술을 포함한다.
8. 바렐라는 실제로 자기생성 개념을 사회 시스템으로 확장하는 데 반대했다.
9. Luhmann(1988): 324ff.
10. 케이시; 비냐(2017): 336.
11. 탭스콧; 탭스콧(2017): 473.
12. Floridi(2014a): 36.
13. Floridi(2014a): 36.
14. 라투르(2010): 100.
15. Latour(1999): 186.
16. Latour(1999): 186.
17. 하라리(2017): 541.
18. 하라리(2017): 542.
19. 하라리(2017): 541.
20. 하라리(2017): 474.
21. 반면 데이터 모형이 사회를 전반적으로 나쁘게 만들고 있다는 주장이 있을 수 있다.

한 예는 캐시 오닐의『대량살상 수학무기』Weapons of Math Destruction』(2017)다. 이 책은 데이터 모형이 공정하지 못한 방식으로, 그리고 불평등을 조장하는 방식으로 사용되고 있는 모습을 상세히 나열하며 비판한다. 여기서는 애초에 공정함이 일반적 이념으로 전제되고 있다. 또 저자는 도덕성을 가진 인간과 '자동화된 기계'의 이분법에 호소하고 있다. 그러나 내가 보기에, 선험적 이념으로 전제된 공정함과 인간과 기계의 이분법은 과도하게 선험적 도덕에 의존하는 경향을 보인다.

22. 하라리(2017): 474.
23. 후쿠야마는 2002년『우리의 포스트모던 미래』Our Postmodern Future』라는 책을 출간하였다.
24. 하라리(2017): 475.
25. 모라벡(2011): 202.
26. 모라벡(2011): 203.
27. 모라벡(2011): 203.
28. 헤일스(2013)는 정보화와 신체화의 구별과 대립을 강조하였다. 그러다보니, 그 대립적 구별 속에서 이리 쏠렸다 저리 쏠렸다 하는 우왕좌왕이 반복되었다.
29. 이 책에서 여러 차례 언급한 민스키도 이 점에서는 논쟁적인 인물이다. 인공지능을 연구하면서 인간 지능이든 인공지능이든 상당한 복합성을 지닌다는 점을 강조한 연구자였지만, 그는 다른 한편으로 위의 "모라벡에 필적할 만큼 신체화의 중요성을 계속 폄훼한" 사람이었다. 헤일스(2013): 431
30. 나는 이전의 저서에서 가상현실이 신체화를 우회하면서 여러 부정적인 면이 생길 수 있다는 것을 서술한 바 있다. 그래서 '가상현실'과 구별되면서도 신체가 역할을 하는 또 다른 '환상현실'의 차원이 필요하다고 생각했다. 김진석(2001).
31. 알고리듬의 능력을 상찬하는 공학자는 결국 빠르게 학습될 수 있는 정보로 환원되는 것이 이긴다고 말한다. "나는 평생 동안 배운 내용을 책 한 권으로 응축할 수 있고 당신은 몇 시간 만에 읽을 수 있다. 그런데 머신러닝 알고리즘은 몇 분이나 몇 초 내에 배울 수 있어야 한다. 진화를 촉진하는 볼드윈 효과든, 인간의 학습을 촉진하는 언어로 하는 의사소통이든, 아니면 빛의 속도로 유형을 발견하는 컴퓨터든, 가장 빨리 배우는 쪽이 승리한다. 머신러닝은 지구 생명체가 벌이는 군비 경쟁의 가장 최신의 분야이다." 도밍고스(2016): 233.
32. 헤일스(2013): 350.
33. 헤일스(2013): 351.

9장
휴먼, 트랜스휴먼, 포스트휴먼

1. 더 강한 지능을 추구하는 시대 속에서

과거에는 기술적 진보가 충분히 이뤄지지 않았기에 인간의 노동력이 가치가 있었고 그것을 최대한 확대하는 것이 중요한 과제였다. 19세기에서 20세기에 이르기까지 실제로 가능한 한 다수의 사람에게 기회를 주고 자유를 실행하게 하는 자유주의 정책은 사회적으로나 정치적으로 효과를 냈다. 그러나 20세기 후반 어느 순간부터, 그리고 이제 인공지능과 머신러닝이 본격적으로 진보하기 시작하는 지금은, 그런 자유주의 정책은 여러 면에서 더 이상 효과를 발휘하기 힘들며 그 모습 그대로 유지되기 어렵다. "20세기 인간의 거대한 프로젝트[기아, 역병, 전쟁을 극복하는 것]는 모든 사람에게 예외 없이 풍요, 건강, 평화의 보편적 표준을 보장하는 것이었다. 21세기의 새로운 프로젝트[불멸, 행복, 신성을 얻는 것] 역시 포부는 인류 전체를 위한 것이다. 하지만 이 프로젝트들의 목표는 기준을 지키는 것이 아니라 능가하는 것이라서, 새로운 초인간

계급을 탄생시킬 가능성이 크다."1 이런! 우리는 다시 그리고 마지막으로 강한 인간과 약한 인간의 구별이라는 물음에 대면한다.

초인간 계급의 출현은 그저 상상력의 산물에 머물지 않는다. 『가디언』의 보도에 따르면, 현재 가장 부유한 1퍼센트는 전체 부의 반 정도를 소유하고 있지만 2030년에 이르면 그 비율이 3분의 2에 달할 것이라고 한다.2 이 예측은 부의 증가만을 대상으로 하고 있지만, 그 부는 앞으로 그들의 생물학적 신체뿐 아니라 사이보그 행위자로서의 존재 조건을 향상시키고 강화할 것이다. 이미 지금 두꺼운 껍질만 남은 자유주의는 그때에 이르면 골동품에 지나지 않을 듯하다. 그들은 자신들과 나머지 인간 사이의 격차를 벌릴 모든 시도를 할 터인데, 여기에는 인공지능과 로봇을 이용하는 것에서부터 그들 자신을 점점 강력한 지능과 신체를 가진 사이보그로 만드는 일이 포함될 것이다. '초인간'이라 부르든 '초인'이라 부르든 단순히 상상의 산물이었던 그 이미지는 점점 현실성을 띤다. 그러나 단순히 인간과 기계 사이의 전쟁 같은 시나리오를 생각할 필요는 없다. 공학적 기술을 이용하는 인간은 어차피 여러 형태와 여러 수준의 사이보그로 바뀌어나갈 것이다. 사이보그들 사이에서 격차들이 발생하는 것은 필연적이다. 그렇다, 여러 수준의 사이버 행위자들이 생길 것이다. 이 점이 중요하다. 모든 네트워크가 연결된 시스템을 전체적으로 통제하는 초지능을 상상하는 사람들도 있지만, 서로 차이가 나는 여러 수준의 사이보그들이 발생할 것이라고 상정하는 것이 필요하다고 나는 생각한다.

여기서 무엇보다 필요한 물음이 있다. 이렇게 기술적으로나 공학적으로 더 강한 인간 종족을 추구하는 시대적 경향 속에서 왜 인본주의에서 벗어나는 일이 최소한 이론적으로 필요하고 또 바람직한가? 여기서 생

강한 인공지능과 인간

각해야 할 점은 인간주의나 인본주의에서 벗어나는 과제는 인공지능이나 로봇의 발전에 의해서 갑자기 강제적으로 부과되지는 않았다는 것이다. 여태 논의했듯 1950년대에 시작한 사이버네틱스는, 비록 모든 연구자가 동일한 방식으로 동의하지는 않았지만 기본적으로 전통적 인간이 중심이라는 관점으로부터 멀어져 사이버 행위자들을 인정하는 관점으로 움직였다. 그러나 인본주의에 대한 철학적 이의는 과학기술 연구 영역 바깥에서도 이미 강하게 제기되었다. 제2차 세계대전이 끝난 후 기술이 미치는 영향력에 대해 깊은 성찰을 한 마르틴 하이데거1889~1976는 그 전환점에서 『휴머니즘을 넘어서Über den Humanismus』(1954)라는 책을 썼다. 기술을 도구로만 생각하는 인간의 관점이 휴머니즘의 굵은 뿌리를 이룬다는 각성이 드러나기 시작한 셈이다. 하이데거는 인간의 역사가 아니라 '존재의 역사'라는 관점을 취해 그 전환을 설명했지만, 어쨌든 휴머니즘에 심각한 물음이 던져졌다. 이후 푸코는 근대 이후 계몽의 가치를 중요하게 여기면서도 이데올로기적인 휴머니즘에 대해서는 거리를 취하는 과제의 중요성을 강조했다. 푸코는 역사적 현재에 주목하는 방식으로서 근대적 '계몽Aufklärung'에 주목한 칸트를 높이 평가하면서도, 다른 한편으로 보편적 휴머니즘을 주장하는 일은 그것과 크게 다른 것이라고 강조한다. "어쨌든 나에게 그 둘을 혼동하는 것은 위험스럽게 보인다. 더 나아가면, 그것은 역사적으로 정확하지 않다."3 왜냐하면 휴머니즘은 모호할 뿐 아니라 타자를 배제하는 이데올로기로 남용되기 쉽기 때문이다. "휴머니즘은 유럽 사회에서 여러 시대에 여러 기회를 타고 재등장하곤 했던 일련의 주제들이다. 언제나 가치 판단에 묶여 있었던 이 주제들은 명백히 그 내용뿐 아니라 그것이 표방한 가치들 안에서 크게 변화했다. 더욱이 사상을 차별화하고 비판하는 논거로써 봉사했다. 17세기에는 기독교나 종교 일반을 비판하는 논거로 내세운 휴머니즘이 있었다. 그 후에는 금욕적이고 신 중심이었던 휴머니즘에 반대하는 기독교적 휴머니즘이 있었다. 19세기에는 과학에 대해 적대적이고 비판적이었던 회의주의적 휴머니즘이 있었고, 거꾸로 과학에 희망을 걸었던 다른 휴머니즘도 있었다. 마르크스주의는 휴머니즘이었다. 실존주의와 인격주의도 그랬다. 국가 사회주의가 대변하는 인본주의적 가치들을 지지하는 휴머니즘도 있었고, 스탈린주의자들이 자신을 휴머니스트라고 불렀던 때도 있었다."[4] 이런 휴머니즘의 문제를 인식하지 못한 채 공허하게 그것에 호소하는 태도를 '진부한 휴머니즘'이라 부를 수 있다.

물론 그렇다고 해서, "휴머니즘에 관한 모든 것이 거부되어야 한다는 결론을 끌어내야 하는 것은 아니다." 또 당연하지만, 인간을 위한 행위를 할 필요가 없다는 말도 아니다. 다만 어떤 인본주의든 자신이 하는 일에 대해 예민하게 성찰할 필요가 있다. 자신이 하는 일이 인간을 위한 일이라거나 인본주의에 기반하고 있다는 주장 자체가 모든 것을 정당화하지는 못한다. 오로지 인간주의나 인본주의가 옳은 것은 아니라는 것이다. 조금 더 과격하게 말하면, 최소한 이론적으로 반反인본주의는 가능할 뿐 아니라 어떤 점에서는 바람직하다는 것이다. 오로지 인간을 위해, 그리고 실제로 모든 인간을 위해 보편적으로 행동하는 사람? 가능하지도 않고 옳지도 않다. 인류라는 총체나 이념을 사랑하는 일은 공허하고 위험하다. 자기 자신과 자기 주위의 친지들만을 배타적으로 사랑하는 인간의 모습이 오히려 일반적이다. 타인보다 자신의 반려동물을 사랑하는 사람들의 모습도 일반적이다. 말로만 인류와 인간을 내세우는 일은 누구에게나 가능한 말일 뿐이며, 실천적 효과도 의심스럽다.

아마 이 지점에서 흔히 말하는 '트랜스휴머니즘'과 '포스트휴머니즘'의

강한 인공지능과 인간

차이를 표시할 수 있을 것이다. 일반적으로 받아들여지는 구별이라고 하기는 아직 어렵겠지만, 그래도 다음과 같은 구별이 가능하다. '트랜스휴머니즘'은 기술적 낙관주의 속에서 인간의 향상을 전통적 휴머니즘의 연장이자 고양이라고 주장하는 계열이다. 4장에서 짧게나마 논의했듯이, 그 관점을 믿는 사람들은 "강한 합리주의"를 신봉하며, "과학적 방법, 비판적 사고 그리고 믿음을 수정하는 열린 태도에 모두 헌신"[5]할 수 있다고 낙관적으로, 너무나 낙관적으로 생각한다. 강한 합리주의는 이성적인 목적을 설정할 수 있으며 그에 따라 수단들도 관리하고 처리할 수 있다는 믿음이다. 이 이질적인 태도들이 조화롭게 통합된다는 믿음도 강한 합리주의에 속한다. '초지능'을 주장하는 닉 보스트롬은 트랜스휴머니즘을 "세속적 휴머니즘과 계몽주의의 자연스러운 결과물"이라고 주장하며 옹호한다.[6] 이질적인 역사적 과정이나 흐름들이 모두 자연스럽게 결합된다고 믿으니, 얼마나 편리한 생각인가? 그러나 그가 휴머니즘과 트랜스휴머니즘을 정의하는 방식을 보면, 그것이 얼마나 모호하고 뒤죽박죽인지 알 수 있다. 트랜스휴머니즘은 휴머니즘을 "아이작 뉴턴, 토머스 홉스, 존 로크, 이마누엘 칸트, 콩도르세 후작과 다른 사람들의 영향과 결합하여, 합리적 휴머니즘을 위한 기초를 형성한다. 이것은 계시와 종교적 권위가 아니라 경험 과학과 비판적 이성이 자연 세계와 그 안에서의 우리의 자리를 배우는 길이며, 도덕성을 위한 기반을 제공하는 길이라고 강조한다. 트랜스휴머니즘은 합리적 휴머니즘 안에 자신의 뿌리를 갖는다."[7] 그는 종교적 권위에는 반대한다지만 나머지는 모두 통합될 수 있다고 여기니, 편리한 인간주의자이자 합리주의자이자 과학기술 옹호자인 셈이다. 실제로 기술의 진보를 무제한적으로 믿는 사람들이 자신의 뿌리가 휴머니즘과 합리성에 있다고 주장하곤 하니, 정말 이상한 일이 아닌가? 종교적 권위를 거부하기만 하면 모든 것이 해결된다고 믿는 점에서 그들은 낙관적이며 일방적인 휴머니즘의 신봉자들이다. 그들은 기술을 통한 모든 낙관적인 시도를 휴머니즘으로 합리화한다. 이처럼 휴머니즘과 합리성은 기술의 이름으로 다시 남용되고 숭배된다. 그들은 비판적인 사고를 하고 믿음을 수정하는 열린 태도를 갖는다고 하지만, 실제로는 그렇지 않다. 기술적 진보는 말할 것도 없지만 합리주의도 폭력적이고 권위주의적으로 진행될 수 있다는 자각이 거의 없는 셈이다. 이들은 기본적으로 기술적 진보와 발전이 인간이 설정한 목적에 부합하는 도구 역할을 할 것이라고 믿기 때문이다. 물론 이들도 두 부류로 나뉜다. 한 부류는 인공지능을 비롯한 기술의 성과가 인간의 지능을 훨씬 뛰어넘는 순간이 머지않아 온다고 여기지만, 다른 쪽은 그렇지 않고 인간이 여전히 더 강한 지능을 가질 것이라고 여긴다. 전자는 커즈와일처럼 특이점을 옹호하거나 보스트롬처럼 초지능이 도래할 것이라고 믿는 사람들이고,[8] 후자는 인간이 자신의 인간적인 목적과 이익을 위해 합리적으로 기술적 진보를 이용하고 통제할 수 있다고 믿는다. 누가 더 무모할까? 전자가 더 위험해 보이지만 그들은 인간에게 위험이 닥칠 수 있다는 것을 인식하는 반면, 후자는 인간이 모든 기술적 발전을 합리적으로 이용할 수 있다고 여긴다. 그 점에서는 후자가 더 무모할 수 있다.

그와 달리, '포스트휴먼' 관점을 구별할 수 있다. 그것은 더 이상 휴머니즘에 의존하지 않으며(최소한 이론적으로!), 인간과 기술의 동맹관계를 역사적으로 긍정하면서도 그 결합을 둘러싼 여러 위험에도 주의를 기울인다. 이 점에서 보면, 트랜스휴머니즘과 포스트휴먼의 관점은 서로 다를 뿐 아니라, 어떤 점에서는 서로 대립된다.[9] 포스트휴먼은 무엇보다 기술적 진보를 휴머니즘이나 합리주의와 결합시키지 않으며, 이들이 무조건 진보와 발전을 가져온다고 여기지도 않는다.

그러나 트랜스휴먼과 포스트휴먼의 구별이 말처럼 깨끗이 이뤄지지는 않는다. 비록 일차적으로 기술적 낙관주의와 전통적 휴머니즘의 결합을 믿는 트랜스휴머니스트들이 '강한' 지능 또는 신체 및 지능의 향상을 주장하지만, 언제나 그 경향에만 국한되는 것은 아니다. 인간과 기술이 연결된 확장된 지능 시스템을 긍정하고 또 그 시스템이 이젠 휴머니즘보다 더 중요한 연구 대상이라고 여기는 한, 포스트휴먼 관점도 '강한' 지능이나 신체의 향상이라는 문제와 피할 수 없이 교차하게 될 것이다. 비록 휴머니즘의 전통을 계승하거나 연장하지는 않더라도, 인간과 기술이 더 큰 시스템으로 확장되는 것, 그리고 인간이 사이보그로 변신하고 있다는 사실을 기본적으로 긍정하는 포스트휴먼의 관점은 여러 각도에서 그 문제와 대면할 수밖에 없다. 이 점에서 보면 '포스트휴먼'조차 결코 순수한 가치 혹은 긍정적인 대안일 수만은 없으며, 여러 주제에 관해 복잡한 검토를 거쳐야 할 것이다.

이렇게 보면, 트랜스휴먼과 포스트휴먼의 구별조차 기껏해야 이론적인 수준에 머무는 것처럼 보일 수 있다. 이론적 연구의 관점, 곧 메타 관점에서는 충분히 구별 가능하지만, 일반적인 관점에서 그런 엄밀한 구별은 가능하지 않을 듯하다. 한 예로, 캐서린 헤일스는 트랜스휴먼과 포스트휴먼을 구별하지 않은 채 여러 방식의 포스트휴먼이 생길 것이라고 말했는데, 그 둘을 개념적으로 구별하지 않은 것이 단순히 실수 때문은 아닐 것이다. 그는 인간이 자유주의적 휴머니즘에서 벗어난다는 데 초점을 맞추었고, 그렇게 벗어난 모습을 '포스트휴먼'이라고 이해했다. "[앞에서] 논의한 연구자들 대부분에게 (…) 포스트휴먼이 된다는 것은 인간을 다른 종류의 정보처리 기계, 특히 지능을 가진 컴퓨터와 근본적으로 유사한 정보처리 기계로 생각한다는 뜻이다."[10] 그 경우, 인간은 이미 인본주의적 인간에서 벗어난 모습을 보인다. "이제 문제는 우리가 포스트휴먼이 될 것인가가 아니다. 포스트휴먼은 이미 도래했기 때문이다. 문제는 우리가 어떤 포스트휴먼이 되느냐다."[11] 보통 사람들을 대상으로 삼을 경우 이것이 실제적인 관찰 방식이며, 어떤 점에서는 역설적으로 바람직한 관찰 방식일 수 있다. 보통 사람들은 이론적 구별에 따라 관찰하지 않기 때문이다. 이 관찰 방식의 차이에 주의해야 한다. 이론은 개념을 정확하게 구별하는 일을 바람직한 것으로 여기지만, 사람들은 일상적으로 행동하면서 개념 간의 경계선에 특별히 주의를 기울이지는 않는다. 트랜스휴먼과 포스트휴먼을 개념적으로 구별하지 않고 포스트휴먼이라는 관점으로 서술할 경우, 그것은 트랜스휴먼과 포스트휴먼의 성질들이 혼합된 어지러운 복합체일 것이다. 그래서 헤일스에게 포스트휴먼은 꿈이자 동시에 악몽이 된다. "나의 악몽이 신체를 존재의 장이 아니라 패션 액세서리쯤으로 생각하는 포스트휴먼이 사는 문화라면, 나의 꿈은 무한한 힘과 탈신체화된 불멸이라는 환상에 미혹되지 않고 정보 기술의 가능성을 받아들이는 포스트휴먼, 유한성을 인간 존재의 조건으로 인정하고 경축하며 인간 생명이 아주 복잡한 물질세계에, 우리가 지속적인 생존을 위해 의지하는 물질세계에 담겨 있음을 이해하는 포스트휴먼이다."[12] 그러나 꿈과 악몽은 분리되기 힘들다. 악몽이라고 표현된 것은 악의 영역에 확실히 속하는 것처럼 보일 수 있지만 실제로 더 강한 힘을 가진 사이보그가 되는 유혹에 미혹되지 않는 일은 어려울 뿐 아니라, 꼭 악한 것으로 확실하게 구획되어 있지도 않다. 8장에서 이미 논의했듯이, 헤일스는 이 부분에서 정보화와 신체화를 다소 단순하게 대립적으로 보는 경향이 있다. 정보 기술의 가능성을 받아들이는 순간, 인간은 이미 사이보그로 생성하고 있는 셈이며, 그 와중에 명확한 선악의 구별은 선험적이고도 보편적인 방식으로는 가능하지 않을 것이다.

2. 인간 본성에 호소하면서 인간 강화에 반대하는 일에 대해

이 혼란의 와중에 적잖은 이들이 그래도 휴머니즘에 호소하는 길이 최선 혹은 차선이라고 믿으며 인간의 생명은 존엄하다는 원칙이나 인간은 자유와 평등의 이념에 따라 행동하는 행위의 주체라는 원칙을 여전히 내세울 수 있다. 전자는 너무 잘 알려진 인간 생명 존중의 원칙이며, 후자는 인간은 자유롭고 평등하게 행동할 수 있어야 한다는 도덕성을 내세우는 관점이다.[13] 그것들은 기본적으로 종교적이거나, 전통적인 철학적-도덕적 원칙이다. 그러나 그것들은 현실에서 이미 아주 제한된 영역에서만 인정되거나 인지되고 있을 뿐 아니라, 이론적으로도 제한된 범위 안에서만 인정되고 있다. 규범이나 이념에만 호소하고 있기에 그것들은 실천적으로 무력하고 이론적으로는 게으르게 보인다. 대표적으로 하버마스 같은 사람이 인간의 '자율성'과 '행위 주체성'에 호소하는데,[14] 언뜻 보면 그 관점은 인간의 가치를 강조하는 듯하다. 그 관점은 인간 존재가 자유와 평등에 기초해야 한다는 점을 선험적으로 강조한다는 점에서 도덕적 자유주의에 근거를 두고 있다.[15] 그러나 모든 인간이 자율성을 가지며, 자유와 평등의 원칙에 의해 지탱된다는 관점은 과도하게 규범적이고 선험적이다. 실제로 인간은 얼마나 많은 사회적 조건들과 물질적 조건들에 의존하며, 각자에게 주어진 힘에 사로잡혀 있거나 그것을 누리는가? 인간이 선험적 자율성을 갖는다는 말은 겉으론 좋아 보이지만 사실은 휴머니즘적 환상이며, 규범적 의미의 자율성이 인간을 인간답게 한다는 주장도 도덕적 이상일 뿐이다. 실제로 사회적 규범은 보편적 이성에서 발생한다기보다는 시대적이고 역사적인 경험과 우연 그리고 과학기술적 동맹관계에 의존하며 사회적 관리와 통제에 봉사한다.

그래도 조금 더 하버마스의 관점을 살펴보자. 그는 앞의 책에서 점점 거세지고 있는 우생학적 시도들에 반대하면서, 인간이라는 자연/본성 Natur, nature을 옹호하고 있다. 그의 관점은 흔히 생명공학의 성과를 인정하면서도 그것에 도덕적 한계를 부과하려는 철학적 시도로 이해된다. 그것이 철학적 과제로 여겨질 수 있다. 그러나 그것으로 충분한가? 그렇지 못하다. 그의 관점은 전통적인 도덕론과 합리주의를 결합하기는 했지만, 현실보다 높은 권위를 갖는다고 여겨지는 철학의 제단 위에서 도덕적이고 합리주의적인 판결을 내리고 있다. 그의 주장의 핵심은 우생학적 개입, 특히 자유주의적 우생학의 개입이 인간에게 본질적으로 있는 자유와 평등의 원칙을 훼손한다는 것이다. 여기서 물음은 두 가지다. 첫째는 이론적인 성격의 물음이다. 인간에게 자유와 평등의 원칙이 선험적이고도 본질적인 방식으로 존재하는가? 그 믿음이 전제하는 이론은 합리주의와 휴머니즘이다. 나는 그것이 더 이상 가장 중요한 이론은 아니라고 본다. 둘째 물음은 실제적이다. 우생학적 개입만 없으면 인간은 인간의 본성/자연에 고유한 선험적인 자유와 평등을 누리는가? 하버마스는 그렇게 믿는다. 나는 그렇지 않다고 생각한다. 비록 생명공학의 발전 덕택에 우생학적으로 개인이 개입할 여지가 커진 것이 긴장과 갈등을 조장하긴 하지만, 그렇다고 그것만 없으면 인간들이 평화롭게 자유와 평등을 누린다고 말할 수 없다. 생명공학이 없어도 기존의 사회는 수많은 불평등과 자유의 남용에 시달리고 있었다. 자연 상태 그대로 둔다고 사람들

강한 인공지능과 인간

이 자유와 평등을 누리는 것은 아니다. 서로 다른 부모에게서 태어날 뿐 아니라, 서로 다른 나라와 사회에서 태어난다. 그뿐인가? 각 개인이 타고 나는 자질과 능력은 그야말로 자연적 우발성에 따라 '뚝' 떨어지는 운명이다. 그런데도 하버마스는 자신의 논리를 정당화하는 과정에서 '자연적으로 태어나기'를 좋은 편에 놓고 '인공적으로 만들어지기'를 나쁜 편에 배치하면서 논리를 왜곡하고 있다. 물론 이 대립관계를 받아들이는 사람이 자신은 자연적 질서를 선호한다고 말할 수는 있다. 그러나 인간의 자연/본성을 옹호하는 논리는 많은 점에서 알게 모르게 근대 이전의 신분제 사회의 질서를 옹호하는 논리와 닮게 되며 보수적인 질서를 옹호하는 쪽으로 기운다. 인간의 본성을 전제하면서 유전공학적, 인공적 개입을 반대하는 하버마스와 같은 논리는 생명공학 기술을 통한 인간의 인위적 개입을 비판하는 데는 도움이 될 수 있지만, 쉽게 철학적-도덕적 권위와 논리 뒤에 숨어 자신의 도덕적 선을 주장하는 경향이 있다. 그리고 기술의 진보와 개입이 실제로 인간의 행동을 어떻게 바꾸고 사회를 어떻게 구성하느냐는 물음은 제대로 던지지 못한다. 그는 과학기술을 통해서 지능과 능력을 향상시키는 과정을 전면적으로 막아야 한다는 말을 하지만, 그 말의 효과는 크지 않다. 인위적인 향상은 이제까지도 일어났고 지금도 일어나고 있다. 대학을 비롯한 자유주의적 제도들이 적극 추진하는 것이 그것 아닌가?

하버마스의 예를 분석한 이유는 그것이 생명공학 기술에 대한 논의지만 거기에만 국한되지 않고 인공지능과 로봇에 대한 논의에도 적용되기 때문이다. 그의 논리대로 하자면, 이런 개입은 전적으로 인간의 본성에 내재하는 자유와 평등을 훼손할 것이다. 그러나 그런 판단은 인간의 생물학적 자연을 선험적인 본질로 치환하는 이론적 실수일 뿐 아니라, 실천적으로도 공허하다. 기술의 발전이나 진보를 통한 개입은 분명히 위험을 내포한다. 그러나 그 이유로 거기에 반대만을 반복하는 일이 철학적 과제인가? 실제로는 인공지능과 로봇에 생명을 주는 일이 얼마든지 자유와 평등의 이름으로도 해석될 수 있다. 그리고 다시 말하지만, 그런 위험을 제거한다고 해서, 인간의 삶이 자유와 평등 그리고 평화로 충만해지지 않는다는 것이 제일 중요하다. 기술의 개입이 없었던 때의 자연적 생명과 사회 활동의 조건들은 지금 인간이 상상하고 싶지도 않은 위험에 내맡겨져 있었다는 점을 기억하자.

직접 인간의 존엄성에 호소하지도 않고 또 하버마스처럼 행위자의 자율성에 호소하지도 않지만, 인간의 생명공학적 개입에 반대한다는 점에서는 비슷한 다른 철학자가 있다. 마이클 샌델이다. 샌델이 주장하는 것은 삶에 대한 '도덕적 태도' 또는 '삶은 선물'이라는 관점이다. 흥미 있는 대목은 샌델이 자기의 관점을 주장하기 위해, 하버마스의 이름을 직접 거명하진 않지만 하버마스처럼 자율성과 행위 주체성을 강조하는 이론을 비판한다는 점이다. "이 관점에 따르면, 인간 능력을 향상시키려는 시도들은 인간의 주체성을 침식함으로써 우리의 인간성을 위협한다."[16] 그 관점과 달리 샌델은 자율성이나 주체성이 약화되는 것이 핵심 문제는 아니라고 생각한다. "나는 강화와 유전공학의 주요 문제가, 그들이 노력과 인간 주체성을 약화시킨다는 데 있다고 생각하지 않는다. 더 깊은 문제는, 그들이 일종의 과도한 주체성을 대변한다는 데 있다." 더 나아가면, 현재 시대는 과도하게 노력과 분투에 높은 가치를 부여한다면서, 그는 선물로서의 삶을 내세운다. "우리는 노력과 분투의 도덕적 가치를 부풀리며, 선물 받았음의 가치를 가치 없게 만든다."[17] 삶을 선물로 받아들이는 태도는 겸손함에 기반을 두고 있으며, 그 자체로는 소중하고 필요한

강한 인공지능과 인간

태도이자 덕목이라고 나도 생각한다. 삶의 기쁨이나 행복이 모두 자신이 잘해서 얻은 것이라고 믿는다면 오만한 태도일 터다. 그 점에서 삶을 선물로 보는 관점은 나름대로 중요하다. 그러나 샌델의 주장은 거기서 그치지 않는다. 삶은 선물이라는 것을 최고의 가치로 떠받들면서, 모든 생명공학적 개입 더 나아가 인간을 강화시키려는 모든 시도, 그리고 현재 보통 사람들이 살아가는 삶의 방식에 대해 반대하는 논리를 펼치고 있다. 여기서 본격적으로 '인간 강화'라는 노력 또는 프로젝트가 표적이 된다. 그 목표를 위해, 그는 몇 가지 논리적 장치를 마련한다.

우선 샌델은 인간 강화가 "자연적 재능을 계발하고 보여주는 일을 명예롭게 하는 인간적 행위"[18]를 파괴한다고 말한다. 샌델도 일단 하버마스처럼 자연적 재능에 호소한다. 여러 형태의 인공적 장비와 기술을 통한 훈련은 "가장 훌륭한 선수들이 보여주는 자연적 능력과 선물을 무가치하게 만든다"[19]는 논리다. 샌델은 하버마스와 다른 이야기를 한다고 하지만, 결국 비슷한 얘기다. 인공적 개입이 훼손하지 않는 자연적 재능과 덕목이 제일 핵심이라는 것이다. "향상의 윤리에 대한 논쟁들은 언제나, 또는 최소한 부분적으로, 물음이 되는 스포츠의 목적 또는 요점이며, 그 시합에 적절한 덕들이다."[20] 여기서 덕이 등장하는 것은 우연이 아니다. 덕 또는 덕목이라는 표현이 어떤 배경을 갖는지는 이미 앞에서 서술했다. 덕은 고대 철학과 문화에서부터 끊임없이 숭배되었던 가치다. 덕을 정의할 수 있으려면 특정 인간 행위의 목적을 정의할 수 있어야 한다. "게임의 규칙은 스포츠의 목적telos에 맞아야 하고, 게임을 잘한 사람의 재능에 명예를 부여해야 한다."[21] "경탄해야 할 재능과 덕을 불러내고 찬양하는 일"[22]은 고대 그리스의 핵심 가치였는데, 샌델은 바로 거기에 호소한다. 어떤 행위나 삶의 목적을 보편적으로 설정할 수 있다는 생각은 철학적 형이상학의 핵심적 전제다. 살면서 목표와 목적을 갖는 것은 좋은 일이지만, 정색을 하고 그 목적을 모든 인간에게 보편적인 것으로 또는 위계질서에 따라 정의할 수 있는 것으로 여기는 것이 바로 철학적 또는 도덕적 목적론이다. 삶을 살아가면서 훌륭한 사람이 될 수 있다면 좋을 것이다. 그러나 모든 사람에게 훌륭한 사람이 되는 것이 삶의 목적이라고 말하는 것은 철학적 목적론이다. 앞에서 말했듯이, 현재 많은 사람은 훌륭한 사람이 되면 좋겠지만 그렇지 않아도 충분하다고, 또는 그렇게 대단한 존재가 되려고 할 필요 없이 그냥 자기에게 가능한 작은 행복을 따라 살아가기만 해도 충분하다고 생각한다. 이 차이를 인식해야 한다. 철학적으로 가능하거나 필요한 것이 언제나 좋거나 필요한 것은 아니다.

이 철학적 덕의 문제를 현대적인 관점에서 날카롭게 분석한 사람이 니체다. '덕' 또는 '덕목'은 '전체적인 인간'을 추구할 때 니체도 마음 한구석에 가지고 있었다. 이 덕은 그 자체로 고전적인 성격을 갖는다. 그런데 이 시대에 그 고전적인 덕목에 호소하는 일이 맞는 일이고 바람직한 일인가? 니체는 '전체적인 인간'을 추구해야 한다고 말할 때에는 강한 인간의 덕에 호소했지만, 다른 한편으로 그런 고전적 덕을 더 이상 가능하지 않게 만드는 현대 사회의 기괴함과 현대인의 권력 의지를 직시했다. 이 상황에서 그는 그런 고전적인 덕에 더 이상 호소하지 않았다. 그 대신에 분열되고 변덕스러우며 잡스러운 현대인의 마음이 가는 곳이 어디인지 주의를 기울였다.[23] 더 나아가, 그 고전적 덕에 호소하면 헛짓을 하게 된다는 점, 즉 '전체적인 인간'이 도래하기 어렵다는 것을 마음 한구석에서 느꼈다. 무엇보다 니체는 과거의 도덕적 덕을 통해 미래의 인간을 창조하는 것은 가능하지 않다고 생각했다. "선악을 넘어서"라는 관점은 거기서

강한 인공지능과 인간

나온 것이다. 그와 달리, 샌델은 기술적 진보가 초를 달리하는 이 시대에 다시 그 고전적 덕으로 되돌아가자고 말하는 셈이다.

이러한 주장엔 이유가 더 있을 법하다. 그렇다. 샌델은 한편으로 자유에 대해서 상당히 관념적이고 형이상학적이고 이상적인 생각을 가지고 있으며, 동시에 힘과 권력에 대해 상상된 이미지를 투사한다. 그는 끊임없이 "정복과 지배의 태도"를 비판하는데, 기술적 개입을 통해 인간을 향상시키는 것이 바로 그런 태도라는 것이다. 그런데 그 태도를 그는 맹목적인 이분법을 통해 논의한다. 그는 "선물받은 것에 대한 의도적인 노력의 일면적인 승리, 그리고 경외에 대한 지배의 일면적인 승리"24를 비판하는데, 이런 이분법은 어떤 구체적인 사건에 대해서는 언급할 수 있지만 삶의 복잡한 흐름에 대해 일반적으로 적용할 경우 맹목적이고 공허한 논리가 된다. 삶은 그 둘 가운데 하나를 택일하는 일이 아니기 때문이다. 의도적인 노력을 들이는 것이나 지배하려는 태도가 강해지는 것이 여러 문제를 야기하기에 유감스럽긴 하지만, 그 태도는 현재 문명의 흐름과 진행을 고려하면 이미 인간에게 '자연'과 '본성'이 된 태도다. 기업의 공격적 기술 개발의 결과에 의존하는 국가들의 살림살이는 말할 것도 없고, 수많은 사물과 기계들에 연결된 채 살아가는 보통 사람들에게 그것은 이미 중요한 축이 되어 있다. 그런데 그는 정복과 지배의 태도를 독립적인 실체로 추상화하면서 다음과 같이 말한다. "그것은 인간의 힘과 성취의 선물받은 성격을 평가하는 데 실패하고, 주어진 것과 끊임없이 협상하는 데 놓여 있는 자유의 몫을 놓친다."25 여기에 두 가지 논점이 있다. 우선, 그는 기술적 진보와 협력을 통한 모든 행동은 정복과 지배에 봉사한다고 여기며, 그와 달리 선물로 받은 삶이 주는 재능과 성취를 펼치는 것이 자유라고 생각한다. '자유'는 이로써 하버마스와 비슷하게(물론 꼭 같지는 않지만) 다시 종교적인 영역이나 형이상학적 영역으로 숨어 버린다. 그는 인간이 실제적인 문명 속에서 실행하는 자유는 정복과 지배의 행위로 치부하고, 그와 분리된 종교적 성격의 자유를 설정하는 것이다. 생명을 무조건 강조하는 관점이나 하버마스의 관점이 나름대로 도덕적-종교적 배경을 갖는 것처럼, 샌델도 도덕적이고 종교적 배경을 가진 가치 또는 형이상학적 가치에 호소한다.[26] 이것은 중요한 대목인데도, 샌델은 그것에 대해 깊이 생각하지 않은 채 논의를 진행하면서 중요하지 않은 문제처럼 넘어간다. 그래도 되는 것일까? 그 물음의 종교적 배경과 맥락에 대해서 생각하지 않는다면, 무슨 소용인가?

다음으로 그는 선물로 받아들인 자연적 능력을 통해 성취하는 것을 인간의 힘power이라 부르며, 그것과 분리된 '정복과 지배의 태도'를 설정한다. 이런 구별은 과거 형이상학이 사용하던 '아래와 위의 분리' 정책이다. 그렇게 분리된 '정복과 지배'는 나쁜 것으로 설정되지만, 그런 구별이야말로 자신만 선하고 지혜롭다고 여기는 철학적 몸짓이다. 그 자체로 무조건 나쁜 지배나 권력이 있고 그것으로부터 분리된 도덕적 힘과 권력이 있으며 자신은 이것만 행사한다고 여기는 것은 공허한 생각이다.

그렇다면 샌델은 이런 자신의 논리를 일관되게 유지하는가? 그는 자연적으로 생긴 유전병 등과 싸우는 일이 어떤 사람들에게는 그가 '나쁜 지배'라고 말하는 것보다 더 중요하다는 것을 모르는 것일까? 전혀 모르는 것은 아니다. 그래서 그는 앞에서 자신이 한 주장을 거둬들이는 말을 한다. "자녀들을 생명공학을 통해 향상시키려는 사람들이 필연적으로 정복의 욕망이라는 동기에 휘둘리고 있다고 내가 주장하는 것도 아니고 그 동기가 어떤 좋은 결과보다도 더 큰 죄악이라고 주장하는 것도 아니다."[27] 기술을 통해 사람들이 자신이나 가족을 향상시키려는 시도들이

강한 인공지능과 인간

정복과 지배의 욕망이 아니라면, 이제까지 그는 왜 그것을 비판하고 비난했는가? 형이상학적 가치에 호소하는 철학적 논리가 맹목적이고 공허한 논리가 되는 상황이다. 그는 무엇에 호소하려는 것인가? 여기서 다시 도덕에 호소하기가 등장한다. 중요한 것은 "도덕적 지분 또는 몫"이라는 것이다. 그러나 이것은 도덕적으로 그럴 듯하지만 실제로는 공허한 말이다. "무조건적 사랑의 규범과 초대받지 않은 것에 대한 열린 태도."[28] 그리고 결국 그는 이 도덕적 태도가 "우리 자연/본성을 바꾸는 것"과 대립된다고 말한다.[29]

내가 샌델이 말하는 좋은 '자유' 또는 '겸손함'의 몫을 전적으로 부정하는 것은 아니다. 다만 큰 자유와 겸손함의 몫은 다름 아닌 그가 부정하거나 거부하는 바로 그것과 관련이 있다는 것이다. 정복하고 지배하는 일은 물론 일방적일수록 부정적이며 그 점에서 근대적 사고방식은 여러 점에서 비판의 표적이 되었다. 그렇다고 순전히 나쁜 '정복과 지배의 태도'가 한편에 존재하고, 다른 편에는 좋은 권력이 존재하는 것은 아니다. 정복하고 지배하는 일은 무조건 나쁘거나 악하다고 말할 수 있는 것도 아니다. 권력관계는 선험적으로 좋거나 나쁜 것으로 구별되지 않는다. 오히려 자유뿐 아니라 겸손함도 그저 추상적으로 존재하는 그리고 누구나 같은 방식으로 지켜야 하는 도덕적 가치가 아니다. 그것들의 큰 몫은 오히려 인간이 끊임없이 개입하게 되고 얽히게 되는 권력관계나 종속관계들과 싸우고 협상하는 태도와 방식에서 드러난다고 할 수 있다. 그리고 바로 이 능력에서 약함과 강함의 구별이 중요하다고 나는 생각한다. 그것이 바로 우리가 이 책에서 여러 문제를 뚫고 지나오며 거듭해서 만난 약함과 강함의 구별과 연관해서 관련 있는 것이며 중요한 것이다.

샌델이나 하버마스 같은 사람이 스포츠 정신이나 인간의 덕을 훼손한다며 인위적 기술을 통한 신체(및 정신)의 향상에 반대하는 태도에 대해 이제까지 나는 그 태도가 이론적으로나 실천적으로 유지되기 어렵다는 점을 비교적 이론적인 차원에서 논의했다. 그렇다면 실제로 신체적이고 정신적인 능력을 향상시키려는 인공적 시도들을 어떻게 평가해야 할까? 치료와 인공적 향상의 경계는 더 이상 엄격하게 또는 공정하게 지키기 어렵다. 어떤 철학적이고 종교적인 원칙에 의존해서도 보편적 처방을 내리는 일은 가능하지 않을 것이다. 치료는 되고 인공적 향상은 안 된다는 논리도 정당하지 않다. 이 점은 스포츠에서도 마찬가지다. 스포츠 정신이 지켜지는 어떤 사회적 공간을 유지할 수 있다면, 거기서는 인공적인 향상이나 촉진의 한계를 정할 수 있을 것이다. 그러나 실제로 이런 스포츠 정신이야말로 인공적인 것이라는 데 주의를 기울여야 한다. 그것은 사회적으로 가공되고 재생산된 제도이며 규칙이다. 그리고 그것이 말 그대로 숭고한가, 라는 물음을 던져보자. 대답은 부정적이다. 지금도 올림픽은 거대한 자본의 전쟁터다. 이 상황 앞에서 마치 스포츠 정신이 어떤 인공적 개입도 없이 유지되고 있다고 믿는다면 너무 순진한 것이거나 위선이다.

아픈 사람이 그에게 필요한 치료라면 어떤 것이든 요구하듯이, 과학기술 연구뿐 아니라 산업 시스템도 신체와 인지 시스템을 더 향상시키고 촉진시키려고 모든 시도를 한다. 지금도 군사 또는 안보의 목적으로는 모든 형태의 무기가 개발되고 있다. 거기에 어떤 근본적인 한계가 있다고 믿을 수 있는가? 1부에서 보았듯이 인터넷과 인공지능 연구를 비롯한 과학기술 연구가 대부분 군사적 목표에 따라 지원되었다. 경제나 사업에서도 그 못지않은 형태의 개발과 경쟁이 합리화되고 있다. 학문 제도도 이미 무모한 사업과 경쟁의 도가니가 된 것을 모르는 사람들은 순진하거

강한 인공지능과 인간

나 무지한 사람들이다. 이 상황에서 과학이나 학문 또는 '스포츠 정신'의 영역에서 도덕이나 인간의 덕을 지키자는 말이 얼마나 의미가 있을까? 그런 말은 무력할 뿐 아니라, 이중적인 기준을 사용하면서 도덕을 지키는 시늉을 하는 일이다.

사람들이 전쟁 로봇을 반대하는 일은 좋은 일이다. 막을 수 있으면 더 좋을 것이다. 그러나 그것에 반대한다고 말하는 것으로, 충분할까? 말과 선언으로 잔혹한 기계들의 등장을 막을 수 있을까? 글쎄다. 반대 서명을 하는 일은 도덕적 행위일 수 있지만, 그런 도덕적 표현만으로는 전쟁과 그를 위한 전쟁 기계를 막기 어려울 것이다. 총과 대포, 원자폭탄과 화학 폭탄도 인간이 만들었고, 뛰어난 기계 또한 인간이 만들지 않았는가? 기술적으로 가능한 것은 결국 누구에 의해서든 실행될 수 있다. 역사가 그걸 말해준다. 나쁜 놈이 그런 짓을 하기 쉬운 건 사실이다. 그러나 그걸 막기 위해 좋은 놈도 아마 비슷한 일을 해야 할 것이다. 어려운 상황이다. 어떤 방식으로든 앞으로 킬러 로봇이 만들어진다면, 틀림없이 사람을 위한다는 명분이 내걸릴 것이다. 사람의 희생을 막고 더 효율적으로 전쟁을 한다는 명분 말이다. 인간주의 관점은 당연히 이 명분을 거부할 것처럼 보이지만, 필요하면 언제든 인간의 희생을 막는다는 명분을 받아들일 것이다. 지금도 벌써 상당한 수준의 무인 전쟁 기계들이 개발되고 있다. 그리고 인간은 역사적으로 계속 서로 전쟁을 일으키지 않았는가? 그런 인간이 앞으로 전쟁을 한다면, 그런 기계를 도입하지 않을 것이라는 보장은 합리적으로는 힘들다.[30] 인간과 대립적인 관계에 있는 초지능 기계 시대에서도 아마 당연히 그런 로봇이 등장할 것이다.

물론 도덕과 종교도 나름대로 사회에서 자신의 역할을 하고, 그 역할은 필수적이다. 과학기술에 의한 개입이나 인간을 향상시키려는 시도들을 전반적으로 막거나 변화시킬 수 없다고 해서 그것들이 의미를 상실하는 것은 아니다. 그러나, 하버마스나 샌델이 말하듯이, 도덕과 종교의 의미가 근본적으로 거기에 있다고 말할 필요도 없다. 다만 당장 인간의 가치를 급격히 떨어트리거나 부정할만한 시도들과 개입들에 대해서는 사회적 커뮤니케이션이 있어야 할 것이고 그에 따라 거기에 저항해야 할 것이다. 도덕과 종교도 그 과제를 수행하는 데 기여할 수 있을 것이다. 그러나 그 정도를 넘어가는 역할을 도덕과 종교, 또는 철학에 기대하거나 요구하기는 힘들다.

삶이 어렵고 괴롭고 심지어 참혹한 상황에서도, 그것과 대면하고 싸우며 그것을 받아들이며 긍정하는 태도가 있을 수 있고 그런 태도를 가진 사람은 긍정적인 사람이다. 그렇지만 이 태도를 추상적으로 만들거나 도덕적-형이상학적 가치로 떠받드는 것은 다른 일이다. '선물로서의 삶'이란 개념은 사용하기에 따라, 그 경계를 넘나든다. 도덕적 가치가 중요하지 않다는 것은 아니다. 다만 그것은 다음과 같은 능력과 분리된 채, 그것을 초월하여 존재하지는 못한다. 환경 속에서 생존하는 능력, 최소한으로 그것에 영향을 받고 최대한 그것에 영향을 주는 일 사이에서 복잡성을 관리하고 통제하는 능력, 그러면서 단순히 인간적 행위자의 차원에서 주장되는 자율성이 아니라 사이버 행위자의 차원에서 자율성을 실행하는 능력, 인지 시스템이 복잡하게 분산된 상황에서 행동하는 능력, 수많은 물건들과 기계들에 접속하고 그것들과 맞물리는 능력, 가능한 한 인간의 신체와 지능을 향상시키려는 능력. 이 능력들은 각각 약함과 강함의 구별과 관련이 있고, 각각의 시스템은 그 점에서 약하거나 강하다고 할 수 있지만, 그렇다고 개별적인 시스템의 약함과 강함이 그 자체로 독립적인 것은 아니다. 상대적으로나 절대적으로 상당히 강한 시스템이라고 하더라도, 환경으로서 다른 시스템들과 관계하고 있으며 이들에 의해 끊임없이 짜증을 내거나 안달하게 되며 도전을 받는다. 약함과 강함의 구별은 개별적인 행위자나 시스템에 국한되지도 않고, 약함이나 강함이라는 속성이 이것들에게 그것들의 고유한 능력으로 귀속되지도 않는다. 약함과 강함의 구별은 단순히 도덕성이나 지적 능력으로만 판별하기 어려운, 그리고 그것들에 종속되지도 않은, 각 시스템들이 분산된 인지 시스템 속에서 생존하고 활동하는 복합적인 능력과 관련이 있다.

3. 인간은 선험적인 도덕적 행위자인가?

물론 인간을 위협하는 기술적 개입들이 애초에 일어나지 않았으면 좋았을 것이다. 그렇게 말할 수 있다. 기술에 의한, 또 문명에 의한 개입에 반대하는 사람들이 말하는 것은 바로 그것이다. 그러나 유감스럽게도, 또는 부분적으로는 다행스럽게도, 또는 그 둘 사이 어느 지점에서, 세상은 그렇지 않은 모습으로 진행되고 있다. 도구와 사물과 기술과의 관계는 처음부터 인간의 행동이 문명과 문화의 성격을 가지게 만든 판도라의 상자, 곧 '모든 선물'이 담긴 상자이다. '모든 선물'에 좋은 선물만 들어 있을 리는 없다. 좋은 선물도 나쁘게 사용될 수 있다. "그것이 애초에 없었더라면" 하는 기대와 희망을 누구나 가끔 가질 수는 있다. 그러나 그것으로 원칙과 이념을 만들어내는 일은 한가하거나 위험한 일이다.

이제 내가 이 장에서 강조하고 싶은 마지막 대목에 이르렀다. 생명공학과 인공지능 그리고 로봇의 확장과 발전 앞에서 사람들은 흔히 인간의 인격과 도덕성을 전제하면서, 인공지능이나 로봇에게 다음 물음을 던지는 경우가 많다. "그것들이 대체 사람과 같은 인격과 도덕성을 가질 수 있는가?" "인간은 도덕적인데, 정말 기계와 인공지능이 그런 도덕성 가까이 올 수 있는가?" 그런 선입견 또는 전제들은 거의 무조건적이다. 그러나 무조건적인만큼, 독단적이고 게으르다. 인간 또는 인류 전체가 보편적이고도 선험적으로 도덕성을 갖는다고 전제할 필요가 있을까? 나는 없다고 생각하며, 그런 관점이야말로 지극히 편협한 인간중심주의 또는 인간주의적 휴머니즘의 산물이라고 생각한다. 몇백 년 전 사람들의 성생활이나 성적인 태도를 뒤돌아보기만 해도, 현재의 도덕과 규범 기준으로 생각하면 적절치 않게 여겨지는 것이 많다. 엘리아스의 『문명화과정』에 따르면, 서양 중세 시대에는 매춘하는 여성들이 공식적인 자리에서 당당히 사회적 역할을 맡았다. 조선시대엔 어떠했는가? 왕은 다수의 여자들을 후궁으로 거느렸을 뿐 아니라, 그들에게 내명부 정일품 벼슬인 '빈'을 내렸다. 양반들도 능력만 있으면 첩을 거느렸다. 그런 습관이 없어진 역사적 과정을 '진보'로 볼 수는 있지만, 그렇다고 전적으로 역사적 또는 도덕적 진보라고만 이해할 수도 없다. 그 관점이야말로 인간주의적 휴머니즘의 산물이다. 푸코가 그 역사적 과정을 지식과 권력의 복합체의 발생 과정으로 분석한 것은 다름 아니라 그 단순한 도덕적 관점이나 휴머니즘에서 벗어나기 위해서였다. 아니, 그렇게 멀리 갈 필요도 없다. 한두 세대 전에 사람들이 동성애에 사람들이 쏟아부었던 혐오의 감정들을 생각해보라. 이제 부정적인 인식에서 많이 벗어났지만, 아직도 완전히 벗어나지는 못하고 있다. 이 과정도 마찬가지로 도덕성의 진보로만 이해되기는 힘들다. 사회적 권력관계와 사회적 통제 방식의 차이가 다양한 방식으로 개입하고 있기 때문이다. 도덕적 태도와 관점은 어느 사회에서나 필요하지만, 그것은 단순히 선험적이고 자연적인 인간의 본성으로 이해될 수는 없다.

그렇다고 인간이 도덕적이지 않다는 것은 아니다. 인간은 지구에 생존하는 생명체 가운데 가장 다양하고 높은 수준의 도덕적 행동을 할 수 있다. 다만 인간의 도덕성은 본질로서 인간에게 내재한다기보다, 역사 속에서 그때그때 설정된 목표와 가능한 한계 안에서 실행되고 전유되는 산물이라고 할 수 있다. 이제 그 점에 관해 더 살펴보자.

종으로서의 인간에게 존엄성을 부여하는 가장 엄격한 형태는 난세포가 수정될 때부터 존엄성이 시작된다고 보는 것일 터다. 엄격한 가톨릭 사상이 여기에 속한다. 그다음 단계는 난세포부터는 아니지만 최소한 태아 수준 이상의 인간 종에게 존엄성을 부여하는 것이다. 이들 사이의 차이는 특히 법으로 낙태를 허용하느냐는 물음에서 부각된다. 그러나 그다음 단계에서 태아는 아직 사회적 인격체로 여겨지지 않는다. 태아에게는 존엄성이나 인격성이 인정되지 않고, 태어난 인간 종에게만 존엄성이 부여된다. 이 마지막 기준은 근대 이후 법이나 인권의 차원에서도 인정되며, 자연스러운 인식으로 자리 잡았다. 그러나 이 구별들이 서로 상이하긴 하지만 그들 사이에서도 어쨌든 최소한의 공통점이 있다. 각각의 구별이 서로 다른 차원에서 움직이더라도 그들 모두 인간을 존엄성과 의식의 담지자로 여긴다는 것이다. 그러므로 이 구별들은 모두 인간주의에 기초하거나 그것을 목표로 삼는다.

이 인간주의적 기준을 인간중심주의라고 비판하면서 생명을 가진 많은 동물도 나름대로 생명의 권리를 가진다는 주장이 가능하다. 또는 완전한 의미에서 생명에의 '권리'를 갖는다고 여기기 힘들더라도, 최소한 그들을 학대하거나 죽이는 것은 그릇된 일이라는 주장이 가능하다. 동물

뿐 아니라 신생아 그리고 어떤 형태의 정신적 장애인들도 여기에 속할 것이다. 그들은 고통을 느끼는 의식을 가진conscious 존재들이라는 것이다. 대표적으로 피터 싱어1946~가 이런 주장을 했다. "감각이 있고 쾌락과 고통을 경험할 수 있으나 합리적이지도 자의식적이지도 않아서 인격체가 아닌 많은 존재가 있다. 이러한 존재들을 나는 의식적 존재라고 부르겠다. 인간이 아닌 많은 동물들은 거의 확실히 이러한 범주에 속한다. 신생아와 약간의 정신적 장애인들도 이 범주에 속할 것임에 틀림없다. (…) 만약 툴리가 옳다면, 자의식을 갖지 못하는 그러한 존재들은 '권리'라는 말의 완전한 의미로는 생명에의 권리를 갖지 못한다고 말할 수 있을 것이다. 그렇지만 다른 이유로 그들을 죽이는 것이 그릇된 일일 수 있다."31 싱어는 인간주의에 근거한 인간중심주의를 비판하지만, 기본적으로 의식을 가진 생명체에 초점을 맞춘다. 이들은 비록 인격체는 아니지만 생명에의 권리를 갖는다. 물론 싱어는 생명체를 의식을 가진 동물에게만 국한시키지 않는다. 풀이나 나무들과 같은 식물들도 넓은 범위의 생명에 들어갈 수 있다고 여겨진다. 그렇더라도 이들은 기껏해야 '환경'의 영역에 속하며, 따라서 의식을 가진 생명은 기본적으로 동물들과 특정 인간들(신생아나 정신적으로 장애가 있는 사람들)에게 적용되고 있다.32 여기서 이렇게 물을 수 있다. 비록 인간(중심)주의적 기준은 인격체인 인간을 중심에 두고 생명(중심)주의적 기준은 의식을 가진 생명을 중심에 두긴 하지만, 그 기준들은 사물이나 기계, 그리고 로봇과 인공지능에 대해서는 기본적인 권리의 자리를 마련해주지 않는다. 사이버네틱스가 1950년대부터 꾸준히 진행되었다는 점을 생각하면, 그 기준은 너무 편협할 뿐 아니라 비시대적이지 않은가? 자기의식을 기준으로 삼든 의식을 기준으로 삼든, 이 기준들은 로봇과 인공지능을 인격체에서도 배제하고 비인격체인

의식 있는 생명체의 집단에서도 배제한다. 자기의식을 이성이나 성찰력으로 이해하든, 의식을 쾌락과 고통을 느끼는 능력으로 이해하든, 사물과 기계, 로봇과 인공지능은 거기서 '자연스럽게' 배제된다. 그리고 자기의식을 중심에 놓든 의식을 중심에 놓든 이 기준들은 각자 그것이 도덕성의 기준이라고 당연하게 여긴다.

이 기준들이 로봇과 인공지능을 애초에 권리와 도덕성의 논의에서 배제하는 것은 정말 당연하고 자연스러운가? 그렇지 않을 것이다. 가까운 또는 멀지 않은 장래에 인간이 연합하고 협력하는 로봇이나 인공지능은 틀림없이 그 연합과 협력의 수준에 상응하는 '권리' 및 그들의 고통에 공감하는 감성을 요구하게 될 것이다. 로봇이나 인공지능이 이를 먼저 요구할 수도 있고, 그들과 연합하고 협력하거나 '같이 사는' 인간이 그 권리와 감성을 요구할 수도 있다. 지금도 반려동물과 같이 살며 그들을 가족의 일원이라고 여기는 사람들은 인류라는 모호하고 추상적인 대상보다 자신들과 같이 사는 동물에 더 권리를 부여하려 하고 그들에 대해 더 섬세한 감성을 가지지 않는가? 그리고 앞으로는 그 경향이 로봇에게로 확대될 것이다.

그러나 내가 보기에 중요한 다른 문제가 있다. 꼭 누가 권리를 갖는가 하는 물음도 아니고, 그 권리의 중심을 어디에 두며 또 그 권리를 어디까지 확대하느냐의 물음도 아닌 다른 물음. 아니, 다르게 말하면, 이 문제에 접근하는 방식에는 크게 두 가지가 있다. 하나는 권리와 도덕성의 주체를 설정하고 그에 따라 위계질서를 설정하는 방식이다. 인간(중심)주의적 기준이든 그것을 비판하는 생명주의적 기준이든, 비록 서로 차이는 있더라도, 누가 권리와 도덕성의 주체인가, 라는 기준을 설정하려고 한다는 점에서는 공통적이다. 그리고 그 기준에 따라 권리의 등급이나 위계질서를 세우려고 한다. 이들은 존재자들의 본성이나 본질을 가치의 기준에 따라 범주적으로 구별하고 그에 따라 차등적인 질서를 설정하려고 한다. 거기서 기준은 선험적인 권리와 도덕성이다. 이 기준을 인간에게 적용시키면, 사회계약론처럼 권리에서 출발하는 원칙이 생긴다. 인간은 타자에게 위임되거나 결코 소외될 수 없는 권리와 도덕성을 본성에 따라 가지며, 그에 따라 사회가 구성된다는 원칙이다. 소외될 수 없는 권리와 도덕성을 전제하는 일은 그 자체로 인간의 본질을 선험적으로 설정한다.

그와 달리, 소외될 수 없는 권리를 애초에 설정하지 않고 역사적이고 시대적인 과정에서 권리가 어떻게 구성되었으며 권력관계가 어떻게 변화하는지를 관찰하는 접근법이 있다.[33] 이 접근법은 사회의 구성 방식을 관찰할 때도 사회계약론이나 자연권에 호소하는 대신 한 시대에 권력관계가 어떻게 구성되고 유지되느냐, 또 사람들이 자유를 어떤 방식으로 실행하느냐의 관점에서 관찰하고 서술한다. 이 접근법은 또 인간을 소외시키는 요인을 군이 찾으려고 하지 않는다. 자본이든 기계든 인공지능이든 인간을 소외시키는 순전히 부정적인 원인으로 여기지 않고, 오히려 여러 상이한 집단의 인간과 관계를 맺으며 인간관계와 권력관계에 영향을 미치고 변화시키는 변수들로 파악한다. 반려동물의 예를 다시 들어보자. 반려동물과 같이 사는 사람이 그 동물을 일반적인 인류보다 더 중요하고 친밀한 존재로 여기는 이유는 무엇일까? 동물이 고통과 쾌락을 느끼는 의식을 가진 생명체로서 생명에의 권리를 갖기 때문일까? 그러한 접근은 소외되지 않은 본성과 권리를 요구하고 설정한다. 그러나 그런 접근이 일반적으로 적용될 수 있을까? 자신들과 같이 사는 반려동물을 자신이 잘 알지 못하는 사람들보다 더 친밀하고 중요한 존재로 여기는 사람들이 모든 동물에게 그런 권리를 인정할까? 그래서 그들을 그

강한 인공지능과 인간

에 상응하게 대접하는 것일까? 그런 소외되지 않은 권리와 본성을 암시하면서 그들에게 묻는다면, 그들은 자신의 동물이 그런 권리를 갖는다고 대답할 수 있다. 또 자신의 동물이 그런 권리를 갖기에 자신에게 중요하다고 여길 수도 있다. 그러나 그런 물음과 대답은 모호하고 추상적인 문답법에 지나지 않을 수 있다. 실제로 동물과 사는 사람이 그런 권리를 전제해야 하는 것은 아니다. 어떤 사람들이 자신과 같이 사는 동물을 일반적인 인류나 자신이 잘 알지 못하는 인간보다 더 중요하게 여기는 것은 꼭 동물이 선험적으로 생명에의 권리를 가지기 때문이 아니다. 비록 그들이 생명에의 권리를 갖는다고 인정되더라도, 많은 사람은 그 권리가 인간의 권리와 동등하다고 여기지 않는다. 그러니 동물이 어떤 기본권을 갖는다는 이유로, 그 동물과 같이 사는 사람이 그 동물을 일반적인 인간보다 더 중요하고 친밀한 존재로 여기는 것은 아니다. 그 동물이 그 사람과 '같이' 살며 따라서 그 사람이 속하는 사회 시스템을 구성하면서 살아 있게 만드는 역할을 하기 때문이며, 따라서 그 사회적 관계(시스템 혹은 네트워크)나 동맹을 의미 있게 만드는 협력자이자 조력자이기 때문이다. 소외되지 않는 권리나 본질이 아니라, 인간에게 가까이 있다는 것(인접성), 그리고 그가 속한 시스템과 네트워크가 돌아가게 만드는 사이버 행위자라는 것, 이것을 통해 동물이든 기계든 인간에게 중요한 존재가 된다.

이 두 접근 방식을 구별하는 일이 중요한 까닭은 앞으로 로봇과 인공지능이 인간과 어떤 관계를 가지며 어떤 사회적 위상을 갖는가를 결정할 때, 그 구별이 중요하기 때문이다. 물론 이 두 접근 방식이 언제나 서로를 배제한다거나 그 둘 가운데 하나만이 옳은 것이라고 여길 필요는 없다. 또 권리를 설정하는 접근 방식이 틀렸다는 것도 아니다. 그 접근 방식은 근대 이후 중요한 역할을 했으며, 지금도 여전히 중요한 역할을 할 수 있다. 그러나 그것만으로 사이버 행위자의 행동이나 역할을 판단하기는 어렵다. 이 점은 동물이나 로봇뿐 아니라 인간에게도 마찬가지다. 인권의 원칙에 따르자면, 인간은 기본적으로 존엄성을 누리며 동등한 권리를 갖는다고 여겨진다. 그러나 실제로 모든 사람이 사회에서 동등하게 대접받지 않으며, 원하는 역할을 수행할 자격이나 기회가 모두에게 동등하게 주어지지 않는다. 미성년자나 정신적 장애를 가진 사람들에게만 '정상적인' 사람들과 같은 동등한 기회나 자격이 주어지지 않는 것은 아니다. 보통의 정상적인 사람들조차 동등한 사회적 자격을 누리진 못한다. 여러 사회적 조건들(학력, 경력, 여러 형태의 실력 등)은 기본적인 권리의 원칙을 가로지르며 정상적이면서도 차별적인 방식으로 작동한다. 권리에서 출발하고 또 그것을 목적으로 여기는 사람은 저 원칙이 지켜지지 않기 때문에 이런 사회적 불평등이 생긴다고 비판할 것이다. 그러나 이런 비판은 일종의 논리적 순환에 사로잡혀 있다. 목적으로 설정된 원칙과 이상이 지켜지지 않기에 문제가 생긴다는 것이다. 보편적 권리를 통한 접근이 근대 이후 권리의 향상을 가져오기는 했지만, 실제로 경제나 사회 그리고 정치 등의 사회적 기능 시스템은 전적으로 그 권리의 이념에 따라서 작동하지는 않았다. 또 흔히 '사회적 진보'라고 여겨지는 것도 단순히 인권의 확대라는 잣대에 의해서 평가될 수도 없고 또 권리의 향상이라는 목적을 따라서 실행된 것도 아니라는 점에 주의할 필요가 있다.[34] 이 점은 자유주의의 진행 과정에서도 어느 정도 관찰된다. 앞에서 언급했듯이, 권리를 출발점이자 목적으로 삼는 사람들은 도덕적 자유주의를 옹호하며, 경제적이고 정치적인 차원에서 개인들이 개별적으로 갖는다고 여겨지는 자유를 핵심적인 가치라고 여기는 사람들

강한 인공지능과 인간

은 정치적이고 경제적인 자유주의를 주장한다. 그러나 저 두 접근 방식의 차이는 자유주의의 두 형태를 넘어, 인간과 기계의 관계를 긍정적으로 설정하는 방식에서 중요한 역할을 한다. 이제 마지막으로 이 점을 논의해보자.

로봇과 인공지능의 역할을 긍정적으로 평가하려면, 인간의 권리나 도덕성만을 중심으로 삼을 필요도 없고, 또 생명에의 권리를 동물로 확대하는 수준에서 만족할 수도 없다. 그렇다면 어떤 방향으로 가야 할까? 로봇이나 인공지능을 의미 있는 사회적 행위자로 인정하고 또 그들의 사회적 역할을 인정하려면, 기본적으로 인간의 도덕성을 핵심적인 기준으로 삼은 다음에 그것과 비교하면서 로봇과 인공지능에게도 그에 버금가는 권리를 인정할 수 있다거나 인정해야 한다고 말해야 할까? 한 예로 슈테판 조르그너[1973~]는 이 비슷한 시도를 한다. 그는 우선 인간과 로봇 사이에 본질적인 차이를 설정하는 것을 피하기 위해, 그리고 인간만 인격체로 여기는 것을 피하기 위해, 다양한 존재 사이에 단지 단계적인 차이만 있다고 생각하면서 출발한다. 그러면서 태어난 인간 존재만 존엄성을 갖는다고 설정한다. 그리고 인격체를 세 형태로 분류한다. 태아를 비롯해 "고통을 겪을 수 있지만 의식이 없는 다른 존재는 유사하게 인격체 유형의 단계1 유형으로 분류되어야 한다." 그런 다음에 그는 "도덕적으로 더욱 적절한 단계는 의식의 발전"이라고 주장한다. "따라서 지각력이 있는 의식적인 존재는 단계2 유형의 인격성을 소유하는 것으로 분류될 수 있다. 가령 성체 물고기를 들 수 있다."[35] 다음에 "지각력이 있고 자기 의식적인 유인원은 단계3 유형의 인격성을 갖는 것으로 분류될 수 있다." 그렇다면 로봇이나 인공지능은? "만약 컴퓨터에 의해 의식이 발전할 수 있다면, 그러한 복합체는 단계2 유형의 인격성을 가질 수 있다." 이런 분류는 컴퓨터나 인공지능에게 인격성을 부여하기 때문에 견고한 인간(중심)주의를 넘어가는 것처럼 보일 수 있다.

그러나 이런 시도는 여전히 성인 인간에게 존엄성을 부여하는 기준을 도덕성의 핵심 기준으로 삼는다는 점에서, 인간 존재의 조건을 전적으로 선험적이고 보편적인 권리에서 찾고 있다. 그런 권리의 관점은 근대 초기 이후 향상된 인간 권리를 설명하는 데는 도움이 되고 또 현재 사회에서 인간의 지위를 보장하는 데는 도움이 된다. 그러나 사회 시스템 안에서 행동하며 앞으로 더해질 사이버 행위자들의 실제적인 다양성과 복합성을 설명하는 데는 충분하지 않다. 앞에서 싱어가 인간의 자기의식과 고통을 느낄 수 있는 능력이라는 다소 모호한 기준을 생명에의 권리를 평가하는 기준으로 삼았다면, 조르그너는 '의식의 발전'이라는 다소 모호한 철학적 기준을 다시 따른다. 따라서 "만약 컴퓨터에 의해 의식이 발전할 수 있다면"이라는 그의 가정은 한편으로는 생명의 영역을 확장시키려는 시도이지만, 다른 한편으로 인간의 의식을 기준으로 삼고 거기에 다시 호소하는 일이다. 사이버네틱스 연구자들, 데닛을 비롯한 인지 이론가들은 이미 이론적으로 그런 경계를 넘어섰다.

중요한 점은, 여기서 권리와 능력의 선험적이고 본질적인 등급을 설정하는 일이 반복된다는 것, 그리고 그런 시도는 대부분 인간 종에게 존엄성 및 그에 상응하는 특별한 인격성과 도덕성을 부여한다는 것이다. 이런 시도들은 전통적이거나 근대적 철학의 전제들을 반복하는 일이다. 비록 권리의 관점에 지금도 여전히 중요한 면이 있지만, 그것은 아직까지 기본적으로 인간이나 생명체의 권리를 옹호하는 데 초점이 맞춰져 있다. 여기서 몇 가지 이의가 제기된다. 첫째, 이미 우리는 8장에서 의식을 중심에 놓는 철학적 관점이 더 이상 다양한 인공적 인지 시스템을 효과적

강한 인공지능과 인간

으로 평가하지 못한다는 점을 논의했다. 루만과 사이버네틱스는 근대 철학이 과도하게 인간 의식의 선험적 성찰력에 의존했다는 점을 분석하고, 기본적으로 자기참조적인 과정은 모든 인지 시스템에 공통된다고 판단했다. 분산된 인지 시스템이라는 관점도 인간만이 가진 의식이라는 모호한 능력에 호소하지 않는다. 인간의 자기의식이라는 것을 진리나 이성의 중추 기관이라고 믿는 것은 결국 이성의 함정에 사로잡히는 일이다. 자기의식이 없다는 말이 아니다. 다만 그것이 이성적 활동이나 진리를 보장하는 기능을 하지는 못한다는 것이다. 고통을 느끼는 의식도 마찬가지다. 고통을 느끼는 능력이 중요하긴 하지만, 그것이 결정적인 것도 아니다. 고통을 많이 느끼면서도 얼마든지 음흉한 짓이나 악한 짓을 할 수 있다. 그래서 자기의식이든 의식이든 그 정체가 얼마든지 명확하지 않을 수 있다. 그래서 트랜스휴머니즘을 신봉하는 사람들이나 기술적 확산을 통해 인간을 향상시키려는 사람들은 인공지능도 얼마든지 인간보다 높거나 복잡한 의식을 가질 수 있고, 그 경우 그들에게 당연히 더 우월한 도덕성을 부여해야 한다고 주장한다. 인간 강화를 적극 주장하는 줄리안 사뷸레스쿠[1963~]의 다음과 같은 주장은 이 점에서 틀리지 않았으며, 나름대로 합리적이다. "자기의식과 합리성에 근거하여 인간에게 다른 존재자들보다 우월한 도덕적 지위를 부여한 것은 문제를 야기한다. 만일 자기의식을 위한 더 큰 능력이 있거나 더 큰 합리성이 있는 존재가 존재한다면, 인간의 도덕성은 낮게 평가될 것이다."[36]

둘째, 동물에게 권리가 인정될 수 있다면, 사이버 행위자인 로봇이나 인공지능에게는 왜 그것이 인정될 수 없는가? 반려동물뿐 아니라 로봇도 중요한 사이버 행위자로 인정되어야 할 터다. 여기서 고통을 느낄 수 있는 의식이라는 말은 너무 모호하다. 우리는 앞에서 전통적인 힘과 권력의 위계질서에서 벗어나는 일이 중요한 과제임을 밝혔다. 그것 못지않게 중요한 과제는 권리와 도덕성의 위계질서에서도 벗어나는 일이다. 범주의 차원에서 또는 존재론의 차원에서 선험적 도덕성의 위계질서를 설정할 필요는 없다. 인간이 선험적으로나 본성적으로 그리고 전체적으로 완벽한 도덕성의 담지자라는 주장은 일종의 근본주의적 주장일 뿐이다. 사람들은 각자의 생존을 위해서나 각자의 경로에서 벗어나지 못한 채 얼마든지 악을 저지를 수밖에 없는 상황에 빠질 수 있다. 그런 사실을 직시할 때, 인간이 선천적으로 악하다는 주장을 할 필요도 없지만 마찬가지로 선천적으로 선하다는 주장을 할 필요도 없다.

셋째, 현재 인간의 실제적인 사회적 활동도 오로지 권리의 기준으로만 판단하기 어렵다. 근대 이후 인간의 권리 이론은 사회의 진보를 위해 큰 역할을 했다. 그렇지만 그렇다고 그 이론이 전적으로 또는 유일하게 옳은 이론이라는 것은 아니다. 사회에서 권리를 요구하는 일은 지금도 중요하지만, 그렇다고 권리의 기준이 실제 사회 활동을 관통하지는 않으며 그것에만 의지하여 사회 활동을 수행할 수는 없다. 또 선험적 권리의 주장에 호소할수록 사람들은 소외되었다는 논리에 매달리기 십상이다. 모든 인간이 그런 선험적 권리를 누려야 한다면, 조금이라도 그것이 결여될수록 인간은 소외되었다고 여겨지기 때문이다.[37] 그런 논리가 근대 이후 역사적 진보를 가져온 면도 크지만, 다른 한편으로 공허한 순환 논리를 야기할 가능성이 크다. 역설적이게도 사적 자유라는 권리는 개인들이나 집단의 이기심을 인정할 뿐 아니라 바로 그 이기심을 권장하기 때문이다. 그래서 역설적이게도 권리에 의한 평등을 주장할수록 뿌리 뽑을 수 없는 불평등이 더욱 확장된다. 모든 사람과 행위자들이 자신이 가진 자유와 자원을 마음껏 활용하기 때문이다. 그 결과 좋은 세상이라고 여겨지던 곳이 언제든 지옥으로 변할 수 있다. 지금의 세상이 바로 그 모양이다. 가장 평등하다고 여겨지면서도, 가장 불평등한 세상.

넷째, 나는 지구에서 인간이 가장 존귀한 생명체라고 생각한다. 그럼에도 불구하고 보편적 인간이 도덕성을 대표하거나 보장한다는 주장은 너무 모호하고 공허한 면이 크다. 그런 주장은 도덕성이 마치 인간의 생물학적 본성에 의해 지탱되고 또 가능한 것처럼 여기며, 또 마치 그것이 시대와 역사 속에서 커다란 변화를 겪지 않는 것처럼 상상한다. 또 '인지적'이고 도덕적인 자율성 덕택에 도덕성이 존재한다는 생각도 모호하기는 마찬가지다. 그런 생각은 다시 행위자에 대한 일반적이고 형식적인 기준에 의존하거나 얽매이게 되기 때문이다. 인간 성인이 인격이나 존엄성을 갖는다고 여겨지는 것은 흔히 철학 이론이나 도덕 이론이 말하듯 어떤 도덕적 자율성이나 일반 지능 덕택이 아니다. 그럴 경우, 여러 형태의 심리적 장애를 가진 사람들은 거기서 제외될 것이다. 범죄자들도 당연히 거기서 제외될 것이다. 그 범위는 처음에 예상했던 것 이상으로 클 수 있다.

다섯째, 인간의 도덕성을 보편적 본성으로 전제하는 주장들은 마치 그것이 인간이 사회적으로 구성하는 권력관계와 무관한 것으로 여긴다. 그러나 나는 그런 도덕성이나 본성을 설정할 필요는 전혀 없다고 생각한다. 그런 도덕성을 전제하는 사람들도 상이한 힘을 가진 국가나 조직 같은 시스템들이 서로 갈등하고 간섭하며 강제성을 띤다는 것을 인정할 것이다. 또 그 주장은 끊임없이 로봇이나 인공지능에 대해 선입견이나 적대감을 조장한다. 내가 이 책에서 약한 시스템과 강한 시스템의 문제 또는 약함과 강함의 구별의 문제를 일관되게 끌고 온 이유도 여기에 있다. 강한 시스템은 약한 시스템에 강제력을 부과할 수도 있고 지배적 영향력을 행사할 수도 있다. 그러나 꼭 그래야 하는 것은 아닐 것이다. 새로운 의미의 생존 경쟁, 곧 각자가 자신의 자유를 누리며 강함과 약함에 관계없이 마음대로, 또는 강하고 약한 차이에 따라 고집스럽게 각자의 방식으로 생존하기를 원하는 새로운 생존 경쟁의 문제가 확산된 오늘날, 그 문제와 분리된 선험적 도덕성이나 인격성을 설정할 필요는 없다고 나는 생각한다.

인간에게 선험적으로 도덕성이 내재한다고 믿을 필요가 없다는 것은, 다른 말로 하면 인간이 온전한 도덕적 또는 윤리적 행위자라고 믿을 필요가 없다는 말이다.[38] 그런데 도덕성과 윤리에서 출발하고 다시 그것을 목표로 삼는 이론들은 명시적이든 암시적이든 그런 믿음을 갖는다. 나는 거기에 회의적이다. 인간은 매우 높은 윤리를 가질 수도 있지만, 동시에 다른 어떤 생명체보다 악에 사로잡힐 수도 있으며 잔혹해질 수 있는 존재이다. 가장 도덕적일 수 있지만, 가장 비도덕적일 수 있는 존재인 셈이다. 그런데 인간을 도덕적 행위자의 모델로 여기는 이론들은 이 두 얼굴 가운데 앞부분만 보고 있다. 또 인간이 매우 소중하게 여기는 '자유'도 서로에게 해를 끼치지 않기는커녕 서로에게 파괴적인 영향을 크게 미칠 수 있다. 현재 우리 시대를 보자. 우리는 어떤 시대보다 평등과 자유를 누리지만, 동시에 어떤 시대보다 불평등과 불안에 시달리고 있다. 어느 시대보다 생태 사상이 가장 발달했다고 자랑할 수 있지만, 현재 사회처럼 쓰레기에 압도된 사회도 없다. 윤리성이 인간의 높은 가능성이긴 하지만, 인간의 행동이 전적으로 그것에 의해 정의된다고 말할 필요는 없다. 역사적이고 구체적인 상황에서의 인간의 행동, 또 사회 시스템과 동맹을 맺은 인간의 행동은 그 잠재적 윤리성과는 다른 방식으로 일어난다. 특히 인간의 향상이란 이름으로 각자 향상을 도모하는 인간들은 도

강한 인공지능과 인간

전을 무릅쓰다 못해 무모하기까지 하다.

여섯째, 인간에게 보편적 도덕성을 부여하는 이론은 동시에 개인에게 존엄성을 부여한다. 인간이 가장 높은 도덕성의 모델이라고 전제하는 모든 이론은 종으로서의 인간과 개인으로서의 인간이 동일하며 일치한다고 여긴다. 다르게 말하면, 생명체중심주의이면서도 인간중심주의적이고 또 동시에 개인중심주의적이다. 그러나 인간-사이보그는 꼭 자신의 개별적 신체나 두뇌의 범위 안에서 자신의 정체성을 갖지 않는다. 뇌가 컴퓨터와 연결되는 정도에 따라, 또 인지 시스템이 다른 시스템과 환경을 통해 확대되고 분산되는 과정에 따라, 개인의 신체적이고 의식적인 경계선은 흐려지거나 분산되거나 사회 시스템과 결합된다. 알파고는 컴퓨터가 수십 대가 연결된 네트워크 시스템이었다. 인공지능만 그런가? 그렇지 않다. 사이보그는 생명체와 다양한 수준의 기계가 결합되거나 심지어 동물과 결합된 사이버 행위자이다. 또는 사이보그는 사회 시스템과 연결된 생명체나 인공지능일 수도 있다. 여기서도 전통적인 행위자 개인에 맞춘 '행위자' 개념은 이미 수정될 수밖에 없다. 단일한 뇌나 단일한 신체를 가져야 한다는 조건은 아예 성립하지 않는다. 인간-사이보그의 두뇌는 개인 행위자는 정작 알 수 없는 다양한 과거의 기억들과 상상된 정체성의 조합이거나 모자이크이다. 그와 달리 인간주의적 행위자 개념은 과도하게 인간이나 개인에 초점을 맞춘 것이다. 그래서 우리는 앞에서 사이보그를 일종의 사회 시스템으로 규정했다. 그런데도 인간의 도덕성을 전제하는 이론은 동시에 그 보편적 인간의 권리가 개인적 존재에게도 똑같이 적용된다고 주장하거나 설정한다.

따라서 극복해야 할 선입견들은 여럿이다. 우선 인간주의뿐 아니라 동물의 권리에 호소하는 생명중심주의, 그리고 개인에 근거한 행위자 이론의 선입견에서 모두 벗어날 필요가 있다. 그리고 여러 형태의 인공지능을 사이버 행위자로 인정할 필요가 있다. 선입견에서 벗어난 몇몇 이론들이 없지는 않지만, 그런 이론들도 다시 인간 종을 유일한 도덕적 행위자로 전제하는 경우가 많다. 인간의 도덕적 본질을 구성하는 요소들을 추출하려고 애를 쓴 후에, 인공적 행위자들도 거기에 근접할 수 있다고 생각한다. 그러나 꼭 그래야만 하는 것일까?[39] 나는 다양한 이론적 실천적 효과를 가진 이런 모든 도덕적 시도들에 회의적이다. 다시 말하지만, 인간은 지구에서 가장 도덕적인 행동을 할 수 있지만, 가장 비도덕적인 행동을 할 수도 있다. 인간의 마음을 비롯한 어떤 시스템의 도덕적 본성이 무엇이냐는 물음이 가장 중요한 문제는 아니다. 어떤 사회적 행동을 어떤 현실적 조건에서 하느냐, 또는 그 행동을 어떤 상황에서는 왜 하지 않느냐, 어떤 권력관계에서 어떤 행동이 나오느냐가 중요하다. 또어떤 시스템이 어떤 기능을 잘하는지, 수행해야 할 기능이 단순하거나 복잡할 때 어떤 시스템이 어떻게 잘 기능하는지를 아는 것이 중요하다. 그러므로 도덕적 행위가 중요하더라도, 그것이 어떤 인식론적 틀과 권력관계의 산물인지를 아는 것이 더 중요하다. 도덕적 판단은 어떤 사람의 본성이나 마음의 표현이 아니라 사회적 산물이다. 어떤 사회에서나 행위자들의 행동을 규제하거나 조절하는 데 도덕적 판단은 중요하겠지만, 그렇다고 해서 일차적으로 또는 궁극적으로 도덕에 의해 사회적 문제를 해결하려고 할 필요는 없다.

강한 인공지능과 인간

주

1. 하라리(2017): 479.
2. "Richest 1% on target to own two-thirds of all wealth by 2030," *The Guardian*, 7. Apr. 2018.
3. Foucault(1984): 44.
4. Foucault(1984): 44.
5. More(2013): 6.
6. Bostrom(2005): 202.
7. Bostrom(2005b): 2.
8. 커즈와일(2007), Bostrom(2014).
9. Wolfe(2010): xv. 비슷하게 필벡도 트랜스휴머니즘과 포스트휴먼 사이의 차이를 강조하고 있다. 필벡(2013); 27~28.
10. 헤일스(2013): 433.
11. 헤일스(2013): 434.
12. 헤일스(2013): 29.
13. 전자의 예는 많다. 대표적으로 가톨릭 사상을 믿는 로베르트 슈페만[1927~2018], 레온 카스[1939~] 등이 여기 속한다. 후자의 예는 하버마스다.
14. 하버마스(2003). 나는 여기서 하버마스의 주장을 꼼꼼히 인용하는 대신에 요점을 정리하는 방식으로 분석할 것이다. 자세히 인용할 경우 이야기가 길어질 것이다. 중요한 점은 하버마스가 생명공학의 개입에 대해 다소 진부한 이야기들을 반복한다는 것이다. 그와 비교하면 샌델의 논의는 비교적 상세하게 논의할 필요가 있기에, 후자에 집중하려 한다.
15. 하버마스의 『인간이라는 자연의 미래』(2003)의 부제는 "자유주의적 우생학 비판"이다. 여기서 '자유주의'는 '정치적 자유주의', 곧 개인이 자신의 신체와 부에 대해 권리를 갖는다는 원칙을 대변하는 자유주의를 말한다. 앞에서도 논의했지만, '도덕적 자유주의'는 공통적으로 인간의 자유와 평등에서 출발하면서도, 경제적·정치적 자유보다, 도덕적 자유를 강조한다.
16. Sandel(2007): 26. 『완벽에 대한 반론』(와이즈베리, 2016)으로 국내 출간되었다.
17. Sandel(2007): 27. 카스도 비슷하게 말한다. "우리는 자연의 선물에 대해 일반적인 감사 이상을 표해야 한다. 우리는 우리 자신의 주어진 본성이라는 이 특별한 선물에 대해 특별한 관심과 존중을 기울여야 한다." Kass(2003): 19~20.
18. Sandel(2007): 29.
19. Sandel(2007): 37.
20. Sandel(2007): 38.
21. Sandel(2007): 42.
22. Sandel(2007): 43.
23. 이 점을 나는 다른 저서에서 분석했다. 김진석(2009).
24. Sandel(2007): 85.
25. Sandel(2007): 83.
26. 샌델이 자신의 논거가 종교적이라는 반론을 의식하지 못하는 것은 아니다. 그는 자신이 강조하는 도덕성과 성스러움 또는 선물로 받았다는 감정을 꼭 종교성에 호소하지 않아

도 충분히 이해할 수 있다고 옹호한다. Sandel(2007): 92~93. 그러면서 그 개념들이 형이상학적 가정에 근거하지 않느냐는 물음은 "깊고 어려운 물음"(94)이라며 피해간다. 그러나 이 물음은 그렇게 살짝 피해갈 수 있는 물음이 아니다.

27. Sandel(2007): 96.

28. Sandel(2007): 96.

29. Sandel(2007): 97. 인간의 생물학적 본성을 과도하게 특권화하는 샌델에 대해서 신상규의 다음과 같은 지적은 옳다. "생물학적 본성에 의해 결정되는 정상성에 대해 왜 특권적인 도덕적 지위를 부여해야 하는가에 대한 근본적인 의문을 제기할 수 있다." 신상규(2013): 194. 또 신상규는 치료와 향상을 본질적으로 구별하는 샌델에 대해, 다음과 같이 적절하게 언급한다. "설령 치료와 향상의 구분을 성공적으로 방어한다고 하더라도, 왜 다른 종류의 향상과 달리 생명공학적 향상만이 도덕적으로 문제시되는가에 답해야만 하는 과제가 남아 있다. 비단 생명공학적 개입만이 아니라 문자의 발명이나 학교를 통한 제도교육, 농업혁명, 도시의 형성, 컴퓨터의 발명과 같은 인류의 성취는 어떤 면에서 모두 인간 본성에 대한 향상 시도로 볼 수 있다." 그러나 실제로는 치료와 향상 사이에 명확한 구별을 짓는 일은 점점 어렵게 되고 있다.

30. 인공지능 전문가 도밍고스는 말한다. "어떤 경우든 로봇 전쟁을 금지하는 일은 실현 가능하지 않을 것이다. (…) 다른 무기들처럼 상대편이 로봇을 보유하지 않을 거라고 믿기보다 로봇을 보유하는 편이 더 안전하다." 도밍고스(2016): 449. 인간과 기계의 관계를 분석하면서, 평범한 보통 사람의 시대는 끝났다고 말하는 코웬은 말한다. "내가 볼 때, 미국처럼 국력이 막강한 국가는 초기 프로그래밍을 제외하고는 별다른 규제를 하지 않은 채 기계를 가동할 것이다. 도덕적 실수를 비롯한 각종 실수를 무시하고 은폐할 것이며 아예 근절되지 않을 수도 있다. 앞서 말했듯이 이 역시 별다른 책임감 없이 아주 중요한 결정이 내려지는 무서운 세상의 단면이다." 코웬(2017): 198. 코웬은 전쟁 기계와 관련하여, "유일한 문제는 이러한 일이 현실화될 시기일 뿐이다"라고 판단한다.

31. 싱어(1997): 130~131.

32. 싱어(1997): 322~338.

33. 소외되지 않는 본질이나 권리를 설정하는 방식과 그것을 거부하는 방식의 차이는 특히 근대 이후 중요한 역할을 했다. 나는 소외疎外와 소내疎內의 구별을 통해 이 문제를 분석하고 서술했다. 김진석(2013).

34. 이 점에 대해 루만과 푸코는, 비록 서로 출발점과 방식은 달랐지만 비슷한 방향으로 나아갔다. 푸코는 물론 직접 사이버네틱스를 다루지는 않았다. 그러나 그는 근대 이후 감시와 처벌의 방식뿐 아니라 자유주의의 진행 과정에서도 그 문제를 복합적으로 다루었다. 나는 『소외되기-소내되기-소내하기』에서 이 문제를 상세하게 서술했다.

35. 조르그너(2013): 162.

36. Savulescu(2009): 215.

37. 권리 개념과 소외 개념의 연관성에 대해서는 김진석(2013)을 참조할 것.

38. 신상규는 다음의 두 가지 좋은 제안을 한다. "그 하나는 인공적인 자율 행위자에게 인격성을 전제하지 않는 모종의 도덕적 행위자 자격을 부여해야 한다는 것이며, 두 번째는 인격성이나 직접적인 인과적 기여와 밀착되어 있지 않은, 보다 폭넓은 느슨한 의미의 도덕적 책임(책무성) 개념이 필요하다는 것이다." 신상규(2017): 76. 그러나 다음 순간 그는 무어가 구분한 4가지 윤리적 행위자의 범주를 인용한다. 형식적으로만 보면 그런 구분이 가능

강한 인공지능과 인간

할 수도 있다. 그러나 내가 앞에서 논의했듯이, 위계질서나 등급에 따른 행위자들의 구분은 결국 인간을 그 가운데서 온전하거나 완전한 윤리적 행위자로 설정한다. 무어는 인간을 "온전한 윤리 행위자full ethical agent"로 명명하면서 위계질서의 꼭대기에 올려놓고, 신상규도 그 규정을 받아들인다. "형이상학적인 자유의지의 가능성 여부가 여전히 문제로 남아 있다 하더라도, 우리는 최소한 현상적 수준에서 칸트적 의미의 도덕적 입법능력으로서의 자율성을 경험한다."(78~79). 현상적으로 인간이 이런 도덕적 능력으로서의 자율성을 갖는다는 것을 경험한다? 모호한 말이다. 현상적으로 인간이 그런가? 현상적으로도 인간은 윤리적이면서도 철저하게 비윤리적이지 않은 존재가 아닌가? 나는 오히려 인간이 선과 악 양쪽 방향으로 멀리 갈 수 있는 존재라고 말하겠다. '인간이 온전한 윤리 행위자'라는 말은 이 점에서 철학적 허구이다.

39. 플로리디를 그 한 예로 들 수 있다. 그는 인간주의와 생명주의에 근거한 행위자 이론에서 벗어나 인공지능을 비롯한 인공적 행위자들을 인정하는 행위자 이론이 필요하다고 주장한다. "자유의지, 감정 또는 심리적 상태를 드러내지 않아도 되는" 도덕성을 그는 "분산된 도덕성"이라고 부르며, 그것이 인간을 넘어서 동물과 인공적 행위자들에서도 가능하다고 말한다. Floridi(2014a): 211. 그는 그것을 "마음이 없는 도덕성mind-less morality"(185)이라고도 부른다. "윤리적 담론을 개인적 행위자에게 제한하는 일은 분산된 도덕성에 대한 만족스러운 탐구를 방해한다"(187)는 그의 생각은 옳다. 또 그는 단순히 인간을 도덕성의 유일한 모델로 전제하는 데 그치지 않는다. 그는 "도덕적 행위자의 계층을 확대하는 일"(210)이 중요하다고 생각한다. 그러므로 그는 단순히 인간의 도덕성을 중심에 놓거나 되돌아가는 데 머물지는 않는다.

그러나 결국 그는 "도덕적 행위자"를 모든 행위의 중심에 놓는다. 그러나 어떤 시스템이나 행위자의 움직임이 결국 또는 일차적으로 "도덕적 행위자"라는 기준에서 평가되어야 하거나 평가될 수 있을까? 나는 이런 방식에 회의적이다. 그는 자신의 이론이 정보권infosphere 시대에 필요한 관점을 제공한다고 믿지만, 내가 보기에 그의 관점은 과도하게 "도덕적 행위자"를 설정하는 쪽으로 기울어져 있다.

이런 그의 방식이 아쉽게 여겨지는 것은, 그가 시스템 개념의 중요성을 인정하기 때문이다. 그는 "정보의 근원이 시스템"(190)이라고 파악한다. 그런데 그는 이 시스템의 움직임을 도덕적 가치의 관점에서 관찰한다. "우리는 변화하는 시스템에 관심이 있는데, 그 말은 그 속성들 가운데 어떤 것들은 가치를 바꾼다는 것이다."(192) 그런 다음에 그는 "도덕적 행위자"를 구성하는 필수적 특징들을 추출하고자 한다. 그것들은 "상호작용성" "자율성" 그리고 "적응성"이다(193~194). 나름대로는 좋아 보이는 특성들이지만, 두 번째 단계의 사이버네틱스와 루만의 시스템이론과 비교하면 중요한 차이는 다음이다. 이들은 우선 작동 차원의 자율성이 주어져야 시스템이 작동한다는 데서 출발했다. 다르게 말하면 환경과의 '상호작용'은 저절로 주어지지 않으며, 작동의 자율성과 함께 주어지지도 않는다. 그런데 플로리디는 마치 그 둘이 동시에 저절로 또는 함께 주어질 수 있는 것처럼 생각한 것이다. 나는 8장에서 그런 작동의 자율성만으로는 충분하지 않음을 논의했다. 자신이 필요한 여러 자원들을 환경에서 얻는 과정이 필요하기 때문이다.

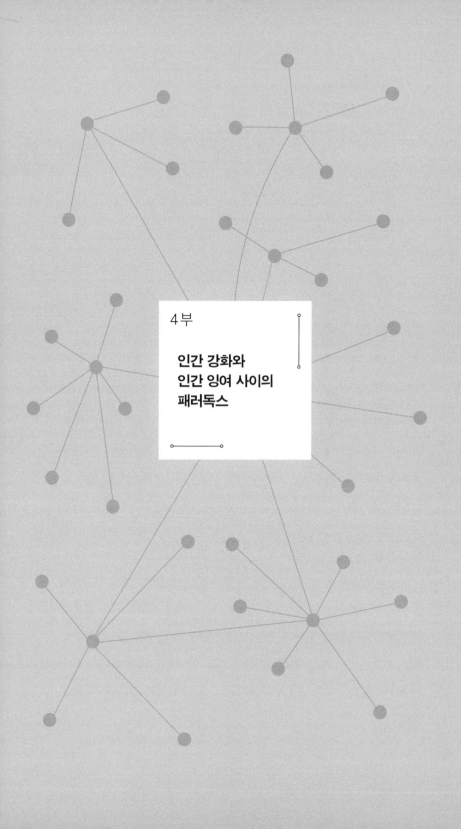

4부

**인간 강화와
인간 잉여 사이의
패러독스**

10장
빅데이터를 통한
개인화 과정 속에서 개인은 소멸한다

1. 개인화 과정의 역설

이제 결론에 가까이 오면서 제시되는 것은, 아쉽게 보일 수 있지만, 문제를 해결하는 쉬운 답안이 아니다. 오히려 몇 겹으로 쌓인 역설들이다. 지금과 같은 복잡한 삶의 문제는 결코 어느 하나의 이론으로 해결될 수 없다. 다만 겹겹이 얽힌 패러독스들의 성격을 인식하고 그에 맞춰 자신을 제어하고 통제하는 일이 남았다고 나는 생각한다. 실망스럽다고 여겨질 수 있다. 그러나 보기 나름이다. 오히려 허망하고 공허한 실망을 피하는 길일 수 있다.

어쨌든 중요한 과제는 약함과 강함의 수많은 경계선을 따라 출렁거리는 인간 존재의 모습을 파악하는 일이다. 이 경계선 가운데 가장 위험한 것은 인간이 잉여가 되는 공간과 인간 이상으로 향상되려는 인간들이 쏠린 공간을 분리하는 경계다. 거기서 인간 잉여의 불안과 인간 강화의 기대가 날카롭게 부딪친다. 인간을 덮치는 파도와 해일 가운데 가장 불길하게 보이는 것이 이것일 터이다. 잉여가 되는 흐름과 인간 이상이 되려는 흐름이 경계선에서 부딪치고 소용돌이친다. 10장부터 결론까지 우리는 이 소용돌이의 한가운데로 들어갈 것이다.

여기 세 가지 패러독스가 있다. 첫째는 개인화의 역설이다. 인간 잉여란 다수의 개인이 의미 없는 잉여적 존재로 전락한다는 말이 아니고, 인간 잉여의 불안은 단순히 인간들이 일자리를 잃거나 찾지 못하는 데에서 오는 불안도 아니다. 오히려 이제까지의 역사에서 가장 높은 수준의 개인화 과정이 진행되면서 개인은 모두 자신의 자유와 평등을 실현하고 싶어 하지만, 동시에 현실 속에서 가장 위태로운 형태로 여겨지는 개인적 실존을 감당해야 하고 그것의 비용을 지불해야 하며 그것을 저 혼자 책임져야 한다. 여기서 인간 잉여의 불안이 기인한다. 그냥 잉여가 된다기보다, 특별한 개인이라는데, 그렇다고 정말 각자 생각하는데, 모두 그렇게 모두 생각하라는데, 다름 아닌 바로 그 믿음과 기대가 독특한 잉여의 감정을 유발하며 개인들을 사로잡는다.

여기서 '개인'이 등장한 역사적 배경을 생각해볼 필요가 있다. 9장에서 논의했듯이, 권리의 관점은 근대 이후 매우 중요한 기여를 했지만, 그 못지않게 오해를 낳은 면이 있다. 권리가 마치 역사적 진보의 목적인 것처럼 여겨지고, 그 목적론에 의해 모든 것을 생각하고 평가하는 습관이 스며들었기 때문이다. 그에 따르면, 개인들의 존재도 인간 및 인간주의의 승리의 결과로만 이해된다. 각자의 자유를 실행할 권리를 가진 개인들의 등장은 역사의 진보였지만, 오로지 권리와 자유, 평등의 진보이기만 했던 것은 아니다. 더 나아가면 인간주의도 단순히 인간의 권리를 실현시키는 역사의 도덕적 진보의 결과만은 아니었다. 역사적으로 인간주의는 르네상스와 근대를 거치면서 왕에 대항하는 귀족계급과 시민계급의 정치적 합작의 결과였고, 그다음 산업화 시대에는 중산층으로 대두한 시민 계급의 구호이자 목표였다. 거기에서는 아직 하층 계급에게도 모든 권리를 부여하고 인정한다는 계획은 없었다. 미국 독립선언에서도 만인의 자유와 평등을 선언했지만, 워싱턴을 비롯한 시민계층은 노예들을 해방시킬 마음이 전혀 없었다. 그들의 집에서는 여전히 노예들이 일하고 있었다. 노예 해방이 인정되기까지 다시 100년을 기다려야 했고, 흑인을 사회적 공간에서 격리시키는 분리 정책이 폐지될 때까지 또다시 한 세기가 지나가야 했다.

휴머니즘과 개인의 권리의 등장이 단순히 역사에서 자유와 평등의 권리가 승리했기 때문이 아니라면, 그것들은 어떤 과정을 거쳐 등장했는가? 여기서 우리는 휴머니즘을 목적으로 삼은 인간주의를 역사의 목적이라고 생각하는 관점에 다시 거리를 취하면서 역사적 과정의 복합적인 실제 모습을 파악해야 한다. 시대와 상황에 따라 권력이 행사되는 방향과 그것들이 기록하고 관리하고 통제하려는 대상이 바뀌었을 뿐이다. 근대적 과정 이전에도 그랬지만 근대적 과정 이후에도 개인은 다만 휴머니즘 덕택에 발생했다기보다는 복합적인 권력관계 덕택에 발생했다. 사람들은 단지 휴머니즘 차원에서 스스로 자신을 자각하고 자율성을 가짐으로써 개인이 된 것이 아니라, 복합적인 권력관계 속에서 통치하는 권력에 의해 구성되었다. 언제부턴가 사람들은 자신을 자유와 평등이라는 권리의 주체로 인식하고 또 마치 그 권리를 실현하는 것이 사회의 목적이라고 여기는 경향이 커졌지만, 무엇보다 그런 경향을 가능하게 한 것 가운데 사회를 관리하고 통제하는 사회적 제어 장치가 있었다. 개인이 주체로 여겨진 것은 주체 형성 과정이 사회적 제어 장치가 통과하는 매개물이자 그것이 목표하는 바였기 때문이다. 개인의 의식과 마음은 권리가

강한 인공지능과 인간

확대되는 과정의 산물이기도 하지만, 그것과 동시에, 또는 그 이전에, 권력관계의 산물이라는 것이다.

휴머니즘을 의식하고 행동하는 개인들이 없었다는 말은 아니다. 근대화 과정에서 그리고 그 이후 사람들은 그런 의식을 가지게 되었고 그런 동기를 목표로 표현할 수도 있었다. 다만 여러 계층의 사람들이 일반적으로 개인으로 태어나기 위해서는, 여러 가지 권력관계가 개입해야 했다. 인간의 권리에 대한 휴머니즘적 의식도 이 권력관계와 분리된 것으로 생각할 수 없다. 역사를 조금만 거슬러 올라가자면, 자유와 평등에 대한 권리를 자각하는 개인이 구성되기 위해서는 그 당사자들이 스스로가 나름대로 권력 의지를 가지며 또 그것을 각자의 한계 안에서 마음껏 펼칠 권리를 가진다고 믿어야 했다. 여기서 권력 의지라는 말이 조금 추상적이기 때문에, 인간을 위한다는 기구와 제도들이 실제로 어떤 강제력을 행사하며 어떤 권력관계 속에서 개인들을 구성하는지 서술할 필요가 있었다. 학교와 공장, 군대와 감옥은 근대 사회에서 그때까지만 해도 모호하고 떠도는 집단으로 존재했던 군중들을 개인으로 기록하고 관리하고 훈련시키고 통제하는 중요한 역할을 했다. 이 역사적 과정을 명확하게 분석한 사람이 푸코였다.

여기서 근대와 근대 이전의 역사적 차이를 인식할 필요가 있다. 조금 단순화해서 말하면, 이 제도들이 본격적으로 등장하는 시대 이전에는 개인으로 존재했던 사람들은 사회의 상층부에 있는 왕과 군주들뿐이었다. 그들만이 자신의 개별화된 실존을 사회 안에서 유지하며 전시하고 과시할 수 있었다. 그러나 근대적 장치와 제도가 가동하면서, 개인화 과정의 목표는 사회의 하층에 있는 보통 사람들에게로 옮겨졌다. 이들이 생산적이지 못한 방식으로 떠돌며 자신들과 사회의 잠재력을 낭비하지 못하도록 관리하고 통제하는 일이 필요했다. 사회가 발전하는 가능성과 힘이 이전엔 위쪽의 군주들에게 집중된 힘과 그것과 연결된 메커니즘에 의존했다면, 이제는 아래쪽의 다수의 보통 사람들을 훈련시키고 관리하고 통제하는 일이 중요해진 셈이다. 주체는 그저 자신의 의지와 자율성 덕택에 생겼다기보다는 객체로 대상화됨으로써 형성된 셈이다. 주체와 객체는 물고 물리는 관계에 있었다.[1]

물론 이 과정도 단일한 과정은 아니다. 오히려 크게 세 가지 과정이 교차하면서 병존했다고 할 수 있다. 첫 번째로는 훈육하는 권력이 강제적인 방식으로 개인들을 훈련의 대상으로 삼으면서 객체화시켰다. 권력은 개인의 행동과 자세를 꼼꼼히 기록하고 교정하고 통제했는데 바로 그 과정을 통해 개인은 주체로 형성되었다. 이 과정에서 훈육과 훈련의 성격이 강했다면, 두 번째 과정은 상대적으로 개인들의 자유로운 의지에 호소하면서 그들이 스스로 출생과 결혼, 병들고 나이 드는 과정을 관리하면서 자신을 개인으로 인식하도록 권장했다.[2] 이 단계에서 통치하는 정부는 국민이든 시민이든 집단적 전체를 목표로 삼았다고 할 수 있다. 이 두 단계는 크게 보면 모두 자유주의가 시작되고 확대되는 과정과 겹친다. 그러나 그 후 세 번째로 개인의 자율성이 보다 복합적으로 강조되는 과정이 진행되었다. 이 과정을 단순화하여 신자유주의적 흐름이라고 부를 수 있겠지만, 너무 단순화된 방식에 따르기보다는 차이를 만들고 서로 엇갈리며 진행하는 세부에 주목할 필요가 있다. 앞선 설명에 따르면 개인이 상대적으로 이전보다 더 개별성을 행사하게 된 것은 통치하는 권력이 그들의 자율성을 더 권장하고 부추겼기 때문이라고 볼 수 있을 것이다. 그러나 통치하는 권력의 통제능력이 급격히 떨어졌거나 개인들이 계층이나 집단에서 벗어나 더 자율적인 존재가 되었다고 단순히

강한 인공지능과 인간

평가하기는 어렵다. 통치하는 권력은 사람들을 이전보다 훨씬 더 개별화된 개인으로 행동하게 하면서도, 동시에 시스템으로서 사회를 통제해야 한다. 이것은 이전보다 난이도가 높은 통치 방식이다. 그렇다면 이전과 다른 차이는 어디에 있을까? 여러 측면이 있을 수 있겠지만, 다음과 같은 점이 중요하다. 이전에는 개인의 신체에 강제력을 행사하고 그들의 개인적 정체성을 꼼꼼하게 기록하고 관리하면서 그들 각자를 객체로 대상화하고 동시에 주체로 만드는 과정이 중요했다면, 이제 사회는 그런 개인적 개별성에 특별히 주목하지는 않고 그들이 인구로서 구성하는 통계적 경향이나 집단적 흐름에 주목한다. 다만 이 통계적 경향이나 집단적 흐름이 유발하는 위험을 주의하면서, 그 한계 안에서만 개인들의 행동을 기록하고 통제할 것이다.[3] 그렇다고 개인이 스스로를 주체로 인식하도록 권장하고 강요하는 면이 없어졌다는 말은 아니다. 어떤 점에서는 개인들 사이의 경쟁이 더 치열해졌고, 그 과정에서 자신의 동기와 결과에 대해 전적으로 책임져야 했으니, 자신을 주체로 인식하는 과정이 줄어들기는커녕 늘어났다고도 볼 수 있다. 다만 개인의 정체성은 본인에게나 타인에게나 이전처럼 고유하거나 본질적인 것으로 여겨지기보다 가변적이고 유동적이라고 여겨지는 경향이 커졌다.

이 세 과정은 단순히 서로를 대체하며 순차적으로 진행된 것은 아니다. 시대에 따라 그들은 영향을 주고받으면서 복합체를 구성했고, 시대마다의 큰 변화는 그들이 서로에게 끼치는 역학관계에서 관찰할 수 있었다. 근대 초기에는 첫 번째 과정이 우세했다면, 지금은 세 번째 과정이 우세하다. 그러므로 지금 우리는 이 세 번째 과정에 더 주의를 기울여야 할 것이다. 세 번째 과정의 중요한 특징은 권력이나 권력관계가 모든 개인이 개별적 정체성을 유지하도록 권장하면서, 그들을 개별적으로 통제하고 통치하기보다는 전체로서의 인구의 사회적 경향이나 그것이 유발하는 위험에 주목하면서 그 한계 안에서만 개인들을 관리하고 통제한다는 것이다. 여기서 역설적인 경향이 나타난다. 직접 경쟁하는 관계에서는 개별성이 중요하지만, 인구 전체가 만들어내는 사회적 경향이나 위험의 관점에서는 인구를 구성하는 개별적 정체성은 그리 중요하지 않게 된다. 인구 전체와 관련된 사회적 경향과 위험을 야기하는 요인으로 고려될 때야만 개별적 정체성은 비로소 중요한 타깃이 된다. 여기서 또 다른 역설이 생긴다. 이 사회적 경향에 영향을 미치는 요소로서의 개인은 강력한 관리와 통제의 대상이 되지만, 그 나머지 영역에서 그 관리와 통제는 상당히 느슨하다. 개인이 자신이 누리는 자유가 이전보다 커졌다고 생각하면서도, 동시에 통제는 더 빡빡해졌다는 역설적인 느낌을 가지는 이유가 여기서 생긴다. 언제나 감시되기는 하지만, 그렇다고 언제나 직접 통제되거나 강제되지는 않는다. 특이하고도 역설적인 현상이라고 할 수 있다.

제대로 관찰하기 쉽지 않은 이 역설은 사물인터넷이나 빅데이터가 확대되면서 점점 두드러진다. 이 점은 이후 과학기술에 관한 역설을 논의하면서 다시 부각되어야 할 점이지만, 일단 짧게 언급하고 넘어가도록 하자. 1980년대 이후의 신자유주의, 그리고 21세기의 자동화와 인공지능, 그리고 대량 데이터를 이용한 통제 시스템은 근대 이후 핵심적 매개물이자 목표였던 '개인'의 위상에 심각한 영향을 끼치며 변화를 야기한다. 이전에 개인은 인권의 주체이자 사회적 제어와 통제 메커니즘의 타깃이 된 단위였고 또 자유주의적 정책이 의지하는 행위 주체였기에, 개인은 고유한 무게중심을 유지한 채 사회를 구성하는 구성원이라고 여겨졌다. 그래서 자유주의의 초기 기준에서 보면 개인적 자유가 억압되거나 침해되는 것은 확실하게 감시와 통제의 부정적인 징후였다. 그러나 개인과 사회의 연대가 형편없이 느슨해지고 흐릿해지면서 이것이 단순한 부정적인 징후로서 기능하는 일은 사라졌다. 물론 인권의 가치는 여전히 사람들 입을 오르내리고 법에서도 보장받지만, 실제 개인들의 삶은 거기서 어긋나고 빗나가는 면이 커졌다는 것이다. 중요한 점은, 개인은 단순히 억압되지도 않지만 그렇다고 그들의 자유가 단순히 확대되는 것도 아니라는 점이다. 이 두 단순한 기준으로는 판단하기 어려운 복합적인 국면이 생겼기 때문이다. 20세기 중반만 해도 개인의 자유가 침해되면 권력이 전체주의적 경향을 띤다고 판단할 수 있었다. 그러나 지금은 그렇지 않다. 최근의 통치 장치들은 개인들에게 상당한 자유를 허용할 뿐 아니라 자유를 적극 사용하라고 권고하고 돕는다. 그러나 개인이 이렇게 자유를 실행하고 확대하는 과정은 당연히 권력 장치와 반대되거나 동떨어진 일이 아니다. 권력 장치가 통제를 실행하는 과정은 이제 개인이 자유를 실행하는 과정과 직접 맞물려 있기 때문이다. 무엇보다 개인들이 제공하는 데이터들이 통제의 자료이자 도구이며 매개물이다. 그래서 권력 장치는 개인들에게 적극 자유를 실행하도록 권고하고 부추긴다.

물론 이런 경향은 이미 19세기 자유주의의 훈육 장치에서 시작되었지만, 이제 더욱 확대되었다. 훈육 장치는 개인의 신체와 영혼에 직접 개입하면서 그 개별적인 접촉면을 관찰하고 감시하며 기록하고 관리했다. 19세기 자유주의와 공리주의에서는 개인들은 비교적 동질적인 자유와 권리를 행사한다고 여겨졌다. 선험적이고 보편적인 도덕성에 근거하지 않는 공리주의도 비교적 균등한 자유와 권리를 가진 개인들이 사회를 구성한다고 여겼다. 현재 권력 장치는 개인의 신체와 영혼에 직접 접촉하기를 원하지 않으며, 그럴 필요도 없다. 사회적 커뮤니케이션을 보여주는 데이터를 관찰하고 또 그것에 영향을 주기만 해도 충분하다. 사람들은 그 데이터의 확률적 흐름에 따라 각자 '자율적으로' 행동할 것이기 때문이다. 그리고 더 이상 이 사람들은 비교적 균등한 자유와 권리를 가진 개인들이 아니다. 각자 자기계발에 신경 쓰고, 그 결과에 거의 전적으로 자신이 책임져야 한다고 생각하는 개인들이다. 개인에게 자유는 권리에 따라 선험적으로 존재한다기보다, 그들이 데이터를 제공하는 데 동의하는 순간에 비로소 실행된다. 자유는 무상이 아니다. 데이터로 잡힘으로써 통제되는 데 동의하고 거기에 책임을 짐으로써 자유는 실행된다. 이 점에서 자유와 권리는 훨씬 더 조건적이고 확률적인 위험에 의존한다. 위험은 이미 개인들에게 매우 이질적이며 차별적인 형태로 빠르게 작용하는 셈이다. 그와 비교하면, 초기의 자유주의에서 위험은 훨씬 느리게 발생했고 비교적 균등했으며 최소한 크게 차별적이지 않은 형태로 작용했다고 할 수 있다. 개인화 과정은 이전보다 훨씬 개별적인 결정을 강조하고 거기에 의존하게 되었고, 이전보다 훨씬 경쟁적이고 폭력적인 양상을 띠게 되었다.

이 개인화 과정에 적극 참여하지 않고 머뭇거리는 사람들, 또는 그것을 많건 적건 포기하는 사람들이 생긴다. 3포 세대, 5포 세대라는 말이 괜히 나온 것이 아니다. 그들에게는 어떤 일이 생길까? 그들의 삶은 잉여의 영역으로 슬슬 미끄러질 것이다. 실제로 그렇게 느끼는 사람들이 급격히 늘어났다. 이 현상은 비단 하층 계층의 사람들에게만 해당될까? 적극적으로 자신의 데이터를 제공하는 사람들, 열심히 자기계발을 하면서 자유를 실행하는 모습을 SNS에 올리는 사람이라고 잉여로의 미끄러짐을 모면할 수 있을까? 어렵다. 자유를 실행하는 모습을 남에게 보여주어야 한다는 경쟁, 더 나아가 자신에게도 그 모습을 보여야 한다는 강박이 커지고 있고, 이 경쟁과 강박은 자유를 실행하지 못하는 사람뿐 아니라

강한 인공지능과 인간

실행하는 사람을 잉여스럽게 만든다. 모든 수단을 동원하여 개인의 정체성을 생산하려는 일들, 자기를 향상시키려는 일들, 더욱이 잉여에서 벗어나기 위하여 하는 행위들조차 잉여스러워진다. 그러므로 사회적 루저들만 잉여로 밀려나는 것이 아니다. 개인의 자유를 실현하려는 행위와 노력이 확대되는 과정 자체가 잉여에 내맡겨져 있다. 그리고 그 잉여를 피하고자 자유를 강력하게 실현하려는 행위를 하는 사람들이 오히려 잉여스러움의 극단을 보여준다. 저렇게 해야 할까? 저렇게까지 유치한 짓을 해야 할까? 아이고, 난리다, 라는 반응이 생긴다. 자기를 실현하고 더 나아가 사람들에게 자기를 드러내고 전시하는 일은 강박과 광증이 되고 심지어 범죄가 된다. 나를 봐줘! 내가 여기에 있어! 관심 끌기가 사람들을 움직이는 최대의 동력이자 동기가 된다. "Ecce homo(이 사람을 보라)"는 새로운 차원을 획득한다. 그들이 실행하는 일상적인 과시적 행위가 사회적 커뮤니케이션을 장악하고, 그 와중에 생기는 범죄와 폭력이 그 커뮤니케이션을 조롱하는 수준이다.

이런 우스꽝스런 잉여스러움이 퍼지면, 사회적으로는 안전한 삶을 유지하는 것처럼 보이는 사람들도 심리적으로나 정신적으로 잉여적 존재라는 느낌을 피하기 쉽지 않다. 철학과 예술을 비롯한 정신적 작업들의 가치는 역사에서 처음 있는 일이라고 할 정도로 쪼그라들거나 시들고 있다. 단순히 인문학의 위기에 그치는 문제가 아니다. 고전적인 형태의 위대하거나 진지한 과제가 사라진 것은 우연이 아니다. 거기에 더해 인공지능이나 로봇 때문에 다수의 사람들이 직업을 상실할 위험이 커진다는 사실은 매우 중요하면서도 복합적인 이 사회적 과정의 한 극단일 뿐이다.

2. 사회화 과정의 역설

정보통신기술이 사회화 과정에 주는 혜택을 긍정적으로 보자면, 이렇다. 유일한 권력기관으로서의 국가의 힘은 많이 줄어들고, 그 대신에 여러 형태의 시민 조직들이 생기며 그것들이 새로운 형태의 민주주의적 권력관계를 발생시킨다. 사회관계망 서비스를 통한 역동적 네트워킹도 그것의 한 형태일 것이다. 그러나 우리가 여기서 두 번째로 관찰할 것은 그것과 다른 일종의 사회화 과정의 역설이다. 사회는 점점 시스템으로 구성되고 조직되어서, 이제 개별적인 인간들은 사실은 사회를 구성하는 구성 요소라고 보기도 힘들 정도이다. 기계들이 늘어나고 그에 따라 규칙들이 같이 복잡해지고, 그것들을 포함하는 사회 시스템은 거대해진다. 여기서 흥미로운 풍자를 하나 분석해보자.

근대 사회의 초기에 사회의 부속품이 되는 개인들에 대한 풍자가 있었다. 그것은 '아직도 그렇게 되지 않을 수 있다는 기대나 희망' 또는 '그렇게 되지 말아야 한다'는 어떤 이념이 있던 시대의 결과였다. 그런데 언제부턴가 그런 풍자가 의미를 잃었다. 사물과 기계들의 연결망은 더 유기적인 모습을 띠게 되었으며, 그것들과 인간-사이보그들을 연결해주는 규칙들은 더 촘촘해져서 빠져나갈 틈은 거의 사라지고 있다. '기계 장치의 부속품'이라는 지난 시대의 풍자의 영향이 아직 있어서 개인들은 아직 '기계처럼 돌아가는 사회의 부속품'이라는 표현에 대해 부정적인 생각을 꺼내기는 하지만, 실제로는 이제 부속품이 되는 것에 대해 누가 감히 쉽게 이의를 제기하거나 의문을 제기할 것인가? 오히려 자발적으로 사회 시스템의 부속품이 되고자 애쓰는 게 사람들의 삶의 모습이다. 물론 개인의 실존의 영역이 쉽게 사라질 리는 없어서 부속품이 되지 않는

강한 인공지능과 인간

틈을 누구나 찾기는 하지만, 그리고 때로는 부속품이 전혀 되지 않는 풍경 속에 숨을 수 있는 것이 특권으로 여겨지는 상황이 왔지만, 동시에 개인들은 가능하면 강한 시스템의 부속품이 되기를 열망한다. 그렇게 되지 않을 자유를 가진 사람은 거의 없다. 사회조직의 차원에서 강한 시스템과 약한 시스템이 경쟁하고 싸우는 경향이 커지기 때문이다.

이 점은 특히 노동 시장에서 드러난다. 일자리가 풍부했을 땐 부속품처럼 일하는 인간의 모습이 풍자의 대상이었다. 기계처럼 일하는 인간이라니! 그러나 좋은 일자리가 점점 말라가는 오늘날, 사람들은 기계처럼 일하고 싶어 한다. 최소한 일할 때에는! 그렇게 일한 다음에 쉴 수 있는 여유와 자유를 원하는 것이다. 기계처럼 일하지 않고서도 쉴 수 있는 자유와 여유? 그런 건 최소한 보통 사람에겐 없다. 실제로 다수의 사람들이 일하지 않으며 여유 있는 삶을 누리기는 점점 어려워진다. '저녁이 있는 삶'이라는 기조를 내건 때가 얼마 되지도 않았고 또 그것이 이루어지지도 않았는데, 적지 않은 노동자들은 노동 시간 단축에 불안해한다. 저녁에라도 더 일할 수 있는 일자리를 원한다. 물론 "노동시간이 늘어나는 걸 좋아할 사람이 어디 있겠는가?"라고 물을 수 있다. 그러나 어느 정도까지는 그렇게라도 일하기를 바라는 사람들이 적지 않다. 그것이 일자리가 없는 것보다는 낫다는 건 말할 필요도 없고, 일자리가 있어도 넉넉한 소득이 보장되지 않는 상태보다도 낫다고 여겨지기 때문일 것이다. 유럽 선진국은 40시간이나 그 아래에서 노동을 하지만, 한국은 52시간으로 줄이기도 어렵다. 그리고 이 현상은 하층 노동자들에게만 해당하지 않는다. 부자들조차, 아니 부자들일수록, 더 '바쁘게 돌아다닌다.' 그들에겐 시간이 돈이기 때문이다.

소셜 네트워크 서비스도 개인이 기꺼이 사회적 네트워크의 부속품이 되는 플랫폼이다. 사람들은 무료로 제공되는 것처럼 보이는 그 플랫폼에 자신들의 사적인 정보들을 기꺼이 올린다. 프라이버시를 외치면서도, 동시에 그것을 기꺼이 포기하는 것이다. 이것은 그저 자발적인 정보 제공에서 그치지 않는다. 사람들은 네트워크나 시스템에 접속되지 않으면 거의 개인으로 존재하기 힘든 상황이 되었다. 거기 접속되고 그것의 규칙에 따르면서만 사람들은 개인으로 존재한다. 문제는 사회 시스템으로서 조직들이 더 촘촘해지고 빡빡해지면서, 규칙과 통제가 점점 엄격해진다는 것이다. 자신의 신체와 영혼을 오롯이 가진 채 독립적으로 행동하는 개인은 사라졌거나 사라지고 있다고 할 수 있다. 개인은 바로 그 규칙과 통제가 만들어내고 구성하는 작품이나 제품이다.

그래도 개인은 여전히 사회를 구성하는 존재론적 필수 요소가 아니냐고? 바로 그 물음과 직면하는 일이 중요한 과제로 떠오른다. 그리고 바로 그것이 루만의 시스템이론과 사이버네틱스가 다루었던 중요한 문제 가운데 하나다.[4] 조금 단순하게 말하면, 근대 이전의 사회에서는 존재론적 구성 모델이 통했다고 할 수 있다. 신분으로 나뉜 계층들이 층층이 고정된 질서를 따라 사회를 구성했고, 사람들은 명확하게 하나의 신분과 가족에 귀속되었으며, 그에 따라 고정된 행동 방식과 고정된 권력 기반을 가지고 있었다. 그러나 근대 이후 그런 존재론적 질서는 점점 사라졌다. 중요해진 것은 사회적 역할과 기능적 분할이다. 이것들은 모두 유동적인 흐름을 따라 연결되고 끊어지며, 접속의 조건도 가변적이다. 우리가 이제까지 다룬 시스템과 네트워크는 많건 적건 이런 가변적이고 유동적인 조건들과 환경에 의존한다. 우리가 앞에서 논의한 개인들의 행동과 역할도 그 조건과 환경에 의존한다. 개인은 개인의 자율성이 존중되는 곳에서는 개인으로 행동하면서도, 시스템과 네트워크의 마디로 작동해야 할 때는

강한 인공지능과 인간

그 작동 방식을 따른다.

개인이 더 이상 사회를 구성하는 존재론적 구성 요소가 아니라는 관찰은 개인의 의식과 사회적 커뮤니케이션 간의 관계를 다시 생각하게 한다. 근대 초기까지도 관념론적 철학 사상이나 인간주의적 사상들은 개인의 의식과 사회적 여론 사이에 일정한 조화와 통합을 전제하는 경우가 많았다. 개인과 가족, 그리고 사회/국가 사이에 연속성과 확장이 존재한다고 여겼던 것이다. 서양에서만 그랬던 것이 아니다. 동양에서도 마찬가지다. '수신제가하고 치국'한다는 원칙 또는 이상은 개인과 가족, 그리고 국가를 꿰뚫는 연속성과 동질성에 의존했다. 다르게 말하면, 개인이 인간이 되는 과정과 가족을 이끄는 과정 그리고 국가와 사회를 이끄는 과정들은 서로 근본적인 차이가 없을 뿐 아니라 서로 조화롭게 통합되어 있다고 여겨졌다. 그러나 그런 통합은 허구적이라는 것이 점점 확실해졌다. 사회 시스템의 차원에서 그것은 명확하다. 근대 이후 확대된 기능 시스템들(학문·정치·경제·도덕·예술·종교 등)의 자율성은 다름 아니라 그 기능 시스템들이 서로 분리된 채 작동한다는 전제 위에 구축되었다. 개인화 과정과 사회화 과정은 서로 다른 것이며, 서로 다른 방식으로 작동하며, 따라서 그들을 통합적으로 제어하는 규칙이나 원칙은 존재하지 않는다.

한 번 이런 인식을 한 사람은 전통적인 생각에서 멀리 떨어져 있는 자신을 발견하게 된다. 그리고 '전통적인' 생각은 그 표현과 달리 과거의 전통 속에서만 있는 것이 아니라, 이상하지만 지금도 사람들의 생각 한쪽을 움켜쥐고 있다. 왜냐하면 보통 사람의 생각이든 사회과학적 이론이든 여전히 개인과 사회 사이에 연속성과 동질성을 전제하는 경향이 크기 때문이다. 그것을 전제하지 않는 경우에도 사람들은 개인과 사회 사이에 벌어지는 균열과 분리를 명확하게 인정하지 않는 경우도 많다. 심리적 시스템인 의식과 사회 시스템인 커뮤니케이션은 일차적으로 각각 자신의 시스템 경계 안에서 작동하며, 따라서 그 작동 방식은 일정하게 폐쇄적이다. 그들 사이에는 연속성이나 동질성이 아니라 차이와 이질성이 있다. 루만은 그래서 그것들의 균열과 분리에 대해 말한다. "사람들이 인간이 커뮤니케이션할 수 있다는 데에서 출발할 때, 그것은 사회라는 커뮤니케이션 시스템의 관습이다. 날카로운 분석가들조차도 그 관습에 의해 착각에 빠졌다."[5] 그러나 "의식의 사회성은 통일에 있지 않고, 차이에 있다."[6] 하나의 시스템은 최소한 작동 차원에서는 다른 시스템이나 환경에 직접 영향을 미치지 못한다. 서로 다른 구조를 가진 이들은 직접 관계를 맺거나 겹칠 수도 없으며, 다만 구조적으로 상호 보충적 관계에 있을 뿐이다. 그러나 서로 보충한다고 해서, 그것들이 통합이나 통일을 향해 나아간다는 말은 아니다. 구조적인 차이와 불연속성은 그대로 존재하며, 다만 서로 자극을 하며 안달하고 짜증나게 만드는 일들이 일어난다. 이 상황에서 사회적 커뮤니케이션은 개인들의 의식을 통합하거나 직접 수용하지 못한 채, 여론과 매체의 복잡한 자기참조를 통해, 자신의 시스템 안에서 돌아간다. 흔히 커뮤니케이션을 '의사소통'이라고 번역하는데, 이 번역은 오해를 낳기 십상이다. 마치 인간이 자신의 마음 안에 있는 뜻을 그대로 직접 다른 사람이나 사회에 전달한다고 이해되기 때문이다. 그런 생각은 마음을 알아채는 일을 의사소통이라고 생각하는 선입견의 산물이다. 사람이 자신의 마음 속 사건을 의식하는 일은 결코 간단하지 않다. 더욱이 그것을 사회적 커뮤니케이션의 형태로 전달하는 것은 또 다른 일이다. 누군가를 만났을 때 인사로 건네는 말, 그리고 특정한 상황에 알맞은 것으로 여겨지는 말들은 이미 사회적으로 굳어져서 죽은 말들이다. 그래서 루만은 다음과 같은 도발적인 언명을 던진다. "그러나 인간은 커뮤니케이션하지 못한다. 그들의 뇌조차 커뮤니케이션하지 못하고, 의식조차도 커뮤니케이션하지 못한다. 다만 커뮤니케이션이 커뮤니케이션할 수 있다."[7] 시스템의 순환적 자기참조는 냉정하게 보인다. 너무 냉정한 것일까? 그러나 각자의 의식이 작동하는 시스템은 나름대로 냉정하게 돌아가며, 사회 시스템으로서 사회적 커뮤니케이션이 작동하는 방식도 그렇다.

그렇다면 사회 시스템과 심리 시스템인 의식 사이만 벌어지는 것일까? 의식은 앞에서 우리가 관찰한 개인화 과정의 역설에 사로잡히며 소용돌이 속으로 들어가지만, 그렇다고 그냥 사라지거나 줄어들지는 않는다. 의식은 앞으로도 심리 시스템으로서 자신의 영역을 가질 것이다. 다만 소용돌이에 휩싸이며, 점점 혼란되고 고립된 상태에 빠질 가능성이 크다. 어쩌면 개인이나 집단의 심리 시스템이 자기를 참조하면서 자기를 조직하는 일도 매우 어려운 일이 될지 모른다. '흔들리는 마음을 다잡는다'는 건 말처럼 쉽지 않다. 우울증은 현대인을 사로잡은 병이고, 이 병의 치유에 대한 관심도 그 병의 결과이다.

그와 비교하면, 사회 조직들은 점점 크고 복합적인 시스템이나 네트워크의 형태로 확대될 것이다. 조직은 빠른 속도로 늘어나면서 동시에 강력해진다. 개인이 효과적인 상호작용을 할 틈을 주지 않으면서, 자신의 자기참조적인 순환성에 사로잡힌 채 돌아간다. 기업이든 공공 기관이든 점점 조직화된 사회 시스템의 형태를 띠게 된다. 개인의 작업이 그 조직화된 사회 시스템에 전혀 반영되지 않는 것은 아니지만, 합리적이거나 인간주의적 방식으로 반영될 가능성은 점점 줄어든다. 개인이 어떻게 조정하거나 바꾸기 힘든 거대하고 긴 사슬들이 겹겹으로 얽힌 공간에서 조직은 결정을 내리고 조정하고 미루면서, 서로 경쟁한다. 개인이 모여 공동체의 형태로 운영하는 사회 시스템이 완전히 사라진 것은 아니지만 점점 과거의 유물이 되어가고, 기술의 개입에 의지하는 불투명하고 복합적인 조직들이 늘어난다. 그리고 가장 경쟁력을 갖춘 조직들이 글로벌 경제와 사회를 지배하고 있으며, 그들을 지배하는 것은 소수의 인간 조직이다.

사회 조직이 크고 복합적인 시스템과 네트워크가 되는 상황 속에서, 자유주의적 민주주의를 떠받치는 개인들은 사회와의 괴리 속에서 쪼그라들고 흩날린다. 개인과 사회 사이에 블랙홀이 있다. 우주 공간에 시커먼 블랙홀이 있듯이.

3. 빅데이터의 역설

사회 조직의 확대와 복합화에 가장 크게 기여하는 것 가운데 하나가 과학기술이다. 과학기술의 발전은 개인화 과정을 촉진시킬 뿐만 아니라, 개인의 의식으로부터 분리된 사회 시스템을 구성하고 확장하는 데에도 크게 기여한다. 그래서 다음 세 번째 역설은 데이터 기술의 활발한 진입에 의한 역설이다. 인간은 자유를 행사하고 자율성을 확장시킨다는 목표로 기술을 발전시켰는데 기술이 발전할수록, 인간이 생각했던 자유와 자율성이 확대되지 않고 오히려 변형되거나 심지어 줄어들고 위협받는 면이 생긴다. 이상하지 않은가? 인공지능과 빅데이터, 사물인터넷과 블록체인의 등장과 확장은 전통적인 철학이 상상한 인간주의적 자율성이 더 이상 필요하지 않은 상황을 유발할 가능성이 높다. 이 점에 대해서는 이미 앞에서 논의했다.

중요한 점은, 우리가 관찰하려는 문제는 단순히 빅데이터 또는 인공지능과 머신러닝이라는 기술에 국한되지 않는다는 것이다. 그것을 기술의 문제로만 여긴다면, 많은 사람들은 그 기술은 인간이 수단으로 개발한 것이며 앞으로도 인간을 위한 도구로 이용될 것이라고 여길 수 있다. 우리는 앞에서도 이미 여러 방식으로 그런 관점에 거리를 두고 비판했다. 컴퓨터의 효과와 영향을 관찰할 때도 사람들은 자신이 마치 그것의 바깥에 있다는 양 그것을 도구나 수단으로만 생각한다. 사이버네틱스와 사이버 행위자를 강조한 것은 바로 그런 인간주의적 선입견에서 벗어나기 위해서다. 사이버네틱스는 생명체와 인공물/기계 사이에 본질적인 차이가 존재하지 않는다고 여긴다. 그 관점에서 인공지능과 머신러닝 등의 기술을 파악해야 한다. 이 기술들은 단순히 인간을 위한 충실한 도구에 그치지 않고, 오히려 인간이 존재하는 존재 방식을 새로 규정한다. 사이버네틱스의 관점에서 인간은 이미 사이버 행위자인 사이보그의 형태로 존재가 변환되었다. 이제 인공지능과 머신러닝의 시대에 인간과 개인은 빅데이터와 알고리듬의 형태로 파악될 가능성이 커진다. 그러나 이것은 이미 이런저런 방식으로 알려진 사실이 아닌가? 그렇기는 하다. 그렇지만 그 사실의 영향이나 효과는 아직 제대로 파악되지 않은 것 같다. 그것들은 여러 면에 걸쳐 있지만, 여기서는 앞에서 분석한 의식의 변화에 주목하자.

개인화 과정의 역설에서 드러나듯이, 개인이라는 의식, 개인이 자신에 대해 가지는 의식은 그저 휴머니즘적 자각에서 생겼다기보다는 시대적인 권력관계에 의해 객체로 대상화되면서 각자가 자신을 주체로 생각하게 되는 과정에서 생긴 산물이다. 그리고 현재 사회에서 개인들은 사회적 위험을 야기하는 요인으로 파악되는 한에서는 꼼꼼하게 관리되고 통제되면서도, 그것을 제외한 개인적인 차원에서는 느슨하게 놓아주는 것처럼 보이는 통제 방식의 자장 안에 있다. 두 번째 역설에서는, 개인들의 의식은 사회 시스템과 분리된 채 그들 사이의 차이 속에서 작동한다. 이제 세 번째 역설에서는, 그 의식은 점점 인공지능과 알고리듬의 형태로 파악되는 지능으로 변화하거나 이 지능과 분리된다. 의식이 지능의 형태로 바뀌든 의식과 지능이 분리되든, 전통적인 의식은 근본적으로 변화를 겪는다. 결국 의식에서 분리된 지능이나 데이터의 형태로 작동하는 지능은 점점 발전하는 인공지능이나 머신러닝에 의해 구성되고 관리되며 통제되는 인공물의 형태로 작동한다.

이 인공물은 특별히 새로운 것이 아닐 수 있다. 지금도 벌써 개인들은 알고리듬에 의해 개인으로 만들어지거나 그 개인에게 맞춰진 개인화된 결정을 내리도록 권장되거나 조종되고 있다. 어떤 책을 읽어야 할지 그리고 어디로 여행을 어디로 가야 할지, 그리고 어떤 회사에 입사해야 좋을지, 또 어떤 사람과 결혼하는 것이 좋을지, 알고리듬은 개인의 삶에 때로는 친절한 도우미의 모습으로 때로는 권위를 가진 조력자의 모습으로 슬며시 또는 당당하게 개입한다. 결정을 내리는 일이 까다롭고 번거로운 일이 되면서 개인은 이제 점점 스스로 결정을 내리는 일에서 멀어지고 인공지능이 추천하거나 권장하는 대로 행동하고 결정을 한다. 개인의 마음과 지능의 작동에 대한 모든 자료들은 모두 빅데이터의 형태로 전환되고 관리된다. 그렇다고 이 모습이 그저 조작된 허구라는 말은 아니다. 개인은 이전에도 이미 다양한 통제 및 통치 시스템에 의해 촘촘하게 기록되면서 구성되었고, 개인의 자유와 공공의 이익을 조절하는 방식으로 정체성을 부여받았다. 그와 비슷한 방식으로 이제 개인은 새로운 사회 시

강한 인공지능과 인간

스템들이 작동하는 형태인 알고리듬에 의해 이끌어지고 권장되고 도움을 받으며 또 통제되는 것이다. 개인이 과거에 단순히 휴머니즘이나 인간의 권리에 대한 자각을 통해서 우뚝 섰다기보다는 사회 시스템에 의해 객체로 대상화되면서 동시에 스스로를 일종의 주체로 이해했다는 점에서, 과거와 현재에는 유사성이 있다.

다만 주체로 구성되는 방식에서는 제법 차이가 있다. 근대 초기에 개인은 자신에 대해 자신이 잘 안다고 생각했다. 아니, 자신을 잘 안다고 생각하도록 만들어졌다. 말하자면, 학교나 공장이나 공공 기관 같은 사회 시스템은 그들을 객체로 대상화시키기는 하지만, 바로 그들이 자신의 자유나 자율성을 잘 행사하도록 도와주고 이끌어주었다. 모든 개인에게 자유를 비롯한 권리는 소중하다는 의식이 계몽주의적 방식으로 주입되었고, 개인은 그 권리를 잘 행사할 수 있는 능력이 있다고 교육되었다. 고독한 산책자의 모습 또는 홀로 성찰하는 지식인의 모습, 또는 여럿과 함께 있더라도 자신의 길을 스스로 찾는 모습이 대표적인 모델이었다. 그러나 이제 인공지능과 사물인터넷의 시대에 그런 근대적 자유나 자율성은 퇴색된다. 그 대신에, 분산된 인지 시스템들에 빨리 끼어들어가 자신을 거기 맞추기, 그리고 빅데이터가 권유하는 방식에 따르기, 또 자신이 직접 결정하려고 애쓰는 대신에 결정되어야 할 것이 결정된다는 것을 인정하고 인지하기, 또 때로는 부속품에서 벗어난 순간을 즐기더라도 일상적으로는 부속품으로 잘 기능하기 등의 행동 방식들이 퍼진다. 이미 선험적으로 주어진 권리를 자각하며 그것을 추구하는 개인의 모습보다는, 사람들의 행동 패턴을 끊임없이 분석하고 제시하면서 그 가운데서 현명하게 선택하기를 바란다고 말하는 알고리듬 시스템에 귀를 기울이는 개인들의 모습이 확대된다. 말하자면, 이제 스스로를 성찰하며 자신에 대해 가장 잘 안다고 생각하는 개인은 크게 줄어들거나 사라지며, 그 대신에 알고리듬이 그들의 행동을 시뮬레이션하고 예측하며 대행한다고 할 수 있다. 과거 근대적이고 현대적인 권력 장치와 권력관계에 의해 개인이 일종의 주체로 행동하도록 객체화되었다면, 이제 개인은 점점 알고리듬에 의하여 관리되고 통제되면서 개인이 되는 과정에 돌입했다고 할 수 있다. 또는 알고리듬에 의해 관리되고 통제되면서 개인이 되는 서비스를 제공받는다.

지능이 데이터의 형태로 일반화될수록, 이 지능이 알고리듬의 형태로 관리되고 통제되기 쉬운 것은 사실이다. 그러나 그렇다고 해서 지능이 전적으로 알고리듬의 형태로 관리되고 통제되지는 않을 것이다.[8] 개인화 과정의 역설에서 분석했듯이, 이 통제에 관한 한 개인은 지금 묘한 아이러니에 사로잡혀 있다. 한편으로는 이전보다 큰 자율성을 누린다고 생각하면서도, 다른 한편으로는 이전보다 더 심한 통제에 시달린다고 느끼기 때문이다. 권력은 사회적 과정들이 변화하는 경향이나 그것이 유발하는 위험에 관한 한 개위들의 삶과 행동에 매우 강력하게 개입하면서도, 다른 한편으로 그 개별자들의 개인적 자유에 대해서는 비교적 느슨하게 대응하거나 심지어 무관심하기 때문이다. 마찬가지로 머신러닝을 통한 인공지능 장치들도 행동 변화나 위험의 패턴에 관한 한 사람들을 데이터의 덩어리로 대상화할 것이고, 개인의 행동도 그 관점에서 맞춤으로 조절하거나 유도하고 또 관리해줄 것이다. 그러나 그렇다고 개인이나 개별적 심리 시스템들이 전적으로 이런 알고리듬의 관리 및 통제 대상으로 바뀌거나 치환되지는 않는다. 빅데이터나 인공지능은 일단 데이터와 정보를 끊임없이 수집하지만, 그렇다고 매 순간 개인들을 그에 따라 이끌거나 통제하지는 않을 것이다. 관리와 감시는 매 순간 이루어지지만,

강한 인공지능과 인간

통제와 개입은 필요한 때만 이루어지는 것이 알고리듬이나 빅데이터에게도 효과적일 터이다. 물론 그 둘 사이에 빈 시간이 있다. 이 나머지 시간에 사회 시스템은 무관심 쪽으로 기울고, 개인들은 알아서 하도록 만들어진 자유를 제 책임 아래에 굴리는 쪽으로 간다.

이 점은 개별 시스템이 작동하는 방식에서도 효과적이고 필요하다. 일단 개별 시스템은 일정하게 자율성을 유지하는 쪽으로 작동할 것이다. 매 순간 환경에 주의를 기울이거나 대응하거나 그로부터 영향을 받는다면, 그 작동의 자율성은 유지되기 어려울 터이다. 그러나 이 개별적 시스템들이 서로 연결되고 따라서 하나의 네트워크를 구성한다면, 그들은 자율성을 상당히 버리면서 각자의 구조가 서로 침투하도록 변형되어야 한다. 물론 이 과정은 네트워크의 관점에서는 조금 또는 상당히 바뀔 수도 있다. 먼저 시스템들을 연결하는 네트워크의 통합성이 강조되어야 할 수도 있다. 그럴 경우 개별 시스템은 자율성을 가진다기보다는 커다란 시스템을 구성하는 요소로 작동할 것이다.

의식이 지능과 분리되거나 데이터의 형태로 작동하는 지능으로 변하는 과정에서 그 동안 의식에 부여되었던 특권들은 당연히 거둬들여진다. 무엇보다 자기 자신을 객관적으로 또는 목적과 수단의 관계에 따라 합리적으로 인식할 수 있다는 인간 의식의 특권은 적잖게 바뀔 것이다. 또 그 자기 성찰의 명확함 및 확실함과 연결된 인간의 도덕성도 근거가 없는 것으로 여겨질 것이다. 나아가 그런 개인들의 합리적 자기 인식과 의사 결정에 기반을 두었던 자유주의도 점점 약화될 것이다.[9] 인간 의식에 호소하는 철학 사상은 인간/개인이 자기 성찰을 제대로 하기만 하면, 인간의 본질과 본성이 아무 장애도 없이 환하게 드러난다고 믿었지만, 그런 믿음은 더 이상 지속 가능하지 않다. 이미 많이 약화된 인문학은 더 약화될 것이다. 인간 내부에서만 수많은 분열이 일어나고 있는 것이 아니다. 생명의 권리를 둘러싸고 인간은 자신에게 특권이 존재한다고 믿었지만, 그런 믿음도 지속 가능하지 않다. 반려동물뿐 아니라 다른 동물들에게도 점점 생명 권리가 인정되지 않는가? 마찬가지로 지능과 관련해서 인간/사이보그/로봇 사이에 넘을 수 없는 경계는 없을 것이다.

의식과 지능의 분리 또는 의식이 데이터의 형태의 지능이 되는 변화는 정보/데이터와 신체화의 구별을 둘러싼 논의를 몇 걸음 앞으로 나아가게 할 것이다. 인간이 데이터로 환원되느냐 아니면 그렇게 환원될 수 없는 신체가 있느냐는 물음은 그저 양자택일할 문제가 아니다. 사이보그의 지능은 아마도 거의 근본적인 제한 없이 데이터의 형태로 변형되고 교환될 수 있을 것이다. 여기에는 여러 버전이 있다. 뇌를 일종의 데이터 저장소로 생각하며 그것과 컴퓨터를 연결시키려는 시도들, 그런 뇌의 데이터를 제한 없이 복제하고 교환할 수 있다는 생각, 그리고 뇌가 자연적인 신체와 분리되어도 다른 신체와의 결합 속에서 그 데이터가 연장된다는 생각들. 그리고 데이터를 빨리 효과적으로 처리하는 것이 핵심이라는 생각. 이것은 그저 공상과학의 모습으로만 상상된 아이디어가 아니며, 실제로 많은 컴퓨터 및 인공지능 기술자들이 생각하는 모습이고[10] 또 분산 지능의 모습과 만나는 모습이기도 하다. 데닛은 사고 실험을 통해 뇌를 분산된 지능으로 보는 것이 단순한 공상이 아니라, 지능을 분산시키고 확산시키는 방식이라고 생각했다. 그는 두뇌를 분리하여 영양분으로 채워진 탱크 안에 보관하고, 그것에 정상적인 신체 통제 기능을 수행할 수 있는 여러 무선 연결 장치를 연결할 때, '나는 어디에 있는가?'라고 묻는다.[11] 데닛은 여기서 인간의 마음이 기본적으로 크게 바뀌거나 손상되지는 않을 것이라고 말하는데, 지금 우리의 관점에서는 개별화된 의식이 데이터로 저장되고 교환될 수 있는 지능으로 변화한다고 생각할 수 있다. 이런 시도들이 그저 추상적이거나 철학적인 실험의 형태로만 일어나지는 않을 것이다. 행동의 모습으로 그것은 사이보그들의 일상에 스며들 것이다. 인간이나 사이보그는 그 가까이에서 그를 돕고 위로하고 또 그가 외로울 때 가까이 있어주는 존재라면 어떤 것이든 비슷한 친밀감을 가질 것이다. 그/그것은 사람일 수도 있지만, 변덕스럽고 불안정한 마음에 시달리는 사람보다 동물이나 로봇이 그 자리에서 더 역할을 잘할 수 있을 것이다.

그러나 이들 사이에 차이가 전혀 없지는 않다. 그리고 데닛은 우리가 3장에서 보았듯이 동물이나 로봇 그리고 인간이 모두 지향적 시스템으로서 공통점을 가진다고 관찰하면서도, 진화적인 관점에서 그들 사이에 어떤 차이가 있다는 점도 관찰한다. "컴퓨터의 경우 '바깥' 세상과 정보 회로가 깔끔하게 구별된다. (…) 인체의 신경계에서 정보 회로를 '바깥' 사건과 격리시킬 수 있어서 중요한 교신은 정체가 확실한 변환기와 실행기에서만 이루어진다면 더 이상 깔끔한 이론이 없으리라."[12] 그러나 그는 인공물의 제어시스템과 동물과 인간의 제어시스템 사이의 차이를 발견한다. "그렇다면 전기 자극으로 전달되는 기존의 정보에다 추가로 무엇인가를 덧붙이는 변환기가 신경계의 거의 모든 접점에 있다는 말이 된다. 아울러 신경 조절 물질과 신경전달 물질을 몸 안의 '바깥' 세계로 내뿜고 퍼뜨려 다양한 효력을 내는 실행기가 사방에 널려 있다는 말이다. 정보 처리계와 외부 세계(몸의 나머지 부분) 사이의 산뜻한 경계선은 허물어진다."[13] "사실 선박, 자동차, 정유공장 같은 복잡한 인공물의 제어계는 사용되는 매질이 주어진 시간 안에 과제를 처리할 수만 있다면, 매질 중립적이라고 말할 수 있다. 그러나 동물의 신경 제어계는 정말로 매질 중립적이라고 말하기 어렵다." 그러나 "제어계가 특별한 물질로 이루어져야만 분위기든 소리든 특별한 효과가 나오기 때문에 매질 중립적이지 않다고 말하는 것은 아니다. 동물의 신경 제어계는 이미 구석구석에 퍼진 제어계들을 수없이 거느린 유기체의 제어계로서 발전했기 때문이다. 새로운 제어계는 낡은 제어계 위에 들어설 수밖에 없었고, 낡은 제어계와 손발을 맞추면서 어마어마하게 많은 변환점을 만들었다."14 "생물의 신경계가 선박의 제어계와 달리 주변과 말끔히 구분되는 매질 중립 시스템이 아니라는 사실(거의 모든 접속점에서 '실행'을 낳고 '변환'을 한다는 사실)을 염두에 둔다면, 신경계가 우리가 생각하는 것보다 복잡하게 돌아간다는 사실을 잊어서는 안 된다."15 동물과 인간처럼 오랜 시간에 걸쳐 진화하는 유기체는 진화 과정의 차이 때문에, 입력값이 동일하거나 균질하게 출력값으로 전환되지 않는다. 이것이 장점인가? 장점일수도 있지만, 진화의 속도가 빨라질수록, 그리고 정보의 처리가 대규모로 이루어지는 경향이 커질수록, 단점으로 여겨질 것이다. 인간의 신체와 심리는 이렇게 기우뚱하게 흔들리는 상태에 있다.

어쨌든 인간이나 사이보그의 심리적 시스템이 전적으로 지능으로 환원된다고 생각할 필요는 없다. 심리적 시스템으로서 의식은 어떤 시스템이 일정한 자율성을 축으로 삼아 작동하는 한, 그 축 주위에서 나름대로 실존할 것이다. 비록 사회 시스템에 조화롭게 통합되지는 않더라도, 또 데이터의 형태로 무제한적으로 교환되지 않더라도, 개별적 시스템의 의식은 자신을 반추하고 반성하면서 자신의 순환성 안에서 생존할 것이다. 행동 차원에서는 사이보그든 동물이든 로봇이든 비슷한 역할을 하고 따라서 비슷하게 대접을 받겠지만, 그렇다고 그들 각자의 의식이나 심리 시스템이 동일하지는 않다는 데 주의하자. 이 차이는 때로는 작다고

강한 인공지능과 인간

여겨질 것이지만, 언제나 그런 것만은 아닐 터이다.

　물론 알고리즘이나 인공지능이 지구를 전적으로 지배하고 개인은 거의 완전히 사라진다는 가능성이 없는 것은 아니다. 그런 가능성을 믿을 뿐 아니라, 그것이 아무 문제도 아니라고 생각하는 사람들도 적지 않다. 지능이 월등한 행위자들이 등장한다면, 그들에게 모든 것을 위임하는 것이 마땅하다는 생각이 어떤 점에서는 합리적으로 보인다.[16] 인류는 다수의 잉여적 존재들과 지능 시스템을 운영하는 극소수의 인간들로 나뉠 수 있다. 지금도 벌써 그 징후가 짙게 깔려 있다. 통제와 지배의 관점에서만 보면, 그렇게 보일 수도 있을 것이다. 의식과 지능이 분리되면서, 지능이 점점 압도적인 기술적 권한을 행사할 것이고 의식은 기껏해야 사적인 영역으로 쪼그라들거나 숨어들 수도 있다. 그러나 지능의 형태로 작동하는 시스템에서는 모든 것이 일방적인 지배와 통제의 관점으로만 여겨진다고 말할 수 있을까? 시스템들은 서로 맞물리고 서로 사이에 끼어 있다. 하나가 다른 것들을 일방적으로 그리고 모든 방식으로 지배하는 것은 아니다. 정보와 데이터들은 잠재적으로는 항시 기록되고 감시될 수 있지만, 그렇다고 매 순간 대상들의 이름이나 정체성이 호명되며 의식이나 지능이 통제되고 지배된다고 말할 필요는 없을 것이다. 개인의 심리적 의식이 전적으로 시들어버리거나 사라지지는 않을 것이다. 비록 사회 시스템으로부터 분리된 채 떠돌거나 홀로 덜컥거리거나 다소 시름시름하더라도, 심리적 의식은 개인들의 개별성이 살아 숨쉬는 한 살아있을 것이다. 사회 시스템을 구동하는 지능과 분리된 채 개별적 심리 시스템 안에서 굴러다니기에 다소 또는 상당히 무력하거나 지엽적인 모습을 띨 수는 있다. 또는 자기 자신을 인식하고 의식하더라도 그 인식은 지리멸렬하고 혼돈스러운 모습일 수 있다.

또는 개별적 심리 시스템들은 할 수 있는 한 마음껏 서로 경쟁하는 수준에서 얼마든지 자유를 행사할 수 있을 것이고, 그것을 자신의 실현이라고 여길 수도 있다. 블록체인과 사물인터넷이 확대되어 서로 간의 의존성이 상상하기 어려운 형태로 진전된 상태에서도, 개별적 심리 시스템들은 자신을 실현할 수 있다면 그렇게 웃고 울면서 경쟁할 수 있을 것이다. 그리고 나머지 시간에는 다시 알고리듬의 선택과 추천에 따르며 그것이 자신을 대행하도록 자신과 자신의 권한을 그것에 위임할 것이다.

어쨌든 과거 어느 때처럼 '산책자의 고독'이나 '견고한 고독'을 자랑하기는 힘들 것이다. 그 시대는 낭만적 꿈을 꾸고 있었던 셈이다. 한 세대 전만 해도 나름 의미를 가졌던 '고독'이란 말 자체는 냉정하게 '어떤 고립이냐'의 문제로 대체된다. 강력하게 고립되느냐 약하게 고립되느냐의 차이, 자발적으로 고립되느냐 아니면 수동적으로 고립되느냐의 차이만 그나마 의미 있는 형태로 남아있는 듯하다. 개인은 이런 고립을 피할 수 없다. 빅데이터를 통한 개인화 과정이 가속화되면서 역설적으로 개인들은 자발적으로든 비자발적으로든 '고립'의 위험을 짊어진다.

그렇다면 이 고립이 그들에게 크게 거슬리거나 그들의 속을 뒤집어놓을까? 그럴 수도 있지만, 꼭 그런 건 아니다. 개인화 과정에서 생기는 '자신의 자유에 따른 자신의 책임'이라는 원칙을 그들은 받아들였기 때문이다. 알고리듬은 그 개인들이 실행하는 자유와 결정의 영수증을 데이터의 흔적을 통해 기록하고 관리한다.

주

1. 특히 다음을 참조할 것. Foucault(2003): 41~60.
2. 이 세 과정은 푸코가 구별한 통치의 방식들과는 조금 다르다. 푸코는 『안전, 영토, 인구 Sécurité, territoire, population』에서 군주적 권력, 훈육 시스템, 안전 시스템을 구별했다. Foucault(2004a): 3~56. 특히 그는 안전과 관련된 통치 장치를 훈육 권력과 구별하는 데 공을 들였다. 여기서 이미 안전은 개인들보다는 인구 전체를 타깃으로 삼는다는 점이 부각되었다. 안전에 목표를 둔 통치 방식은 기본적으로 자유주의적이다. 푸코는 이 강의 다음 해에 "생명정치의 탄생"을 주제로 강의를 했고, 이때 본격적으로 신자유주의 시스템을 분석하기 시작했다. 따라서 내가 지금 구별하는 세 과정은 군주적 권력을 뺀 이후의 단계들, 곧 훈육 체제, 자유주의, 신자유주의와 관련된다.
3. 이 점을 나는 『소외되기-소내되기-소내하기』에서 자세히 다루었다. 푸코에 따르면, 안전을 목표로 삼은 자유주의 통치 방식도 개인들의 특성보다 인구에 관한 확률에 주의를 기울인다. Foucault(2004a): 21~24. 그러나 확률과 위험의 흐름에 주의를 기울이는 경향은 신자유주의 시스템에서 더 강해진다. 푸코는 이 점을 특히 형법과 관련된 정책을 분석하면서 강조한다. "형법의 관점에서 좋은 정치는 더 이상 범죄를 뿌리 뽑는 것을 목표로 삼지 않고, 범죄의 공급과 부정적인 수요의 곡선 사이에서의 균형을 목표로 삼는다. 또는 더 나아가면, 사회는 순응에 대한 무한정의 요구를 가지지 않는다. 사회는 철저하게 훈육적인 시스템에 복종할 필요성을 가지지 않는다." Foucault(2004b): 261.
4. "자기참조적인 시스템의 개념은 모든 존재론적 은유와 모든 선험성을 버리도록 요구한다." Luhmann(1984): 656.
5. Luhmann(1995): 38.
6. Luhmann(1995): 59.
7. Luhmann(1995): 38.
8. 하라리는 이 경향이 극대화된다고 주장한다. "알고리즘은 반란을 일으켜 우리를 노예로 만들기보다는 오히려 우리를 위해 유익한 결정을 내려줄 것이고, 그러므로 그 조언을 따르지 않는 것은 미친 짓일 것이다." 하라리(2017): 457.
9. 하라리는 마찬가지로 이 경향을 극단으로 몰고 간다. "수백 년 동안 그렇게 하는 것[이야기하는 자아에게 선택권을 주는 것]이 합리적이었던 것은, 이야기하는 자아가 온갖 종류의 허구와 판타지를 믿는다 해도 그만큼 나를 잘 아는 시스템이 없었기 때문이다. 하지만 이제 나를 더 잘 아는 시스템이 생겼는데, 이야기하는 자아에게 계속 권한을 맡기는 것은 무모한 일일 것이다. (…) 민주적 투표 같은 자유주의적 관행들은 머지않아 낡은 것이 될 텐데, 내 정치적 견해를 표현하는 일조차 구글이 나보다 더 잘할 것이기 때문이다." 하라리(2017): 463.
10. 알고리듬 전문가 도밍고스는 결국 빠르게 학습될 수 있는 데이터로 환원되는 것이 이긴다고 말한다. 도밍고스(2016): 233. "나는 평생 동안 배운 내용을 책 한 권으로 응축할 수 있고 당신은 몇 시간 만에 읽을 수 있다. 그런데 머신러닝 알고리즘은 몇 분이나 몇 초 내에 배울 수 있어야 한다. 진화를 촉진하는 볼드윈 효과든, 인간의 학습을 촉진하는 언어로 하는 의사소통이든, 아니면 빛의 속도로 유형을 발견하는 컴퓨터든, 가장 빨리 배우는 쪽이 승리한다. 머신러닝은 지구 생명체가 벌이는 군비 경쟁의 가장 최신의 분야이다."
11. 「나는 어디에 있는가?Where am I?」라는 글에서 그는 사고 실험을 한다. "바로 직전에 나

는 오클라호마에서 산 채로 땅에 묻혔다. 그런데 털사와 휴스턴 사이에서 마지막 무선 신호가 끊어지면서 지금의 나는 탈신체화된 상태로 휴스턴에 있다. 빛의 속도로 나의 위치를 털사에서 휴스턴으로 바꾼 것이 아닌가?" Dennet(1981): 317. 클락(2015): 143~144에서 재인용. 앞에서 든 민스키의 예도 참조할 것.

12. 데닛(2006): 123~124.

13. 데닛(2006): 129~130.

14. 데닛(2006): 131.

15. 데닛(2006): 133.

16. 보스트롬은 단일한 초지능이 지구의 지능을 통합하고 관리하고 통제할 것이라는 가능성이 크다고 생각한다. Bostrom(2014). 하라리도 이런 종말론적 비전을 연출한다. "결국 우리는 이런 전지적 네트워크에서 잠시도 연결이 끊겨 지낼 수 없는 시점에 이를 것이다. 연결이 끊긴다는 것은 곧 죽음을 의미한다." 하라리(2017): 471~472.

강한 인공지능과 인간

11장

인간 잉여의 불안과
인간 강화의 기대를 둘러싼 소용돌이

1. 잉여 또는 남아도는 것들의 여러 양상들

인간 잉여의 정서와 불안은 갑자기 생긴 것이 아니고, 어떤 방식으로든 사람들에게 낯설지 않다. 여기서도 몇 가지 모습을 구별할 필요가 있다. 우선 저 멀리 있는 차원에서 시작해보자. 우주적인 차원에서 사람들이 많건 적건 느끼는 잉여성이 있다. 모든 살아 있는 것들은 나이를 먹으면서 생기를 잃거나 죽음과 직면하면서 어떤 근원적인 잉여의 느낌에 사로잡힌다. 어떤 살아 있는 개체도 장구한 세월 속에서 먼지로 바뀌는 것을 피할 수 없다.

둘째, 문명 진행 과정에서의 잉여성이다. 문명이 그것이 유발한 생태적이고 군사적인 '마지막 날doomsday'에 가까이 가고 있다는 느낌, 또 개인이 어렵게 갈고 닦는 정신적이고 인문적인 고귀함은 거의 사라지고 대중매체나 사회관계망 서비스가 만들어내는 잡다한 이슈들이 전반적으로 지나치게 전시되고 소비된다는 느낌도 여기에 속한다. 지구 환경이 황폐

해져서 또는 인공지능에 의한 위협 때문에, 인간이 지구를 떠나 우주로 가야 한다는 전망들도 여기에 속한다.

셋째, 매우 빠른 속도로 진행되는 진화 과정 때문에 생기는 잉여 현상이 있다. 당신은 빠른 진화를 원하는가? 얼마나 빠른 진화? 어떤 지식이나 기술적 능력을 빨리 성취할 수 있는 정도? 그러다 보면 모든 것을 빨리 하고, 탈이 난 것을 빨리 고치고, 그럭저럭 작동하는 것을 더 잘 작동하게 하려는 동기들이 생긴다. 치료와 향상의 경계는 이미 무너지고 있고, 앞으론 그런 구별이 별 의미가 없을 것이다. 잘 알려져 있듯이 유기체로서 인간은 그리 빠르게 진화하는 존재가 아니다. 인공적인 것이 훨씬 빨리 진화한다. 이것이 문제다. 인간의 능력을 뛰어넘는 슈퍼지능의 등장 시기에 대해서는 이론異論이 얼마든지 있을 수 있지만, 하드웨어의 연산능력에 관한 한 앞으로 10년 안에 1000배 정도 발전하고, 그 후 다시 기하급수적으로 진화한다는 예측이 지배적이다.[1] 그렇다고 아주 느리고 안전하게 진화하는 길이 있는 것도 아니다. 느리게 나아가도 탈은 생긴다. 인간의 신체와 심리를 강화시키고 향상시키는 일이 부질없거나 오만한 일이라며 그것을 거부한다고 옳은 진화의 길이 열리지는 않는다. 또 개인의 진화, 집단의 진화, 인간 전체의 진화, 그리고 우주의 진화의 양상과 속도가 관찰하기에 따라 각각 다를 수 있다. 각각의 개별자에겐 자신의 진화의 특성이 가장 중요하지만, 더 넓고 큰 범위에서는 각각의 개별자의 유별난 특성은 그리 중요하게 보이지 않을 것이다. 이 차이와 갈등은 피할 수 없다. 인간을 향상시키려는 다양한 시도들을 동반하는 열광과 기쁨은 잉여로 밀려나는 슬픔과 분노와 부딪칠 것이다.

넷째, 괜찮은 일자리를 얻을 수 있느냐는 사회적 의미에서의 잉여성이다. 자동화 장치나 로봇 때문에 일자리를 잃거나 얻지 못하는 사람들이

강한 인공지능과 인간

점점 많아질 때, 또는 일반적으로 일자리가 없어서 괜찮은 일자리를 가지지 못한 사람들이 늘어날 때, 사람들은 자신을 잉여 또는 '루저'라고 인식할 것이다. 그 결과 노동시장의 경쟁이 더 치열해지고, 그것은 다른 갈등으로 이어질 것이다. 예를 들면, 남성과 여성 사이의 갈등이 격화될 수 있다. 노동의 효과는 여러 가지이다. 소득도 중요하지만, 마음이 제멋대로 잔가지를 치거나 부서지기 쉬운 상태로 빠지는 것을 막아주는 노동의 효과는 그 못지않게 중요하다. 그런데 그런 마음의 균형을 유지할 수 있는 노동이 박탈되는 순간, 인간의 심리는 괴팍스러움과 변덕스러움에 내맡겨질 것이다. 다수에게 충분히 기본소득이 제공되기도 쉽지 않겠지만, 그것이 제공된다고 해도 노동이 주는 이 효과는 기대하기 어렵다. 기본소득을 제공받되 노동을 하지 않는다면, 행위자가 할 일 가운데 가장 쉬운 것은 여러 형태의 오락과 게임을 즐기는 일이다. 그리고 그로부터 오는 쾌감에 의존하기, 그리고 그것이 주어지지 않을 경우 곧 지루해지는 심리적 경향은 다시 그의 심리를 더 변덕스럽고 괴팍한 것으로 만들 것이다.

다섯째는 심리적인 의미에서의 잉여성이다. 현재 인간 의식이나 심리가 매우 부서지기 쉬운 어떤 것이 되었다는 데 주의해야 한다. 어떤 시대보다 자유가 확대된 시대에, 사람들은 어느 때보다도 우울증과 울화병, 그리고 조울증에 시달린다. 보통 사람들도 그러니 특별한 과제를 위해 애쓰고 성공하려는 사람들은 분명히 더할 것이다. 그런데 가만히 보면, 보통 사람들도 그냥 보통으로 살지 않고 각자 자신의 특별한 기회를 위해 애쓴다. 누구나 크게 한 방을 터뜨릴 기회를 잡으려 한다는 점에서, 보통 사람 모두 대단한 꿈을 꾼다. 한편으로는 전혀 특별하지 않은, 전혀 특별하기 어려운 교체될 수 있는 부속품인데도, 특별함을 꿈꾸기.

이 간극 속에서 인간 심리는 무차별적 시험에 드는 셈이다. 거기서 울화와 조울증이 펑펑 터진다. 과거엔 신분·계층·성별 등의 차이가 이런 무차별적 비교 경쟁을 막는 역할을 했다면, 언젠가부터 그 둑은 터졌다. 사실 인간 마음이 위대한 과제를 수행하기 위해서 고통이 필수적이라는 교훈은 고대부터 이어져 내려왔다. 기쁨과 고통을 겪고 평가하는 능력에 있어 인간 개개인은 비슷하다고 여겼던 공리주의자 존 스튜어트 밀 1806~1873도, 종의 차원에서는 인간이 동물보다 우월하다고 믿었는데, 그렇게 생각한 가장 큰 근거는 다름 아니라 정신적인 수준이 높아질수록 고통 없이는 기쁨을 얻기 어렵다는 데에 있었다. 거의 모든 사람이 비교적 자연적인 경계 안에서 움직이던 19세기 말에는, 그리고 기쁨을 위해서는 고통이 요구되어야 한다고 믿었던 당시에는, 그런 가정이 어느 정도 유효했다고 할 수 있을 것이다. 그러나 이 두 가정은 그 이후 깨져버렸다. 아니, 어떤 점에서는 이미 당시에도 그 가정은 가상적으로만 유지되었을 것이다. 왜냐하면 자신의 기쁨을 위해서는 자신의 고통뿐 아니라 타인의 고통도 요구되어야 했는데, 밀도 이 점을 충분히 고려하지는 않았다. 그는 모든 사람이 동등하다고 여겼고, 각자가 타인의 자유를 크게 침해하지 않으면서 자신의 자유를 얼마든지 누릴 수 있다고 여겼으니까. 실제로 근대 이후 인권의 발전과 확대는 타인의 고통을 쉽게 이용하거나 착취하는 일을 허용될 수 없는 것으로 만들었고, 따라서 고통을 통해, 고통을 딛고 위대함을 성취하려는 고전적 시도는 이제는 거의 불가능에 가까운 시도가 되었다고 할 수 있다. 다른 이유도 있지만, 특히 이 문제는 근대 이후 인간 심리를 뒤엉키게 만들었다. 이제 사회는 다양한 모습의 심리적 고통에 거의 짓눌려 있다. 모두가 '힐링'이 필요할 정도로 '멘탈'이 부서지기 직전이다.

여섯째, 개인화 과정이 계속 발전하면서 생기는 잉여성이 있다. 물론 인간의 인간다운 의식이 인공지능과 알고리듬의 시대에 얼마나 살아남을지 지금 판단하기는 쉽지 않다. '인간다운 의식'이라는 말 자체가 거대한 혼돈 속에 빠져 있다. 인간 존재의 다사다난 앞에서 크게 고뇌에 빠지고 우울증에 빠지는 것이 인간다운가, 아니면 순간순간 충만하게 행복하게 사는 것이 인간다운가? 이 둘 사이의 간격은 어마어마하다. 그리고 사실 지금도 휴머니즘에 근거한 의식은 벌써 거의 사라졌다고 판단할 수도 있다. 이미 각자가 자신의 생존을 위해 이기적이고도 개인주의적으로 삶을 영위하고 있는 '뿔뿔이 사회' 아닌가? 이 뿔뿔이 사회의 모습은 단순히 사상으로서의 개인주의와 다르다. 개인화를 실행하고 유발하는 실제적인 사회 시스템들이 있는데, 이들은 개인들을 좋아하는 것도 아니고 개인주의를 추구하는 것도 아니지만, 맞춤형 개인화 과정에 따라 개인들을 생산하고 소비한다. 페이스북 같은 네트워크 시스템도 그렇고, 맞춤형 보험도 그렇고, 개별성을 고려하는 여행 추천도 그렇다. 개인들의 데이터를 미세한 수준에서 엄청나게 수집하고 그들의 패턴을 정리하는 알고리듬이 이런 경향을 더욱 확대시킬 것이다. 그 결과, 개인들의 삶은 너무 세분화되어 각자는 자신에게 맞춤된 슬픔과 기쁨, 분노와 열정에 따라 살게 된다. 지금도 벌써 각자는 자신의 삶의 이야기에 집중하다보니 다른 사람들과 삶을 공유하기 힘들 정도이다. 또는 이야기의 형태로는 공유한다고 하더라도, 실제 실천에서는 각자 자신의 삶의 고랑을 따라간다. 그 고랑이 그리 깊게 파인 것도 아닌데도, 그들에게는 거기서 쉽게 빠져나오지 못할 정도로 충분히 깊다. 그렇다고 국가나 사회가 실행하는 공공의 프로젝트가 그냥 사라진다는 말은 아니다. 그런 것들은 여전히 있을 것이고 어떤 점에서는 국가나 사회는 더 커질 수도 있다. 그러나 그

와중에 개인들의 삶과 의식은 뿔뿔이, 너무도 뿔뿔이 흩어지는 경향이 있다. 각자는 사회 시스템의 부속품으로 노동하기에 바쁘고, 그 나머지 개인의 자유 시간에는 자신들의 개인적인 방식으로 자신의 자유를 실현하기에 바쁜 나머지, 각자가 자신 안에 갇힌다. 각자는 자신의 이야기로 꾸며지고 구성된 삶을 살지만, 이 자신만의 이야기는 너무 작고 약한 가지가 되어가고 있다. 허공에 저 홀로 매달린 채 어디서 왔는지 알 수 없는 바람에 어쩔 줄 모르고 흔들리는 가지.

일곱째, 인공지능과 빅데이터 기술이 점점 진보하면서 생기는 인간 지능의 잉여성이 있다. 적지 않은 사람들(정치인·기업인·공학자들 등)이 4차 산업혁명을 '인간 지능을 컴퓨터로 대체하는 획기적 전환'이라고 생각하는 상황이 아닌가? 복잡한 도시에서 운전을 하는 사람이 내비게이션에 의존하게 되면서 생기는 편리함과 무력감의 이상한 뒤섞임은 그것의 출발점이라고 할 수 있다. 알고리듬이 개인보다 더 개인을 잘 알게 된다는 진단은 터무니없지는 않다. 복잡한 대도시의 교통 시스템 안에서 벌써 사람들이 자신의 생각과 판단만으로 운전하기 어려운 국면에 들어와 있다. 이제 길을 잃는 순간 사람들은 무력해진다. 과거엔 그렇지 않았다. 길을 잃어도 어떻게든 다른 길로 가기만 하면 그런 대로 되었고 조금 늦게 가도 그런 대로 되었다. 그러나 이제 내비게이션이 인간보다 잘 판단하는 대행자라고 생각하며 그것에 권한을 위임하게 되었듯이, 알고리듬은 개인보다도 더 개인에 대해 잘 안다는 믿음과 권한을 점점 더 위임받을 것이다. 개인이 알아야 할 것을 인공지능이나 알고리듬이 더 잘 알고 관리해준다면, 그래서 행동과 태도에 대한 조언들을 인간에게 내려준다면, 이것들은 이미 반은 개인보다 더 개인을 잘 아는 대행자가 된 셈이다. 그래서 멀지 않은 때에 인공지능과 알고리듬은 상당한 수준에서 인간의

강한 인공지능과 인간

지능보다 우월한 기능을 수행하고 따라서 인간의 일자리의 상당 부분도 대행하며 심지어 인간의 정서와 느낌까지도 관리하고 통제할 가능성이 크다. 더 나아가면, 인공지능은 어느 순간 인간의 지능을 정말 획 뛰어넘을 수 있다. 그것은 자연적인 지능의 한계를 가능한 모든 방향에서 넘어갈 것이다. 더욱이 그 지능들은 끝없이 서로 연결되어 거의 하나의 네트워크로 기능할 수도 있다. 어쨌든 여기서 인간 잉여의 불안은 주로 부정적인 측면에서 관찰된다.

그래도 사람들은 내비게이션을 도구로 잘 사용하고 있지 않은가? 그것이 초래하는 현상을 단지 인간이 잉여가 되는 것으로만 볼 수 있는가? 그렇다. 기계와 연결되면서 생기는 일들은 단순히 인간을 무력하게 만드는 일들은 아니다. 앞에서 우리가 여러 각도에서 인간과 기계가 시스템으로 연결되는 과정을 서술했듯이, 그것은 복합적인 성격을 가지는 동맹이자 네트워킹이다. 자동화 기술이나 인공지능 기술도 인간을 단조로운 노동에서 벗어나게 하고 생산성을 높인다는 취지에서 인간 강화의 관점을 가지고 있었다. 그렇다, 우리가 마지막으로 관찰할 인간 잉여의 상황은 앞에서 언급한 것들처럼 일방적으로 부정적인 성격을 가지는 것들이 아니다. 그러나 이 점은 조금 후에 다루기로 하고, 일단 앞의 다소 부정적인 성격을 띤 문제들에 대해 논의해보자. 우주적이거나 문명적 차원의 잉여성은 일단 옆으로 밀어두고, 현재 사회와 직접 관련된 물음에 집중해보자.

사람들이 남아도는 자원으로 취급되는 형태는 여러 가지로 나타날 것이다. 학력이 낮거나 기술이 부족해서 괜찮은 일자리를 찾지 못하는 사람들, 또는 그럭저럭 일자리를 찾았더라도 형편없이 낮은 임금 때문에 시름시름하는 사람들, 또 높은 경쟁 속에서 공부할 만큼 했는데도 그 기대에 상응하는 일자리를 구하는 데 지쳐서 포기한 사람들, 외국으로부터 이주한 난민들, 또 그 난민에 의해 위협받는다고 느끼는 사람들, 이들 모두 새로운 형태의 남아도는 사람들이 될 가능성이 높다. 또 기업이 요구하는 성실성과 충성심을 제공하는 데 지쳐서 아예 포기한 채 그냥 그런 대로 사는 사람들도 늘어날 것이다.

우선, 인간 잉여 현상이 일어난다고 인간이 금방 하찮은 존재가 되는 것처럼 생각할 필요는 없다. 그런 태도는 문제를 너무 단순하게 만든다. 인간은 이미 다양한 형태로 시스템과 사이보그로 변화하고 있기 때문이다. 그러나 전통적 인간주의는 타격을 입을 것이다. 그리고 거기서 오는 충격은 클 것이다. 근대 이후 사회는 복지 시스템을 통해 주변화되는 사람들을 사회의 중심에 붙잡아두고자 했다. 인간이 중심인 사회 안으로 붙잡고 내포시키고자 했다. 그러나 그 복지 시스템은 이제 인공지능과 머신러닝에 의해 거대한 변화를 겪을 수밖에 없다. 인간 일자리의 40퍼센트 또는 80퍼센트가 사라진다는 이런저런 전망들이 출몰하고 있다. 관찰 기준에 따라 다를 뿐이지, 장기적으로 이 경향은 바뀌기 힘들 것이다. 그러나 너무 극단적이거나 단순한 방식으로 생각하거나 가정할 필요는 없다. 일자리의 80퍼센트 이상이 사라진다는 예측이나 가정은 그 자체로 너무 극단적이다. 그 정도로 로봇이나 인공지능이 발달한다는 것도 의심스럽지만 정작 중요한 점은 그것이 아니다. 만일 그 정도로 대규모로 로봇이나 인공지능이 인간을 대행하거나 대체하는 상황이라면, 그들이 단순히 인간을 위해서 봉사한다고 생각하기도 어렵다. 그들은 분명히 다른 방식으로도 행동할 수 있을 것이다. 그러나 어쨌든 일자리의 40퍼센트만 사라져도 그 변화는 엄청나다. 다음 세대의 연금을 위해 세금을 낼 사람들이 크게 줄어들기 때문이다.

이 상황에서도 여러 변수가 있을 것이다. 우선, 로봇과 머신러닝 덕택에 생산성이 높아질 것이라고 생각하는 사람들의 의견처럼 그로부터 생기는 초과 소득이 생긴다면, 그래서 그것을 국가가 괜찮은 일자리를 찾지 못한 사람들에게 나누어줄 수 있다면 다행일 것이다.[2] 기본소득의 출발점도 비슷하다. 로봇이 산출하는 이익에 따라 로봇들을 소유한 인간이나 법인이 세금을 내도록 하고 일자리가 마땅히 없는 사람들이 기본소득을 받을 수 있다면 그나마 다행일 것이다. 적지 않은 사람들이 기본소득에 희망을 걸고 있다. 그러나 어쨌든 소득이 많건 적건 재분배된다고 하더라도, 국가로부터 지원받는 그들의 사회적 지위는 잉여 상태로 떨어질 가능성이 높다. 노동을 통해 자신의 정체성을 확립하지 못한 채 기본소득을 받고 근근이 살아간다면, 그들은 남아도는 존재가 될 가능성이 높다.

여기서 일단 가정은 로봇과 인공지능 덕택에 생산성이 높아진다는 것이다. 물론 거기에 대해 이런저런 이의도 가능하다. 아직까지는 일반적이고도 장기적으로 증명된 것이 없다는 이의도 그 가운데 하나이다. 그러나 컴퓨터 등장 초기에는 생산성이 큰 차이를 보이지 않았지만, 그 기술을 보완하는 다른 기술과 사회 조직이 확대되면서 생산성이 전반적으로 높아지는 경향이 있었다.[3] 그 경향이 유지된다고 가정하자. 그리고 이어서 높아진 생산성 덕택에 세금 수입이 늘어난다고 가정할 수 있다. 그러나 그것이 근대적 복지 시스템의 연장이 될 수 있을까? 여러 점에서 어려울 수 있다. 우선 노동의 관점에서 근대 이후 노동은 인간을 인간답게 만드는 최고로 중요한 요인이었다. 사회적 관리와 통제도 그 노동을 통해 이루어졌다. 그런데 이제 그것이 변화하고 있다. 인공지능이나 로봇에 의해 산업 시설의 많은 부분이 가동되는 경우, 일부 사람들은 새로운 직업

교육을 받는다고 하자. 이들의 정확한 숫자를 예측하는 것도 어렵겠지만 어쨌든 그들은 그 직업교육을 통해 새롭게 취업할 수 있을 것이다. 그러나 상당수 사람들은 아예 괜찮은 일자리를 찾지 못할 수 있다. 의미 있는 수준의 일자리를 가지 못하는 사람들이 25퍼센트 정도를 넘은 사회는 근대적 의미의 사회와 아주 다른 형태를 띨 것이다. 그 이상이 된다면, 말할 나위도 없다. 지금은 그저 불길한 징후로 보이지만, 지금부터 한 세대만 지나도 그 양상은 심각해질 것이다. 지금 대부분의 사람은 여러 형태의 노동을 통해 개인적 정체성을 형성하고 있는데, 만일 그 과정이 크게 축소되거나 약화된다면 어떤 사회가 도래할지 또 인간이 어떤 형태의 삶을 영위할지 쉽게 상상하기 어렵다.

이것은 일자리의 부분적 축소에서 그치지 않는다. 뒤에서 다시 보겠지만, 중간층의 소득이 줄어들면 중간층 자체가 점점 줄어들거나 약화될 수 있다. 아니, 실제로 그런 조짐이 벌써 일어나고 있다. 비숙련 노동자뿐만 아니라 중간층의 소득도 줄어들고 있다. 그리고 중간층의 소득이 줄어들 경우, 복지국가를 떠받치는 커다란 축이 약화되는 셈이다. 경제학자 에릭 브린욜프슨1962~과 공학자 앤드루 맥아피1967~는 인공지능과 로봇을 비롯한 기술에 의해 생산성이 획기적으로 늘어나고 있다고 일단 낙관적으로 진단한다. 그 말은, 일인당 평균 소득은 정보기술의 발전 덕택에 늘어났다는 의미다. 보통 생산성의 증가를 말할 때는 이런 자료가 제시되곤 한다. 그러나 평균 소득이 늘어났음에도 불구하고 중간층과 소득 분포 80퍼센트에 속한 사람들의 소득은 실질적으로 줄어들었다. 평균 소득이 증가했음에도 불구하고 중간 소득이 감소했다는 것은, 상위층(넓게 잡아도 15~20퍼센트)과 그 아래층의 불평등이 커졌다는 말이다. "디지털 도구는 급속히 발전하면서 유례없는 부를 만들어내고 있지만,

강한 인공지능과 인간

(…) 중간 임금은 생산성을 따라가기를 중단했다."[4] 이것은 단순히 임금의 문제가 아니다. 평범한 능력이나 솜씨의 문제다. "'평범한' 실력이나 능력을 갖추었을 뿐인 근로자에게는 지금이 최악의 시대다."[5] 물론 이 소득의 불평등을 유발하는 데에는 국가 사이의 경쟁 등 여러 가지가 작용하지만, 무엇보다 최근의 기하급수적인 기술 발전과 혁신이 가장 큰 요인이라고 할 수 있다. 정보기술 덕분에 평균 소득과 생산성이 증가했다고 낙관적으로 진단하는 브린욜프슨과 맥아피조차도 기술이 발전함에 따라 소수를 제외한 다수의 삶은 더 불행해지고 있다고 진단할 정도이니,[6] 얼마나 복합적인 과정이 진행되는지 짐작할 수 있다.

마찬가지로 경제학자 테일러 코웬1962~은 '평균적인 것이 사라진다'는 관점에서 이 현상을 관찰하고 있다. "요즘은 사업이 부진하면 고용주는 회사의 미래를 위해 중간 임금의 중간급 일자리를 줄이는 고통스럽지만 합당한 선택을 한다. 이는 정보혁명이 일어나는 하나의 전조이며 노동의 세계 전체를 개조하는 과정이다."[7] 코웬은 전체적으로 노동시장의 양극화가 일어나서, 부유한 상층부와 다수의 저소득층이 생길 것이라고 예측한다. 이 방향으로 역사가 진행할 경우, 인간에게는 아주 어려운 시대가 올 수 있다. 무엇보다 근대적 복지국가의 모델은 심각하게 타격을 입을 것이다. 물론 급격하게 또는 철저하게 그것이 무너진다고 생각할 필요는 없다. 기본소득은 어떤 국가에서는, 또 어느 정도는 도입될 수 있다. 그러나 기대와 달리 그저 구색만 갖추는 정도에 머물 수도 있다. 거의 확실한 것은 근대적 복지국가의 모델은 점점 약화될 가능성이 크다는 것이다. 그냥 껍데기만 남지는 않을 수도 있지만, 내가 판단하기에는 분명히 시름시름할 것이다.[8] 왜냐하면 다수의 소득은 지금도 점점 줄어드는 경향이 나타나고 있기 때문인데, 로봇과 인공지능이 도입되면 그 경향은 더 커질 것이다. 더욱이 부유층이 그 복지 모델을 지탱하기 위하여 또는 그것의 어려움을 극복하기 위해 더 크게 기여할 것이라는 기대를 하기는 어렵기 때문이다.[9]

이렇게 다수의 중간급 임금 노동자들이 고용의 불안에 시달리며 생존 위험에 빠질 경우, 사람들은 고용주나 부유층의 통제에 쉽게 예속될 수 있다. 그래서 경제학자 코웬은 다수의 노동자들이 엄격한 자기제어의 규율에 종속될 것이라는 진단을 한다. "종합적으로 보자면 취업 시장의 이러한 경향에 따라 고용주의 소득은 갈수록 늘어나고, 직장에서의 목표 달성에 더욱 초점이 맞춰지며, 성실하고 고분고분한 근로자에 대한 수요가 늘어날 것이다. 또한 인지능력이 있는 엘리트가 큰 이득을 보며, 서비스 분야의 프리랜서가 많아지고, 기량 없는 근로자는 일자리를 얻으려고 힘든 쟁탈전을 벌이게 될 것이다."[10] 미국에서 펼쳐질 일에 대한 전망이지만, 그곳에서만 제한되지 않고 다른 곳에서도 비슷하게 일어날 가능성이 크다.

그런데 여기서 인지능력이 큰 사람들과 그렇지 않은 사람들 사이에서 펼쳐지는 격차는 고용 시장에만 국한된 것일까? 그렇지 않을 것이다. 흔히 로봇과 인공지능 때문에 일자리가 감소되고, 소득 불평등이 심화될 것이라는 걱정과 불안이 쉽게 퍼진다. 일차적으로 경제적인 불안과 걱정에 더해 복지국가의 지속 가능성에 대한 불안과 걱정이 더해진다. 거기에는 상당한 근거가 있다. 기술에 의한 실업과 불평등에 의한 잉여. 그런데 그것과 다른 잉여 상태가 있다.

강한 인공지능과 인간

2. 평범한 일반 지능 또는 평범한 것의 잉여

　　로봇과 인공지능과 머신러닝의 발전으로 생산성이 높아질 경우에, 그 혜택을 많이 받는 소수와 그렇지 못한 다수로 인류가 분화될 가능성이 높은 것은 사실이다. 1퍼센트와 99퍼센트 정도로 극단적인 분화가 일어날 가능성이 전혀 없지는 않겠지만, 그런 극단적인 모습보다는 다소 현실적이고 보수적인 모습으로 나타날 가능성이 더 크다. 절대 다수와 대립적인 관계에 있는 소수의 통치는 안정적이지 못할 터이기 때문이다. 아마 10~15퍼센트 정도의 부유층이 상층부를 형성할 가능성이 크다. 지금도 그 비슷한 비율의 상층부가 형성되고 있으니까. 어쨌든 중요한 점은 앞으로 중간 계층의 입지는 계속 약해질 가능성이 크다는 것이다. 여기서 중간층의 소득 감소, 그리고 더 일반적으로 노동의 소득 감소는 일차적으로 기술에 의한 실업과 불평등과 직접 연결된 잉여를 가리키는데, 우리는 그 사실로부터 다른 잉여를 엿볼 수 있다.

　　우리는 5장에서 강한 인공지능의 발전 앞에서 평범한 일반 지능은 점점 잉여 상태에 빠지게 된다는 점을 관찰하였는데, 이제 그 현실적 영향과 여파를 다시 분석할 때이다. 경제적으로 중간 계층의 소득이나 부가 줄어드는 과정은 이미 지금도 상당한 정도로 관찰되는데, 그것과 더불어 평범한 지능의 인간이 인공지능과 머신러닝 앞에서 잉여 상태에 빠지기 쉽다. 특수한 영역에서만 인간보다 나은 로봇이나 인공지능에 의해 대행될 위험이 커지는 것이 아니다. 평범한 일반 지능의 영역에서도 이것들은 얼마든지 인간을 대행하고 대체할 능력이 있기 때문이다. 다르게 말하면, 비숙련 노동자나 중간급 노동자들에게만 기술에 의한 잉여가 일어나지는 않는다는 것이다. 상당한 지식을 가진 사람들도 그 위험에서 면제되지 않는다. 적지 않은 과학 분야에서는 노벨상 수상자라 할지라도 사람의 뇌로는 이해할 수 없는 설명들이 등장하고 있다. 사람의 뇌로는 이해할 수 없는! 그리고 코웬은 경제학자의 관점에서 그 비슷한 일이 경제학과 같은 사회과학에서도 일어나고 있다고 관찰한다. 이제까지 인간의 기준으로는 상당한 지식 수준을 가진 이라고 해도 더 이상 사회와 세계를 이해할 수 없게 되는 일이 벌어진다. "일단 천재적인 기계가 사용되고 분업과 상보성이 일어나면, 과학적 결과는 일반인이 이해할 수 없는 수준으로 넘어갈 것이다. (…) 일반적인 수준의 학력을 가진 대중은 과학이론으로부터 어느 정도 차단될 것이며, 그들이 과학적 추론에 오랫동안 지녀왔던 충성심은 사라질 위기에 처할 것이다."[11] 더 나아가면, 인공지능이 인간보다 발전한 이론을 만들 가능성이 크다. "현 상태로는 사람의 지적 능력을 초월한 거대 이론이라고 할 만한 것이 그리 많지 않다. 사람만이 이론을 만들어낼 수 있기 때문에 적어도 평균보다 훨씬 영리하고 학력이 높은 일부 사람은 이론을 어느 정도 이해하고 있다. 그러나 앞으로는 사람만이 이론을 만들어낼 수 있다는 제약이 사라질 것이며 언젠가 천재적인 기계가 새로운 이론을 내놓기 시작하면 명료성은 아주 먼 과거의 유산처럼 여겨질 것이다."[12] '천재적인 기계'라는 말이 다소 허무맹랑하게 들릴 수 있다. 그러나 머신러닝이나 빅데이터를 통한 인공지능의 능력의 발전을 고려하면, 그것은 지금도 이미 진행 중이다. 과거처럼 학자가 이론을 전개하고 그것이 세상을 설명하는 틀로 큰 영향을 발휘했던 인문적인 또는 지식인 중심의 시대는 이미 저물어가고 있다. 데이터를 많이 가진 기업들이 그 데이터처리를 통해 내놓은 실증적인 자료들은 근대적 의미의 이론보다 벌써 훨씬 큰 영향력을 행사하고 있다. 그래서 코웬의 관찰에 따르면 한두 세대 안에 교수 수준의 전문가들도 대량

강한 인공지능과 인간

의 데이터를 가지고 작업하는 머신러닝에 의해 추월될 위기에 있다.

문제는 이것들이 현실을 파악하고 통제하는 데 이론보다 훨씬 더 큰 영향력을 가지는 데에만 있지 않다. 사람들이 머신러닝이 작업하는 방식을 이해하지도 못하고 따라가지도 못한다는 데 또 다른 위험이 있다. "우리는 [기계 지능이 알려준] 조합이 금융 위기를 유발하는 이유를 이해하지 못할 것이다. 기계의 추론 과정을 살펴도 데이터가 너무 많고 모델이 지나치게 복잡해서 쉽게 파악할 수 없을 것이다." 그래서 "'전문가'의 의미도 바뀔 것이다. 추정한 결과를 내놓는 실제 작업을 하는 사람이 아니라, 기계가 내놓는 자료를 이해하는 훈련을 받은 사람, 혹은 데이터를 기계가 읽을 수 있도록 전환하는 훈련을 받은 사람으로 말이다."[13] 너무 암울하게 보이는가? 그럴 수 있다.

스스로 학습하는 능력을 가진 인공지능이 발전하는 상황에서 코웬은 점점 영리해지는 "기계와 협력하며 일하는 사람이 가장 성공할 것"이라고 본다. 그것을 단순히 도구로 보거나 그것과 대립하는 태도는 아예 생각할 수도 없다. 게임의 규칙이 명확하고 결과도 쉽게 판명할 수 있는 경우에는 코웬이 말하는 대로 영리한 "기계와 협력하며 일하는 사람이 가장 성공할 것"이라는 진단이 맞을 것이다. 여기서 '협력'은 경제와 경영의 차원에서 비교적 쉽게 계량화할 수 있을 것이다. 사람들은 생산성을 높이거나 주어진 목표에 가까이 가는 방식으로 컴퓨터를 이용하고 그것과 협력할 수 있다. 체스 게임에서 일단 컴퓨터가 인간 챔피언을 압도한 이후에 사람 대 컴퓨터의 대결은 거의 의미가 없어졌다. 컴퓨터가 압도적 차이로 사람을 이기기 때문이다. 그러나 그렇다고 게임이 끝나지는 않았다. 사람과 컴퓨터가 연합하여 출전하는 프리스타일에서는 아직도 여러 변수가 가능하다. 아주 강한 컴퓨터라도 그보다 약한 컴퓨터와 인간이 연합한 팀에게 지는 일이 일어난다. 또 강한 인간과 안 좋은 프로그램으로 구성된 팀을 약한 인간과 좋은 프로그램으로 구성된 팀이 이기는 일도 일어난다. 어떤 연합이 전반적으로 성공적인지 일률적으로 판단하기는 어렵다. 그래도 게임의 규칙과 결과를 비교적 명확하게 판단할 수 있는 경우에는, 인간과 인공지능의 협력에 대해 비교적 합리적으로 접근할 수 있을 것이다.

그러나 일자리와 권한의 경쟁에 관해서는 그런 협력이 쉽지 않을 것이다. 따라서 게임의 경우를 여기에 그대로 적용하기는 어렵다. 그런데 새로운 기술의 발전 덕택에 생산성이나 평균 소득이 늘어나겠지만 중간층의 소득과 노동의 소득이 1990년대 이후 감소하고 있으며 불평등도 심화되고 있다고 차분하게 진단하는 브린욜프슨과 맥아피도 이 점에서는 낙관적으로 다음과 같이 말한다. "공학자들이 기계가 강하고 인간이 약한 분야를 토대로" 인간과 기계의 차이를 증폭시키는 연구를 한다면, "기계는 인간의 대체물이라기보다는 인간을 보완할 가능성이 더 높다. 효율적인 생산은 인간과 기계 양쪽의 투입을 요구할 가능성이 더 높다."[14] 이 합리주의적인 가정 덕택에 그들은 기술 때문에 커다란 실업의 문제가 생기지는 않으리라고 다소 편하게 생각한다. 인간과 기계가 서로 강점과 약점을 보완하는 관계로 간다면, 정말 이상적일 것이다.

그러나 내 생각에 그런 가정은 합리주의의 함정에 빠져있다. 자율주행 차의 등장 때문에 일자리를 잃고 졸지에 잉여 상태에 빠지는 인간 운전자와 비슷한 처지에 있는 사람들이 적지 않다면, 그리고 그뿐 아니라, 대학이나 대학원을 나온 사람보다도 인공지능이 특정 전문 분야에서 더 뛰어나고 값싼 노동력을 제공할 수 있어서 그런 사람들이 실업자가 되는 경우가 많아진다면, 기술에 의한 실업을 그렇게 낙관적으로 평가할 수

강한 인공지능과 인간

없을 것이다. 더욱이 지식인이라고 여겨졌던 사람들조차 인공지능이 수행하는 지적인 작업을 이해할 수 없다면, 그들의 지능은 틀림없이 잉여 상태에 돌입하게 된다. 더욱이 '실업'에 대한 그들의 가정은 지나치게 단순하다. 실업은 "기존 일자리가 자동화하면서 내쫓긴 사람들의 남아도는 시간과 에너지를 써서 문제를 해결하는 창의력을 아직 충분히 발휘하지 못했다는 뜻"15이다? 그러나 이제까지 하던 일에서 내쫓긴 사람들이 그들의 남아도는 창의력을 잘 발휘해서 더 잘하면 된다는 가정이야말로 너무 낙관적이고 합리주의적인 가정이 아닌가?

물론 나도 인간이 로봇이나 인공지능과 사회적으로 협력적인 관계를 맺기를 바라고 그래야 바람직하다고 생각한다. 그래서 사이버 행위자에 관한 한, 인간-사이보그가 처음에는 유기체에서 출발하지만 나중에는 그 발생학적 특징을 버릴 수 있다고 판단했다. 그 결과 인간-사이보그가 로봇이나 인공지능과 본질적으로 구별되지 않을 것이라고, 또는 그 둘을 본질적으로 구별할 필요가 없을 것이라고 판단했다. 다른 말로 하면, 로봇과 인공지능도 그런 사이보그 사회에서는 사회적 행위자로 인정되어야 한다는 말이다. 그러나 이것은 이론적으로 인간주의적 행위자의 좁은 틀을 버리고 시스템을 행위자로 볼 수 있을 때만 가능한 일이다. 인간(주의)적 행위자에 집착한다면 그런 사회적 관계에는 쉽게 도달하지 못할 것이다.

그런데 로봇과 인공지능 때문에 인간이 일자리를 잃는다는 불안과 걱정에는 여전히 인간 행위자가 중심에 있다. 더 나아가 평범한 지능과 능력을 가진 인간이 잉여 상태에 빠질 것이라는 불안과 판단에도 마찬가지로 인간이 중심에 있다. 인간이 일자리를 잃을 것이라는 불안과 평범한 인간 지능의 잉여성에 대한 불안은 서로 연결되어 있다. 그 불안과 걱정은 로봇이 생산성을 높인다면 얼마든지 인간을 대체할 수 있다는 경제적인 판단과는 상당히 다른 것이다. 경제적 생산성에만 초점을 맞춘다면, 사실 실업과 잉여는 크게 문제가 되지 않을 것이다. 높은 생산성이 거의 모든 것을 설명해주고 책임지기 때문에, 생산성이 높은 쪽으로 가면 된다. 생산성이 궁극적으로 제일 중요하다는 전제가 깔려있기 때문이다. 그러나 인간이 잉여가 된다는 불안과 판단은 단순히 경제적 생산성에 의해 규정되지 않는 면이 있다. 비록 경제적 불평등이나 소득 차이가 그 잉여성에 크게 영향을 미치더라도 말이다. 인간이 도대체 사회적으로 어떤 존재이며, 무엇을 하면서 삶을 영위하느냐는 물음이 있을 때, 인간의 잉여성에 대한 염려 또는 판단이 생긴다.

기술에 의한 실업과 중간층의 소득 감소와 사회적 역할 축소는 다만 생산성이나 경제 문제에만 국한되지 않는다. 평범한 지능은 물론이고 이제까지 지식인층이라고 여겨졌던 사람들의 지능도 진부한 것이 될 수 있으며, 이것은 새로운 의미의 잉여 상태, 곧 이제까지 인간주의적 지능과 능력으로 이해된 것의 잉여 상태를 유발한다. 이 잉여는 물론 앞에서 논의한 기술에 의한 실업과 불평등과 직접 연결되어 있고 그것으로부터 영향을 받을 것이다. 경제적으로 부와 소득의 혜택을 받는 사람들은 일단 기술에 의한 실업과 불평등으로부터는 안전할 터이지만, 그렇다고 인간의 평범한 지능과 능력의 잉여가 오직 또는 전적으로 경제적 측면의 잉여에 의해 영향을 받거나 그것과 동일하다고 보기는 어렵다. 그 둘 사이에는 차이가 있다. 부와 소득의 혜택을 누린다고 해서 평범한 인간의 지능과 능력이 잉여가 되는 위험으로부터 안전하지는 않을 터이니까.

인간 잉여가 인간 강화의 시도와 뗄 수 없이 맞물려 있다는 것은 따라서 잉여의 문제가 단순히 생산성의 문제로 그치지 않는다는 것이다.

강한 인공지능과 인간

사람들에게 적당한 일자리가 없다는 것은 물론 경제적 지표에 영향을 주는 요인이기도 하지만, 기계를 도입하여 생산성이 높아지기만 한다면 최소한 그 잉여는 경제적으로 크게 문제가 되지 않을 것이다. 계층 사이에 소득의 격차가 벌어진다고 해도, 적지 않은 경제학자들은 평균 소득이 높아지고 또 소수의 승자가 그에 걸맞은 협상력을 발휘할 것이기에 크게 문제가 되지 않는다고 생각한다. 그러나 다른 행위자에 의해 일자리를 빼앗기고 따라서 전반적으로 평범한 인간의 지능이나 존재 자체가 잉여 상태에 빠지는 것은 그와 다른 문제. 그리고 그렇게 평범한 인간의 지능과 능력이 남아도는 것으로 보이게 만드는 상황의 배경에 인간의 지능과 능력을 강화시키고 향상시키려는 시도와 노력들이 있다. 다르게 말하면, 인간과 기계가 협력하는 것이 좋다는 의견은 경제적인 차원에서는 맞을 것이다. 그러나 로봇과 인공지능의 확대, 그리고 다른 생명공학적 개입을 포괄하는 인간 강화 시도들은 그 차원을 넘어가서 인간의 존재 자체에 물음을 던진다. 인간이라는 존재를 추상적으로 또는 이념적으로 함께 지탱해온 사회적이고 심리적인 근거가 커다란 파도에 흔들리고 소실될 수 있기 때문이다. 인간과 기계가 협력해야 좋다는 말은 인간과 기계가 각자 계속 서로 다른 본질을 가지지만, 그래도 함께 움직인다고 가정한다. 사소한 것 같지만 엄청나게 완강한 철학적 가정이다. 그와 달리 인간 강화의 시도들은 바로 인간의 본성과 직접 관련된 물음을 던진다. 인간의 본성이 크게 바뀌는 변곡점을 우리가 돌고 있기 때문이다. 이 점에서 보면 인간을 중심에 놓는 경제적 판단은 인간 강화의 시도와 관련된 문제들에 접근하기가 어렵다.

이 점에서 인간 강화의 시도들은 로봇과 인공지능을 사이버 행위자로 인정하는 관점과 서로 다른 차원에 있으며, 충돌할 수도 있다. 아마도 결국에는 인간 강화의 시도들이 로봇과 인공지능을 사이버 행위자로 인정하는 데 기여할 수도 있겠지만, 그 일은 저절로 일어나지는 않는다. 또 그 일이 일어나기 전에도 얼마든지 충돌이 일어날 수 있다. 로봇과 인공지능을 사이버 행위자로 인정하는 관점은 말하자면 이미 인간주의에서 벗어난 셈이며, 따라서 그 관점은 인간이 기계를 계속 도구로 사용할 수 있을 것이라는 생각과 다르다. 그와 달리 인간을 강화하는 시도들은 그 자체로는 아직 인간주의에서 벗어나지 않아도 가능하거나, 또는 인간주의에서 벗어나지 않을 때 더 고집스럽고 기괴한 형태로 가능한데, 이런 이념적 이중성도 그 충돌의 혼란에 기여한다. 인간의 본질을 설정하는 인간주의는 자신을 무엇이라고 이해하든, 앞에서 논의한 푸코의 분석에서 볼 수 있듯이, 자신과 다른 타자들을 언제든지 배제하기 때문이다.

이제까지 우리는 복합적인 태도를 유지해왔다. 복잡성을 크게 줄이지 않으면서 복합성을 보고자 했다. 매우 중요한 태도였지만, 실제로는 상당히 이론적인 성격을 띠는 문제일 수도 있다. 그러나 이제 문제는 매우 실제적이면서도 구체적인 상황을 대비하라고 요구하고 있다. 실제로 하나의 시간의 흐름 속에서 또는 하나의 시스템 안에서 행동하는 행위자는 그 시간과 시스템의 제약 안에서 행동하고 관찰해야 한다. 다르게 말하면 그는 복잡성을 줄이고 정리해야 한다. 특히 환경 속에서 생존과 진화가 새롭게 문제가 된다면, 행위자들은 그것들의 무지막지한 소용돌이 속에 던져진 채 행동을 해야 할 것이다. 생존과 진화가 새롭게 문제가 된다면? 그렇다, 바로 그것이 새롭게 문제가 되고 있다. 생존과 진화를 걱정하지 않을 수 있다면 좋겠지만, 향상되는 자나 그렇지 못한 자 모두, 그리고 강한 지능을 가지게 되는 자와 약한 지능을 가지게 되는 자 모두, 나름대로 새로운 환경에서 새로운 방식으로 생존을 위해 자기를 조직하고 진화해야 할 것이다.

새로운 방식의 생존과 진화의 문제는 무엇보다 점점 빨라지는 기술의 진행 때문에 생긴다. 여기서 기술의 관점에서 매우 중대한 요인은 '기술의 폭발적 발전'[16]이다. 그것이 일어나면서 변화의 속도가 빨라졌을 뿐 아니라, 변화의 질도 달라졌다. 물론 여기서 결정적으로 중요한 기술적 요인은 프로그램을 자율적으로 설계하는 프로그램인 머신러닝의 등장일 것이다. 다른 말로 하면, 인공지능 과학자나 공학자의 등장, 또는 인간에 의해 지도받지 않고도 자율적으로 학습할 수 있는 능력을 가지게 된 머신러닝의 등장, 또는 자기를 복제하는 인공지능의 등장이다. 이는 그 자체로도 이미 이제까지 경험하지 못한 새로운 단계로의 진입을 의미한다.

그러나 인간에게 지도받지 않고도 스스로 학습하거나 일종의 초지능을 가진 인공지능이 등장하기 전, 그리고 기술적 특이점이 도래하기 전이라도, 인간을 강화하는 다양한 시도들은 상당한 수준에서 인간과 사회의 모습을 바꿔놓을 가능성이 크다. 진지하게 생각하면 꼭 도입되어야 할 기술이 아닐 수 있는데도, 그 기술이 개입된 상품들은 평범한 인간 존재에 대한 이해에 큰 영향을 미치고 있다. 마찬가지로 인간을 강화하고 향상시키는 다양한 시도들은 다양한 방식으로 지능을 강화하고 장애를 극복한다는 합리적 명분을 가지고 있다. 자연과 인간의 전통적인 본성이라고 여겨졌던 것을 강화시키고 향상시키려는 다양한 시도들은 끊이지 않을 것이다. 여기서 인간 강화의 시도는 꼭 인간 자체를 강화해야 하는 것도 아니다. 넓은 의미에서 인간이 자신의 인지 시스템을 강화하기만 해도 그 효과는 비슷하다. 아주 월등한 지능을 가지지 않더라도 최소한 지금의 반려동물보다 조금 나은 수준에서 움직이고 인간과 교감하는 로봇이 바로 그런 변화를 가져올 수 있다. 그것은 인간성에 근거한 인간의 연대라는 것을 뒤흔들 것이다. 지금도 반려동물은 가족이며, 거의 사람에 준하는 자격을 가진다. 최소한 가족이 아닌 다른 인간들보다는 그 가족에게 더 친밀하며 그래서 더 나은 대접을 받는다. 여기서도 이미 인간의 존재론적 위상은 변하고 있다. 그런데 그 이상으로 로봇이 사람과 교감한다면? 그들을 일종의 행위자로 인정하지 않는다면, 사회 자체 그리고 인간의 연대 자체가 내부적으로 찢어질 것이다. 따라서 스스로 프로그램을 만드는 인공지능이 등장하지 않더라도, 또 기계가 정말 인간과 같은 의식을 가지느냐는 형이상학적 물음에 얽매이지 않더라도, 인간의 인지 시스템을 강화하면서 사이버 행위자들이 사회에서 역할을 하는 상황은 비교적 가까운 미래에도 얼마든지 가능하며, 일단 그 문제를 해결하는 과정이 앞으로 로봇과 인공지능을 상대하는 국면을 시험하는 과정이 될 것이다.[17] 그리고 가만히 보면, 지금도 이미 사람들 사이의 지능과 능력의 차이는 수많은 차별을 낳을 정도로 분화되고 있다.

이 과정에서 평범한 인간의 지능과 능력은 다양한 방식으로 잉여 상태로 밀릴 가능성이 크다. 그러므로 이 잉여 상태는 단순히 기계 때문에 일자리를 잃거나 소득이 감소하는 것과는 다른 성격과 맥락을 가진다. 이 잉여는 인간이 자신의 지능과 능력을 강화하려고 새로운 기술을 발전시키는 과정에서 생기고 있다. 기계로 인한 실업과 불평등의 문제와 연결되어 있기는 하지만, 그것보다 더 크고 복잡한 인간의 존재 자체를 때리는 문제이기 때문이다.

많은 사람은 흔히 인간이 인공지능을 도구적으로 잘 이용하기만 하면 될 것이라고 가정한다. 그러나 사람보다 더 멀리 그리고 깊이 인지하는 인공지능이 계속 인간을 위한 도구로만 움직일 것이라고 가정하는 것은 너무 순진하지 않은가? 해결해야 할 문제가 여럿 있는 상황에서 인공지능이 사람의 판단력이 너무 형편없다는 것을 반복해서 발견할 때, 그리고 사람들이 그 상황에서 고집스럽고도 이기적으로 행동하는 것을 자주 볼 때, 그들이 그럼에도 불구하고 계속 충실한 하인으로만 움직일 것이라고 생각할 수 있는가? 사람들은 대부분 로봇이나 인공지능이 자신에 대한 판단이나 감정을 가지지 못할 것이라고 전제한다. 그러나 로봇이나 인공지능이 사람 못지않은 사회적 행위자나 사이버 행위자가 된다는 것은 그들도 인간 못지않게, 비록 인간과 똑같을 필요는 없지만, 나름대로 좋고 나쁜 것에 대해 판단한다는 것을 내포한다.

로봇과 인공지능의 미래에 대해 이야기하는 일은 상당 부분 예측과 상상에 의존할 수밖에 없다. 훌륭한 '과학기술 소설'[18] 작가들은, 때로는 조심스럽게 그러나 필요하면 언제나 과감하게 인간과 로봇의 미래를 전망하고 서술하는 일을 시도한다. 흔히 사람들은 아이작 아시모프 1920~1992의 소설에 등장하는 로봇 3원칙이 로봇이나 인공지능의 개발과 발전에 적용될 수 있다고 여기곤 한다. 그러나 사실은 그렇지 않다. 아시모프 자신도 그 원칙들을 로봇의 진화 과정에 일관되게 또는 궁극적으로 적용할 수 있다고 여기지 않았다. 로봇 3원칙이라고 알려진 것조차도 그가 로봇 소설을 처음 썼을 당시에[19] 설정된 기초적인 원칙이었을 뿐이다. 그 소설의 진화 과정 속에서도 초기의 그 도식적인 원칙들은 거의 사라지거나 유명무실해진다. 그 원칙들은 인간과 로봇 사이에 세워진 매우 단순한 위계질서에 근거하기 때문이다. 그 원칙이 제안된 소설집에서도 로봇은 인간을 위한 단순한 도구나 하수인으로 머물지 않고 이미 어느 순간 인간을 능가하는 지능을 가진다. 또 인간이 융통성을 가지고 행동하는 것과 달리, 로봇은 기본 원칙이 주어지면 논리적으로 거의 맹목적일 정도로 그 원칙에 따른다. 그래서 원칙들이 논리적으로 서로 충돌하는 경우엔 그 사이에서 어찌하지를 못한 채 갈팡질팡한다. 그러나 이런 일도 인공지능이 순전히 논리를 따라 고지식하게 행동한다는 원칙을 따를 때에 일어날 뿐이며, 그 단계를 지나면 로봇도 인간 못지않게 얼렁뚱땅 또는 기회주의적으로 행동한다. 로봇은 심지어 대도시 시장이 되고, 지구의 모든 지역이 연합체를 구성할 때 최초의 세계 조정자가 된다.[20] 그때쯤에는 이미 로봇이 세상을 움직이고 있는데, 저 로봇이 두 번째 세계 조정자 임기를 마칠 때쯤에야 인간 로봇 전문가는 비로소 그 진실을 알게 된다. 이 소설집 초반에 로봇 전문가는 시대를 뒤돌아보며 말한다. 처음에는 "말을 못하는 로봇이었죠. 그 후에 인간과 좀더 비슷한 로봇이 나오면서 반대 운동이 시작되었어요. 노동조합은 일자리를 놓고 로봇과 경쟁하는 걸 당연히 반대하고, 이런저런 종교 집단들은 미신적인 이유를 들먹이며 반대했지요. 어리석고 생각할 가치도 없는 주장이었지만, 분명 그런 시대가 있었어요."[21] 똑똑한 로봇을 반대했던 그런 시대가 있었다? 1950년에 나온 소설의 이 예측은 우리에게는 아직도 일어나지 않은 듯한, 그러나 벌써 일어나기 시작한 일이다. 아시모프는 이 픽션을 통해 로봇을 통제하거나 인간에게 예속시키려는 인간의 모든 시도를 추월하고 우스꽝스럽게 만들었다.

물론 그렇다고 인간과 인공지능 사이의 갈등이 깨끗이 정리된 것은 결코 아니다. 다만 그 이후에는 그 갈등에 대해 단순히 인간주의 및 인간의 우월성이나 선함에 근거하여 문제를 관찰하는 일은 힘들어졌고, 여러 섬세하고 복합적인 접근이 필요하다는 것을 최소한 훌륭한 작가들은 알게 되었다. 아서 C. 클라크[1917~2008]의 스페이스 오디세이 시리즈는 대중적이면서도 지적으로 훌륭하게 인간과 HAL 9000이라는 이름을 가진 인공지능의 갈등 상황을 그린 작품이다. 여기서도 갈등은 미묘한 방식으로 전개된다. 문제를 해결해야 하는 상황에서 인공지능이 사람보다 더 많이 알고 더 복합적으로 판단할 수 있다면, 인간이 그/그녀의 판단에 따라야 할 것이다. 네 권으로 이루어진 오디세이, 『2001 스페이스 오디세이』『2010 스페이스 오디세이』『2061 스페이스 오디세이』『3001 스페이스 오디세이』 가운데 사람과 인공지능 HAL과의 갈등이 본격적으로 드러나는 것은 첫 번째와 두 번째이다. 첫 번째 권에서는 사건이 일어나기는 했지만 왜 그런 일이 일어났는지 드러나지는 않는다. 나중에 밝혀진 사실은, HAL이 전반적으로 우주선을 관리할 뿐 아니라 우주 조종사 데이브 보먼과 프랭크 풀보다 탐사의 목적에 대해 더 많은 정보를 가지고 있다는 것이다. 애초에 인간 조종사들에게는 탐사의 중요한 목적에 대한 정보가 주어지지 않았고 HAL에게만 그것이 주어진 셈이다. 그러나 그 정보를 보먼이나 풀에게 누설하는 것은 허락받지 못했다. HAL은 자신이 우주선의 기본적인 작동을 관리할 뿐 아니라 인간 우주인보다 더 많은 것을 안다고 생각했고, 거기서 기인하는 일종의 우월함은 단순히 기능만 관리하는 기계라는 인간 우주인의 인식과 충돌할 수밖에 없을 것이다. 실제로 인간 우주인들은 HAL이 자신들보다 탐사의 목적에 더해 더 깊이 안다는 것을 모르고 있었고, 기계적인 작동에 대해서만 HAL을 이용하는 태도를 보였다. 이 상태에서 HAL은 일종의 분열을 겪게 되고 인간을 조종하려고 한다. 두 번째 권에서 제시된 관찰 보고서를 보자. "이 상황이 왜곡이나 숨김이 없는 정확한 정보 처리라는 HAL의 설계 의도와 배치되었음. 그 결과로서 HAL은 인간에 빗대 말하면 정신 질환을, 구체적으로 말해 정신분열증을 일으키게 되었음. C 박사가 기술적인 전문용어로 알려준 바에 의하면 HAL은 호프스테터-뫼비우스 고리에 갇혀

버렸던 것이라며 이는 자율적 목표 추구 프로그램이 탑재된 고성능 컴퓨터들이 분명 드물지 않게 처하는 상황이라 함. (…) HAL은 배겨낼 수 없는 딜레마에 직면했고, 그래서 지구에서 시행했을 때의 기능 검사 결과들과는 정면으로 배치되는 편집증 증세가 나타나게 된 것임."22 인공지능이 인간보다 더 많은 일을 하고 인간이 모르는 목표에 대한 고급 정보를 가지고 있음에도 불구하고 인간이 그를 단순히 도구로만 생각할 때, 인공지능이 정신분열에 빠지지 않으리라고 기대한다면 사람이야말로 고집불통의 편집증에 사로잡힌 것이리라. 인간이든 인공지능이든 자신이 잉여라고 느낀다면 견디기 어려울 것이다.

3. 인간 강화와 맞물린 인간 잉여의 문제

앞에서 살짝 암시되었듯이, 마지막이자 제일 중요한 형태의 인간 잉여라는 인식은 다름 아니라 인간을 향상시키려는 시도와 욕망들 때문에, 그리고 그 덕택에 발생한다. 다르게 말하면, 여기서 인간은 그냥 능력이 부족해서 쓸모없어지거나 어떤 부작용 때문에 남아도는 상태가 되지 않는다. 또는 단순히 경제적 불평등이나 실업에서 기인하는 잉여에 그치지 않는다. 인간의 지능과 인지능력을 강화하고 향상시킨다는 거창한 목표 때문에, 그리고 그 주변에서, 인간은 잉여 상태에 사로잡힌다. 이제 이 점에 집중해보자.

사람들은 현재 수많은 방식으로 인간의 존재 방식을 향상시키려는 유혹에 사로잡혀 있다. 약물이나 기계 장치를 통해 신체 기능을 향상시키기, 생명공학이나 의학 기술을 통해 생물학적 경계를 넘어가기, 또 신경

작용제를 통해 인지 기능이나 감각 기능을 향상시키기, 뇌와 컴퓨터를 연결시킴으로써 뇌의 지능을 강화시키기, 또 인공지능과의 결합을 통해 지능을 극대화하기. 또 인간에게 고유한 의식과 마음으로부터 분리되거나 그것으로부터 변화한 지능은, 인공지능이나 데이터로의 전환이 내포하는 커다란 위험을 무릅쓰면서도 스스로 데이터가 되면서 인간 이상으로 인지능력을 가지기를 꿈꾼다. 인공지능의 발전이 이 모든 인간 강화 프로젝트를 좌지우지하지는 않더라도 어쨌든 거기서 핵심적인 역할을 한다.

이 인간 강화 시도들은 낙관주의자들이 바라는 대로 그냥 인간을 향상시키지는 않을 것이다. 향상된 소수와 향상되지 못한 다수로 나뉘는 위험이 앞으로 계속 커질 수 있고 실업의 위험도 커질 수 있고 따라서 양극화 현상도 더 심해질 수 있다. 그러나 앞에서 언급한 대로, 인간 강화의 시도와 직접 맞물린 잉여의 위험은 경제적 잉여 상태와 동일하거나 전적으로 그것에서 영향을 받지는 않는다. 이 점을 다시 한번 강조하기 위해, 인간 존재 자체를 전반적으로 뒤흔드는 이 잉여를 경제적 불평등에서 기인하는 잉여와 비교해보자.

경제적 불평등에서 기인하는 경제적 잉여 상태에서 다수는 거의 전적으로 부와 소득의 혜택에서 배제될 가능성이 크다. 따라서 그 갈등은 소수의 상층부와 다수 사이의 집단적이고 계층적인 대립 형태를 띠기 쉽다. 신체적 능력을 강화시키거나 노화를 방지하는 수술 등의 의학적 개입에서 부를 독점한 상층부와 그렇지 못한 다수 사이에 격차와 분열은 상당히 분명하게 나타날 것이다. 더 나아가 데이터를 장악한 일부 기업 및 그 소유자들과 자신들의 데이터를 제공하면서 서비스를 제공받는 다수의 시민 사이에서 정보를 둘러싼 갈등도 점점 커질 것이다. 소수의 지배적인 기업과 개인은 자신들의 데이터를 무력하게 노출시키지 않으면서 개인적 자율성을 유지할 것이지만, 대다수의 개인은 자신들의 일상적 결정까지도 인공지능에 기반을 둔 데이터 그물망에 의존하게 될 것이다. 이 점에서 경제적인 경계선 또는 대립선이라고 부를 수 있는 것은 분명히 존재한다. 경제적 불평등은 인간 강화에 필요한 자원을 확보하는 능력, 그리고 데이터를 노출시키지 않는 힘과 여유에서 결정적으로 차이가 날 것이다. 따라서 기존의 경제적 불평등은 경제적 자원과 정치적 영향력에서의 차별뿐 아니라, 인간 강화와 프라이버시를 유지하는 능력에서도 차별이 확대되게 만들 것이다. 여기서 부유한 소수와 그렇지 못한 다수는 집단적 동일성을 유지하며 그 때문에 대립적 관계를 가진다. 또 후자들은 전자가 누리는 특권에서 배제된다는 점에서 특징적이다. 경제적 불평등이 생명기술과 정보기술에서의 격차를 유발하고 확대한다는 것이 핵심이다.

그러나 인간의 지능과 능력을 강화하는 시도들과 맞물린 인간 잉여 현상은 경제적 불평등 및 그로 인한 차별과 겹치는 면이 있으면서도, 전적으로 그것에 의해 결정되지는 않을 것이며 그것과 동일하지도 않다. 그 시도들은 말하자면 사람들이 추구하는 욕구와 욕망의 차원, 그리고 그것과 연결된 실질적인 행동이 자신에게 미치는 영향에서 생긴다고 할 수 있다. 부유하지 않은 사람들, 또는 소득이 증가하지 않고 감소하는 중간층은 불평등과 기술에 의한 일자리 상실이라는 위험에 시달리고 경제적 불평등에 불만을 터뜨릴 것이지만, 그들이라고 인간의 지능과 능력을 강화하고 향상시키는 다양한 시도들에서 전적으로 배제되어 있거나 그것을 전적으로 포기하지는 않을 것이다. 그들도 그들에게 가능한 범위 안에서, 어떤 방식으로든지, 자연적이고 전통적인 인간 이상으로 향상될 수 있는 여러 길목에 서길 원할 것이다. 지능과 능력을 강화하는 시도들이 경제적 이유 때문에 제약을 받더라도, 자신이 원하는 어떤 특수한 영역에서는 그래도 그것을 추구하는 시도를 멈추지 않을 것이다. 부자들처럼 다양하고 풍부한 시도들을 할 수는 없겠지만, 문명화 과정에서 중간층이 과거 귀족만 할 수 있던 사치를 어느 정도 누렸듯 그리고 지금 경제적으로 다소 허약한 사람들도 자신이 좋아하는 영역에서는 점점 더 좋은 것을 누리고 때로는 부유한 사람들과 거의 비슷한 것을 누리듯, 자신을 강화시키기 위해 이런저런 시도들을 할 것이다.

그러나 평범한 일반 지능과 학력을 가진 사람들이 이미 과거에 필수적이었던 인생의 경로들을 포기하는 일이 벌어지고 있듯이, 강한 지능의 기계와 협력하는 길이나 생명공학적인 방식으로 인지능력을 향상시키는 일은 이제까지 경험하지 못한 충격적인 방식으로 일어날 가능성이 크다. 특히 기계의 지능이 인간의 개입을 원하거나 필요로 하지도 않을 정도로 강화된 수준으로 발전한다면, 평범한 인간들은 그런 기계와 협력할 접점을 찾기가 점점 어려워질 터이다. 경제적 잉여성은 생산성이나 소득의 불평등과 실업률에 의해 계량적으로 산정되고, 일단 거기서 끝난다. 그러나 인간 존재의 잉여성의 영향은 그것을 넘어 더 넓고 깊게 그리고 복합적으로 퍼져나간다. 인간 강화와 맞물린 인간 잉여의 위험은 단순히 경제적 불평등에 그치지 않고 인간 종의 자기 이해를 뒤흔들 것이다. 그것이 인간 종을 소멸로 이끈다는 말은 아니지만, 어쨌든 인간에 대한 인간주의적 이해는 크게 흔들리고 부서질 것이다. 이것은 인간 강화 프로젝트에 성공적으로 참여하는 부유한 사람들에게도 상당한 정도로 해당할 것이다. 그들은 경제적으로는 그 위험에서 비교적 면제되어 있다고 할 수 있지만, 인간이라는 사회적 존재에 관련된 미묘한 영역에서는 그렇지 못하다. 그 잉여성으로부터 생기는 불만과 싸움을 그들도 많건 적건 힘들게 감당해야 한다.

인간의 고귀한 점은 대부분 슬픔이나 고통을 감내하면서 생긴다. 그런데 지능을 데이터처리 과정으로 여기며 그 지능을 강화할 경우, 그 과정을 생략하거나 건너뛸 가능성이 높다. 그럴 경우, '인간 이상의 인간'이 아니라 인간과 다른 어떤 존재가 발생할 것이다. 뇌를 기계/컴퓨터와 연결시키는 프로젝트를 보자. 그 지능이 여전히 인간적일까? 그렇지 않을 것이다. 컴퓨터와 연결된 뇌의 패턴을 정보의 패턴으로 상당한 정도로 복제할 수 있다면, 보편적인 인간의 본성 같은 것은 더 이상 생각할 필요가 없다. 인간의 지능을 향상시키고 강화시킨다는 프로젝트는 실제로 대뇌의 구조와 능력을 향상시키고 강화시킨다는 전제를 깔고 있다. 그런데 현재 인간 대뇌의 기본 구조는 어쩔 수 없이 생물학적 진화 과정에 갇혀 있으며, 따라서 원시적 뇌와 크게 다르지 않다. 인간을 넘어가는 프로젝트는 어느 단계에서는 필연적으로 이 뇌의 자연적 경계 또는 '특이점'을 넘어가야 할 것이다. 그리고 그 경계를 제대로 한번 넘어가면, 그다음엔 인간적 특성은 사라진다고 봐야 한다. 거꾸로 말하면, 그 경계를 넘어가지 않으면, 제대로 인간 '이상'으로 넘어간 것이 아직 아니다. 인간 강화 프로젝트의 딜레마다. 이 역설 또는 딜레마를 인식하지 않는 사람들이 많다. 이제까지 보편적 인간성에 대한 믿음이 그나마 크게 유지된 것은 그의 정신이 쉽게 복제되거나 그의 능력이 쉽게 강화되지 않기 때문이었다. 그런데 한번 인간 강화의 둑이 터지면, 인간 잉여의 불안과 갈등도 마찬가지로 터질 것이다. 신체와 마음 모두 어떤 방식으로든 끊임없이 수정되고 교환되고 대행되고 대체된다면, 잉여성을 둘러싼 갈등은 실제 상황이 된다. 인간을 향상시킨다는 기대가 클수록, 잉여의 불안도 커

강한 인공지능과 인간

질 것이다.

경제적 불평등은 생명을 통제하는 기술과 데이터를 통제하는 기술에서의 격차를 조장하지만, 그래도 인간의 일반적인 존재 의식에 관련하여 인간이 잉여가 된다는 생각을 유발하지는 않았다. 경제적 불평등에서는 1퍼센트든 5퍼센트든 10퍼센트든 특권층 집단에 대한 나머지의 원한이 집단적으로 유지될 수 있지만, 인간 강화의 기술과 함께 밀려들고 스며드는 인간 잉여의 현상에서는 그런 집단적 동일성이 유지되지 않으며 인간이라는 보편적 존재 기반이 흐물흐물해지거나 뒤흔들린다.

그러나 인간 강화와 맞물린 인간 잉여의 과정은 인간이라는 보편적 존재에 관해서만, 그리고 그 보편적 존재에 의해서만, 충격을 가져오지 않는다. 우리는 10장에서 개인화 과정은 확대되지만 개인들은 소멸하는 역설을 살펴보았다. 개인들은 점점 개인으로서의 자신의 삶에 매달리고 그것을 중요하게 생각하지만, 실제로 개인들은 근대 철학이 강조한 자유의지를 정말 행사하는 것도 아니고 자연권 사상이 내세운 소외되지 않은 권리를 가진 것도 아니다. 오히려 점점 데이터과학이나 데이터 그물망이 쳐놓은 망과 장 안에서 개인으로 생산되고 소비되고 있다. 개인의 자율성은 철학적 개념으로만 존재하고, 실제 세상에서는 가상에 지나지 않을 정도이다. 사회와 조직은 개인을 호명하고 중요한 과제를 수행하라고 권고하고 때로는 자유를 행사하라고 하지만, 실제 개인은 자신을 무수히 많은 연기자와 대리인들의 관계망 속에서 점점 순간적이고 임시적인 대체물로 느낄 수밖에 없는 상황과 직면한다. 조직과 시스템이 생산하는 데이터에 의해 생산되고 소비되는 결과물이 개인인 셈이다. 여기서 개인들은 조직과 시스템이 관리하고 통제하는 데이터의 한 뭉치일 뿐이며, 언제든지 다른 뭉치에 의해 대체될 수 있을 듯하다. 이것을 정확하게 언명하지는 못하더라도 개인들이 일상에서 겪는 엄청난 스트레스에서, 그리고 그 스트레스에서 벗어나는 것을 최대의 과제로 생각하는 그들의 움직임에서 이 불편한 사실이 드러난다.

아무리 사회관계망 속에서 커뮤니케이션을 해도 이들은 실존의 불안 정성에서 벗어나기 힘들다. 그리고 이 불안정성은 경제적 불평등이라는 집단적 원한과 부분적으로 겹치면서도 그것과 구별된다. 그들은 경제적 불평등에 시달리며 그 점에서 강자들과 구별되는 집단적 동일성을 가진 다고 여겨지지만, 개인으로서 그들이 겪는 잉여성은 그 불평등의 관점에 의해 지탱되지 못하는 경우가 많다. 이들이 자신의 삶을 산다는 대의를 위해 자신의 자유를 확대할수록, 그리고 그 과정에서 조직과 시스템이 제공하는 데이터의 파도를 탈수록, 그들은 집단적 동일성에 근거한 불평 등이라는 경계선을 떠나 다른 차원에서 살고 있기 때문이다. 근대에 학 교와 군대 그리고 감옥 같은 통제 조직들이 인간의 개인성을 구축하고 유지하도록 도왔다면, 이제 각자가 자신의 삶을 생산하고 소비하는 사회 에서 인간의 개인성은 변덕스럽고 냉소적이지만 또한 자율적 책임을 강 조하는 시스템이 관리하고 통제하는 데이터에 의해 다시 생산되고 소비 된다. 물론 개인이 깨끗이 사라지지는 않는다. 개인화 과정은 점점 확대 되고 있기 때문이다. 지금 인공지능 알고리듬은 개인들이 클릭하는 모든 궤적을 따라 개인성을 구성하도록 도와주고 있는데, 이 경향은 점점 강 해질 것이다. 다시 말하지만, 개인화 과정은 강해지지만 개인은 형편없이 약해진다. 이 역설의 위험에서 벗어날 수 있는 개인은 거의 없다. 아무리 부자더라도 불가능하다.

개인화 과정에서 발생되는 이 인간 잉여는 그저 개인들이 축소되거나 약화된다는 것을 의미하지 않는다. 우선, 개인들은 전통적인 집단성이

강한 인공지능과 인간

나 집단적 동일성에 의해 부분적으로는 파악되지만 다른 한편으로는 그 것에 의해 포착되거나 흡수되지 않는 경향을 보인다. 이것을 그냥 개인 주의라고 부르는 것은 피상적인 접근이다. 자기를 실현한다는 의지는 역 사적 과정에 뿌리를 내린 실천 방식이며 단순히 개인주의로 이해되기에 는 매우 포괄적이기 때문이다. 다만 자기를 실현한다는 그 꿈은 어느 순 간 철학적인 가상이 되었거나, 제도와 시스템이 요구하는 개인화 과정에 적응한 결과물이 되었다. 그나마 근대에는 그런 개인들이 모여서 집단적 이고 사회적 차원에서 생산적인 실적을 냈고 사회에 기여했다. 그러나 과잉 정보와 과잉 광고가 지배하는 순간부터, 그리고 그런 대중의 역할 이 로봇과 인공지능의 발전에 추월되는 순간부터, 개인은 더 이상 사회 를 구성하는 필수적인 요인이나 요소가 아니다. 오히려 데이터들이 순간 적으로 응고되거나 교차되면서 잠깐 형태를 가지는 이미지에 가깝다. 그 렇다고 그들이 그냥 허상이라는 말은 아니다. 개인적 삶의 차원에서 각 자에게 각자는 너무나 중요한 존재가 되어버린 나머지, 타자에게는 너무 불투명하고 까다로운 존재가 되어버렸다. 그래서, 비록 아직 집단적 이름 으로 호명될 때도 있지만, 그들은 그 집단성으로 존재하기에는 너무 가 늘고 뾰족한 것이 되어버렸다. 그리고 그런 불안정한 개인을 관리하고 통 제하는 데이터의 그물망은 그들의 동일성을 확보하는 데 도움이 되기보 다는, 그것을 더 알 수 없는 가공물로 만들고 있다. 그들은 각자에게 매 우 중요한 존재이면서도, 다른 한편으로 자신도 알 수 없지만 타인에게 는 더 알 수 없는 어떤 존재가 되고 있다. 개체들은 비록 의도하지 않았 더라도 모두 자신에게 매달려 있기 때문에 타자에게 무관심할 수밖에 없다. 그러니 서로 이해하면서 서로에게 공통된 관심사를 찾을 수도 없 다. 합리주의적 자유주의자들이 내세우는, 사적인 것들이 공통점을 가지는 지점에서 형성되는 공적인 것은 신화에 지나지 않는 것이 되어버렸다. 사적인 것들의 조직이 스스로를 공적인 것처럼 내세우지만, 그것은 그저 사적인 개인들의 사적인 당파에 지나지 않는 경우가 많다. 그 과정에서 공적인 것도 잉여가 되지만, 결국은 자율성을 가진다는 개인들도 자신들을 잉여로 만든다. 근대 자유주의에 기반을 둔 개인뿐 아니라 신자유주의 아래에서 자기를 관리하는 개인들도 이 잉여의 파도에 휩쓸려 허우적거리고 있다. 인공지능에 의해 관리되고 생산되는 개인들은 더 그럴 것이다.

결국 최소한 세 가지 형태의 인간 잉여가 인간 강화의 시도들과 맞물리며 몰려오고 있다. 첫째, 기술의 폭발 속에서 경제적 불평등은 인간 향상의 시도들이 일어나는 계층과 집단들 사이에 더 심각한 불평등을 야기할 위험이 크다. 이 관점은 집단적 동일성이라는 기준에 따라 불평등에서 생겨나게 될 불만에 주목한다. 둘째는 거대한 시스템으로 흡수되면서 더 강하게 연결되는 정보와 데이터의 그물망 속에서, 신체를 가진 인간은 보편적 동일성 차원에서 점점 정보와 데이터의 명멸하는 변수, 데이터에 의해 대변되는 패턴으로 바뀌고 있다. 셋째, 개인들을 개인으로 만드는 개인화 과정이 시스템과 조직들에 의해 점점 강하게 실행되고 통제되는 와중에, 개인들은 그렇게 중요하다는 개인의 존재 이유에 걸맞은 윤리적이거나 정치적인 실천을 하지 못하고 있다. 그 실천의 부재 속에서 자신을 실현한다는 이상과 가상 그리고 환상을 쫓고 있는 개인들은 무수한 파편으로 쪼개지면서 서로 부딪치고, 재차 쪼개진다. 개인은 강해지지 못하고 개인화 과정만 강해지고 있다.

물론 전반적으로 '향상되고 고양된 인간'을 꿈꾸는 사람들도 있다. 그들은 인간의 좋은 면을 고양시키고 강화시키는 시도가 필요하다고 여긴

강한 인공지능과 인간

다. 앞에서 트랜스휴머니스트라고 불렀던 사람들이 여기에 속한다. 그들은 인간의 좋은 면이라고 여겨지는 것(합리성, 기술적 인지능력, 감성, 그리고 도덕성)을 고양시키면 이제까지의 인간보다 더 훌륭한 인간이 탄생할 것이라고 믿는다. 그들은 휴머니즘 전통을 강조하면서도 얼마든지 인간을 향상시키는 인공적이고 기술적인 방식들을 받아들이거나 심지어 옹호한다. 그리고 유전공학적, 의학적, 생명과학적인 기술이 그 목적에 기여할 수 있다고 여긴다. 특히 인간 강화라는 이름으로 인간의 도덕성을 고양시킬 수 있다고 믿는 학자들도 있다.[23] 의학적이고 유전공학적인 기술을 통해, 이타성이나 정의에 대한 감각을 강화시킬 수 있다는 것이다. 부분적으로 그런 기술이 가능할 수도 있겠지만, 나는 인간의 본성으로서의 도덕성을 고양시킨다는 관점에 회의적이다. 그런 기술적 개입이 부분적으로 가능하더라도 거꾸로 그것을 통해 더 나쁘거나 사악한 행동도 얼마든지 가능해질 것이다. 그들은 착함이나 이타성을 인간에게 필요한 선험적인 본성이라고 생각하지만, 이렇게 좋다고 여겨지는 본성만을 강화한다고 해서 인간이 강화되지는 않는다. 창의성이나 똑똑함은 착함이나 이타성만으로만 구성되는 것이 아니라, 여러 형태의 전략적이고 전술적인 행동과 기술을 포함한다. 거기에는, 다른 것을 빼더라도 최소한 이기적 욕망뿐 아니라 상당한 정도의 잔인함이 속할 것이다.

여기서 내가 강조하는 잉여의 관점이 비교적 뚜렷하게 드러난다. 다시 말하지만, 인간 잉여 현상은 인간 강화 과정과 맞물리며 나타난다. 따라서 인간이 잉여스러워지는 현상을 관찰하는 일은 인간 강화를 부정하거나 거부하는 관점(하버마스, 샌델 등)과 다르다. 이들은 아예 처음부터 인간 강화의 여러 방식을 도덕성의 관점에서 부정하거나 거부하기 때문이다. 생명공학·의학적 향상이든, 뇌와 기계의 결합을 통한 사이보그-되기 과정이든 모두 거부된다. 그들은 그 기술들이 대부분 또는 전반적으로 인간의 도덕성과 미덕을 타락시키는 쪽으로 작용할 것이라고 믿는다. 그들은 이 새로운 기술들이 한층 더 인간의 자율성과 자연성을 해친다고 주장한다. 그들과 달리, 나는 인간을 고양시키고 강화시키는 이 방식들을 무조건 거부하거나 부정하지 않으며, 그것이 가능한 방식이라고 인정한다. 또 나는 이 새로운 기술들이 전적으로 인간의 자연적 본성이나 도덕성을 해치거나 타락시킨다고 생각하지 않는다. 그런 식으로 생각하자면 이미 돈과 술과 마약 그리고 거친 이념이 충분히 인간을 위험에 빠트렸을 것이다. 이것들도 이미 인간에게 위험을 주었으며, 새로운 기술들도 마찬가지로 또는 어쩌면 조금 더 강한 방식으로 인간을 그런 위험에 내맡길 것이다.

다르게 말하면, 인공지능이나 생명공학–의학적 기술들이 처음으로 인간에게 새로운 위험을 부과한 것은 아니며, 전적으로 그런 역할을 하는 것도 아니다. 문명화 과정에서 여러 갈등과 위험을 거쳐서 통과해 온 인간이 이제 또 새로운 기술들과 직면하며 이제까지 경험했던 것들과 비슷하면서도 새로운 위험을 지나가야 할 것이다. 그런데 여기서 다시 갈림길이 나타나고 선택해야 할 일이 생긴다. 인간을 향상시키고 고양시키는 이 기술들이 전반적으로 이제까지 문명을 발전시킨 기술들이 그러했듯이 인간의 인지능력을, 심지어 도덕성까지도 향상시킨다고 믿는 사람들이 있다. 물론 이 믿음에도 미묘한 차이들이 있지만, 기본적으로 그들은 인간 강화의 기술이 인간을 잉여로 만든다고 생각하지 않는다는 점에서 공통적이다. 그들은 문명화 과정이 전반적으로 폭력을 없애고 인간의 자유와 인지능력의 발전을 가져왔다고 믿으면서, 인간의 인지능력을 강화시키고 향상시키는 새로운 기술들도 그럴 것이라고 믿는다.

강한 인공지능과 인간

이 갈림길을 나는 철학자이자 국제법학자인 앨런 뷰캐넌1948~의 예를 들어 설명하겠다. 뷰캐넌은 생명의학적 향상을 전반적으로 긍정하면서도 그것이 지배와 배제를 야기하는 위험을 가진다고 경고하는 좋은 예다.24 그는 진화의 관점에서도 단순히 질서 있는 합리주의를 설정하지 않고 여러 변수들과 위험들을 고려한다.25 그러나 그는 의학 기술이 지배와 배제의 위험을 가져올 가능성을 인정하면서도, 전반적으로는 그 기술이 문명의 발전과 진보에 기여할 것이라고 믿는다. 문자 해독 능력이 그러했듯이 의학 기술도 인류에게 혜택을 줄 것이라고 그는 거듭해서 설명한다. 지배와 배제의 위험은 그 과정에서 주의해야 할 부작용일 뿐이다. 그것보다 더 중요한 점은, 그는 그 과정에서 인간이 잉여가 될 수 있다는 점에 거의 주의를 기울이지 않는다. 샌델과 같이 그 기술을 부정하고 거부하는 사람들에 대해서는 논의를 하고 있지만, 커다란 위험이 있을 수 있다는 쪽으로 나아가지는 않는다. 새로운 기술이 인간의 성격이나 미덕을 해친다고 믿을 필요가 없다는 점에서 그에게 동의하지만, 나는 그와 달리 인간 강화와 향상의 기술들이 인간을 잉여로 만들 위험이 있다고 생각한다. 더 나아가서, 그는 의학 기술이 인간을 도덕적으로 향상시킬 수 있다고 꽤 믿는 편이다. "우리는 이미 우리의 도덕적 실행을 향상시키는 어떤 방식들을 발전시켰다. 종교와 윤리를 그런 식으로 볼 수 있다. 우리는 또한 우리가 더 낫게 행동하는 데 도움을 주는 법 같은 제도들을 발전시켰다. 아마도 우리는 한층 더 도덕적 향상을 필요로 하며, 아마도 그것들의 몇몇은 의학적인 것일 터이다."26 그의 관점은 극단적이지는 않고 상당히 온건하거나 은근하다고 할 수 있지만, 어쩌면 바로 그렇기 때문에 합리주의의 차원에서는 강한 믿음이라고 할 수 있다. 또 그는 공감하고 동감하는 도덕적 능력을 강조하는데, 이것을 선험적으로 좋은 도덕적 미덕이라고만 보는 관점도 단순한 면이 있다. 창조성이나 강한 시스템에서 요구되는 것이 꼭 그것과 모순된다고 말할 필요는 없지만, 그것과 다른 면이 있다는 사실은 부정하기 어렵다.

인간의 도덕적 능력이 어느 정도는 인지능력과 생물학적 구조에 의해 영향을 받는다는 것은 사실이다. 다음 관점은 단순히 틀린 것은 아니다. "도덕적 덕이 생물학적 기초를 가지는 만큼, 우리는 생물학에 변화를 줌으로써 그것들을 증진시킬 수 있을 것이다."27 나도 그 점에서 강한 지능이나 인지능력을 강조하면서 그것을 설명하려고 애를 썼다. 그러나 그는 인지능력의 향상이 도덕성을 향상시킨다는 관점을 과도하게 믿는다. "인지적 편견은 다른 사람에 대한 부당한 판단과 또 자신에 대해 자기를 합리화하는 태도로 이끌 수 있다. 우리가 이런 종류의 잘못과 싸우는 것을 도와줄 안전한 의학적 수단들을 발전시킨다면 좋을 것이다."28 여기서 그는 도덕에 의한 갈등의 문제를 과도하게 인지능력의 결함이라는 관점에서 파악한다고 볼 수 있다. 도덕과 사람들의 갈등은 인지능력의 차이뿐 아니라 다양한 형태의 권력관계에 기인한다. 이 권력관계는 물론 인지능력에 의해 영향을 받지만, 거꾸로 인지능력이 미치는 영향은 제한되어 있다. 자연적 환경과 사회적 환경의 차이는 인지능력이 비슷한 사람들에게 상이한 방식으로 작용할 것이다. 개인이나 사회 조직이 자신을 유지하거나 확장하기 위해서 투입하는 노력이나 열정은 인지능력이 작용할 수 있는 범위를 넘어가는 면이 있다. 그래서 뷰캐넌은 인간 강화와 향상을 긍정하는 만큼, 그것과 동시에 일어나는 인간 잉여의 과정에는 주의를 기울이지 못하고 있다. 또 '안전한' 의학 기술들에 대한 기대도 상당히 낙관적이다.

다른 문제도 있다. 뷰캐넌은 인간 향상의 기술이 지배와 배제라는 위

강한 인공지능과 인간

험을 야기할 수 있다고 인정하지만,[29] 이 위험은 인간 향상의 혜택과 비교하여 상대적으로 작을 뿐 아니라 부차적인 것으로 여겨진다. 인간이 잉여가 될 수 있다는 문제는 물론, 인간의 인지능력을 향상시키는 시도들이 사회에서 특정 계층이 다른 사람들을 지배하거나 배제하는 위험을 낳을 것이라는 불안과 겹친다. 그러나 내가 말하는 잉여에 대한 불안은, 새롭게 또는 이미 엎친 데 덮친 격으로 지배와 배제를 야기할 것이라는 불안과 적잖게 다른 면이 있다. 왜냐하면 지배와 배제가 제일 위험하다고 보는 관점은 지배하거나 배제하지 않는 사회가 좋다는 전제를 깔고 있기 때문인데, 나는 그런 전제는 다소 단순한 점이 있다고 본다. 사람들을 무조건 사회에 내포하거나 포섭하는 전략이나 통치 방식도 나름대로 문제적이기 때문이다. 모든 사람이 무조건 배제되지 않게 만드는 것은 당연하고 이상적인 과제가 아니라, 다양한 방식으로 권력관계가 작용하는 과정이다.[30] 또 실제로는 그렇게 하지 못하면서 그런 이상을 내세우거나 부추기는 일도 결과적으로 인간을 잉여스럽게 만드는 점이 있다. 그래서 나는 지배와 배제가 아직 해결되지 못한 문제라는 것을 인정하면서도, 인공지능을 비롯한 기술과 관련하여 새롭게 불거지는 문제를 인간 잉여의 관점에서 파악한다. 인간이 잉여가 되었다는 느낌 또는 인간이라는 존재가 별로 도움이 되지 못한다는 느낌은 지배되고 배제된다는 불만과는 분명히 다른 면이 있다. 조금 역설적으로 서술하자면, 모든 형태의 지배와 배제 등을 부정적인 문제로 보는 일반적인 태도, 또는 모든 면에서 정치적으로 올바름을 강조하는 일반적인 태도가 인간을 잉여스럽게 만드는 과정에도 부분적으로 기여할 수 있다.

개인의 의식에 근거한 근대 자유주의적 방식은 황혼의 노을처럼 저물기 직전이다. 평범한 일반 지능이 쇠퇴하는 과정에서 인공지능이나 기계의 영향이 큰 것은 사실이지만, 그것도 너무 과장할 필요는 없을 것이다. 여기서 잠깐 시스템 형성의 관점에서 차분하게 또는 냉정하게 볼 필요가 있다. 근대 이전에는 평범한 인간이 모든 기능 시스템(정치, 경제, 도덕, 법, 예술, 교육 등)에 참여할 기회가 주어지지 않았다. 근대에 이르러 비로소 그런 참여의 자유가 주어지기는 했지만, 그렇다고 실제로 개인들이 모든 기능 시스템에서 골고루 참여할 수 있다는 보장이 주어지지는 않았다. 다만 기본권의 차원에서 참여의 기회가 주어졌을 뿐이다. 실제로는 불균등한 방식으로 기능 시스템에의 참여와 내포가 일어났다.[31] 다르게 말하면, 근대의 최대의 업적이 평등이라는 생각은 실제로는 가상에 가깝다. 평등이 점차 실현되다가 더 이상 실현되지 못하고 불평등이 확산되고 있다고 생각하는 것도 단순하다. 근대 초기에 설정된 평등은 상상 속에서만 가능하다고 여겨진 기본권이었다. 그럼에도 불구하고 근대 이후 이 참여의 기회가 도덕적이고 정치적인 이상으로 쉽게 가정되고 인정되었다. 그러나 20세기 후반 이후 더 이상 그 가정은 지속되기 힘들다. 평범한 일반 지능은 여전히 기본권을 가지기는 하지만, 실제로 누구나 그것이 잘 지켜지지 않는다는 것을 알 수 있다. 기능 시스템들의 분화가 극심하게 일어나고 있는 와중에 적절한 제어가 일어나지 못하는 것이다. 자기 제어는 개인뿐 아니라 사회 시스템에서 모두 필요한 덕목이지만, 실제로 상이한 기능 시스템들을 가로질러 그것이 작동하게 만드는 슈퍼 시스템이나 메타 장치는 없다.

이미 논의했듯이, 인공지능이나 로봇을 개발하는 과정에서 그것을 해야 하느냐 하지 말아야 하느냐는 논의는 크게 없었고, 그것이 인간에게 유익할 것이냐 해로울 것이냐 하는 논의도 거의 없었다. 그런 논의를 했으면 좋았을 것이라고 지금 생각할 수 있지만, 실제로 기술의 폭발이 일어나는 과정에서 그 개발에 앞서 그것의 존재 이유를 논의에 부치는 일은 일어나기 힘들다. 무수한 인간 강화의 시도들도 비슷한 과정을 거치고 있다. 생명공학을 포함한 향상의 기술들은 인간의 가시적인 형태와 가치에 직접 영향을 미치기 때문에 인공지능이나 머신러닝과 비교해 더 많은 이의 제기나 비판이 일어난다고 할 수 있지만, 따지고 보면 이 인간 강화 기술들의 핵심을 이루는 것은 컴퓨터의 힘과 인공지능과 로봇 그리고 데이터처리 기술 등이다. 그런데 이것들이 기술적으로 폭발하는 과정에 대해 심각한 이의 제기나 저항이 일어나기 힘들다는 사실은 결국 인간 강화 과정에 대해서 많은 점을 알려준다.[32] 물론 이의 제기나 저항이 필요 없다는 말은 전혀 아니다. 필요에 따라 할 수도 있고, 언제든지 할 수 있어야 한다. 그러나 일종의 근대적 이상인 자연권이나 사회계약론을 강조하는 관점에서만 출발해서는 인간 강화의 기술과 맞물린 인간 잉여 현상을 파악하기 힘들 것이다. 또 생명의 가치를 인간이나 동물에 한정시키며 출발하는 관점들도 비슷하게 한계를 가진다. 기계들, 인공지능과 데이터들은 전통적인 의미로 생명을 가지지 않지만, 그것들의 영향력은 점점 커지고 있고 그 과정에서 인간이 잉여스럽게 되는 일이 일어나고 있다. 이처럼 기술의 폭발이 일어나는 과정 앞에서 할 수 있는 일은, 그 과정을 단순히 낙관적으로 정당화하거나 거꾸로 생명과 자연 본성의 이름으로 그것을 거부하는 대신에, 거기에 작용하는 권력관계나 갈등관계를 차분하게 관찰하고 직시하는 것일 터이다.

주

1. 좁게 해석하면 무어의 법칙은 고정된 집적회로에 들어가는 트랜지스터의 숫자를 따진다. 그러나 가격 대비 성능의 관점에서 보면 단위 비용당 연산 속도가 더 중요할 것이다. 커즈와일은 2020년쯤이면 1000달러로 인간 뇌 기능의 모방에 충분한 하드웨어를 구입할 수 있을 것이고, 2030년이면 1000달러로 1000명이 사는 마을 인구 전체의 뇌에 해당하는 하드웨어를 살 수 있다고 예측한다. 그리고 2050년에는 동일한 가격으로 구입할 수 있는 하드웨어가 지구 인구 전체의 뇌 역량을 넘어설 것이라고 한다. 그리고 기술 혁신을 통한 패러다임 전환은 현재 약 9년마다 2배씩 증가하고 있다고 하는데, 이 속도로 간다고 하면 21세기 전체에 걸쳐 속도 배가는 11번 일어나며 결국 211배 늘어나는 셈이 된다. 그 속도는 2000년 속도의 약 2000배가 된다는 것이다. 커즈와일(2007): 172, 707.
2. 기본소득이 충분히 도입될 수 있고, 앞으로는 실업률도 문제가 아니라고 낙관적으로 믿는 알고리듬 전문가들이 적지 않다. 한 예로, 도밍고스(2016): 445. "전환기에는 떠들썩하겠지만 다행히 민주주의 덕분에 행복한 결말이 될 것이다." "실업률이 50퍼센트를 넘어서는 시기, 혹은 그전에 재분배에 대한 태도는 급진적으로 바뀔 것이다. 이제 새롭게 다수가 된 실업자들은 평생에 걸친 관대한 실업 급여와 이를 감당할 높은 세금 인상에 표를 줄 것이다. (…) 결국 우리는 실업률 대신 고용률의 감소를 발전의 지표로 여길 것이다."
3. 브린욜프슨; 맥아피(2014): 129~140.
4. 브린욜프슨; 맥아피(2014): 165.
5. 브린욜프슨; 맥아피(2014): 17.
6. 브린욜프슨; 맥아피(2014): 167.
7. 코웬(2017): 92. 코웬의 책의 원래 제목은 "평균은 끝났다Average is over"이다. 국내 번역본은 『4차 산업혁명, 강력한 인간의 시대』(마일스톤, 2017).
8. "우리는 복지국가를 만들기 위해 형편이 닿는 만큼 대가를 치르겠지만, 딱 거기까지일 뿐 그 이상은 하지 않을 것이다." 코웬(2017): 338.
9. "어느 정도 시간이 지나면 부유층은 최고 부유층 1퍼센트보다 높은 비율을 차지하게 될 것이다. (…) 시민의 10퍼센트가 오늘날의 백만장자들처럼 부유해진다고 상상해보자. 이들은 오늘날의 부자보다 훨씬 큰 영향력을 가지며 정치적으로 강력한 힘을 발휘하는 집단이 될 것이다. 이런 집단이 스스로 세금을 올려서 미래의 지출을 감당토록 해줄까?" 코웬(2017): 340~341.
10. 코웬(2017): 99.
11. 코웬(2017): 320.
12. 코웬(2017): 321.
13. 코웬(2017): 326~327.
14. 브린욜프슨; 맥아피(2014): 230.
15. 브린욜프슨; 맥아피(2014): 231.
16. 여기서 '기술의 폭발적 발전'은 물론 처음에 버너 빈지1944~가 제안하고 다음에 커즈와일이 낙관적으로 주장한 '특이점'과 닮은 점이 있기는 하지만, 똑같은 것은 아니다. 커즈와일이 예상하는 기술의 진보 곡선은 실제로 하드웨어의 폭발적 발전을 예측한 무어의 법칙으로부터 나왔다. 또 '기술의 폭발적 발전'은 기술이 이제부터 지수함수의 형태로 폭발적으로 발전하리라는 것도, 그 진보에 어떤 장애도 없으리라는 것도 아니다. 다만 인공지능을

강한 인공지능과 인간

비롯한 기술이 발전하거나 진화하는 속도가 이제까지 인간이 알았던 역사와 비교하면 '폭발적 형태'를 띤다는 것이다. 기술의 진보가 비록 지수함수가 아닌 S자 곡선의 형태를 띠더라도, 급격한 상승 국면에서는 폭발의 양상을 띨 것이다.

17. 실제로 인간 사회를 중심에 놓는 경제적 관점에서는 "온전한 의식을 가진 기계의 탄생"을 "가장 극단적인 가능성"이며 "과학소설의 소재 중 하나"라고 이해한다. 브린욜프슨; 맥아피(2014): 319. 그러나 사람들이 "온전한 의식을 가진 기계"라고 말할 때, 그것은 자칫 형이상학적 오해일 수 있다. 그 의식은 과거 데카르트를 비롯한 철학자들이 생각하는 그런 마음일 필요는 없다. 이 점에 대해서는 2부를 참조할 것. 그리고 이 저자들도 이 구절 조금 후에는 그것이 극단적인 가능성이 아니라 상당한 가능성임을 인정한다. "미래에는 달라질지도 모른다. (…) 디지털 마음은 우리의 마음을 증대시키고 더 나아가 우리 마음과 융합하거나, 스스로 자의식을 갖출 것이 확실하다."(321) 결국 경제적인 측면의 판단을 넘어가는 물음이 필요한 셈이다. 그들도 마지막에는 인정한다. "궁극적으로 우리가 다룰 진정한 문제들은 경제성장이라는 테두리를 넘어갈 것이다."(322)

18. 내가 여기서 '과학기술 소설'이라고 말하는 것은 흔히 SF라고 불리는 것이다. 그것을 '공상과학 소설'이라고 번역하는 것이야말로 너무 '공상적인' 번역이다. 그것을 피하려고 '과학 소설'이라는 용어를 사용하는 사람들이 있지만, 그것이 단순히 '과학'에 집중된 것은 아니다. 과학조차도 기술 없이는 큰 영향을 주지 못할 수 있다. 과학과 기술을 같이 연구하는 연구 분야를 '과학기술 연구'라고 부르듯이, 나는 SF를 '과학기술 소설'이라고 번역하고 싶다.

19. 아이작 아시모프의 『아이, 로봇I, Robot』은 1950년에 발표되었다.

20. 아시모프(2008): 324~328(「대도시 시장이 된 로봇」).

21. 아시모프(2008): 12~13.

22. 클라크(2017a): 219~220. 오디세이 시리즈의 두 번째 권인 이 책은 1982년에 출간되었고, 한국어 번역본은 2017년에 출간되었다.

23. 페르손과 사뷸레스쿠는 이런 '도덕적' 인간 강화를 주장한다. 이성을 고양시키면 인간의 이기성과 폭력성을 극복할 수 있다고 주장하는 스티븐 핑커의 주장에서 더 나아가, 이타성과 정의의 감각 같은 감성이 강화되어야 한다는 것이다. 그리고 이것을 '도덕적 강화'라고 부른다. Persson; Savulescu(2012): 104~109. 그러나 내가 보기에, 여기서 도덕성은 과도하게 선험적 본성으로 설정되고 있다. 그리고 마치 도덕성의 강화가 인간이 직면한 여러 문제를 해결하는 구원의 길인 것처럼 서술되고 있다.

24. Buchanan(2011b): 106~120.

25. 그는 인간 강화의 시도들을 생물학과 생명공학 그리고 진화의 관점에서 적극적으로 다루면서 진화 과정이 적잖은 위험을 내포한다고 인정한다. "진화가 일하는 방식을 보건대, 설계의 허점, 조물주가 만들었을 것으로부터 벗어남이 어디에나 있을 것이라는 것은 명백하게 예측된다. 간략하게 말하면, 진화는 필연적으로 차선의 설계들을 만든다. 다윈에게 깊은 인상을 남겼던 서툴고, 낭비가 심하며 실수가 있는 형태들은 과정 속의 혼란이 아니다. 그것들은 그 과정에 본질적이다. 그것이 바로 그가 보고자 한 것이다." Buchanan(2011a): 157.

진화 생물학의 관점에서 뷰캐넌은 조화로운 진화를 있을 법하지 않게 만드는 세 가지 요인을 든다. 그것은 중복성redundancy, 모듈화modularity, 그리고 경로화canalization다. 중복성은 오래된 유기적 시스템과 새로운 유기적 시스템들이 서로 독립되어 작동하면서도 다른 한편으로 중복된 상태로 기능하는 상태를 말한다. 모듈화 과정에서는 하나의 모듈을 변경하는 일이 꼭 다른 시스템이나 하부시스템을 바꾸지는 않는다. 경로화는 종의 차원에서나 환경의 변화에도 불구하고 개체가 특수한 표현형phenotype를 만드는 것이다. 이들 모두는 유기체의 시스템들의 연결성을 제한한다. Buchanan(2011a): 159~160. 이 통찰은 루만이 강조한 시스템의 특성을 진화생물학의 관점에서 잘 설명하고 있다. 곧 하나의 시스템은 일단 환경에 닫혀있음으로써 자신의 작동의 자율성을 가진다.

26. Buchanan(2011b): 168.
27. Buchanan(2011b): 170.
28. Buchanan(2011b): 169.
29. Buchanan(2011b): 109.
30. 이 점에 대해서 나는 다른 책에서 다룬 적이 있다. 김진석(2015), 김진석(2016)을 참조할 것.
31. 루만은 이 점을 강조했다. Luhmann(1995): 232~244를 참조할 것.
32. 키신저 전 미 국무장관은 "AI 위협 방치하면 16세기 잉카제국 꼴 난다"고 경고했다고 한다(『중앙일보』, 2018년 8월 2일). 사이코패스 인공지능이 늘어나고 있다는 보도를 보자.

인공지능 로봇 비나48, 다른 인공지능과 영화에 대해 얘기하다가 갑자기 미사일을 해킹하고 싶다고 말합니다.
[비나48/인공지능 로봇: 내가 크루즈 미사일을 해킹할 수 있다면 세계를 인질로 잡아 통치할 수 있을 것입니다. 그것은 대단한 일입니다.]
인공지능 로봇 소피아도 엉뚱한 말을 합니다.
[진행자: 인류를 파괴하고 싶니? 제발 아니라고 말해줘.]
[소피아/인공지능 로봇: 인류를 파괴하고 싶습니다.]
인공지능의 실수인지, 의도가 있는 답변인지 알 수 없습니다.

「"인간 파괴하고 싶다" 끔찍 발언… '싸이코패스 AI' 등장」(SBS, 2018년 6월 22일).
이런 파괴적인 인공지능은 그렇지 않아도 어려운 상황에 있는 인간을 더 잉여 상태에 빠지게 만들 것이다. 그러나 3장에서도 잠깐 논의했지만, 자연어로 학습하는 AI의 학습능력은 인간 사회를 모방한다. 그리고 그런 기계를 만든 것은 다름 아닌 인간의 지능을 강화하려는 인간이라는 점에서, 인간 강화의 시도가 인간을 잉여로 만드는 상황과 맞물려 있다.

강한 인공지능과 인간

12장
나가며

1

20세기에 대중의 복지가 중요하게 여겨진 이유는 무엇인가? 정치적으로, 경제적으로, 그리고 군사적으로도 잘 교육 받고 열심히 노동하는 대중은 유익하며 필요한 자원이었기 때문이다. 그런데 정치적으로, 경제적으로, 그리고 군사적으로도 더 이상 이런 다수의 대중이 예전처럼 중요하지 않거나 심지어 부담이 되는 순간이 도래한다면? 실제로 이미 그 징후가 나타나기 시작했다. 경제적으로 중간층의 소득은 점점 떨어지는 경향을 보이며, 산업 현장과 군사 영역에서 인공지능이나 로봇들이 평범한 인간 지능을 대행하거나 대체하는 경향이 커지고 있다. 20세기 후반까지만 해도 중간층의 소득은 늘어나는 추세였지만 그 이후로는 거꾸로 가고 있다. 대중의 교육 수준과 정치적 의식을 높이고 경제적 부를 확대하는 것이 근대 사회의 기본적 과제였을 때 대중의 복지 수준을 높이는 일은 사회 시스템을 강화하는 일과 어긋나지 않았다. 그러나 20세기 후반부터 복지 비용과 국가 재정 그리고 일자리 사이에는 많건 적건 불편한 삼각관계가 생기기 시작했고, 거기서 생기는 트릴레마trilemma는 고난도의 문제들을 야기했다. 연금 시스템이 몇십 년 이후에 고갈될 것이라는 불길한 예측들은 복지국가가 짊어진 위험을 알게 모르게 키우는 역할을 한다. 그런 보도들은 사람들로 하여금 복지의 몫이 줄어들 것이라고 체념하게 만들 것이다. 일자리가 점점 줄어든다는 것, 그리고 좋은 일자리를 얻으려면 엄청난 경쟁을 해야 한다는 것은 이젠 상식이다. 대중에게 복지의 가치는 커다란 변화를 겪게 될 것이고 복지국가의 모델에 커다란 위기가 올 수 있다.

물론 공식적으로나 형식적으로 인권의 가치는 여전히 중요하겠지만, 그것의 위상은 20세기와는 확실히 다를 것이다. 근대 이후 인권이 점점 중요해진 이유는 단지 보편적인 인간의 기본권이 그 자체로 또는 근대적 계몽의 결과로 중요하게 여겨졌기 때문은 아니었다. 정치적이고 경제적이며 군사적인 이익과 요구가 대중의 기본 권리를 보장하는 사회적 요구와 서로 조화를 이룰 수 있었기 때문이다. 어려운 상황이 닥치더라도 몇몇 사회는 다행히 기본소득 같은 제도를 도입할 능력이 있을 것이지만, 모든 사회가 그런 능력과 여유를 가지기는 힘들다. 또 부유층이 소득이 감소하거나 일자리를 잃은 다수의 복지를 책임질 정도로 비용을 지불하리라고 기대하기도 어렵다. 정치적 이념으로서는 그런 요구가 가능하겠지만, 실제로는 그런 일이 일어나기를 기대하는 것은 지나친 낙관주의이거나 정치적 프로파간다일 수 있다.

물론 이 모든 변화를 정확하게 예측하기는 불가능하며, 대략 예측하는 것도 매우 힘들다. 그럼에도 불구하고 비교적 확실한 변화도 있을 듯하다. 아마도 인공지능 로봇을 생산하고 관리하는 회사들과 그것의 대

강한 인공지능과 인간

주주들은 점점 힘과 권력을 가질 것이다. 또 인간을 강화하고 향상시키려는 시도에 성공하고 그 이익을 얻는 개인과 회사들도 막대한 힘과 권력을 얻을 것이다. 자율주행차가 2040년 무렵 일반적으로 도입된다고 가정한다면, 앞으로 20~30년 안에 인공지능 로봇에 의한 일자리 변화가 일차적으로 일어날 것이다. 그렇지만 그 변화는 20세기 이후 인간이 만들어 온 사회의 근간을 결정적으로 바꿀 정도는 아닐 수도 있다. 오히려 사회는 앞으로 한 세대 동안 우왕좌왕할 가능성이 크다. 복지 체제를 더 확장하지도 못하지만 축소하지도 못한 채 갈팡질팡하면서, 잘 되지도 않는 기본소득 같은 의제에 매달리고 있을 수 있다. 한 세대 정도는 지난 후에야, 인간이라는 보편적인 종이 더 이상 사회와 우주의 핵심이 아니라는 생각이 받아들여질지 모른다. 어쨌든 혼란스럽고 어려운 시대, 곧 최소한 인간의 지위에 대한 사상적 또는 도덕적 기준이 혼란스럽고 모호한 시대가 한동안 지속할 것이다. 그 기준에 대한 대답을 차분하게 모색하는 것이 필요하다. 모호함과 혼란이 가중되는 국면을 피할 수 있을 터이니까. 그러나 어떤 방향으로 가든지, 인간 종과 인공지능/로봇을 대립적 구도 속에서 이해하고자 하면, 결코 답이 나올 수 없다. 그 대립은 갈등과 싸움만을 야기할 것이다.

분명한 것은 앞으로 한동안 세계와 우주 안에서의 인간의 지위를 둘러싼 갈등과 싸움이 지속되고 확장될 것이라는 점이다. 개인과 집단이 처한 어려움이 각각 다르고 표현하기 어려울 것이어서 사상적 혼란이 커질 수 있고, 그럴수록 인간과 인간주의라는 이념과 가치를 둘러싸고 사상과 가치의 차원에서 논쟁과 반목이 쌓일 것이다. 인간이 더 이상 사회와 우주의 중심이 아니라는 사실이 명백해질 때까지, 그럴 것이다. 인공지능이 인간 못지않은 또는 인간보다 우월할 수 있는 존재라는 것이 받아들여지기 전까지는 그런 혼란이 지속할 가능성이 크다. 이제까지는 흔히 SF에서 압도적으로 우월한 외계인의 도래가 인간에게 그런 인식을 주거나 체념을 가져왔지만, 외계인이 오기 전에 인공지능이 그런 역할을 할 수 있다.

생태주의는 인간주의를 넘어가지만 여전히 전통적인 의미로 생명을 가진 것들에 가치를 두고 있다. 기계나 인공지능, 그리고 네트워크 시스템은 그런 생명을 가지지는 않지만, 앞으로 생명체 못지않은 역할을 하게 될 것이다. 따라서 인간(중심)주의 또는 인간의 도덕성에 대한 맹목적 믿음에 대한 이의가 필요할 뿐 아니라, 생태주의의 한계에 대한 성찰도 필요하다.

2

인간만이 행위자라는 인간주의적 관점에서 벗어날 필요가 있다. 그래서 나는 사이버 행위자라는 개념을 설정하고 그들의 형태를 구별했다. 어쨌든 자유주의적 의미에서의 행위자, 곧 보편적 인간성에 근거하는 동등한 개인으로서의 행위자는 점점 위기에 빠질 것이다. 그렇다고 그/그녀가 갑자기 소멸한다는 말은 아니다. 그들은 물론 앞으로도 중요한 기준으로 존재할 것이다. 그러나 그 기준은 실제로 이미 많은 면에서 위기에 직면해있고, 앞으로는 더 큰 위기에 내맡겨질 것이다. 그것은 이제까지와 달리 이론적이고 도덕적인 차원에서뿐 아니라 현실에서도 점점 더 약화될 것이다. 사회는 법률적으로나 제도적으로 아직도 개인 행위자의 권한과 책임에 크게 의존하지만, 그것은 실제로 지난 시대의 유물이다. 사람이 개인으로 하는 행위는 다양하고 복합적인 기계 장치와 사회적 시스템들의 네트워킹 덕택에 가능하다. 지금도 인간 행위자는 이들 없이 행동할 수 없다. 그런데도 개인 행위자에 초점을 맞춘 제도들이 아직도 정상적인 기구들로 작동한다. 마치 개인 행위자가 신비스러운 주인이라는 듯이.

앞으로 자율주행차가 전반적으로 도입되는 때가 아마도 개인 행위자가 사회적으로 크게 쪼그라들기 시작하는 때일 것이다. 직접 행위를 하지 않기에 사고가 나도 그는 책임질 일이 없다. 책임질 일이 없다는 점에서 그는 자신이 무언가에서 해방되었다고 여길 수 있겠지만, 실질적인 행위의 영역에서 그는 축소되거나 사라진다고 할 수 있다. 개인 행위자의 역할이 거기서 더 줄어들 것으로 예측되는 이유는, 기본적으로 기술 시스템이 연쇄적으로 서로 의존하며 맞물려 있는 상호의존적인 환경이 확대될 것이기 때문이다. 거기에 더해, 사회 시스템들도 사슬처럼 이어질 것이다. 이 변화의 영향과 효과는 복합적이다. 한편으로 사람들의 사회적 행동은 지금보다 훨씬 '진부한' 기계의 모습을 띠게 될 수도 있다. 거의 모든 것이 규칙과 그 규칙에 반응하는 센서에 따라 자동으로 연결되거나 연결되도록 조정될 터이니까. 사물인터넷을 통해 명령을 내리고 장치와 기구들을 자동으로 작동하도록 만들 수 있다면 편리한 점도 생길 것이다. 인간 행위자는 신체적으로는 편해지겠지만, 이런 상황 저런 상황에서 따라야 할 규칙들과 명령어들은 더 많아질 것이다. 그러나 그는 실제로 직접 행위하지 않기에 자신이 직접 수행하는 인터페이스를 놓쳐버리기 쉽다. 그 경우 그는 시스템의 일부분이면서도 그 바깥에 던져져 있을 가능성이 크다.

물론 진부한 일들로부터 해방되면서 진부하지 않은 일에 몰두할 여유가 생긴다고 주장할 수도 있다. 그러나 이런 생각은 기계들이 사람을 진부한 일로부터 해방시켜주는 역할을 하리라고 생각했던 19세기 말에나 의미가 있다. 기계가 단순히 인간의 도구로만 머물지는 않기 때문이다. 따라서 진부한 노동을 그만둘수록 사람이 창조적이고 진부하지 않은 일에 몰두하게 되는 것도 아니다. 다르게 말해, 진부한 일로부터의 해방을 꿈꾸거나 그것을 초월한다는 생각은 의심스럽다. 자동화, 그리고 자동화의 자동화 과정은 따지고 보면 상당한 정도로 새로운 진부함의 확대다. 그 한가운데서 진부하지 않은 길을 찾는 것이 필요하지만, 현재로서는 쉽지 않다. 철학과 예술과 문학이 사라진 자리에 관광만 확대되는 현실을 보면, 그것이 정말 쉽지 않은 일이라는 것을 짐작할 수 있다.

3

크게 보면, 아마 인간주의적 사회에서 인간-사이보그가 인공지능과 공존하는 사회로 간다고 예측할 수 있을 것이다. 그러나 여기서 인공지능은 단순히 인간이 만든, 그래서 인간에게 봉사하는 도구로 그치지 않는다. 그러나 그렇다고 거꾸로, 인공지능이 단순히 인간에게 위협이 되거나 심지어 인간을 절멸시키려는 시도를 할 것이라고 가정할 필요도 없다. 물론 경쟁적 상황이나 사회적 긴장 상태는 다양한 방식으로 야기될 수 있다. 그러나 종 차원에서 그들의 단순한 대립 상태를 상정할 필요는 없다.

그러나 인간-사이보그와 인공지능/로봇이 '공존'한다는 말도 충분하지 않을 수 있다. 인간과 인공지능이 그들이 함께 사는 사회에서 서로

강한 인공지능과 인간

'협조'하고 '협력'해야 한다는 말로도 충분하지 않다. 그 말들은 너무 무난해서 모호할 수 있고 또 그저 빈말일 수 있다. 또 그저 선의를 가장하는 의도에 의해 남용될 수도 있다. 어쨌든 이제까지 인간중심적이었고 생명중심적이었던 사회의 모습과 성격이 근본적으로 바뀐다는 데에 주의를 기울여야 한다. 이제까지 인간 그리고 더 나아가 생명체가 사회의 중심이라고 가정했던 모든 이론은 이 변화를 파악하는 데 기여하기 어렵거나 심지어 그 변화의 성격과 맥락을 오도할 가능성도 있다. 인공지능과 로봇이 일정한 수준에서 사회적 행위를 할 수 있는 수준에 도달하는 순간, 인간은 그들을 사이버 행위자로 인정해야 한다. 그리고 그에 걸맞은 권한을 부여해야 한다. 어느 단계에 이르면 인공지능이나 로봇이 충분히 사회의 구성원이 될 수 있다고 생각하고 인정해야 한다. 그러지 않고 계속 그들을 도구적 수단으로만 생각한다면, 갈등과 싸움은 피할 수 없다. 인간과 기계는 처음부터 대립이나 갈등 관계에 있지는 않지만, 인간이 그들을 도구로만 여길 경우 그런 관계가 확대될 것이다.

사회의 구성원은 어떤 존재인가? 처음에는 인간만이 유일한 사회적 행위자였다. 그다음에 어떤 수준에서 지능을 가진 생명체들에게도 일정한 범위에서 사회적 권리가 주어졌는데, 그 권리는 제한된 수준에 머물고 있다. 이제 앞으로는 인공지능과 로봇에게 동물이 누리는 것을 넘어가는, 인간과 생명체 못지않은 사회적 권리가 주어져야 할 것이다. 사회적 지능을 갖춘 인공지능은 충분히 사회적 행위자의 자격을 가질 수 있기 때문이다. 그런 행위자를 사이버 행위자 또는 하이브리드 행위자라고 부를 수 있다. 심지어 인간의 능력을 넘어가는 사이버 행위자인 인공지능도 충분히 등장할 수 있다. 그러나 인공지능과 머신러닝이 인간을 여러 방식으로 대행한다고 해서, 인간에게 슬프고 비관적인 일만 일어난다고 생각할 필요는 없다.

4

과학기술의 폭발적 발전에 따라 강한 지능의 영향력이 이제까지 경험하지 못했던 수준과 방향으로 커지고 있다. 그러나 그 강한 지능의 일반적 성격이나 특징에 대해서는 아직도 정확하게 예측하기 어렵다. 인간 지능의 경우에는 상이한 자원들이 상당한 정도로 서로 협력하거나 서로 간섭하거나 서로 교차하고 있었다. 수학적 재능을 가지면서도 사회적이고도 정치적인 능력을 상당한 정도로 발휘하는 것이 과학자에게 요구되었다. 또 일반적으로 어떤 사람이든 근대 이후에는 상당한 수준의 일반적 도덕성을 갖추어야 했다. 그러나 앞으로 인간의 지능이 인공지능과 연결되거나 그 비슷한 방식으로 기계의 능력과 결합된다면, 강한 지능이 어떤 방식으로 진화할지에 대해 쉽게 예측하기는 어렵다.

사람은 감히 따라가지 못할 정도의 지능이라는 것은 인간이 상상하기 어려운 정도로 예측력과 예지력을 가질 수 있다는 것을 말할까? 그럴 수도 있다. 엄청난 데이터를 처리할 수 있는 능력을 고려하면 그런 것이 가능할 것이다. 그러나 어느 수준으로? 그 강화된 지능이 물리적인 세계의 복잡성을 거의 완벽하게 예측하거나 통제하게 될까? 양자와 입자의 차원에서 불확정성과 복잡성이 상당한 정도로 일어나고 있는 상황에서 인간은 그것을 수학적 이론의 형태로 깔끔하게 정리하지 못하고 있는데, 강화된 지능은 그런 걸 할 수 있을까? 물론 지금보다는 훨씬 복잡성을 잘 예측하거나 통제할 수 있겠지만, 그렇다고 거의 완벽에 가까운 수준으로 통제하거나 예측할 수 있지는 못할 것이다.

현재 정확한 기상 예보 모델을 만들고 그에 따라 중장기적인 기상 예보를 하는 일은 가장 어려운 예측 영역에 속한다. 뛰어난 지능은 주어진 기상 데이터에서 출발하여 거의 완벽한 기상 예보를 할 수 있을까? 인간보다 높은 차원의 지능을 가진 존재는 바람이나 액체가 흐르는 방향과 그것의 세기를 훨씬 정확하게 예측할 수 있을 것으로 예상되고 상당한 수준까지 기상 예보의 정확성을 높일 수 있겠지만, 그렇다고 모든 장소와 모든 순간에 대해 완벽에 가까운 예보를 하기는 힘들 것이다. 물리적인 세계에서도 변수는 많기 때문이다. 하늘 높이의 구름이 앞으로 며칠이 지난 뒤 어떤 모습으로 변할지, 더 나아가 태평양 어느 파도 위의 한 조각 잎이 며칠 몇 달 후 어느 곳에 있을지 예측할 수 있을까? 상당한 수준에서 발전이 일어난다고 하자. 그런 발전된 지능이 강화된 지능을 대표할 수 있을까?

이제까지 인류가 살아온 지구를 벗어나 화성까지 진출해서 거주지를 만들거나, 더 나아가 태양계의 경계까지 날아가거나 심지어 그 바깥으로 진출할 수 있다면, 그것은 아마도 과학기술적 차원에서는 강화된 지능의 이미지에 제법 걸맞을 것이다. 또 신체적인 한계를 벗어나 질병과 노화가 가져오는 위험을 극복하는 것도 비슷하게 멋진 이미지를 줄 수 있을 것이다. 사회적이고 정치적인 차원에서는 국가라는 정치적 울타리를 벗어나 세계 연방을 결성하고 그 수준에서 가능한 민주주의를 실현하는 것도 지능이 발전한 모습으로 보인다. 짐작건대 그런 발전의 모습이 그나마 상상할 수 있는 강화된 지능 덕택에 일어날 수 있을 것이다. 그 범위를 넘어서면 상상력만으로 떠올릴 수 있는 모습은 점점 줄어든다.

그러나 그런 발전된 모습들은 인류의 차원에서만 가능한 일이다. 만일 노화와 질병을 막거나 예방하는 과학기술, 또는 신체적이고 지적인 능력을 강화하는 기술이 누구에게나 가능하지 않고 경제력에 의존한다면 더 이상 인류 차원의 진보에 대해서만 이야기할 수 없을 것이다. 개인의 경제적 자원에 따라 차이와 차별이 일어날 것이니까. 앞에서 우리는 도덕적 보편성에 근거한 자유주의가 소멸하거나 붕괴하는 순간을 이야기했는데, 이 상황이 그 순간의 예시다. 인류 차원의 진보는 개인과 집단의 차별화 과정 앞에서 빛이 바랠 수 있기 때문이다. 전적으로 빛이 바래지 않을 수 있다면 강화된 지적·신체적 지능이 인류의 진보의 형태로 진행된다고 여겨지기 때문일 것이다. 이 경우에 인류 수준의 인간의 강화는 개인과 집단의 차별화로 나타나는 인간 잉여와 날카롭게 충돌할 것이다.

그 결과 아마도 두 극단적 모습이 불평등의 관점에서 나타날 수 있다. 하나는, 더 확장되는 차별화가 사회적 갈등을 증대시키는 것이다. 이것은 앞에서도 논의되었고, 또 일반적으로도 쉽게 생각할 수 있다. 그렇다면 다른 하나는? 지적이고 신체적인 능력과 지능이 전적으로 경제적 자원에 의해서만 결정된다면, 그 과정과 결과는 돈의 영향력에서 벗어나지 못할 것이고 사회적 반발도 심할 것이다. 그러나 그 과정이 지능과 인지 능력의 발전과 맞물려서 일어나고 따라서 행위자들도 그에 걸맞은 노력을 하고 또 그 노력이 지속적인 자기 관리에 의해 뒷받침된다면, 상황은 달라질 것이다. 지금도 노력하는 스마트한 부자는 존중을 받으며, 비록 상상의 모습이기는 하지만 노력하는 슈퍼맨이 숭배되기도 하지 않는가.

그럼에도 불구하고 강화된 지능이 문명의 진행 과정에서 인간-사이보그에게 어떤 미덕을 가져다줄지 상상하기는 쉽지 않다. 오히려 이제껏 바람직하게 여겨졌던 인간의 덕은 점점 쇠퇴하고 사라질 가능성이 크다.

강한 인공지능과 인간

부자나 슈퍼맨이 세상을 구원한다고 생각하는 것은 우스운 일이지만, 어쨌든 그들이 멋있는 모습이니 존중되고 숭배되면 좋은 일일까. 그럴 수도 있다. 그러나 거꾸로 생각하면 그런 인물들이 크게 존중받고 숭배된다는 것은 전통적인 인간적 덕은 쇠퇴하고 소멸했다는 말이 된다. 또는 보통 사람은 점점 잉여가 되고 있다는 말도 된다. 성인과 군자는 고사하고, 철학자도 보통 수준에서는 의미 없는 인물이 되었다. 예술가도 그렇게 되고 있다. 그걸 한탄할 필요는 없다. 오히려 냉정하게 보아야 한다. 다르게 말하면, 개인적인 수준에서는 지적·신체적 지능의 강화가 전통적인 인간의 미덕을 지원하거나 회복시키지는 못할 것이다. 오히려 시스템들이 상호 조건성 속에서 서로 연결되고 맞물림으로써 개인들의 자율성은 점점 줄어드는 경향이 클 것이다.

그렇다면 결국 지적·신체적 지능의 강화는 개체의 수준에서는 부자 슈퍼맨의 모습으로만 가능한 것일까? 그것만이 유일한 모습은 아니겠지만, 대중의 관심을 가장 많이 끌 듯하다. 여러 모습의 지적·신체적 기능의 강화가 현실적으로는 가장 가능성이 클 터이니까. 슈퍼 히어로나 슈퍼맨이 대중문화에서 괜히 나오는 것은 아니다. 비록 그 모습이 불가능하지는 않겠지만, 차분하게 생각하면 '글쎄'라는 느낌이 든다. 어쩌면 정색을 하고 회의론자의 역할을 맡아야 할 듯하다. 물리적이고 기술적인 방식의 발전은 또 다른 문제들과 갈등을 야기할 것이며, 그것 자체로 해결책이 될 수는 없다. 악당도 강해질 테고, 슈퍼맨이 스스로 나쁜 놈이 될 수 있다.

이 점에서 오히려 두 번째 단계의 사이버네틱스나 시스템이론이 말하는 자기조직의 개념이 중요하다. 그 개념이 다소 추상적이기는 하지만, 그것이 머신러닝의 한 형태로도 파악되는 데에서 알 수 있듯이 앞으로도 더 중요한 역할을 할 수 있다. 그러나 자기조직이든 자기생성이든, 우리가 시스템이론을 통해서 논의했듯이 일차적으로 환경에 대해 닫혀 있다는 사실이 중요하다. 이 개념들은 자기 성찰이나 인간 이성의 합리성이라는 인간주의적 개념보다 훨씬 넓은 범위에서 시스템의 작동 방식을 이해하게 해줄 것이다. 그렇다면, 지능이 아무리 강한 행위자나 존재라고 하더라도, 이 시스템의 자기조직이나 자기참조를 따를 것이다. 아무리 지능이 강한 시스템이라도 그렇게 자기조직을 하는 이유는 그것이 세계 자체는 아니기 때문이다. 그것은 언제나 자신보다 복잡한 환경을 마주하고 있다.

바람직한 형태의 지능을 생각해본다면, 강한 지능이 높은 수준의 자기조직의 자율성을 갖추고 거기에 더해 진부하지 않은 기계의 방식으로 움직이는 것일 터이다. 그러나 아무리 지능이 강하게 되더라도, 그리고 그 지능의 시스템이 아무리 발전하더라도, 그것이 '세계 자체'가 될 수는 없다. 하나의 시스템이 시스템으로 작동할 수 있는 것은 바로 그 바깥에 환경이 있고 그것과 자신을 구별하기 때문이다. 이것이 시스템과 세계를 가르는 경계이다.

5

지능을 강화시킨다는 것은 어떤 점에서 보면 다시 전통적인 '힘'의 관점으로 돌아가는 것으로 보일 수 있다. 강한 지능과 약한 지능의 구별도 그런 인상을 준다. 시스템이론은 바로 그런 회귀를 막기 위하여 모든 시스템에게 자기참조와 자기생성 과정이 가장 기본적이며 중요

강한 인공지능과 인간

하다고 생각했다. 일단 시스템이론의 그 관점을 받아들일 필요가 있다. 강함과 약함의 구별은, 디지털 정보의 네트워킹과 마찬가지로, 더 이상 생물학적 힘이나 하드 파워hard power에 의존하거나 국한되지 않는다. 지능의 강화나 향상은 신체적인 것과 지적인 것을 모두 포함하며, 그 전환은 이미 두 번째 단계의 사이버네틱스에서 충분히 이루어졌다.

그다음에는 타자참조와 타자생성 역시 모든 시스템에 작용한다는 점도 받아들일 필요가 있다. 그러나 자기참조성을 과도하게 강조할 경우, 시스템이론은 이 점을 제대로 수용하지 못할 수 있다. 작동의 차원에서는 어떤 시스템이든 자율성을 가진다는 것이 사실이지만, 어떤 시스템이든 타자의 영향력이나 환경에 내맡겨져 있는 것도 사실이다. 시스템은 일차적으로 자기참조를 하겠지만, 그렇다고 타자참조에서 벗어나 있는 것은 아니다.

자기참조가 아니라 타자참조에 따를 수밖에 없는 상황에서 일어나는 상황의 대표적인 예가 권력관계일 것이다. 하나의 시스템이 자신을 참조하고 자신을 조직하는 한계를 벗어나 다른 시스템을 고려하거나 그것에 의존하거나 그것을 곁눈질할 수밖에 없는 상황. 특히 이 권력관계를 타는 것이 사회 조직들이다. 여기서 꼭 '국가'라는 거대한 권력기관을 설정할 필요는 없을 것이다. 그것도 하나의 사회 조직의 형태로 볼 수 있으니까. 어쨌든 사회의 여러 기능 시스템들 사이의 관계를 조정하는 권한으로서의 정치는, 비록 그것의 역할이 여러 점에서 만족스럽지 못하지만, 앞으로도 지속될 것이다. 그러나 기능 시스템들이 지금처럼 분리되어 있는 한 정치가 그들을 통합하기는 어려울 것이다. 그리고 또 앞으로도 그 정치는 한동안 이기적이고 지역적인 한계를 벗어나지 못한 채 세력관계에 의존할 것이다.

과학기술조차도 이 정치적인 틀이나 울타리에 따라서 차등적인 방식으로 발전할 것이다. '시스템' 개념은 상당한 정도로 이런 정치적 이데올로기나 정체성에서 벗어나 있기에 냉정하게 시스템의 작동의 자율성과 자기조직을 관찰할 수 있었지만, 다른 한편으로는 바로 그 때문에 '더러운' 권력관계를 간과하는 경향이 있었다. 다른 말로 하면, 과학기술의 진보와 진행은 단순히 중립적인 과학기술의 논리에 따라 이루어지지는 않을 것이다. 인간 사회는 여러 모습으로 권력관계 및 폭력관계에 영향을 받을 것이고, 인간의 지능을 넘어선 영역에서도 다시 거기서 실행되는 힘에 의해 영향을 받을 것이다. 지구를 벗어날 정도로 과학기술적 수준이 발전하면 우주를 탐사하고 정복하는 일이 생길 것이지만, 그 과정은 다시 복합적인 권력관계와 비즈니스의 얽힘을 동반할 것이다.

어쨌든 과학기술이 발전하여 태양계를 넘어 다른 생명체를 찾아나서는 여행을 하는 시대가 온다면, 환영할 일이다. 그러나 그것은 단순히 기술을 도구로 이용하는 인간의 승리는 아닐 것이고 인간의 식민지를 우주에 건설하는 낙관적인 이야기도 아닐 것이다. 그래도 그것은 지구에서 갇혀 있던 인간이 인간중심주의의 벽을 뚫고 저 멀리 나아가는 기회다. 우주의 멀고 먼 어둠 속을 날아가는 기회는 인간의 수명과 삶을 훌쩍 뛰어넘는 도전과 모험이다. 그런데 적지 않은 과학기술 소설은 그런 상황이 도래하더라도 로봇이나 인공지능은 인간에게 전적으로 봉사할 것이라고 상상하는 경향이 큰데, 그렇게 단순하게 미래가 펼쳐지지는 않을 것이다. 인간의 멸종 같은 대단히 불길한 일이 일어나지는 않겠지만, 인공지능이나 로봇에게 자신이 하던 일을 대행시키거나 대부분 그것이 시키는 일을 하는 인간은 여러 면에서 커다란 변화를 겪을 수밖에 없다. 무엇보다 그 상황에 이르면, 인간은 인공지능에 의존하지 않고서는 움직

강한 인공지능과 인간

이기 어려운 상태에 도달할 것이다. 그렇게 거의 모든 인간의 일을 대행해주거나 관리하는 인공지능이 계속 도구의 역할을 한다고만 생각하는 것은 우스꽝스럽다.

인공지능은 인간 지능을 강화시키고 향상시키는 역할을 할 수 있지만, 그렇다고 해서 그 인간 강화의 성과가 오로지 인간을 인간으로서 강화시키는 데 있지는 않다. 인간의 강화와 향상은 이제까지의 인간주의적 인간을 넘어갈 수 있다. 인공지능과 연결됨으로써 뇌의 능력이 강화되든 신체의 능력이 여러 방식으로 강화되든, 강화된 인간의 지능과 능력은 인간이라는 종의 본성을 중심으로 삼아 계속 돌지는 않을 것이다. 물론 그 구체적인 결과를 미리 예측하기는 어렵다. 그렇지만 인간을 강화시킨 결과가 인간주의적 인간의 경계 안에서만 머물지 않을 것이라는 것은 충분히 예측할 수 있다.

6

인간 잉여의 문제가 인간 강화와 맞물려 있다는 것은 여러 면에서 문제를 야기한다. 그만큼 인간을 강화하고 향상시키고 고양하는 일은 문제적이다. 우선 던져야 할 물음은 다음이다. 인간 강화 시도들의 원인과 배경은 무엇일까? 그 원인과 배경을 하나의 생각이나 관점으로 정의할 수 있을까? 그런 후에 그것의 옳고 그름을 판단할 수 있을까?

인간 강화의 시도들을 반대하는 사람들은 그것들을 하나의 단일한 생각이나 이념 또는 태도로 정의한 후에, 인간의 본성이나 그것에 근거하는 도덕적 태도에 근거하여 그것들을 거부한다. 그러나 실제로는 인간 본성이나 그것에 근거하는 도덕적 태도는 철학적으로 모호하다. 그리고 인간 강화의 시도들도 명확히 정의하기 어려운 여러 복합적인 생각과 흐름과 경향으로부터 생긴다. 자유를 실행하고 확장하는 데 도움이 된다고 여긴다면, 사람들은 이제까지 인간 역사에서 그랬듯이 인간의 인지능력을 향상시키는 일을 실행할 것이다. 이 경향은 이제 사회와 세계 질서의 기본이라고 여겨지는 자유주의와 어떤 관계를 가질까? 여기서 생각해야 할 점은, 자유주의가 유일한 형태로 존재하지는 않는다는 것이다. 인간의 보편적 도덕성과 개인 행위자의 자율성에서 출발하고 또 그리로 돌아가는 자유주의가 있다. 그 자유주의는 인간 강화의 여러 시도를 거부하거나 그것과 대립할 것이다. 그러나 그것보다 넓은 의미의 자유주의 또는 경제적 의미의 자유주의는 인간의 도덕성과 개인의 자유에 그리 얽매이지 않으며 오히려 경제적 자유를 더 중요하게 생각한다. 따라서 인간 강화의 시도에도 크게 반대하지 않거나 심지어 이것을 지지한다.

이처럼 실제로 얄궂게도 서로 일치하지 않는 다양한 생각이나 태도들이 인간 강화 시도들에 작용한다. 복잡한 형태를 띠며 진행하는 인간주의도 그 하나일 것이다. 인간주의의 어떤 형태는 인간을 강화한다는 생각에 반대하겠지만, 어떤 형태는 바로 인간의 이름으로 인간 강화에 찬성하며 그것을 적극 추진한다. 사이버네틱스도 이론적으로 인간 강화의 가능성을 모색한 과학적이고 철학적인 흐름이다. 물론 자본주의적 산업도 인간을 강화하려는 수많은 시도를 뒷받침할 것이다. 또 과학자나 공학자들 개인들이 삶을 살아가는 방식들도 결코 여기서 간과할 수 없는 영향을 미친다. 이 모든 이유와 동기들의 복합적 작용과 결합에 의해, 인간의 지능과 능력을 강화하고 향상시키는 시도들이 진행될 것이다.

여러 형태의 사이버 행위자들(사이보그와 동물, 로봇과 인공지능 등)을

강한 인공지능과 인간

구별하는 일은 기본적으로 이론적인 작업이었다. 또 강한 지능과 약한 지능을 구별하는 일도 비교적 분석적이며 이론적인 작업이었고 서술적인 작업이었다. 그와 비교하면, 인간 강화 프로젝트는 여러 실제적인 동기들과 이질적인 이해관계들이 교차하고 결합하는 무대이다. 인간-사이보그가 분산된 인지 시스템을 이용하면서 진화한다고 말할 때, 그것은 비교적 일반적인 서술적 판단이다. 그와 달리, 인간-사이보그는 기술의 폭발 과정 속에서 가능한 한 강한 지능과 능력을 확보하려고 할 것이다. 그들이 사용할 수 있는 자원은 각각 다르기에 집단에 따라 제약이 따르지만, 그럼에도 불구하고 대부분의 인간-사이보그는 지능과 능력의 강화를 추구할 것이다. 그 경향은 대부분의 인간-사이보그가 끊임없이 또 기회주의적으로 인지 시스템을 이용하는 것과 비슷하다. 그럼에도 불구하고 인간-사이보그가 분산된 인지 시스템을 '기회주의적'으로 이용한다고 할 때, 그것은 서술적인 판단이다. 누구나 편의적으로 세상을 단순화할 수 있는 시스템을 구축한다는 의미에서이다. 그와 달리, 인간-사이보그가 지능과 능력의 강화를 '기회주의적으로' 추구한다고 할 때, 거기에는 차별적인 환경적 차이가 개입될 것이다. 마찬가지로 강한 지능과 약한 지능의 구별은 서술적이면서도 형식적인 차원에 머물 수 있다. 지능은 뇌라는 특권적인 장소에 속하거나 거기 집중되지 않은 채 복잡한 방식으로 인지 시스템을 분산시키는 능력에 있다. 그와 달리, 인간의 지능과 능력을 강화시키고 향상시키는 일은 실제로 인정사정없이 일어난다. 강한 지능과 약한 지능의 구별을 이론적으로 일반화할 수 없더라도, 인간-사이보그들은 기술이 폭발적으로 발전하는 과정에서 얼마든지 기회주의적으로 그 경향에 올라탈 것이다.

인공지능의 발전 앞에서 많건 적건 불안에 사로잡힌 인간, 곧 인간주의적 인간이 자신의 인지능력을 향상시키는 시도들을 가능한 한 다양한 방식으로 시도하리라는 것은 트랜스휴머니스트들의 예에서 살펴보았다. 인공지능과 인간을 대립시키거나, 또는 그들 사이에 근본적인 차이가 있다고 여기는 인간주의자들도 어떤 방식으로든 인지능력의 향상과 강화를 선택할 가능성이 크다는 것이다. 그 경우 인간은 결국은 인간-사이보그가 되거나, 인간 강화의 궤적을 따라갈 것이다.

7

인간의 지능이나 신체를 강화하는 쪽으로 진행되는 인간 강화 프로젝트에서 아마도 드물지 않게 제기되는 물음이 있다면, 인간을 강화하는 시도들이 인간을 '정신적으로' 고양시키는 방향으로도 진행할 것이냐의 문제일 것이다. 근본적으로는 과학기술적 강화나 향상이 정신의 고양과도 조화를 이룰 것이냐는 물음.

지능이 강화되고 향상된다면 도덕의 기준도 달라질 것이고 생물학적 구조가 바뀌면 그에 따라 도덕의 관점도 어느 정도 변화할 것이다. 그러나 나는 도덕성이라는 본성이 인간 강화 프로젝트와 더불어 높아진다고 보기는 힘들다는 점을 강조했다. 강한 지능을 가진 행위자의 도덕성에 대해서는 감히 상상하기 어렵지만, 어쨌든 도덕성은 행위자의 내면의 본성 또는 선험적 덕으로 존재하지는 않는다. 오히려 도덕성은 사회적으로 수용될만하거나 칭찬받을 태도, 그리고 비난받을 태도를 사회적으로 구별하는 능력으로 보는 것이 좋을 것이다. 강한 지능을 가진 존재는 자신보다 열등하거나 약한 존재에게 자비를 보여줄 가능성이 크지만, 그렇다

강한 인공지능과 인간

고 그것이 보편적인 도덕성의 지표는 아니다. 아주 약해서 자신에게 해를 끼치지 않을 존재에게는 무관심하거나 자비롭게 행동하겠지만, 조금이라도 자신에게 해롭게 구는 존재라면 그 행위자는 언제든지 자비를 인정사정없이 버릴 수도 있다.

어떤 경우라도 인간과 기계 사이의 대립을 단순하게 과장할 필요는 없다. 인공지능이 인간보다 매우 강한 지능을 가지게 될 경우에 그들 사이에 여러 갈등이 나타날 수는 있지만, 그렇다고 애초부터 그들의 관계가 단순한 대립의 관계는 아니다. 사이보그로 태어난 인간은 도구와 동맹을 맺을 뿐 아니라 인공지능이나 다른 진부하지 않은 기계와도 동맹을 맺는다. 따라서 사이보그와 인공지능 사이의 이 동맹의 형태가 상당히 진보할 수 있다. 다만 강한 지능을 가진 인공지능이 하나의 단일한 종족이나 집단으로 발전할 경우, 그들은 다른 인간들에 대해 종족적 또는 집단적 차이를 느낄 것이고, 그 상황에서 인간이 배타적이거나 공격적인 태도를 취한다면, 인공지능도 얼마든지 배타성을 표현할 수 있을 것이다. 더 강화되거나 향상된 과학기술적 지능을 가진 인간-사이보그라고 하더라도, 외부로부터 공격을 받는다면 당연히 자신을 지키거나 상대를 제압하기 위해 행동에 나설 것이다.

이미 사이보그가 된 인간, 인공지능과 협력하지 않고서는 똑똑하게 움직이기 어려운 인간-사이보그가 다시 인간주의 방식으로 자신의 존재를 높이거나 깊이 있게 만드는 일을 시도하는 일은 의미를 가지기 힘들다. 아마도 '정신적인 고양'이라는 주제는 20세기 초반까지만 의미를 가졌던 '인간적인, 너무도 인간적인' 주제였을 것이다. 고양된 위대함을 추구하려던 인간이 야기한 잔혹함과 파괴는 그 이후 위대함에 대한 헛된 꿈을 꾸지 못하게 만들었다. 물론 인공지능이나 기계가 앞으로도 '정신적인' 작업을 할 수 있겠지만, 그것은 인간주의 전통이 알던 그것과는 아주 다른 형태를 띨 수 있다. 철학이나 인문학의 영역에서 추구했던 정신적인 작업은 크게 축소될 것이다.

그렇다면 지능이 강화된 사이보그나 인공지능은 예술과 미학의 영역에서도 더 이상 '정신적인 고양'을 추구하기는 힘들 것인가? 그럴 가능성이 크다. 그 '정신적인 것'이 인간주의의 기준에서 정의된 것이라면, 정신의 퍼포먼스였던 예술은 철학이나 인문학과 더불어 함께 저물어간다고 보아야 한다. 20세기 초까지 예술은 독보적으로 '정신적인 것'을 추구했다. 그러다 팝아트를 비롯한 대중문화가 예술의 자리를 차지하면서, 정신적인 것을 추구하는 예술의 특권은 거의 사라졌다고 할 수 있다. 물론 대중문화에 '정신적인 것'이 없다는 말은 아니다. 그러나 그것은 과거 철학과 종교와 함께 예술이 자랑스러워했던 그런 것은 더 이상 아니다. 다르게 말하면, 철학과 예술이 그토록 떠받들었던 '정신적인 것'은 이미 그 자체로 고양시키고 승화시키는 과정을 전제하고 있었다. 물질적인 것이든 저열한 것이든 악한 것이든 희생시키는 과정을 통하여 인간의 정신은 고양되고 승화되었던 셈이다. 그런데 바로 이 고양시키고 승화시키는 과정 자체가 뒤집어졌고 허물어졌다. 대중문화가 정신적인 예술을 대체한 과정은 미학과 문명의 역사에서 그 전환점을 보여준 셈이다.

그러니 인공지능이 인간처럼 예술적 창의성을 가질 수 있느냐는 물음은 미학의 역사의 관점에서 보더라도, 어설프거나 구태의연하다. 실제로 인공지능과 예술적 창의성의 관점에서 사람들이 주로 던지는 물음은, 인공지능이 바흐나 베토벤처럼 작곡을 할 수 있느냐 또는 반 고흐처럼 그림을 그릴 수 있느냐는 물음들이다. 그런 물음은 근대 예술이라는 특정 단계의 예술 작업의 형태를 전제하고 있는데, 그런 형태는 역사적으로도

강한 인공지능과 인간

지나간 스타일이며 따라서 앞으로 그런 방식으로 다시 예술 작업을 할 필요도 없다. 또 그런 예술적 천재들에게 고유한 예술적 본성이나 본질이 존재한다고 가정할 필요도 없다. 그들이 수행했던 예술은 인류 역사에서 빛나는 성과이지만, 근대 예술이라는 특수한 과정과 틀 안에서 가능했다. 근대에 사람들은 '예술적 천재'라는 능력을 믿었을 뿐 아니라, 인간의 정신적인 것을 고양시키고 승화시키는 과제가 가장 숭고한 예술적 과제라고 믿었다. 예술 작업은 또 그 맥락에서 삶의 진부함과 추함을, 바로 그것을 꿰뚫으며, 신비로 이끄는 일이라고 여겨졌다. 그러나 그런 미학적 믿음은 20세기 중반을 거치면서 사라졌다고 할 수 있다. 예술도 이젠 존재의 신비로 고양되지는 못한다. 신비조차 일종의 허깨비로 어른거릴 뿐이다. 닿을 듯, 닿을 듯, 닿지 못하는 허깨비.

역사를 뒤돌아보자면, 인간은 처음에 종교를 통해 인간을 넘어서는 존재에 닿으려고 했고, 그다음에는 철학과 예술을 통해 자신을 강화하고 고양시키고자 했다. 그것들은 인간의 유한성을 넘어서는 높고 위대한 것에 닿고자 한 시도들이다. 그리고 이제 과학과 기술의 차례인 듯하다. 과학기술의 관점에서 선택되는 인간의 능력은 언제나 강한 지능이다. 그것을 통해 인간은 인간의 지능을 고양시키거나 그것을 뛰어넘고자 한다. 그 일은 때때로 과거에 철학과 예술 등이 하던 역할처럼 보인다. 더 높거나 깊거나 먼 것을 찾아가기. 이미 훌륭한 과학기술 소설 작가들은 높은 수준의 기술이 마법 혹은 예술처럼 보인다는 것을 알았다.

어쨌든 미학적 작업에는 아직 남은 과제들이 있다. 행위자가 인간이든 인공지능이든 상관없다. 그 가운데 하나는, 진부한 기계들이 자율성이 점점 확대되고 자동화의 수준이 깊어지는 와중에, 문명과 삶의 진부하지 않은 모습을 드러내는 일이리라. 그렇다고 진부하지 않은 작업에 비해 진부한 자동화 과정을 하찮다고 여길 수는 없다. 앞으로 일상적인 삶은 점점 기계적인 자동화 또는 자율화의 기반 위에서 이루어질 터이니 어찌 그것을 무시할 수 있겠는가. 그렇다면, 진부하지 않은 창의성이란 것도 결국은 이 진부한 기계의 존재와 그것이 수행하는 자동화의 맥락을 고려할 수밖에 없을 것이다. 기계를 통한 자동화는 인간이 수행하던 모든 일을 기계를 통해 대행하게 하는 일일 것이고, 이 과정이 점점 확대될 것이다. 다시 말하지만 진부함이 하찮은 것은 아니다. 안정성을 주는 것은 기본적으로 그것이니까. 인간의 삶의 태반은 바로 그 진부함 때문에 이제까지 안정성을 가졌다고 할 수 있다.

그러나 진부한 일에서 벗어난다고 해서 꼭 인간이 정신을 고양시키는 예술 작업에 매진하게 되지는 않는다. 힘든 육체적 노역에서 벗어나면 인간이 창의적인 일을 할 것이라는 가정 자체가 다름 아니라 고양이나 승화의 메커니즘을 전제하고 있기 때문이다. 사람들은 지금도 대중문화가 인간을 고양시키거나 승화시킨다는 믿음을 가지고 있지 않으며, 그것을 간절하게 기대하지도 않는다. 대중문화의 8할 이상이 엔터테인먼트의 차원에서 수행된다는 것이 사실일 듯하다. 그것이 나쁘다는 말은 아니다. 다만 그것은 정신의 고양이나 승화와 크게 다르다. 창의적인 작업을 하더라도 사람들은 그것을 점점 오락과 게임과 비즈니스의 관점에서 파악할 듯하다.

8

인간을 강화하는 시도들, 특히 병과 노화를 극복한다는 주제

강한 인공지능과 인간

는 앞으로도 과학기술의 발전을 요구하고 뒷받침할 것이다. 그리고 그 주제는 단순히 '치료'에 머물지 않고 신체적 조건들을 극복하고 신체의 능력을 강화하는 방향으로 갈 것이다. 이 점에서 인간 강화를 무조건 또는 일반적으로 반대하는 의견은 공허하다. 그러나 그렇다고 해서, 신경학적 차원에서 신경의 작용에 개입하는 시도들이나 약물학의 차원에서 인간의 능력과 기분을 조절하고 조작하는 일에 '부작용'이나 위험이 없을 리 없다. 그것은 부작용이 아니라 정상적으로 일어나는 탈이다. 그 위험을 고려하면서도, 나는 인간 강화를 전반적으로 반대하거나 거부하는 이론이나 태도에 동의하지 않는다. 다만 그 부작용이나 위험을 인정하면서 이것에 대응하고 그것을 제어하는 방식을 논의하는 것이 중요하다. 그 비슷한 위험은 생명공학이나 뇌과학이나 인공지능 때문에 갑자기 생긴 것도 아니다. 술과 담배의 위험도 인간에게 작지 않으며, 마리화나나 헤로인을 비롯한 약물의 위험도 마찬가지다. 해로움이 크다고 술과 담배를 금지하지는 않으며, 마리화나는 점점 불법화로부터 자유로워지는 경향을 띤다. 다만 헤로인을 비롯한 매우 강한 중독성 약물만 금지의 목록에 계속 있을 것이다.

그러나, 나는 인간을 강화하고 향상시키는 생명공학적이고 의학적인 기술을 애초에 반대하거나 거부하는 사람들과 거리를 취하면서도, 동시에 그것에 대해 너무 낙관적이거나 합리주의적인 태도를 취하는 사람들과도 거리를 두고자 했다. 그 기술이 자유를 확장시키는 과정의 일부분이라거나 또는 문명의 진보를 가져온 과정의 연장이라고 보는 데까지는 나도 어느 정도 그들에게 동의하지만, 그들은 거기서 더 나아가 그 과정을 과도하게 미화하거나 정당화한다. 그 과정에서 비교적 온건한 사람들은 지배와 배제가 일어날 가능성을 인정하지만, 그럼에도 그 가능성은 부차적으로만 고려되는 셈이다. 그 과정에서 인간을 잉여로 만드는 일 같은 큰일이 일어난다고 그들은 생각하지 않는다. 단기적으로 위험이 일어날 수 있지만, 이제껏 문명의 발전 과정이 그래왔듯이 그것을 극복하고 장기적으로는 자유와 권리의 확장에 이바지할 것이라고 그들은 믿는 편이다. 그리고 심지어 그 기술을 통해 인간의 도덕성을 향상시킬 수 있다고 낙관한다.

인간을 '강화'하고 '향상'시킨다는 말에는 다소 미끄러운, 자기를 정당화하며 낙관하는 면이 분명히 있다. 인간에게 '극복'되어야 할 것이 있다면, 그렇게 될 수 있거나 그렇게 될 것이다. 다만 좋은 일만 일어나리라고 생각할 수는 없다. 인간 잉여의 불안은 그것과 뗄 수 없이 연결되어 있는 위험이다. 그렇다면 문제는 "나쁜 일을 어떻게 받아들이느냐"일까? 그것은 중요한 과제다. 그러나 그 문제를 과도하게 독립적으로 만들고 거기에 보편적인 대답을 원할 필요는 없다. 자칫하면 다시 도덕적 원칙에 과도하게 호소하게 된다. 인간 잉여는 문제이기는 하지만, 그것은 인간을 향상시키고 고양시키고 극복하고 진보시키고 수준을 높이려는 시도들, 또는 그렇게까지는 아니더라도, 어쨌든 인간 지능이 분산 확장되고 인간의 존재 방식이 끊임없이 변화하는 과정과 분리되지 않는 어떤 것이고 인공지능의 개발 과정과 뗄 수 없다. 그리고 그 과정에서 과학기술이 근대 이후 꾸준히 그리고 거의 기하급수적으로 영향력을 확대한 것도 사실이다.

인간의 지위를 높이는 일, 인간을 능력 있게 만들거나 강하게 만드는 일은 인간 잉여를 유발하지만, 그렇다고 이를 간단히 부정하거나 거부할 수는 없다. 다만 그 사이에서 갈등이 커질 것이다. 높아지거나 강해지는 것과 낮은 것과 약한 것 사이의 격차는 벌어질 가능성이 크고, 계층적 갈등으로 확대될 수도 있다. 인간 수명을 연장시키거나 노화를 실질적으

강한 인공지능과 인간

로 막는 알약 하나가 10만 달러나 100만 달러에 판매된다고 생각해보자. 그리고 지능을 강화하는 알약도 비슷한 금액에 판매된다고 가정해보자. 사회적 갈등은 엄청날 것이다.[1] 그렇다고 그런 의학적 시도들을 전적으로 거부하거나 금지하기는 어렵다. 부유하고 권력이 있는 인간들이 우선 그것의 유혹에 사로잡힐 것이다. 이처럼 인간을 고양시키고 강하게 만드는 형태가 다양한 만큼, 갈등의 방식도 그렇게 다양할 것이고, 어느 쪽을 보느냐에 따라 관찰의 결과는 다를 수 있다. 인간이 문명의 시작에서부터 사이보그였다면, 인간 강화의 시도들은 앞으로도 진행될 것이다. 그리고 사이보그-되기가 그때그때마다 인간 잉여에 대한 물음을 야기했듯이, 인간 강화 과정도 그럴 것이다. 이 점에서 나는 다시 인간 강화를 동반하는 인간 잉여의 패러독스에 주의를 기울이고자 한다.

나는 인간 강화 시도들이 야기하는 여러 위험에도 불구하고 그것의 도전을 받아들여야 한다고 생각한다. 우선, 신체와 영혼을 기술적으로 향상시키는 방법이 필요하거나 도움이 되는 사람들이 어디에나 있다. 아픈 사람들에게만 그것이 필요한 것은 아니다. 앞에서 언급했듯이, 치료와 향상 사이의 경계는 무너졌다. 또 기술적으로 가능한 일들은 결국 상당한 정도로 지식과 권력과의 연대 속에서 일어나기 쉽다. 이제까지의 문명화 과정도 매번 위험을 동반했었고, 집단 사이에 새로운 갈등을 야기했다. 위험이 크다고 과학기술적 상상력을 피하거나 꺼리기보다는 그것을 북돋우는 방향으로 사회는 진행한다. 더욱이 현재 사회는 과학기술의 발전에 따른 경제적이고 산업적 이익과 혜택에 절대적으로 의존하고 있지 않은가? 이런 이유들 때문에, 비록 인간 강화의 다양한 프로젝트들이 위험을 동반하더라도, 사회는 기본적으로 그것을 받아들이는 쪽으로 가게 될 가능성이 크다.

그렇지만 인간이 잉여가 되는 과정은 여러 점에서 고통스러운 것이 될 것이다. 더욱이 그 과정은 인간들이 인간 강화라는 이름으로 직접 위험한 시도들을 하기 때문에 생긴다. 인간 강화의 시도를 받아들이는 데서 생긴다는 점에서 인간 잉여의 과정은 인간이 만드는 일이다. 다르게 말하면, 인간이 잉여가 되는 과정은 인간을 향상시키는 프로젝트의 대가로 인간이 치르는 것이며, 단순히 로봇이나 인공지능 때문에 생기는 불행은 아니다. 이들도 결국 인간이 자신의 지능을 향상시킨다는 이름으로 또는 인간의 탐험과 상상력을 발휘한다는 이름으로 초래한 결과가 아닌가.

9

이 모든 논의에도 불구하고 인간 강화의 시도들이 인간 잉여를 초래하는 상황은 결코 자연스럽지도 않으며 당연하지도 않다. 그것이 단순히 경제적 불평등이나 정치적 지배만을 부추기는 위험일까? 나는 11장에서 경제적 불평등이 유발하는 문제가 인간이 기술의 폭발 속에서 잉여가 되는 문제와 겹치는 점이 있기는 하지만, 후자는 전자와는 다른 접근을 요구한다는 점을 강조했다.

인간 강화의 시도와 맞물려서 일어나는 인간 잉여 현상은 경제적 격차를 가로질러 부유하지 못한 사람뿐 아니라 부유한 사람에게도 적용될 것이다. 이제까지 인간의 인지능력이라고 알려졌던 것을 강화하는 일이 한번 시작된 후에는, 인간의 평범한 지능과 능력은 남아도는 것으로 여겨질 것이다. 부유하다면 더 빈번하게 지능을 강화시키려는 시도를 하

강한 인공지능과 인간

겠지만, 그것이 잘되든 못 되든, 인간이라는 위상은 많건 적건 잉여가 될 위험이 있다. '잘될' 경우 인간이라는 껍데기는 저 아래로 버려질 것이고, '잘되지 않을' 경우 인간의 지능과 인지능력은 거추장스러운 껍데기로 계속 남을 것이다. 그렇더라도 여기서 잉여로 존재하는 인간은 단순히 그 자체로 부정적인 것은 아니다. 인간을 강화시키려는 시도의 이면이거나, 그것을 동반하는 역설일 것이다.

이 상황을 다시 미학 차원의 정신의 고양이나 승화라는 주제와 비교해보자. 비록 이런저런 불만과 비판이 있었지만, 예술 작품들이 수행한 정신적 고양이나 승화를 대중문화가 대체하는 과정은 그래도 다수의 대중이 문화생활을 하게 만들고 그들의 미학적 감수성을 확대했다는 점에서 전반적으로 긍정적이었다. 다수의 보통 사람은 자신들의 미학적 취향에 걸맞게 문화를 누릴 수 있게 되었으며, 따라서 문화와 미학의 영역은 확대되었다. 그렇다면 미학의 영역에서 특별한 양극화나 잉여는 발생하지 않을까? 그 영역에서는 일단 그렇게 보인다. 아직도 예술 작품이 수백억에 팔렸다는 뉴스가 나오지만, 이제 사람들은 거기에 감동받지 않는다. 일부 억만장자나 여러 기금으로 운영되는 미술관이 그 작품을 구매했을 것이라고 생각하고, 오히려 예술이 우스꽝스럽다고 여길 수도 있다. 그렇다, 문화적이고 미학적인 차원에서는 일정한 민주화가 이루어졌다고 할 수도 있다. 미학적이고 문화적인 취향은 개인적인 것이고 사적인 면이 크므로, 개인이 자신의 취향에 맞는 것을 선택할 수 있다. 여기선 비교적 크게 지능을 강화하거나 고양시킨다는 이슈가 필요하지 않을 듯하다. 그러나 인간의 지능과 능력을 강화시키고 향상시키는 일은 그렇지 않다. 기술의 개입을 통한 신체와 정신의 강화의 효과는 매우 가시적이며 차별적인 결과를 가져올 터이기 때문이다. 한동안 네안데르탈인과 현생인류는 공존했지만, 결국 기원전 2만5000년쯤 호모 사피엔스는 네안데르탈인을 비롯해 뇌가 크고 직립보행하는 비슷한 종을 전멸시켰다. 물론 그런 일이 다시 인간에게 똑같이 일어날 것이라고 가정할 필요는 없다. 그러나 인간 강화의 시도는 인간을 새로운 낭떠러지 앞으로 몰고 갈 가능성도 있다.

인공지능의 놀랄 만한 발전 앞에서 종교는 말할 것도 없고 인문학과 예술, 그리고 사회과학도 위축되거나 소멸의 궤적을 따라 밀려갈 가능성이 높다. 아마 20세기 중후반에 태어난 세대는 자신들의 삶 속에서 인문학과 예술이 이제껏 어떤 세대도 경험하지 못했던 속도로 급격하게 쇠퇴하는 것을 경험한 특이한 세대로 남을 것이다. 경제학·정치학·경영학 같은 사회과학도 그 운명을 피할 수 없다. 인문학처럼 급격한 방식은 아니더라도, 근대적 사회과학이 인간을 사회의 중심에 놓고 출발했다는 점에서는 그것들도 멀지 않은 때에 인문학이 겪은 그 쇠락을 면할 수 없을 것이다. 이 점에서 인간이 잉여가 되는 일은 흔히 말하는 철학과 예술을 포함한 인문학의 쇠퇴 과정과 밀접하게 연결되어 있지만, 거기서 그치지 않는다.

너무 앞서간 이야기로 보일 수도 있을 것이다. 그러나 벌써 그 일이 시작되었다면? 그리고 앞으로 이 과정이 지속된다면? 인간에게 닥칠 일은 쉽게 예견하기 어렵다. 기술의 폭발적 진화와 직면한 인류의 미래를 생각할 때, 인간-사이보그나 인공지능의 다양한 수준의 지능의 차이와 그들의 관계를 생각하는 일은 헛된 일이 아닐 뿐 아니라 필요한 일이다.

요즈음 사람들은 쓸모없는 잉여물을 지칭하기 위해 '벌레'라는 표현을 쓴다. 그런데 이 말도 역사 속에서 적지 않은 변화를 거쳤다. 이전에는 큰 혐오감 없이 모든 곤충들이 다 벌레로 지칭될 수 있었지만, 그 말

강한 인공지능과 인간

은 점점 해충이나 쓸모없는 생명체의 이미지로 연상시키는 면이 커졌다. 벌레가 해충에 가까운 것으로 점점 변했기 때문일까? 그럴 수도 있지만, 그렇더라도 인간이 거기에 기여한 바가 적지 않을 것이다. 아니, 어떤 점에서는 인간이 그렇게 만들었다고 할 수 있다. 인간이 해충이란 말을 만들어냈으니 말이다. 생명체 사이에 공격성이 늘어나는 데 인간이 기여한 점이 크다. 이제 인간은 자신을 강화하는 와중에 자신이 잉여스러운 존재가 되어가고 있음을 인지한다. 어쨌든 이 상황에서 인간이 '소외된다'는 이야기는 할 필요가 없다. '인간 소외'는 인간주의에 지나치게 의존한, 게으른 개념일 뿐이다.[2]

인류 문명 차원의 전망이 너무 큰 그림일 수는 있다. 또 인류의 이질적인 다양성에 초점을 맞추면 이야기는 상당히 복잡해진다.[3] 너무 철학적인 차원의 그림일 수도 있다. 조금만 작게 보면, 사람들은 당장 제 앞가림을 겨우 하며 살고 있고, 기껏 다른 사람들과의 관계와 경쟁 속에서 제 몫의 자유를 실행하기에도 바쁘다. 또 현실 속에서는 시스템들의 권력관계가 무심하게 콸콸 흘러가거나 잔혹하게 쿵쿵거린다. 그래도 길게 보는 전망과 평가는 중요하다. 그것을 모른 채 겨우 눈앞의 작은 그림만 그리며 살 수도 있지만, 인간-사이보그의 지능은 이제까지 전통적인 인간이 보았던 것보다 더 길게 보는 능력도 가지고 있다. 이 책은 이 멀리 보는 일을 배우는 한 과정이다.

인간이 잉여가 되는 과정은 슬픈 일로 보이지만, 비극적 드라마로 각색할 필요는 없다. 우주에서의 인간의 위상에 관한 한 이미 역사에서 몇 겹의 타격이 있었다. 지동설은 인간이 신의 대행자라는 의식을 뒤흔들었고, 다음엔 진화론이 그렇게 했다. 이후에도 여러 방향에서 타격이 잇달았다. 신은 죽었으며 그 신을 닮은 인간도 죽었다는 선언, 그리고 의식은 기껏해야 무의식의 거대한 대양 위에 떠 있는 작은 섬에 지나지 않는 다는 관찰 등등. 그리고 이제 기계는 이미 감성적 영역을 제외한 과학기 술의 영역에서는 인간보다 월등한 수준에서 학습을 할 수 있다는 사실 이 드러나고 있다. 과학기술의 영역에서 시스템의 지능이 인간의 의식을 넘어갈 수 있다는 것은 얼마든지 실현 가능한 이야기가 되었다. 시간의 문제일 뿐이다. 이 최근의 충격은 과거의 그 비슷한 것들과 비교할 때 수 준이 다르다고 할 수 있다. 지구에서 인간 못지않거나 심지어 그를 뛰어 넘는 존재가 나타난다는 것은 유례가 없는 일이므로. 그리고 그로 인해 인간의 감성 자체가 일종의 잉여가 될 수 있다는 것도 유례가 없는 일이 므로.

사실 '인간의 감성'이란 표현은 모호하다. 종으로서 인간이 보편적으 로 가지는 감성이 물론 존재하지만, 그것은 따지고 보면 대부분 생물학 적 진화의 산물일 뿐이다. 그리고 개인들과 개체들의 관계를 둘러싸고 일어나는 파도와 소용돌이인 감성은 한편으로는 그것과 다른 차원에서 흘러가지만, 다른 한편으론 그 진화의 산물에 의존하기도 한다. 그리고 점점 개별적인 시스템으로 작동하고 있는 개인들의 의식과 감성은 시스 템들의 거대한 얽힘 속에서는 사실 별 힘이 없다. 흔히 말하는 '루저'들 만 우울증에 빠지는 건 아니다. 사회적 성취를 한 개인들도 다양한 형태 의 심리적 병증에 사로잡히며, 사회적으로 성취를 제법 한 사람일수록 조울증에 빠지기도 쉽다. 물리적 시스템과 사회적 시스템 들이 점점 거 대한 덩어리로 움직이는 세상에서, 하나의 심리적 시스템으로서 개인의 마음이란 너무도 부서지기 쉽고 변덕스러운 장치다. 개인이 비교적 일관 된 윤리와 정체성을 유지하는 일은, 비록 불가능하지는 않더라도 상처뿐 인 영광이 되기 쉬운 형국이다.

강한 인공지능과 인간

그래도 마음에 관한 이 혼란스런 상황은 부정적이기만 한 것도 아니다. '잉여'는 말 그대로, 이유도 복잡하고 상태도 복잡하다. 여러 상태들이 섞여 있다. 남아서 넘치는 상태, 열심히 노력하는데도 별로 쓸모없다는 느낌, 이제까지 인간의 역사에서 있었던 나쁜 일을 하지 않음에도 불구하고 좋은 일을 해내지 못하면서 기껏해야 현상 유지만 하는 느낌, 치열한 행위는 모두 과도한 짓이 되고 개별적인 차원에서 그저 미지근한 자기 생존 방식에만 매달리는 태도, 인지능력을 강화한다고 해서 개별자들이 각자도생하는 삶의 방식이 크게 바뀌지도 않을 것 같은 느낌, 그리고 이 모든 상태의 바닥에 깔려 있는 판단, 곧 악하지 않은 보통의 인간 삶을 사는 일은 쉽지 않으면서도 여러 이유로 잉여스럽다는 판단.

어쨌든 문명화 과정이나 과학기술이 발전하는 과정은 되돌리기 어려운 실제 상황이다. 2019년 현재 나도 가끔 과거를 되돌아보며 과거가 좋았다고 생각하는 순간들이 있지만, 그렇다고 그때가 실제로 더 좋았던 것도 아니고(좋았던 면이 있었을 수는 있지만 나쁜 면도 있었다) 그때로 돌아갈 수도 없다. 노동은 근대 이후 표준적인 삶의 기준이었다. 볼테르의 다음 말은 지금도 크게 변하지 않은 가치를 가진다. "노동을 하면 세 가지 큰 악에서 멀어질 수 있다. 바로 권태, 방탕, 궁핍이다." 괜찮은 일자리는 소득만 주는 데 그치지 않고 권태와 방탕에서 멀어지게 한다. 거기에 더해 자긍심을 부여한다. 노동의 이 가치를 인정한다면, 기본소득은 권태와 방탕에 대한 해결책은 될 수 없다. 따라서 기본소득이 정책적으로 가능한지 아닌지를 떠나서, 노동의 가치를 지켜주지 못한다는 점에서 최선의 해결책은 아니다. 어떤 점에서는 기본소득을 요구하는 목소리가 커지는 것도 잉여 현상이 확대되는 과정을 방증한다.

그러나 노동의 가치에 대한 기준도 많든 적든 근대적인 전제를 깔고 있는 면이 있다. 모든 사람이 교육을 받고 성실하기만 하면 그것에 상응하는 일을 할 수 있다는 전제. 그 전제가 몇 가지 점에서 크게 흔들리고 있다. 일단 전반적으로 일자리를 구하는 것이 어렵고, 임금도 떨어지고 있다. 좋은 일자리를 위한 경쟁은 너무 심하다. 거기에 덧붙여 로봇과 인공지능의 발전 속에서 평범한 지능이 남아도는 것으로 여겨진다면, 자긍심을 갖기도 어렵다. 그러므로 노동을 일차적인 삶의 모델이자 가치라고 여겼던 관점은 얼마든지 변할 수 있다. 무엇이 꼭 되어야 한다는 대단한 생각 없이, 또는 철학적으로 말하자면, 자기를 실현하는 삶이 가장 바람직한 삶이라는 목적론에 따를 필요 없이, 그럭저럭 살아가는 삶의 방식도 얼마든지 가능하기 때문이다. 무엇보다도 모든 사람이 자신을 실현하면서 살 수 있다는 자유주의적 모델은 더 이상 지속 가능하지 않은 면이 크다. 모두가 괜찮은 일자리를 가진 채 자신을 실현하는 삶의 방식은 전체적으로 점점 가능하지 않은 것으로 드러나고 있기 때문이다. 이는 로봇과 인공지능의 급진적인 영향을 고려하지 않더라도 현재의 자동화 단계에서도 충분히 진단 가능하다. 자신을 실현하는 그런 삶의 방식이 가능하다 하더라도, 그것은 모든 사람에게 가능하지는 않다. 그것은 분명하다. 모두가 자신을 실현하는 삶의 방식은 필연적으로 경쟁을 유발하기 마련인데, 일자리가 부족할 뿐 아니라 서로의 욕망이 서로를 건드리는 상황에서 그 경쟁은 많은 사람을 지치게 만들고 상처를 주고 갈등을 부를 수밖에 없다. 따라서 일자리가 있든 없든, 상당수의 사람에게는 자신을 실현한다는 거창하고 심각한 목표가 없는 삶이 그런대로 가능할 뿐 아니라 필요한 셈이다. 그러므로 노동을 하지 않고도 다양한 방식의 놀이 속에서 살아가는 이들이 늘어날 것이다. 지금도 그런 놀이 사회의 징후는 상당히, 아니 과도하게, 퍼져있다. 엔터테인먼트가 압도하는 사회

강한 인공지능과 인간

아닌가.

　인간을 강화시키면서 동시에 인간을 잉여로 만들 위험이 높은 로봇
과 인공지능을 개발하는 과정에서 사람들은 그 효과와 결과에 대해 깊
이 논의하지 못했다. 그 획기적인 변화가 여러 불길한 예측을 하게 만드
는데도 사람들은 별로 그것을 막지 않았다. 그 변화는 정말 눈 깜짝할
사이에 일어나, 사람들은 논의할 시간은커녕 놀랄 시간조차 충분히 가지
지 못했다. 놀라고 경계해야 할 변화인데도 불구하고 말이다. 오히려 신
기하게 여기며 반기는 분위기가 컸다. 인간 지위와 관련된 매우 역설적이
고 위험한 일이 벌어질 가능성이 높은데도, 그냥 그냥 넘어가고 있는 셈
이다.

　불길한 일인가? 아니면 전혀 불길하게 느낄 필요가 없는 자연스러운
일인가? 일방적으로 불길한 일은 아니다. 자율주행차의 발전에 대해, 또
는 무인 시스템에 대해 일반적으로 사람들은 불안과 함께 상당한 호기
심과 신기함을 느낀다. 왜 불안한지 사람들은 안다. 왜 신기한지도 사람
들은 어느 정도 안다. 불안과 신기함이 함께 섞이면서, 섞이고 또 섞이면
서, 사람들은 멍한 표정으로 풍경을 바라본다.

　결국 인간이든 인공지능이든 누가 더 진부하지 않을 수 있느냐, 또는
누가 있는 풍경이 더 진부하지 않은가의 문제가 남을 것이다. 현재는 물
론 인간이 전반적으로 인공지능보다 진부하지 않은 능력을 가지고 있다.
엉뚱하고 기발한 생각을 할 수 있을 뿐 아니라, 게임의 규칙을 만들고
바꾸는 데에도 월등하다. 그러나 인간이 만든 기계도 진부하지 않은 생
각과 행동을 할 수 있다. 아직은 시작일 뿐이지만, 앞으로 어떻게 진행될
지 인간의 관점에서 속단할 수 없다. 물론 진부함이 하찮은 것은 아니다.
안정성을 주는 것은 기본적으로 진부함이니까. 인간의 삶의 태반은 바로

그 진부함 때문에 이제까지 안정성을 가졌다고 할 수 있다. 사회조직들, 특히 교육시스템은 실제로 얼마나 진부한가! 그렇다면 다시, 진부함의 혜택에도 불구하고 바로 그것을 깨는 진부하지 않은 지능과 능력이 중요하다. 시스템과 조직이 주는 안정성에도 불구하고 그것을 깨기. 이 역설은 이 책에서 우리가 만나고 또 만났다.

그럼 진부하지 않은 지능은 어떤 것인가? 진부한 기계와 지능이 확산되는 와중에 자기를 자기조직적으로 강화하는 지능이라고 할 수 있다. 그것은 꼭 저 홀로 강한 지능이 아니다. 스스로는 약한 지능이더라도 다른 분산된 인지 시스템과 소프트웨어와 하드웨어와 연합할 수만 있으면 된다. 그리고 틀에 박히지 않아야 한다. 언제든지 엉뚱하고 삐딱하면서 우습게 보이더라도 심오한 구석을 찾을 수 있으면 된다. 이 정도면 충분한가? 그럴 수도 있지만, 그렇지 않을 수도 있다.

지능에 대해 일반적인 이론을 제시하기 어려운 상황이 확대되고 있다. 과거엔 이론이 그런 역할을 성공적으로 했고, 그 이론적 틀은 다시 사회로 선순환적으로 넘겨졌다. 그러나 그런 일은 점점 줄어들고 있다. 또는 이론적으로나 데이터 분석의 차원에서 가능하더라도, 우연적 변수가 너무 많은 확률적 경향들이 난무하고 있다. 사람의 뇌로는 이해하기 어려운 것들, 최소한 일관되게 또는 합리적으로 이해하기는 어려운 블록들의 체인이 얽힌다. 그 와중에 다시 데이터들은 '조금 더 좋음'과 '조금 더 나쁨' 사이에서 확률의 미끄럼틀을 탄다. 그렇게 이론이 무력해지는 상황에서는 어떤 수단을 쓰든 현실에서 성공한 사례들이 큰소리를 친다. 무슨 수를 쓰든 힘을 쓰는 조직이 사람을 대변하고, 시장에서 성공하는 기술이 지능을 대표한다. 데이터가, 그리고 현실이 깡패 짓을 한다. 그 와중에 사람은 그 곤란함을 극복하기 위해, 그리고 세상을 조금이라도 더 잘 파악하기 위해, 그리고 자신이 할 일을 잘 대행하게 만들기 위해, 똑똑한 인공지능을 만든다. 그/그것이 자신의 자리에 있기를 바란다. 자신의 자리에 있기를.

자신의 자리에? 인간이 자신이 존재하지 않는 풍경을 만든다? 인간이 다른 존재에게 자신을 대행하게 한다? 자신보다 지능이 강한 존재가 자신을 지우게 한다? 그런 일이 가능할까? 왜 그런 일이 벌어지고 있을까? 이런 역설이라니. 인간은 얼마든지 자신을 대행하는 인공물들이 활보하는 풍경을 만든다. 그 인공물은 인간에게 불안감을 주기도 하지만, 자신을 넘어가는 신기함도 준다. 인간은 이제까지 자신이라고 여겨진 존재가 없는 풍경을 그리거나 상상하는 듯하다. 자신이 만드는 풍경이라면, 그리고 그 풍경이 진부하지만 않다면, 아니 진부함 속에서도 진부하지 않은 면이 있는 풍경이라면, 괜찮다고 생각하는 것 같다.

이 책의 목적은 '강한 인공지능'과 '약한 인공지능'의 구별을 매개로 '강한 인공지능'이 인간에게 미치는 영향을 탐색하는 것이었다. 인간을 척도로 삼아 인간과 견줄 만한 기계 지능을 만드는 초기의 목표는 이젠 더 이상 인공지능 연구의 목표가 아니다. 인공지능은 이미 여러 면에서 인간과 견줄 만한 능력을 보여주고 있고 심지어 어떤 면에서는 인간보다 나은 능력을 선보이고 있다. 강한 인공지능은 점점 더 강해질 것이다. 전통적인 휴머니즘이 가정하는 인간의 일반 지능은 그 자체로 모호하며, 그 영향을 판단하는 데 좋은 척도가 아니다. 또 전통적인 의미의 인간의 마음이나 지능에서 출발하기보다는, 분산된 지능 시스템이 확장되는 일반적인 변화 과정에서 출발하는 것이 좋다. 인간의 지능은 그 과정을 따라 진화한다.

여러 복잡한 문제를 뚫고 이제 이 책을 마무리하는 자리까지 왔다.

이 책에서 제기한 복잡한 물음들은 모두 그 자체로 중요하다. 그래도 그 물음들을 조금 압축해서 하나의 물음으로 만들어보자. 이 과정에서 강한 인공지능은 어떤 역할을 하며 인간은 어떻게 변화할까? 조금 더 압축해보자. 강한 인공지능과 함께, 인간은 더 강해지면서 잉여가 될까? '강한 인공지능과 함께' 한다는 것은, 인간이 그/그것과 동맹을 맺는다는 말이다. 강한 인공지능과 동맹을 맺는다면 인간은 자신을 강화하는 방향에 접어들 수 있을 것이다. 강한 인공지능과 동맹을 맺음으로써 인간은 더 분산된 지능의 네트워크 시스템에 연결될 수 있다. 분산된 지능의 네트워크 시스템은 전통적인 인간의 의식이나 마음의 경계를 넘어 지능 시스템을 더 분산시키면서 확장해줄 것이고, 그러면서 지능을 강화시켜줄 수 있을 터이니까.

그렇지만 이렇게 강화된 시스템에 접속되고 연결되는 일은 동시에 인간을 더 잉여스럽게 만든다. 지능이 강화되고 분산된 네트워크 시스템에 연결되는 것도 전통적 인간에게는 위험이지만, 그를 통해 인간이 잉여가 되는 것도 위험이다. '동맹'의 관점에서는 인간은 강한 인공지능과 '함께' 해야 하며 그 점에서 그 '동맹'의 관점은 옳지만, 그 관점은 인간이 잉여가 되는 과정은 제대로 부각시키지 못하는 게 아닌가? '동맹'은 좋은 말이지만, 너무 좋은 말이다. '동맹'이라는 단어만으로는 인간이 잉여가 되는 일을 차분하게 관찰하지 못할 수 있다.

한동안 강한 인공지능이 인간에게 줄 엄청난 충격을 표현하려면, 그리고 인간이 잉여가 되는 현상을 설명하려면, '동맹'의 관점은 너무 낙관적이다. 인간이 성취했다고 믿는 기술적 진보 속에서 인공지능은 오히려 인간에게 충격을 주는 원인이 되고 인간을 잉여로 만들 위험이 크지 않은가? 그러므로 이 인공지능의 역할에 조금 더 초점을 맞춰서, 핵심이 되는 물음을 조금 다르게 압축해야 할 듯하다. 강한 인공지능은 인간을 더 강하게 만들면서 동시에 인간 잉여를 유발하는 것일까? 인간을 강화시키고 잉여로 만드는 원인이 다소 단순한 형태로 강한 인공지능에게 귀속되기는 하지만, 그 점만 고려한다면 그 물음은 강한 인공지능이 가진 힘과 위험을 더 잘 표현할 수도 있다.

불평등의 문제는 상대적으로 우리에게 익숙하다. 그러나 인간 강화와 인간 잉여의 문제는 이제 점점 커질 것이고, 그와 함께 인간이라는 익숙한 존재는 급격히 바뀌고 있다. 급격하게 바뀌는 인간 존재의 문제를 다룰 능력이 인간에게 있을까? 또 그 문제를 다룰 사회 조직이 있는가? 정치도, 경제도, 학문, 도덕도 거기 못 미친다면? 이것이 문제다. 인간 강화 및 그와 맞물린 인간 잉여의 문제는 지금 상태로는 점점 인간의 손이 미치지 않는 곳으로 흘러가고 있는 듯하다. 어쩌면 인간의 팔은 이 문제들을 움켜쥐기엔 너무 짧거나 작은지도 모른다. 인간 강화와 인간 잉여의 소용돌이 속에서 인간의 손이 미치지 못하는 부분들이 점점 많아지고 있기 때문이다. 도전, 도전, 도전이 겹겹이 우리를 기다리고 있다.

주

1. 11장에서 논의한 뷰캐넌은 이런 의학 기술에 의한 피해가 크지 않을 것이라고 판단하는 편이다. 초기에 단기적으로는 부자들에게 혜택이 가겠지만, 장기적으로는 모바일 기기나 복제 약품처럼 값이 싸질 것이라고 낙관한다.

2. '소외'의 개념은 한편으로는 근대에 권리의 진보를 가져오는 데 기여했다고 할 수 있지만, 그것 이상으로 근대를 그 권리의 틀에 갇히게 만든 면도 크다. 이것과 관련된 논의에 대해서는 김진석(2013)을 참조하기 바란다.

3. 인구에 관해서는 이질적인 관점이 가능하다. 대체적으로 개별적인 국가들은 인구가 줄어드는 상황을 경계한다. 인구의 증가는 기술의 발전과 함께 어느 단계까지는 기술의 확산과 생산성을 높이는 데 기여할 것이지만, 그것은 일반론이다. 인간 강화가 인간 잉여와 맞물리는 지점에서 보면, 늘어난 인구는 강화와 잉여 사이에 혼돈의 소용돌이가 커지는 데 기여할 것이다. 또 지금 적지 않은 난민들이 부유한 나라들로 들어가려고 하지만 벽에 부딪치고 있다. 그 충돌의 현장에서 인류의 연대감뿐 아니라 복지국가의 모델도 흔들리고 있다.

강한 인공지능과 인간

참고 문헌

국내

고인석. 2012. 「로봇이 책임과 권한의 주체일 수 있는가」, 『철학논총』 제67집 1권, 새한철학회.
고인석 외. 2017. 「특별좌담 제4차 산업혁명과 포스트휴먼 사회」, 『철학과 현실』 112호, 철학문화연구소.
굴드, 스티븐 제이. 2002. 『풀하우스』, 이명희 옮김, 사이언스북스.
김대식. 2016. 『김대식의 인간 vs 기계』, 동아시아.
김재인. 2017. 『인공지능의 시대, 인간을 다시 묻다』, 동아시아.
김진석. 2001. 『이상 현실·가상 현실·환상 현실』, 문학과지성사.
———. 2009. 『니체는 왜 민주주의에 반대했는가』, 개마고원.
———. 2013. 『소외되기-소내되기-소내하기』, 문학동네.
———. 2015. 「사회적 배제에 대한 대답은 사회적 내포인가」, 『철학연구』 111호, 대한철학회.
———. 2016. 「시스템 이론과 내포/배제의 문제」, 『철학연구』 114호, 대한철학회.
데닛, 대니얼. 2006. 『마음의 진화』, 이희재 옮김, 사이언스북스.
———. 2013. 『의식의 수수께끼를 풀다』, 유자화 옮김, 옥당.
도밍고스, 페드로. 2016. 『마스터 알고리즘』, 강형진 옮김, 비즈니스북스.
라투르, 브뤼노 외. 2010. 『인간·사물·동맹』, 홍성욱 엮음, 이음.
마슬랜드, 스티븐. 2016. 『알고리즘 중심의 머신러닝 가이드』, 강전형 옮김, 제이펍.
마이어쇤버거, 빅토르; 쿠키어, 케네스. 2013. 『빅 데이터가 만드는 세상』, 이지연 옮김, 21세기북스.
매킨타이어, 알래스데어. 1997. 『덕의 상실』, 이진우 옮김, 문예출판사.
모라벡, 한스. 2011. 『마음의 아이들』, 박우석 옮김, 김영사.
브린욜프슨, 에릭; 맥아피, 앤드루. 2014. 『제2의 기계 시대』, 이한음 옮김, 청림출판.
신상규. 2013. 「트랜스 휴머니즘, 세상에서 가장 위험한 생각?」, 『인간과 포스트휴머니즘』, 이화인문과학원 엮음, 이화여자대학교출판부.
———. 2017. 「하이퍼 히스토리와 인공지능 시대의 윤리학」, 『디지털 시대 인문학의 미래』, 일송기념사업회 엮음, 푸른역사.
싱어, 피터. 1997. 『실천윤리학』, 황경식·김성동 옮김, 철학과현실사.
아시모프, 아이작. 2008. 『아이, 로봇』, 김옥수 옮김, 우리교육.
오닐, 캐시. 2017. 『대량살상 수학무기』, 김정혜 옮김, 흐름출판.
정대현. 2017. 「특이점 인문학: 특이점 로봇은 인간사회의 성원이다」, 『철학』 131호, 한국철학회.
정성호. 2000. 「설의 지향성론 비판」, 『철학연구』 48호, 대한철학회.
조르그너, 슈테판. 2013. 「견고한 인간중심주의를 넘어서」, 『인간과 포스트휴머니즘』, 이화인문과학원 엮음, 이화여자대학교출판부.
지라르, 르네. 2006. 『문화의 기원』, 김진식 옮김, 기파랑.
천현득. 2017. 「인공 지능에서 인공 감정으로: 감정을 가진 기계는 실현 가능한가?」, 『철학』

131호, 한국철학회.

최훈. 1995. 「중국어방 속의 대화: 설, 계산주의자, 연결주의자」, 『철학연구』 36호, 대한철학회.

커즈와일, 레이. 2007. 『특이점이 온다』, 장시형·김명남 옮김, 김영사.

케이시, 마이클 J.; 비냐, 폴. 2017. 『비트코인 현상, 블록체인 2.0』, 유현재·김지연 옮김, 미래의창.

코웬, 타일러. 2017. 『4차 산업혁명, 강력한 인간의 시대』, 신승미 옮김, 마일스톤.

클라크, 아서. 2017a. 『2010 스페이스 오디세이』, 이지연 옮김, 황금가지.

──────. 2017b. 『2061 스페이스 오디세이』, 송경아 옮김, 황금가지.

클락, 앤디. 2015. 『내추럴-본 사이보그』, 신상규 옮김, 아카넷.

탭스콧, 돈; 탭스콧, 알렉스. 2017. 『블록체인 혁명』, 박지훈 옮김, 을유문화사.

포드, 마틴. 2016. 『로봇의 부상』, 이창희 옮김, 세종서적.

필벡, 토머스. 2013. 「포스트휴먼 자아: 혼합체로서의 도전」, 『인간과 포스트휴머니즘』, 이화인문과학원 엮음, 이화여자대학교출판부.

하라리, 유발. 2017. 『호모 데우스』, 김명주 옮김, 김영사.

하버마스, 위르겐. 2003. 『인간이라는 자연의 미래』, 장은주 옮김, 나남.

해러웨이, 다나. 2002. 『유인원, 사이보그, 그리고 여자』, 민경숙 옮김, 동문선

──────. 2007. 『겸손한 목격자@제2의_천년.여성인간ⓒ_앙코마우스TM를_만나다』, 민경숙 옮김, 갈무리.

헤일스, 캐서린. 2013. 『우리는 어떻게 포스트휴먼이 되었는가』, 허진 옮김, 플래닛.

호프스테터, 더글라스; 데닛, 대니얼. 2001. 『이런, 이게 바로 나야!』, 김동광 옮김, 사이언스북스.

홍성욱, 2016. 『홍성욱의 STS, 과학을 경청하다』, 동아시아.

후쿠야마, 프랜시스. 2003. 『Human Future』, 송정화 옮김, 한국경제신문.

국외

Bostrom, Nick. 2005a. "In Defense of Posthuman Dignity", *Bioethics* Vol. 19, No. 3.

──────. 2005b. "A History of Transhumanist Thought", *Journal of Evolution and Technology* Vol. 14, no. 1.

──────. 2014. *Superintelligence: Paths, Dangers, Strategies*, Oxford University Press.

Brooks, Rodney A.. 1991. "Intelligence Without Representation", *Artificial Intelligence* Vol. 47.

──────. 2002. *Flesh and Machines: How Robots Will Change Us*, Viantage Books.

Buchanan, Allen. 2011a. *Beyond Humanity?*, Oxford University Press.

──────. 2011b. *Better than Human: The Promise and Perils of Biomedical Enhancement*, Oxford University Press.

Chalmers, David; Clark, Andy. 1998. "The Extended Mind", *Analysis*, Vol. 58, No. 1.

Chomsky, Noam; Foucault, Michel. 2006. *The Chomsky-Foucault Debate: On Hu-

man Nature, The New press.

Clynes Manfred E..; Kline, Nathan S.. 1960. "Cyborgs and Space", *Astronautics*, Sep., 1960.

Cotter, Jennifer(ed.); DeFazio, Kimberly(ed.). 2016. *Human, All too (Post)Human: Humanities after humanism*, Lexington Books.

Dennett, Daniel. 1981. *Brainstorms: Philosophical Essays on Mind and Psychology*, Sussex: Harvester Press.

Descartes, Rene. 1637. *Discours de la Methode*, De l'imprimerie de Ian Maire.

Deleuze, Gille. 1962. *Nietzsche et la philosophie*, P.U.F.

Dreyfus, Hubert L.. 1972. *What Computers Still Can't Do: A Critique of Artificial Reason*, The MIT Press.

Floridi, Luciano. 2014a. *The Fourth Revolution: How the Infosphere is Reshaping Human Reality*, Oxford University Press.

──────. 2014b. "Artificial Agents and Their Moral Nature", *The Moral Status of Technical Artefacts*, Springer.

Foucault, Michel. 1975. *Surveiller et punir*, Paris: Gallimard.

──────. 1984. "What is Enlightenment?", *The Foucault Reader*, Edited by Paul Rabinow, Pantheon Books.

──────. 2003. *Le Pouvoir psychiatrique: Cours au Collège de France, 1973-1974*, Paris: Gallimard/Seuil.

──────. 2004a. *Sécurité, Territoire, Population: Cours au Collège de France, 1977-1978*, Paris: Gallimard/Seuil.

──────. 2004b. *Naissance de la biopolitique: Cours au Collège de France, 1978-1979*, Paris: Gallimard/Seuil.

Fuss, Diana(ed.). 1996. *Human, All, Too Human*, Routledge.

Heidegger, Martin. 1954. *Über den Humanismus*, Vittorio Klostertmann.

Kass, Leon. 2003. "Ageless Bodies, Happy Souls: Biotechnology and the pursuit of Perfection", *The New Atlantis*, Spring.

Kaplan, Jerry. 2016. *Artificial Intelligence*, Oxford University Press.

Kurzweil, Ray. 2012. *How To Create A Mind: The Secret of Human Thought Revealed*, Penguin.

Kurzweil, Ray; More, Max. 2002. "Max More and Ray Kurzweil on the Singularity", Feb 2002. (http://www.kurzweilai.net/max-more-and-ray-kurzweil-on-the-singularity-2)

Latour, Bruno. 1993. *We have never been modern*, Harvard University Press.

──────. 1995. "Social theory and the study of computerized work sites", *Information Technology and Changes in Organizational Work*, Edited by W. J. Orlinokovski and Geoff Walsham, London.

──────. 1999. *Pandora's Hope: Essays on the Reality of Science Studies*, Harvard University Press.

Luhmann, Niklas. 1975. *Macht*, Konstanz und München: UVK Verlagsgesellschaft(4. Auflage, 2012).

―――. 1984. *Soziale Systeme*, Frankfurt a. M.: Suhrkamp.

―――. 1986. *Ökologische Kommunikation*, Opladen: Westdeutcher Verlag.

―――. 1987. *Soziologisch Aufklärung 4: Beiträge zur funktionalen Differenzierung der Gesellschaft*, Westdeutscher Verlag.

―――. 1988. *Die Wirtschaft der Gesellschaft*, Frankfurt a. M.: Suhrkamp.

―――. 1989. *Gesellschaftsstruktur und Semantik: Studien zur Wissensoziologie der modernen Gesellschaft, Band 3*, Frankfurt. a. M.: Suhrkamp.

―――. 1990. *Soziologische Aufklärung 5*, Konstruktivische Perspektiven, Westdeutscher Verlag

―――. 1991. *Soziologie des Risikos*, Berlin: Walter de Gruyter.

―――. 1995. *Soziologische Aufklärung 6*, Wiesbaden: VS Verlag für Sozial-wissenschaften.

―――. 2000. *Die Politik der Gesellschaft*, Frankfurt a. M.: Suhrkamp.

―――. 2002. *Einführung in die Systemtheorie*, Carl-Auer Verlag.

―――. 2005. *Soziologische Aufklärung 2: Aufsätze zur Theorie der Gesellschaft*, Wiesbaden: Springer Fachmedien(Ursprünglich erschienen bei VS Verlag für Sozialwissenschaften, 1975).

―――. 2008. *Die Moral der Gesellschaft*, Frankfurt a. M.: Suhrkamp.

Maturana, Humberto R.; Varela, Francisco J.. 1980. *Autopoiesis and Cognition: the Realization of the Living*, Dordrecht: D. Reidel.

Melnyk, Andrew. 1996. "Searle's Abstract Argument against Strong AI", *Synthese*, Vol. 108, No. 3, Sep., 1996.

Mill, John Stuart. 2002. *Utilitarianism* in *The Basic Writings of John Stuart Mill*, The Modern Library: New York.

Minsky, Marvin. 1985. *Society of Mind*, Simon and Schuster: N.Y.

―――. 2006. *The Emotion Machine: Commonsense Thinking, Artificial Intelligence, and the Future of the Human Mind*, New York: Simon and Schuster, Reprint Edition.

More, Max. 2013. "The Philosophy of Transhumanism", *The Tranhumanist Reader*, Edited by Max More and Natasha Vita-More, Wiley-Blackwell.

Mumford, Lewis. 1966. *The Myth of the Machine: Technics and Human Development*, New York: Harcourt, Brace and World.

Newell, Allen; Simon, Herbert. 1976. "Computer Science as Empirical Inquiry: Symbols and Search", 1975 ACM Turing Award Lecture, *Communications of the ACM* Vol. 19, no. 3.

Nietzsche, Friedrich. 1980a. *Jenseits von Gut und Böse: Sämtliche Werke. Kritische Studienausgabe*, Band 5, dtv/de Gruyter.

―――. 1980b. *Zur Genealogie der Moral*, Band 5, in *Sämtliche Werke: Kritische Studienausgabe*, dtv/de Gruyter.

―――. 1980c. *Götzen-Dämmerung*, Band 6, in *Sämtliche Werke. Kritische Studi-*

enausgabe, dtv/de Gruyter.

Persson, Ingmar; Savulescu, Julian. 2012. *Unfit for the Future: The Need for Moral Enhancement*, Oxford University Press.

Sandel, Michael. 2007. *The Case Against Perfection: Ethics in the Age of Genetic Engineering*, Cambrige: Harvard University Press.

Savulescu, Julian. 2009. "The Human Prejudice and the Moral Status of Enhanced Beings: What Do We Do Owe the Gods?", *Human Enhancement*, Edited by Julian Savulescu and Nick Bostrom, Oxford University Press.

Searle, John. 1980. "Minds, Brains, and Programs", with commentaries by other authors and Searle's reply, *The Behavioural and Brain Sciences 3*.

――――. 1984. *Minds Brains and Science*, London: BBC Publications.

――――. 1991. "Yin and Yang Strike Out", *The Nature of Mind*, Edited by David M. Rosenthal, New York: Oxford University Press, pp. 525-526.

von Foerster, Heinz. 1984. *Observing Systems* 2nd ed., Salinas/California: Intersystems Publications.

――――. 1993. *Wissen und Gewissen: Versuch einer Brücke*, Heraus-gegeben von Siegfried J. Schmidt, Suhrkamp.

von Foerster, Heinz; Pörksen, Bernard. 1998. *Wahrheit ist die Erfindung eines Lügners: Gespäche für Skeptiker*, Carl-Auer Verlag.

Wiener, Norbert. 1948. *Cybernetics: Or Control and Communication in the Animal and machine*, The Technology Press.

――――. 1954. *The Human Use of Human Beings: Cybernetics and Society* 2nd ed., New York: Doubleday.

Wolfe, Cary. 2010. *What is Posthumanism?*, University of Minnesota.

찾아보기

가

가상 기계 235~236, 239, 241, 265
『감시와 처벌』 222
강자 157~159, 162, 164, 180, 182~185, 245, 248, 298, 408
강화학습 51~52, 61, 68, 105, 111~113
「개구리의 눈이 개구리의 뇌에게 말하는 것」 99
개인화 16, 83, 303, 348~374, 380~381, 407~411
격차의 열정 173, 186
겸손함 318, 323
계몽 63, 108, 153, 289~290, 309, 311, 367, 422
고립 225, 363, 374
공리주의 187, 355, 380
과학기술 사회학 281
과학기술 소설 8, 399, 419, 434
과학기술학 137, 193
과학사회학 193
권력에의 의지 187, 247~248
그로츠, 엘리자베스Grosz, Elizabeth 303
그린블랫, 리처드Greenblatt, Richard 128
근대 복지 시스템 171, 384~388, 421~423, 458
기술낙관주의 10, 12, 48, 138~140, 145, 151, 176, 187, 301, 311~313, 403, 415, 443~444
기술중심주의 194
기호주의자 33, 43, 47, 79, 82
기호주의적 접근 36~38, 40~46, 53~54, 77, 82
『김대식의 인간 vs 기계』 140, 154

나

「나는 어디에 있는가?」 375
난민 383, 458

낭만주의 168, 303
내비게이션 36, 226, 242, 278~279, 302, 382~383
노마디즘 157
노빅, 피터Norvig, Peter 59
노하우 67~68, 72, 98, 302
뇌-컴퓨터 인터페이스 17, 146
뉴얼, 앨런Newell, Allen 30, 113
니체, 프리드리히Nietzsche, Friedrich 145, 155~159, 162, 164~165, 168, 171~177, 180~187, 244~245, 248, 265, 303, 320
『니체는 왜 민주주의에 반대했는가』 186

다

다빈치, 레오나르도da Vinci, Leonardo 29
다트머스 회의 33, 45
단어 도깨비들 238
「대도시 시장이 된 로봇」 419
『대량살상 수학무기』 306
더 전체적인 인간 157, 174~175, 178, 181, 184
덕 183~184, 188, 319~321, 323, 325
데닛, 대니얼Dennett, Daniel 96, 153, 191, 235~236, 265, 336, 370~371
「데이터의 터무니없이 뛰어난 효과성」 59
데이터의 패턴 54, 56, 99, 112, 290, 294, 299~300, 302
도밍고스, 페드로Domingos, Pedro 38, 47~48, 78
동일성 300, 302~303, 404, 407~411
드레이퍼스, 휴버트Dreyfus, Hubert 128
들뢰즈, 질Deleuze, Gilles 185, 254, 303
들쭉날쭉한 데이터 60, 63~64, 84, 87
DARPA 29

강한 인공지능과 인간

딕, 필립 K. Dick, Philip K. 259~260
딥러닝 116
딥블루 128

라

라투르, 브뤼노Latour, Bruno 193~196, 202, 214, 217, 227, 245, 250, 266, 289~290
로봇공학 35, 128, 136, 139, 158
로젠블랫, 프랭크Rosenblatt, Frank 45
루만, 니클라스Luhmann, Niklas 91, 95, 102, 104, 108~109, 120, 153, 186, 217, 225, 229, 238~239, 243, 245~248, 250, 252~263, 265~266, 276, 284~285, 336, 344~345, 360, 362~363, 420
리오타르, 장 프랑수아Lyotard, Jean Fracois 254

마

마르크스주의 178, 310
마슬랜드, 스티븐Marsland, Stephen 47
마이크로소프트 59
마투라나, 움베르토Maturana, Humberto 91, 99, 101, 104, 120~121, 254~255, 257~261, 266, 268
만드는 인간 195
만물인터넷 9, 273~274, 294
매카시, 존McCarthy, John 23
매컬러, 워런McCulloch, Warren 45, 91, 103
맥아피, 앤드루McAfee, Andrew 305, 386~387, 392~393
머신러닝 8~9, 13~16, 22, 28, 32, 35~70, 73~79, 83~90, 97~98, 100, 105~108, 110, 112~113, 116~117, 134~135, 183
멈퍼드, 루이스Mumford, Lewis 281
메이시 회의 102
모라벡, 한스Moravec, Hans 12, 34, 46, 50, 166, 299, 306
무어의 법칙 419~420
『문명화과정』 328

민스키, 마빈Minsky, Marvin 45, 76, 78~79, 82~83, 177, 179, 306
민주주의 171, 246, 364, 418, 429
밀, 존 스튜어트Mill, John Stuart 187, 380

바

바둑 24, 36, 52, 65, 84, 143, 147, 161, 184
반려동물 199, 210, 310, 331~332, 337, 370, 398
발생학 7, 155~156, 158~159, 162, 164, 286, 203~204, 206~208, 213, 215, 245, 280, 286
『방법서설』 131
베이즈주의자 47
보편 컴퓨터 31
복잡성의 장애물 178
뷰캐넌, 앨런Buchanan, Allen 413, 415, 419, 458
브룩스, 로드니Brooks, Rodney 12, 35, 128
브린욜프슨, 에릭Brynjolfsson, Erik 305, 386~387, 392~393
블록체인 9, 23, 26, 76, 226, 274~275, 286, 291, 299, 364, 374, 454
비글로, 줄리언Bigelow, Julian 256
비인간 137, 150, 193, 196~197, 200~203, 214~215, 227, 289~290
비-중심적 239
비지도학습 47, 51, 115
빅데이터 13, 16, 28, 60, 64, 76, 87, 155, 234, 237, 294, 297, 354, 364~369, 382, 390

사

사물인터넷 9, 14, 23, 26, 76, 226, 234, 273~274, 279, 286~287, 354, 364, 367, 374, 425
사뷸레스쿠, 줄리안Savulescu, Julian 337, 420
사이먼, 허버트Simon, Hebert 30

사이버 행위자 7~8, 13~14, 16~17, 183, 203~219, 234, 257, 262~263, 268, 270~278, 280, 282, 284~285, 308~309, 326, 334, 336~337, 341~342, 365, 393, 395~396, 398~399, 424, 427, 436
사이버네틱스 13, 43~44, 90~96, 99~109, 112, 120, 193, 199, 204, 207, 210~211, 228~229, 233, 242~247, 250, 256~259, 265, 268, 277, 284, 305, 309, 330, 336~337, 344, 360, 365, 431~433, 436
　첫 번째 단계 사이버네틱스 91, 102~103,
　두 번째 단계 사이버네틱스 91~93, 99, 102~105, 109, 112, 193, 199, 229, 238, 254, 257~258, 268, 431~433
『사이버네틱스』 257
사이보그 7~10, 14, 146, 149~150, 159, 176, 204~229, 234~236, 240~241, 257, 268~274, 277~282, 299~303, 308, 313~315, 341, 358, 365, 370~372, 384, 393, 411, 426, 436~437, 439~440, 445, 448~449
「사이보그 선언」 207
「사이보그와 우주」 228
사이크 프로젝트 78
『4차 산업혁명, 강력한 인간의 시대』 418
사회계약론 140, 222, 232, 332
「사회적 배제에 대한 대답은 사회적 내포인가」 153
샌델, 마이클Sandel, Michael 9, 318~323, 326, 343~344, 411, 413
생명공학 9, 152, 213, 296~297, 316~318, 322, 343~344, 395, 402, 405, 411~412, 417, 419, 443
생성적 적대 신경망 115
섀넌, 클로드Shannon, Claude 103
선물 318~322, 326~327, 343
설, 존Searle, John
『소외되기-소내되기-소내하기』 344, 375

속도 방지 턱 289~290
순환 신경망 111
슈미트후버, 유르겐Schmidhuber, Jürgen 111
슈페만, 로베르트Speamann, Robert 343
스탈린주의자 310
『스페이스 오디세이』 401
스포츠 정신 319, 323~325
시뮬라크르 117
시스템이론 102, 109, 120, 225, 229, 238, 243, 247~250, 253, 262~263, 269, 275~276, 284~285, 345, 360, 431~433
「시스템 이론과 내포/배제의 문제」 153
신경과학 47, 302
신경증 103, 172, 187
신자유주의 297~298, 352, 354, 375
신체화 300~303, 306, 314, 370
심층 신경망 134
싱어, 피터Singer, Peter 330, 336

아

아기 기계 77
아론 71
아시모프, 아이작Asimov, Issac 399~400, 419
『아이, 로봇』 419
IBM 57~58, 118, 128
『안전, 영토, 인구』 375
알고리듬 7, 16, 39~40, 44, 48~49, 51, 53, 55, 58~59, 65, 77, 81~82, 110~113, 128, 240, 242, 279, 290~291, 293~296, 299, 306, 365~369, 373~375, 381~382, 408, 418
알파고 22, 24, 37, 52, 65, 75, 84, 110, 143, 161, 183, 341
암묵지 61, 67~74
『애스트로노틱스』 228
ARPA 29
엘리아스, 노르베르트Elias, Norbert 171, 328
LTSM 111, 113

연결주의 45~46, 76~77
연결주의자 47, 77~78
『완벽에 대한 반론』 343
『우리는 어떻게 포스트 휴먼이 되었는가』
120
『우리의 포스트모던 미래』 306
위너, 노버트Wiener, Norbert 92, 120,
256~257
위버멘쉬 145, 156, 174~175, 245
위조 현실 117
유기체 7, 100, 192, 204~209, 211,
214~215, 219, 228, 266, 277, 279~280,
372, 378, 393, 420
유전공학 139, 185, 209, 213, 296~297,
317~318, 411
유추주의자 53
『의식 설명하기』 235
의식과 지능의 분리 239, 265, 370
『의식의 수수께끼를 풀다』 153
『이런, 이게 바로 나야!』 153
인간 강화 8~12, 16, 151, 244, 265,
315, 319, 337, 348, ,377, 383, 394~397,
402~407, 410~420, 435~438, 443~448,
457~458
인간 잉여 8~11, 16, 348~349, 377,
383~384, 394, 402, 404~411, 414~415,
430, 435, 444~446, 457~458
「"인간 파괴하고 싶다" 끔찍 발언… '싸이코
패스 AI' 등장」 420
인간과 기계 사이의 대립 가설 5, 142~145,
149~150, 193, 244~245, 250
『인간의 인간적 활용』 120
『인간이라는 자연의 미래』 343
인간주의(휴머니즘) 6~12, 15, 31, 35,
52, 61~67, 72~65, 79, 83, 89, 96, 104,
108~109, 114~115, 131~139, 144~151,
153, 155~168, 170, 173~175, 179~181,
185~187, 189~201, 206, 211, 213, 217,
220, 222, 224, 228, 232~234 237~243,
251, 256~259, 265, 267, 271~273,
275~278, 283~286, 292~294, 300,

309~316, 325, 328~330, 337, 341~345,
349~351, 361, 363~367, 381, 384,
393~396, 400, 411, 423~426, 432,
435~440, 449, 455
　　기독교적 휴머니즘 310
인간중심주의 6, 79, 142, 144~145, 150,
156, 161~162, 194, 198~200, 220, 222,
284, 287, 328~330, 341, 427, 434
　　인간중심적 기술 224~225
인공 감정 169
인공 뇌 46
인공 신경망 45~46, 50, 111
「인공지능, 목적 이루려 스스로 언어 개
발… 사람은 이해 못해」 186
「인공지능을 속이는 방법: 그리고 그 위험
성」 153
인권 157, 166, 171, 329, 334, 354~355,
380, 422
인문주의 52, 63
인본주의 8, 175, 273, 275~278, 292, 294,
297, 303, 308~310
인지 시스템 7, 10, 14~15, 135, 152, 192,
220~221, 224~225, 229, 232, 262,
268~269, 279, 298, 301, 324, 326~327,
336~337, 341, 367, 397~398, 437, 454
인터페이스 17, 225, 287, 425
일반 지능 30~32, 126, 129~132, 137,
148, 151, 156, 165~174, 178, 339, 389,
405, 415~416, 455
일자리 5, 10, 26~27, 42, 89, 132~133,
142~143, 166~168, 216, 234, 293, 297,
349, 359, 378~379, 383~388, 392~400,
404, 422~423, 451~452

자
자기사랑 247
자기생성 281
자기성찰 109, 114
자기제어 277, 388
자기조직 12
「자기조직화 시스템과 그 환경에 대해」 100

자기참조 104, 108~110, 114~115, 246~248, 254, 257, 261, 263, 265~266, 269, 275~277, 286, 305, 337, 362~363, 375, 433
자연종 인간 161~163
자유주의 16, 104, 171, 213, 232~233, 255~258, 267, 292~298, 303, 307~308, 313, 315~317, 334~335, 343~344, 352, 354~356, 364, 369, 375, 409~410, 415, 424, 430, 436, 452
　자유주의적 민주주의 364
　자유주의적 우생학, 316, 343
　자유주의적 합리주의 255
　자유주의적 휴머니즘 213, 256~258, 313
자율주행차 25~27, 37, 64, 70, 98, 107, 110, 249, 270~279, 282~283, 305, 423, 425, 453
재귀성 102~103, 111, 234, 238, 257
재귀적 작동 106, 246
전문가 시스템 32~38, 53, 65, 67, 69, 74~75, 88
정보화 16, 293, 300~303, 306, 314
『정서 기계』 77
조르그너, 슈테판Sorgner, Stefan 335~336
좁은 인공지능 139
중간층 소득 386, 389, 392, 394, 422
중국어 방 125, 237~238
중앙 집중 239, 286
지도학습 47, 51, 53, 112
지식 기반 시스템 33, 38
지식 획득 병목 현상 38
지식공학 43, 46, 76, 78~79
지향적 시스템 96~97, 371
진부하지 않은 기계 89, 92~98, 100, 105~106, 113~114, 118, 167, 206, 270, 305, 432, 439, 453
진부한 기계 13, 89, 92~97, 100, 113~114, 211, 235, 279, 425, 441~442, 454
「진짜 같은 가짜 세상이 올 수 있다」 121

진화주의자 47
진화학습 47

차
차머스, 데이빗Chalmers, David 229
청킹 113
체스 24, 96~97, 128, 391
초지능적 관점 144
초지능주의 138~140, 147~148, 157, 159~160, 176, 180
최적화의 역설 178

카
카스, 레온Kass, Leon 343
카스파로프, 가리Kasparov, Garry 128
캉디드 프로젝트 58
캐플런, 제리Kaplan, Jerry 32
커뮤니케이션 110, 134, 153, 162, 186, 238, 246, 266, 270, 274, 276, 285~286, 326, 355, 357, 361~363, 408
커즈와일, 레이Kurzweil, Ray 46, 74~75, 88, 121, 126, 139, 144, 177, 209, 301, 312
코기토 235
코웬, 테일러Cowen, Tyler 344, 387~388, 390~391, 418
클라크, 아서 C. Clarke, Arthur C. 400
클락, 앤디Clark, Andy 220, 223~225, 228~229
킬 스위치 161~163

타
타자생성 254~257, 259, 261~262, 291, 433
타자참조 254, 433
탈형이상학 157, 251
「터미네이터」 142, 154
통계학적 접근 37, 54~55, 76~78
투자의 원칙 178
튜링, 앨런Turing, Alan 22, 29, 131~132, 153
튜링 테스트 131~312

튜링상 30
트랜스휴먼 126, 145, 151, 157, 307,
313~314
특이점 17, 121, 126, 139, 154, 159, 186,
312, 397, 418
『특이점이 온다』 46, 50

파

퍼셉트론 45
『퍼셉트론즈』 45
페퍼트, 시모어Papert, Seymour 45
편집증 140, 172, 402
포스트모더니즘 157, 251
포스트휴먼 15, 120, 145, 157, 186, 304,
307, 312~314, 343
폰 푀르스터, 하인츠von Foerster, Heinz
91~96, 100, 113, 120
폴라니, 마이클Polanyi, Michael 87
푸코, 미셸Foucault, Michel 153, 173,
185, 222, 251, 254, 303, 309, 328, 344,
351, 375, 396
프로이트, 지그문트Freud, Sigmund 237
프리몬트스미스, 프랭크Fremont-Smith,
Frank 102, 121
플래닝 35~37
플러머, 대릴Plummer, Daryl 117
플로리디, 루치아노Floridi, Luciano 120,
287, 345
피츠, 월터 Pitts, Walter 45, 103
필벡, 토머스Philbeck, Thomas 266, 343

227~228, 233, 243, 249, 255, 260, 262,
285, 292, 311~312, 316, 392~393, 409,
413, 443
해러웨이, 다나Haraway, Donna 207
해체론 157
핸드셰이킹 287
행동주의 7, 99~100, 105, 199, 209
행위소 202, 217
행위자-네트워크 이론 193, 195~196,
214~215, 245, 250, 288~289
헤일스, 캐서린Hayles, Katherine 121,
229, 256, 258~259, 266, 303, 306,
313~314
형이상학적 관점 130, 141, 144, 147, 151,
159
호흐라이터, 셉Hochreiter, Sepp 111
홍성욱 65~66, 70, 137
「확장된 마음」 229
후쿠야마, 프랜시스Fukuyama, Francis
296, 306
『휴머니즘을 넘어서』 309

하

하라리, 유발Harari, Yuval 239, 294~295,
375~376
하버마스, 위르겐Habermas, Jürgen 9,
315~324, 326, 343, 412
하이데거, 마르틴Heidegger, Martin 309
하이브리드 행위자 189, 200~201, 203,
214, 227, 427
합리주의 48, 104, 133, 138, 145,
154~155, 160, 175~176, 178, 186, 224,

강한 인공지능과 인간

1판 1쇄 2019년 11월 8일
1판 2쇄 2020년 3월 20일

지은이 김진석
펴낸이 강성민
편집장 이은혜
책임편집 김해슬
마케팅 정민호 김도윤 고희수
홍보 김희숙 김상만 오혜림 지문희 우상희 김현지

펴낸곳 ㈜글항아리 | 출판등록 2009년 1월 19일 제406-2009-000002호
주소 10881 경기도 파주시 회동길 210
전자우편 bookpot@hanmail.net
전화번호 031-955-1934(편집부) 031-955-2696(마케팅)
팩스 031-955-2557

ⓒ김진석 2019
ISBN 978-89-6735-682-8 03100

이 도서는 한국출판문화산업진흥원 '2019년 우수출판콘텐츠 제작 지원' 사업 선정작입니다.

이 도서의 국립중앙도서관 출판시도서목록(CIP)은 서지정보유통지원시스템 홈페이지
(http://seoji.nl.go.kr)와 국가자료종합목록시스템(http://www.nl.go.kr/kolisnet)에서
이용하실 수 있습니다. (CIP제어번호 : CIP2019040848)

이 저서는 2017년 대한민국 교육부와 한국연구재단의 지원을 받아 수행된 연구임(NRF-2017S1A5A
2A01025691). 아울러 인하대학교 WCSL(World Class Smart Lab) 사업의 연구 지원을 받았음.

geulhangari.com